EINFÜHRUNG
IN DIE RECHTSWISSENSCHAFT

von

DR. ARTHUR WEGNER

o. ö. Professor der Rechte
an der Westfälischen Wilhelms-Universität

Zweite erweiterte und verbesserte Auflage

Berlin 1948

WALTER DE GRUYTER & CO.

vormals G. J. Göschen'sche Verlagshandlung · J. Guttentag, Verlagsbuchhandlung · Georg Reimer · Karl J. Trübner · Veit & Comp.

Archiv-Nr. 232448
Druck: Langenscheidt KG., Berlin-Schöneberg
ICB 481 - 3300 - III. 48 - 5208

Dem Herrn Geheimen Regierungsrat

DR. JUR. DR. PHIL.

HANS HELFRITZ

ordentlichem Professor des öffentlichen Rechtes

in

Verehrung, Dankbarkeit und Freundschaft

dargebracht

Inhalt

Vorbereitendes.

VORREDE

Wer in den letzten Semestern deutsche Studenten an einer unserer Universitäten in die Rechtswissenschaft einführen durfte, wird nie vergessen, wie er da vor Menschen stand, die durch unendliches Leid gegangen waren und die nun, arm und entsetzlich verwundet, nach Recht und Wissen hungerten. Nie wohl wurde unser, der Rechtslehrer, Wort so begierig aufgenommen wie in dieser Zeit. Da ist die Verantwortung drückend groß. Und wer um die eigene Kleinheit weiß, kann sich nur in kindlichem Gottvertrauen an solche Lasten wagen.

Kampf für das Recht wird unser, der Juristen, Beruf immer sein. Streitlust und Gehässigkeit habe ich indessen nie verspürt. Daß dergleichen jedenfalls nicht in meiner Absicht liegt, möchte ich von vornherein betonen, um jedes Mißverständnis, das etwa durch einen ungeschickten Ausdruck verursacht sein sollte, zu vermeiden oder zu entkräften. Es ist unvermeidlich, daß man dem einen oder andern entgegentritt. Er möge versichert sein, daß es in Liebe und nicht aus Haß geschieht. Nirgends möchte ich die menschliche und wissenschaftliche Gemeinschaft, die bei allen Gegensätzen bestehen bleibt, beeinträchtigt sehen. Dieses Gefühl leitete mich bei der ersten Auflage. Es ist in der Vorbemerkung ausgedrückt, die damals hinter der Inhaltsübersicht des ersten Bandes stand und die um dieser Gesinnung willen auch im Anschluß an diese neue Vorrede wieder abgedruckt werden soll. Inzwischen hat der friedliche Rechtsgelehrte noch mehr Grund bekommen, ein liebevolles Wort über unvermeidliche Gegnerschaften zu sagen. Was dem Juristen alter Schule unbegreiflich ist, wurde inzwischen — bis auf den heutigen Tag — vieltausendfache und traurige Wirklichkeit: Menschen trachteten einander nach der Stellung und sogar nach dem Leben, weil sie verschiedener Meinung waren; und scheinbare „Rechtssätze" haben sich bis heute dazu hergegeben, ihnen hierbei zu helfen. Wo so alle uns überkommenen Lebensgrundsätze von Vornehmheit, Rechtlichkeit und Nächstenliebe mißachtet werden, kann man nicht vorsichtig und liebevoll genug sein. Die Vorsicht der Liebe, weit entfernt von jeder ängstlichen Behutsamkeit, erfordert übrigens immer und überall den größten Mut. In der Welt, in der wir noch aufwachsen durften, waren alle wohlerworbenen Rechte von selbstverständlicher Sicherheit umgeben. Hatte sich jemand eine Stellung im Leben, im Staate erarbeitet, so blieb er darin. Nur in sehr seltenen Fällen, von denen im allerweitesten Bekanntenkreise sogar kaum jemand betroffen wurde, führten Strafverfahren oder Dienststrafverfahren (das waren — und bleiben von Rechts wegen — die einzigen Möglichkeiten) einmal zu einem Amtsverlust. Der Denunziant konnte da nicht groß werden: wo er seine trübe Kunst versuchte, scheiterte er schnell an Klarheit und Festigkeit von Recht und Richter. Das ist heute leider nicht mehr so. Deshalb muß man bei jedem Streite vorsichtig sein. Das ist hier nicht im Blick auf die eigene Sicherheit gesagt. Die steht nach wie vor in Gottes Hand. Aber ich denke an den wissenschaftlichen Gegner, dessen Meinung hier und da angegriffen werden muß. Jeder Leser möge wissen, daß hier niemand erwähnt wird, insbesondere kein Fachgenosse, den ich nicht höher und würdiger aller Ehren achte als mich selbst. Wer in der niedrigen Weise der Straße meinen wissenschaftlichen Gegner angreift, macht mich menschlich sofort zu dessen unbedingtem Freund und Verteidiger.

Aber ich weiß nicht, ob es überhaupt nötig ist, von Gegnern zu reden. Bestimmt dagegen fühle ich mich gedrängt, ein Wort über die Freunde zu sagen. Ihre Liebe und ihr Vorbild haben mich immer beschämt und mir doch zugleich auch einen wesentlichen Teil der Kraft verliehen, die mir überhaupt ein Hervortreten innerlich und äußerlich möglich machte.

Von meinen juristischen Lehrern leben noch Eduard Kohlrausch und Eberhard Schmidt. Sorgenvoll denke ich an Ernst von Moeller, von dessen Schicksal ich nichts weiß. Er hat sich zuerst von allen Berliner Professoren um mich gekümmert und mich in den schweren Schicksalen seines Lebens nie vergessen. Ich habe wenig getan, um meinen Lehrern meine Dankbarkeit zu beweisen. Es bedrückt mich, daß sie nicht wissen können, wie tief verpflichtend ich ihr Vorbild empfinde, wie sehr ich mich als ihr Schüler fühle. Erst die Ausführung von mindestens zwei Buchplänen, für die ich von Gott Kraft und Gelingen erflehe, kann ein wenig von meiner Dankesschuld abtragen. Das Dogmatische soll dabei Eduard Kohlrausch, das Historische Eberhard Schmidt gehören, dem auch die erste Auflage dieser Einführung gewidmet war.

Wenn ich nun heute bitte, diese neue Auflage in die Hand meines hochverehrten und lieben Freundes Hans Helfritz legen zu dürfen, so hat das eigene Gründe, auf denen ich lange verweilen müßte, wenn ich sie erschöpfen wollte. Hans Helfritz hat in der Zeit, die für mich schwer war, sein Leben für mich eingesetzt. Ich habe es schon früher gewußt, aber in jener Zeit doch erst ganz bewundern gelernt, wie zart seine echt preußische Rücksicht, Aufmerksamkeit, Höflichkeit und Fürsorge ist. Dabei weiß ich, daß ich nur einer von sehr vielen bin, die ihm dafür verpflichtet sind. Als Jurist aber verehre ich in Hans Helfritz den begeisternden, großen, unerreichbaren Lehrer, Erforscher und Darsteller des öffentlichen Rechtes und den wirklichen Staatsmann.

Tiefe Dankbarkeit verbindet mich auch mit meinem treuen Freunde Leo Raape. Meine Treue, Bewunderung und Verehrung hat ihm immer gehört. Durch die schwere Zeit aber sind diese meine Gefühle vertieft worden.

Viele meiner Freunde haben meine Hilfsbedürftigkeit als Last zu fühlen bekommen. Mein Lehrer Eduard Kohlrausch ist in den Jahren 1937 und 1938 zugleich mein Verteidiger gewesen. Auch hierfür schulde ich ihm eine Dankbarkeit, von der ich doch einen ganz kleinen Teil wenigstens möchte erstatten können. Mein anderer Verteidiger war mein Breslauer Schüler Graf Helmuth James von Moltke. Er war wohl der knappste, klarste und fähigste Jurist, den ich unter meinen Studenten kennenlernte. Sein Schülersein ist lange schon vergangen. Vor dem Toten beuge ich mich als vor einem Vorbild und Lehrer. Graf Helmuth James von Moltke war ein Edelmann von Größe und Güte. Was er als deutscher und englischer Rechtsanwalt, als Verteidiger von Verfolgten und Verachteten getan hat, gehört der Geschichte an. Er und die Gräfin, die hervorragende Schülerin Martin Wolffs, waren treue Freunde der Rechtswissenschaft und ihrer Professoren.

Dem Gafen Moltke kann ich nun nicht mehr danken für das, was er als mein Verteidiger für mich persönlich getan hat. Dem dritten von ihm herangezogenen Mitverteidiger und allen, die sonst halfen, hoffe ich meine Verbundenheit doch noch etwas wenigstens beweisen zu können. Aber das eine kann ich auch dem Grafen Helmuth James von Moltke gegenüber tun: ich kann hier öffentlich das schlichte und treue Bekenntnis ablegen zu diesem deutschen Edelmann, der für das Recht gestorben ist.

Bekenntnis und Dank gebühren vor allem aber auch dem preußischen Edelmann, der mein Lehrer in staatlichen Dingen gewesen ist und der mein unerreichbares Vorbild bleibt: Ewald von Kleist-Schmenzin. Als ich in der Karwoche 1933, in für mich trüben und trauervollen Tagen, bei ihm in Schmenzin war, so nahe dem Heimatdorfe meines geliebten Vaters, als wir durch die doppelte Birkenreihe um den See herumgingen und ich trotz allen Schmerzes gebannt war von so viel stiller, schlichter Schönheit Pommerns, blieb er stehen und sagte zu mir: „Das alles darf man nur besitzen, wenn man jeden Augenblick bereit ist, es zu verlieren.“ Er war der unbeugsamste Kämpfer für Recht und Staat und Krone, den ich jemals kennenlernte. Weil er dafür sein Leben hingab, brauchte er sein Rittergut nicht mehr zu verlieren. Seinen Kindern wird das Vorbild dieses Vaters der köstlichste Besitz sein. Und ich will ihn bei keiner Arbeit und bei keinem Kampfe vergessen.

Unaussprechlichen Dank schulde ich den verwandten und mir am nächsten stehenden Menschen, die ihren Namen keiner Öffentlichkeit schenken. Voran stehen da meine Frau und meine Tochter, die als Gefährten meines Lebens so viel Geduld lernen und beweisen mußten, daß ich den Gedanken daran nicht ertragen könnte, wenn ich nicht um die Liebe Gottes, um die Liebe des allerheiligsten Herzens Jesu wüßte.

Sehr dankbar bin ich auch allen Fakultäten, denen ich angehören durfte. Schmerzlich und sehnsuchtsvoll gingen und gehen meine Gedanken nach Breslau. — Die Hamburgische Fakultät meiner unvergeßbar glücklichen Privatdozentenzeit hat mich mit verwöhnender Güte und Freundschaft aufgenommen, als ich aus der Gefangenschaft kam. Ihr volles Vertrauen wird mich mein Leben lang zu tiefster Dankbarkeit verpflichten. Meiner lieben alten Fakultät in Halle will ich es nie vergessen, daß sie ebenfalls sogleich bereit war, mich wieder aufzunehmen. — Das Wirken in Kiel schenkte mir ein Semester mit unvergeßbaren Begegnungen und beglückendes inneres Mitgehen meiner Schüler dort, die alle unvergessen sind.

Der Rechts- und Staatswissenschaftlichen Fakultät der Westfälischen Wilhelms-Universität, an der ich am 6. Mai 1946 meine Arbeit beginnen durfte, versprach ich, alle Kräfte anzuspannen, um die Ehre der Mitgliedschaft in ihr zu verdienen. Ich bitte Gott, daß ER mir Kraft gebe, dieses Versprechen zu halten.

Das wissenschaftliche Schaffen und auch die Neubearbeitung dieses Buches wäre nicht möglich gewesen ohne den Frieden und die Gemeinschaft des Hauses, in dem ich leben darf. Allen, die in Lenkung und täglicher Sorge diesem Deutschen Studentenheim in Münster dienen. gilt mein herzlicher Dank. Wie an meinem ganzen inneren und äußeren Ergehen nahm auch an der Arbeit an diesem Buche von meinen Hausgenossen einen besonders starken Anteil der hochwürdige Herr Sekretär beim Bischöflichen Generalvikariat Bernhard Mäkel. Gütig und geduldig hat er die Korrektur mitgelesen und mir manchen wertvollen Rat gegeben. Dafür bin ich ihm tief und aufrichtig verbunden.

Schließlich danke ich der gütigen Mitarbeiterin, die den größten Teil des Manuskripts und das Stichwortverzeichnis herstellte, außerdem beim Lesen der Korrekturbogen half: Fräulein Magdalene Breuer.

Münster, im Advent 1946. Arthur Wegner.

Vorbemerkung zur 1. Auflage (1931).

Die hier gebotene Arbeit möchte einer Doppelaufgabe gerecht werden: sie versucht, die großen geistigen Zusammenhänge von Recht, Volksleben und Geschichte zu zeigen; und sie will zugleich greifbar nah und gegenständlich in die Arbeitsweise des Juristen einführen. Diese letztere Absicht führt den Leser dicht an das Handwerkliche heran. Mit dem Streben nach dem ersten Ziel dagegen ist weltanschauliche Stellungnahme verbunden. Das Recht ist der Träger aller öffentlichen Ordnung und darum in Sturmzeiten der Geschichte von der ganzen Unruhe der Zeit umbrandet. Stellung nehmen bedeutet hier etwas ganz anderes als spielerischen Meinungsstreit betreiben. Es kann nur Kampf für das Recht sein, ein Kampf aus tiefster Leidenschaft. Man fordere da keine flache Duldsamkeit der Unentschiedenen, der Nichtkämpfer, sondern denke an das feine Wort Eduard Sprangers: „Die sogenannte Toleranz ist in der Regel nur rationalistische Gleichgültigkeit oder politischer Grundsatz, während die echte Gewissensfreiheit den anderen emporheben will, voll Liebe ist und das letzte, wozu der Mensch gelangt" (Kultur und Erziehung, 4. Auflage, S. 10/11).

Daß noch so scharfes Eintreten für eine Sache an keiner Stelle dieser Arbeit menschliche Feindseligkeit bedeutet, ergibt sich für mich schon aus meiner Verehrung für Männer, denen ich über den stark betonten Gegensatz hinweg verbunden bleibe. Das gilt, ein wenig, soweit Gegensätze da sind, für Eduard Spranger, dessen gütigem Anteilnehmen und weisem Raten ich viel verdanke.

Das gilt aber besonders für den hochverehrten Lehrer und Freund, in dessen Hände ich voller Dankbarkeit diese Arbeit lege: Eberhard Schmidt.

Dank für unmittelbare Hilfe schuldet die „Einführung" meinen hochverehrten Amtsgenossen Hans Albrecht Fischer und Friedrich Gogarten. Für aufopfernde Mitarbeit bin ich herzlich dankbar Herrn Fakultätsassistenten Riesenfeld und Herrn cand. jur. Fleischer.

Vorbereitendes.

A. Vorbemerkung über den juristischen Beruf.

Das Wesen der Arbeit, die den Juristen erwartet, wenn er aus der Universität ins Leben tritt, läßt sich recht erst erfassen, wenn man wenigstens die Grundbegriffe, die Haupthandgriffe und Konstruktionen kennt, die seine Kunst ermöglichen. Aber etwas Einfach-Menschliches, ein von vornherein einleuchtendes und überblickbares Bild läßt sich doch wohl gleich zu Anfang zeigen: eines, das uns einen Eindruck von zwei Polen gibt, zwischen denen der Strom unserer Arbeit fließt, einen ersten Begriff von der ungeheuren Spannung, die unseres Schaffens Reiz und Rätsel ist.

Wir betrachten ein Augenblicksbild aus der Arbeit eines Rechtsanwalts und daneben die Arbeitsstunde eines bedeutenden Staatsmannes. Zwischen beiden liegt übrigens ein Bereich, von dem viele (z. B. Adolf Merkel in seiner „Enzyklopädie“) glauben, daß gerade dort sich die eigentlich juristische Arbeit zeige: es ist das Reich des Richters. Wenn wir nicht auf dieses sofort den Blick werfen, so hat das zwei Gründe. Wir brauchen für den Anfang ein etwas scharfes, manchem vielleicht zu grelles Licht. Und die Arbeit des Richters zeigt das Juristische in seiner abgeklärtesten und feinsten Form. Außerdem soll auch von vornherein hier der Eindruck vermieden werden, als habe es die Rechtswissenschaft lediglich mit der prozeßrichterlichen Kunst zu tun. Ihr Bereich ist viel größer. Aber wir werden zuletzt auch vom Reiche des Richters reden, in dem so viel Reife und Zurückhaltung, so viel Hoheit und Bescheidenheit ist.

I. Anwaltskampf um Menschenrechte.

Wir beginnen indessen im Alltäglichen. Im Büro des Rechtsanwalts läutet der Fernsprecher, und aus dem Anruf erfährt dieser Jurist, daß einer seiner reichsten und ihn am meisten beanspruchenden Klienten, der Kaufmann X., festgenommen worden ist und in das Untersuchungsgefängnis eingeliefert werden soll. Er ist verdächtigt worden, Betrügereien und Urkundenfälschungen verübt zu haben. Nun beauftragt er den Rechtsanwalt mit seiner Verteidigung in diesen Strafsachen und zugleich mit der Vertretung in allen den Streitigkeiten, die zwischen ihm und anderen Privatleuten schweben (sog. Zivilsachen), besonders im Hinblick auf eine drohende Konkurseröffnung. Eine Fülle verschiedenartiger Aufgaben steht plötzlich vor dem Anwalt, so verschieden und viel, daß er sie häufig nur in Arbeitsteilung mit einigen Kollegen zu bewältigen vermag. So kommt es, daß wir große Anwaltsfirmen haben, die mehrere Spezialisten, für Strafrecht, Bürgerliches Recht, Handelsrecht, Seehandelsrecht und andere Teilgebiete, vereinigen. Zwei Minuten später erreicht den Anwalt, von dem wir sprechen, ein neuer Anruf, diesmal von dem Fabrikanten Y. Der hat von der „Verhaftung" (juristisch liegt, bevor der Richter einen schriftlichen Haftbefehl erlassen hat, noch gar keine solche vor, sondern bloß eine „vorläufige Festnahme") gehört. „Leider erst, nachdem ich an diesen jetzt endlich festgesetzten Betrüger und Bankerotteur schon eine Maschine im Werte von 1500 Mark mit der Bahn abgesandt habe. Ist diese noch mein Eigentum, so daß ich sie von der Bahn zurückverlangen kann? Kann ich die Sache irgendwie sonst zurückbekommen? Wie wird es nach der Konkurseröffnung für mich sein? Kann ich da sagen: die Maschine gehört mir, ich sondere sie aus der Konkursmasse aus, nehme sie einfach wieder an mich? Oder muß ich es mir gefallen lassen, daß die vielen anderen Gläubiger (und ihre Zahl ist Legion) sagen werden: Nein, diese Maschine gehört zur Konkursmasse, d. h. zu dem beschlagnahmten Vermögen des Bankerotteurs oder, wie es juristisch heißt, des Gemeinschuldners, aus dem wir uns gemeinsam und gleichmäßig befriedigen müssen. Das wird wahrscheinlich nur eine sehr teilweise Befriedigung werden, die du da für deine Kaufpreisforderung von 1500 Mark erlangen wirst. Wir werden eben alle nur einen Teil von dem bekommen, was der Kerl uns schuldig ist." So hatte sich der Fabrikant Y. vorgenommen, dem Anwalt die Sache von allen Seiten her vorzutragen. Der aber darf in diesem Falle sich das alles gar nicht anhören, sondern muß gleich deutlich aussprechen: „Ich bedaure sehr, Ihnen hier gar nicht dienen zu können. Ich bin nämlich schon als Anwalt für Herrn X. tätig, der übrigens weder ein Betrüger noch ein Bankerotteur ist." Der Anwalt ist ein Parteivertreter. Man kann nur eine Partei vertreten, nicht beide. Für die eine, für seine Partei aber kann und muß sich der Anwalt mit aller Kraft der Einseitigkeit einsetzen (vgl. Reichsstrafgesetzbuch § 356: Parteiverrat, Prävarikation).

Er wird für die persönliche Freiheit des Klienten kämpfen und zu erweisen suchen, daß nach der Strafprozeßordnung der Staat hier keinen Rechtstitel hat, vorläufig festzunehmen oder gar zu verhaften.

Er wird für das Eigentum seines Klienten kämpfen: Dem Fabrikanten, der die Maschine geliefert hat, wird er zu beweisen versuchen, daß nicht mehr er, sondern der X. jetzt Eigentümer ist, daß der Fabrikant Y. keinen Anspruch hat, sein Eigentum herauszuverlangen, sondern nur eine Forderung auf den Kaufpreis, die aber noch nicht fällig sei, da erst nach Ablauf eines Monats, abredegemäß, gezahlt werden sollte.

So kämpft der Anwalt für die Vertragsrechte seines Klienten.

Lieferungsverträge, Kreditverträge, Werkverträge, Verträge über den Kauf von Grundstücken: alles das wird plötzlich angefochten, weil angeblich der X. bei ihrem Abschluß den Vertragsgegner arglistig getäuscht habe. Der Anwalt bestreitet, wenn er Grund dazu findet, den Betrug, vor dem Strafgericht wie vor dem Zivilgericht. Er sichert damit seinem Klienten die wirtschaftlichen Vorteile der für ihn günstigen Verträge.

Bei alledem muß er Verständnis haben für den wirtschaftlichen Wert von Rechten und Rechtsverhältnissen.

So muß er wissen, ob der drohende Konkurs durch wirtschaftliche Notwendigkeit geboten wird, weil die Zahlungsunfähigkeit keine momentane, keine leicht zu behebende ist und es also besser erscheint, ein Aufwaschen zu machen; oder ob die Weiterführung des Geschäfts im dringenden Interesse seines Klienten liegt. Für diesen Fall wird er mit sorgsamer Begründung der Eröffnung des Konkurses widersprechen, die rechtlichen Voraussetzungen des Konkurses bestreiten.

Ist der Konkurs da, so wird der Anwalt gegenüber den schleunig zufassenden Konkursgläubigern die Vermögensstücke zu schützen versuchen, die der Klient vor dem Schicksal bewahren möchte, von der Konkursmasse verschlungen zu werden.

Das ist dann sehr schwer, wenn es sich um das Vermögen eines unbeschränkt haftenden Menschen (oder wie das Gesetz ihn nennt: einer natürlichen Person) handelt. Denn der Mensch steht für seine Schulden mit seiner ganzen Person, mit all seinem Vermögen ein. Aber es gibt Mittel, die Haftung zu beschränken. Der Anwalt muß wissen: Ist der X. in eigenem Namen, eben als der Kaufmann X. im Geschäftsleben aufgetreten — oder für irgendeine Gesellschaft mit beschränkter Haftung (G. m. b. H.), eine Aktiengesellschaft (AG.), in der er vielleicht den entscheidenden Einfluß hat, die aber doch nicht er selber ist, sondern eine andere Person. Denn diese Zusammenschlüsse von mehreren Personen zu einem gemeinschaftlichen Unternehmen werden eigentümlicherweise vom Rechte als eigene Personen behandelt. Allerdings sieht man sie nicht als natürliche Personen an, sondern als juristische. Ihr Vorhandensein hat für den Menschen, der für seine Geschäftshandlungen nun einstehen soll, große Vorteile. Der Mensch als Mitglied des Vereins oder der Gesellschaft mit beschränkter Haftung oder der Aktiengesellschaft haftet für die Verpflichtungen solcher Firmen nicht unbeschränkt persönlich (er ist ja gar nicht die Person, die die Geschäftsschulden dieses Geschäftes hat), sondern nur mit seinem Beitrag, Geschäftsanteil, seiner Aktie. Die gehören nämlich zum Vermögen dieser juristischen Person, welche haften muß an Stelle der Mitglieder, die sie geschaffen haben.

Diese und tausend andere Fragen können täglich dem Anwalt begegnen. Und alles, was der Anwalt des X. hier tut, wird vom Anwalt des Y. mit Gegenmaßnahmen beantwortet, auf jede Behauptung kommt mindestens ein Bestreiten. Es ist ein Kampf, geführt mit aller Leidenschaft der Einseitigkeit. Nicht bloß immer um Juristisches geht es dabei. Menschliche Seiten bei einem allgemein verachteten Verbrecher, gute Seiten, die niemand gesehen hat, findet der seelenkundige Anwalt und wird so oftmals zum Advokaten der Menschlichkeit.

Und dieser Kampf, täglich hundertfach, tausendfach, ist der Brotgeber vieler praktischer Juristen. In ihm spielen die Gebiete des bürgerlichen Rechtes, Handelsrechtes, Strafrechtes und Prozeßrechtes eine Rolle. Das ist das Ackerfeld des Rechtsanwaltes. Und die vielen heftigen Prozeßstreitigkeiten sind wie die Bodenbakterien, wie dieser Sauerteig der Erde, der Zersetzung und Verwesen bewirkt, um die Keime des Frühlings zu schaffen. Das ist der freie Wettkampf der Einzelmenschen. Dieser Streit der Individuen um ihre Rechte ist seit dem Erwachen des weltfreudigen Sinnes im Zeitalter der Renaissance die bewegende Kraft der Geschichte geworden (wieder geworden, wie ein Universalhistoriker vielleicht sagen würde). In dieser Renaissance gelangte nicht nur ein scheinbar gestorbenes Recht, das römische, zur Herrschaft über alle anderen, sondern der heutige Juristenstand selber wuchs aus ihr empor. Das Recht um das Individuum, den Einzelmenschen herum, ist das große Thema seitdem. Und nun wird wohl verständlich, weshalb wir den ersten Blick auf die Arbeit des Anwaltes warfen. Er ist der gewerbsmäßige Verfechter der Individualrechte.

Jeder gute Anwalt wird allerdings ganz mit Recht finden, daß eine solche Kennzeichnung seines Berufes einseitig, übertreibend und darum falsch ist. Die Würde des Anwaltberufes wäre verkannt, wenn man so etwa sein Wesen erfassen wollte. Der Anwalt ist kein bloßer Vertreter des Privatmannes, kein Geschäftsführer der Prozeßpartei, kein Knecht seines Klienten. Der Rechtsanwalt ist genau so ein Organ der Rechtspflege wie der Richter und der Staatsanwalt. Mag er im Kampfe um das Recht auch manchmal hart mit dem Gegner zusammenstoßen (wir glauben nun einmal, daß aus dem Drama, aus dem lebensvollen Gegeneinander der Personen, der Prozeßsubjekte sich am besten die Wahrheit ergibt): Der Rechtsanwalt ist dennoch stets der Mitarbeiter aller derer, die zur Rechtspflege berufen sind. Gemeinsam dienen sie alle dem Rechte und der

Gerechtigkeit, ja, ihr allein. Nur ist die Arbeit so verteilt, daß der Anwalt in der Tat zumeist zum Kampfe für die Individualrechte berufen ist. In der Rechtsordnung sind diese jedoch nicht das Recht, sondern nur ein Teil davon, im wesentlichen der erste von vier Teilen. Es ist der, in dem das Recht vom Einzelmenschen her gesehen wird. Die Rechtswissenschaft wie die Rechtsgestaltung haben aber noch ganz andere Gesichtspunkte wahrzunehmen, höhere, die uns Größeres sehen lassen.

II. Staatsmannsarbeit.

Am 30. September 1807 traf der Reichsfreiherr vom Stein bei seinem König Friedrich Wilhelm III. in Memel ein, nach einer langen und beschwerlichen Reise durch das von den Franzosen besetzte Vaterland. Der König wollte ihn zu seinem ersten Minister ernennen und ihm die oberste Leitung aller Zivilangelegenheiten (das bedeutet hier den Gegensatz zu den militärischen Ämtern) übertragen. Stein war kurze Zeit vorher wegen Widerspenstigkeiten in höchster Ungnade entlassen worden. Er hatte heftig gegen die Kabinettsregierung des Königs gekämpft, d. h. gegen die Räte, die, ohne die Verantwortung des Ministeramtes zu tragen, doch den König in allen Dingen geheim berieten, von allen Akten der Minister Kenntnis erhielten und das Handeln der verantwortlichen Staatsmänner ihrem Urteil unterzogen, für das sie nur dem Könige gegenüber Verantwortung trugen. Stein hatte dem König seinen festen Entschluß gezeigt, die Leitung der Staatsgeschäfte nicht zu übernehmen, solange neben dem verantwortlichen Ministerium ein anderes geheimes Kabinett fortbestünde. Darüber war es zum Bruch gekommen. Nach dem völligen Zusammenbruche Preußens aber berief Friedrich Wilhelm III., der ritterlich und schlicht wie kaum ein anderer König und immer bereit war, begangenes Unrecht einzugestehen und wiedergutzumachen, den großen Minister zurück.

Bei dem Gespräch in Memel am 30. September 1807 stand eine Fülle geschichtlich bedeutender und drängender Aufgaben vor dem Auge des Reichsfreiherrn vom Stein. Zunächst mußte er Klarheit schaffen über sein Verhältnis zum König und den Umfang seiner Verantwortlichkeit und seines Einflusses. Er forderte das Verschwinden des geheimen Kabinetts neben dem verantwortlichen Ministerium.

Juristisch ist die Frage, die Stein hier lösen mußte, eine Frage des Staatsrechtes, des Verfassungsrechtes. Noch war in Preußen das Zeitalter der absoluten Monarchie. Stein wollte in dem Augenblicke seiner Arbeit, den wir hier betrachten, einen entscheidenden Schritt zu neuer staatsrechtlicher Gestaltung tun. Er erscheint den meisten als ein wichtiger Schritt zur konstitutionellen Monarchie, zum Königtume, das an die Verfassung gebunden ist. Im Beginn der Neuzeit hatte der König sich vielfach daran gewöhnt, sein Land als eine Art Privateigentum, seine Regentschaft als eine Art Gutsherrschaft anzusehen. Es war die Zeit des Patrimonialstaates. Ihm gegenüber ist die absolute Monarchie insofern ein Fortschritt, als sie den Gedanken des Staates selber, der Staatsraison wahrnimmt. Aber sie faßt nach französischem Muster alle Zweckverfolgung des Staates in einem Mittelpunkte, in der Person des Königs, zusammen (Zentralisation). Und gerade vom Standpunkte dieser durchaus neuzeitlichen Staatsraison aus mußte das Sonnenkönigswort richtig scheinen: L'Etat c'est moi. Für den Freiherrn vom Stein war der Staat das gegliederte Volk und in diesem Organismus der König das höchste Organ, das Staatshaupt. Und das, was Stein an jenem Septembertage 1807 eigentlich wollte, wird dem Juristen nur klar werden, wenn er sich mit dem Historiker zur Arbeit vereint. Dann wird sich das Rätsel lösen, weshalb Stein, der aus tiefster Überzeugung Monarchist war und durchaus konservativ und nicht liberal dachte, zeitweise wenigstens scheinbar in einer Reihe mit denen kämpfte, die das Regiment des Königs beschränken, ja manches Fürstentum damaliger Zeit einfach beseitigen wollten[1]).

Die besten und edelsten Juristen jener notvollen Jahre haben gegen die beiden gewaltigen Mächte gekämpft, von denen die eine die Modernität von gestern und die andere die von morgen war: gegen Absolutismus und revolutionären Nationalismus. Darin stimmen die tiefen Geister überein. Der Reichsfreiherr vom Stein erschien allerdings lange manchen ernsten Männern im pommerschen Adel etwa selber als ein halber Umstürzler. Adolph von Thadden stellte später mit Erstaunen fest, daß der Freiherr vom Stein auf demselben Boden stand wie er und alle Mißdeutungen seines berühmten staatlichen und gemeindlichen Aufbauwerkes leidenschaftlich zurückwies. Später haben Friedrich Carl von Savigny in gemäßigter Art, Carl Ernst Jarcke auf die entschiedenste Weise gegen Absolutismus und Revolution gekämpft. Jarcke ist dabei wohl eines Geistes und Sinnes mit dem edlen und großen Dichter, dem Freiherrn Joseph von Eichendorff. Der Briefwechsel dieser beiden Männer dürfte ein lohnender Gegenstand der Forschung sein. Wie der Freiherr Joseph von Eichendorff und Carl Ernst Jarcke standen auch zu Steins Zeiten schon die edelsten Gestalten des hohen preußischen Beamtentums. Leopold von Gerlach, der mit rührender Liebe an seinem Könige hing und dem doch zugleich alle Abgötterei, die mit irdischem Herrschertume getrieben wurde, aus tiefstem Herzen zuwider war, schreibt über seinen Vater Sätze, die allein schon geeignet sind, alle törichten Vorstellungen von Preußens hohem Beamtentum und Adel zu widerlegen: «Er war überhaupt nach der jetzigen Redeweise entschieden konservativ, aber frei von jedem

Absolutismus. Stets stand ihm das Recht höher als der National-Wohlstand oder Reichtum . . . Das Deutsche Reich und sein Recht liebte mein Vater von Göttingen her, aber gewiß nicht im Gothaischen und Radowitzischen Sinne unserer Tage. (Geschrieben nach 1848.) Für England hatte er ein besonderes Interesse und eine große Vorliebe für den König Georg III. Oft führte er sehr anerkennend an, daß dieser Herr gesagt hätte, „die Verfassung und das Staatsrecht seines britischen Reiches schwäche seine Macht nicht, sondern stärke sie vielmehr". Die Freiheiten von England hielt unser Vater sehr hoch. Die Parlamentsdebatten las er aufmerksam. Die beiden Pitt waren in hohem Grade von ihm geachtet, er setzte aber den Sohn noch über den Vater. Obschon wir alle vier dieses Interesse für die Freiheiten Englands von ihm geerbt haben, werden wir doch als absolutistisch verschrien.» (Ernst Ludwig von Gerlach, Aufzeichnungen aus seinem Leben und Wirken 1795—1877, herausgegeben von Jakob von Gerlach, 1903, S. 14/15.) Der alte Kammerpräsident von Gerlach war in seiner Jugend, unter der Regierung Friedrich des Großen, als Kammergerichtsreferendar in die Justiz eingetreten. Von kritikloser Verherrlichung des ruhmreichsten Hohenzollern waren die Gerlachs alle besonders weit entfernt. Sie nannten ihn immer nur Friedrich II. Leopold von Gerlach, der Ältere, der Vater der berühmten Brüder Wilhelm, Leopold, Ludwig und Otto von Gerlach, «bereiste mit dem bekannten Großkanzler Fürst, der später durch einen Gewaltakt Friedrichs II. wegen des Müller Arnoldschen Prozesses kassiert wurde, die Gerichte in Westfalen. „Von dort aus besuchte unser Vater", erzählt der Sohn Leopold, „Amsterdam. Ich habe 1816 in Parson noch den alten Bauer Lüttke gesprochen, der ihn auf dieser Reise als Bedienter begleitet hatte und mit großer Liebe von ihm sprach. Mein Vater hielt viel von Fürst und erzählte mir oft, wie die Wagen der dem kassierten Großkanzler kondolierenden Personen von seiner Wohnung im Achteck (dem jetzigen Leipziger Platz) bis an die Friedrichstraße in der Leipziger Straße gehalten hätten, was für den Großkanzler und die damaligen Staatsdiener ein ehrenvolles Zeugnis ist, denn Friedrich II. war ein Herr, der nicht mit sich spaßen ließ." (Ernst Ludwig Gerlach, Aufzeichnungen S. 8.) Doch kehren wir nun zurück zu der staatsmännischen Stunde des Freiherrn vom Stein!

Die Sorge um den Ausbau der Verfassung war bei Stein eng verbunden mit dem kraftvollen Bestreben, Preußen und das alte, ehrwürdige, das Heilige Römische Reich deutscher Nation von Napoleon zu befreien, der das Reich juristisch bereits aufgelöst hatte. Für dieses äußere Befreiungswerk vermochte er im Augenblick allerdings noch nichts Entscheidendes zu tun. Napoleon selber hatte in grobem Irrtum über die persönlichen Verhältnisse dem König Friedrich Wilhelm III. nach Preußens Niederlage den Freiherrn vom Stein als Minister vorgeschlagen. Er kannte ihn nur als geschickten Finanz- und Verwaltungsfachmann und hoffte, daß der am besten in der Lage sein würde, das Geld herbeizuschaffen, das Bonaparte von Preußen zu erpressen gedachte. Es war in der Tat auch eine der ersten Aufgaben Steins, den Gewalthaber zufriedenzustellen. Seine zweite Sorge war auf den Abschluß eines Friedens gerichtet, der Preußen nach Möglichkeit von der Besatzung befreien und ihm nicht unmöglich machen sollte, sich am gegebenen Tage gegen den Erpresser zu erheben. Wir sehen hier die Verbindung von Finanzpolitik mit Außenpolitik, die wir aus neuerer Zeit genugsam kennen. Und diese politischen Fragen haben ihre durchaus rechtliche Seite. Völkerrecht und Verwaltungsrecht stehen bei diesen Aufgaben vor uns. Wer das Leben des großen Staatsmannes Stein, seine vielen Denkschriften, seine ebenso leidenschaftlichen wie gehaltvollen Briefe kennt, der weiß, wie er in den hohen Rechtsgedanken dieser Gebiete lebte. Dabei ging er allerdings eigene Wege, die heute noch mehr mißverstanden oder nicht verstanden werden als damals. Er verwarf die Völkerrechtswissenschaft, die dem System des Hugo Grotius klassische Geltung zubilligte. Eine andere Völkergemeinschaft als die der westlichen Zivilisation schwebte ihm vor. Dabei stand der Reichsfreiherr vom Stein denen allerdings vollkommen fern, die irgendwie am Völkerrechte und der Heiligkeit des Rechtes überhaupt rütteln wollen. Bei ihm finden wir noch eine tiefe und selbstverständliche, eine durchaus christliche Bejahung des Völkerrechtes. Was er für das Verwaltungsrecht getan hat, ist allgemeiner bekannt. Denn Stein ist ja der Schöpfer, besser: der Erneuerer der Selbstverwaltung. Beteiligung des Bürgerstandes an der Verwaltung der Gemeinwesen, die als Städte und Gemeinden Glieder des preußischen Staates sind, Freiheit für den Bauernstand: das stand am 30. September 1807 als nächstes Hauptziel seiner preußischen Ministertätigkeit dem Reichsfreiherrn vor Augen. Aber der Freiheitskampf, den er für Preußen, für Deutschland führte, war ein anderer als der, den ein geschickter Anwalt für irgendein Individuum betreibt. Es ging nicht um die Befreiung von Einzelwesen, sondern um die des Vaterlandes. In dem Jahre, in dem zum hundertsten Male der Todestag des Freiherrn vom Stein wiederkehrte, stand in der ersten Auflage dieser Einführung die Mahnung: Kein Jurist sollte versäumen, im Lebenswerke dieses großen Staatsmannes nachzuschlagen. Bis in die letzten Lebenstage kreiste sein Denken um die großen Dinge des Rechtes. Und da sind keine spitzfindigen Fragen, kein Hin und Her kleiner Gründe und Gegengründe. Die Geschichte des Deutschen Reiches und deutschen Volkes, der dieser Staatsmann die größte wissenschaftliche Quellensammlung, die Monumenta Ger-

maniae Historica, schuf, stand in seinem Herzen geschrieben und immer vor seinen Augen. Aus ihr begriff er das Recht.

Anmerkung zu A:

1. In seiner „Darstellung der fehlerhaften Organisation des Kabinetts und der Notwendigkeit der Bildung einer Ministerialkonferenz", einem unglaublich kühnen und rücksichtslosen Entwurf vom April 1806, schreibt Stein unter anderem:

„Friedrich Wilhelm I. herrschte selbständig, beratschlagte, beschloß und führte aus durch und mit seinen versammelten Ministern.

Er bildete die noch vorhandenen Verwaltungsbehörden und regierte mit Weisheit, Kraft und Erfolg.

Friedrich der Große regierte selbständig, verhandelte und beratschlagte mit seinen Ministern schriftlich und durch Unterredung, führte durch sie aus, seine Kabinettsräte schrieben seinen Willen und waren ohne Einfluß.

Er besaß die Liebe der Nation, die Achtung seiner Bundesgenossen, das Zutrauen seiner Nachbaren.

Friedrich Wilhelm II. regierte unter dem Einfluß eines Favoriten, seiner Umgebungen, sie traten zwischen den Thron und seine ordentlichen Ratgeber.

Gegenwärtig verhandelt, beratschlagt, beschließt der Regent mit seinem Kabinett, dem mit diesem affiliiertem Grafen von Haugwitz, und seine Minister machen Anträge und führen die in dieser Versammlung gefaßten Beschlüsse aus.

Es hat sich also unter der jetzigen Regierung eine neue Staatsbehörde gebildet, und es entsteht die Frage: Ist diese Anstalt nützlich, und ersetzt die Güte ihrer subjektiven Zusammensetzung das Unvollkommene der Einrichtung selbst?

Diese neue Staatsbehörde hat kein gesetzliches und öffentlich anerkanntes Dasein; sie verhandelt, beschließt, fertigt aus in der Gegenwart des Königs und im Namen des Königs.

Sie hat alle Gewalt, die endliche Entscheidung aller Angelegenheiten, die Besetzung aller Stellen, aber keine Verantwortlichkeit, da die Person des Königs ihre Handlungen sanktioniert.

Den obersten Staatsbeamten bleibt die Verantwortlichkeit der Anträge, der Ausführung, die Unterwerfung unter die öffentliche Meinung.

Alle Einheit unter den Ministern selbst ist aufgelöst, da sie unnütz ist, da die Resultate aller ihrer gemeinschaftlichen Überlegungen, ihrer gemeinschaftlichen Beschlüsse von der Zustimmung des Kabinetts abhängen

Diese Abhängigkeit von Subalternen, die das Gefühl ihrer Selbständigkeit zu einem übermütigen Betragen verleitet, kränkt das Ehrgefühl der obersten Staatsbeamten; man schämt sich einer Stelle, deren Schatten man nur besitzt, da die Gewalt selbst das Eigentum einer untergeordneten Influenz geworden ist. Wird der Unwille des beleidigten Ehrgefühls unterdrückt, so wird mit ihm das Pflichtgefühl abgestumpft und diese beiden kräftigen Triebfedern der Tätigkeit des Staatsbeamten gelähmt.

Der Geist des Dienstgehorsams verliert sich bei denen Untergebenen der obersten Vorsteher des Departements, da ihre Ohnmacht bekannt ist, und jeder, der den Götzen des Tages nahekommen kann, versucht sein Heil bei ihnen und vernachlässigt seine Vorgesetzten."

Pertz, Das Leben des Ministers Freiherrn vom Stein, 1855, I, S. 332—333. Klaus Thiede, Freiherr vom Steins ausgewählte Schriften, 1929, S. 12/13.

III. Das Reich des Richters.

Als der junge Reichsfreiherr vom Stein in Wetzlar am Reichskammergericht arbeitete, fand er alles ziemlich öde und vertrocknet und von grauem Begriffsgespinste überzogen. Diesen leidenschaftlichen und lebensvollen Juristen zog die Arbeit bei den Gerichten nicht an. Seine Sehnsucht nach schöpferischer Tat erfüllte sich in der Verwaltung. Es gibt sicher Juristen, die zum Verwaltungsdienste mehr als zum Gerichtsdienste berufen sind. Aber auf keiner Seite sollte ein hochmütiges Aufeinanderherabblicken da sein. Mit überlegener Bescheidenheit haben die Richter einen Hochmut hingenommen, der ihnen von manchen jungen Leuten aus der „Regierungslaufbahn" entgegengebracht wurde. Sie erzählten einfach die scherzhafte Geschichte von dem Oberlandesgerichtspräsidenten und seinem Traum. Am Frühstückstische ließ der Herr Chefpräsident die Seinen raten, was ihm wohl geträumt haben möge. Er sei im Traume etwas ganz Großes geworden — ob sie wohl raten könnten: was? Mutter, Söhne und Töchter vermuteten hin und her. „Reichsgerichtspräsident?" Nein — viel mehr! Ja, sogar über Ämter wie die des Justizministers und Reichskanzlers war der Traum anscheinend noch hinausgegangen. Der Oberlandesgerichtspräsident war in seinem Traume viel mehr geworden, als irgendein Familienmitglied riet, nämlich: — Regierungsreferendar. Vielleicht haben nur die Töchter die Größe dieses Traumes ganz ermessen können: denn ein junges, eitles Mädchenherz mag ein gewisses Gefühl für die vollendete Feinheit eines schneidigen Regierungsreferendars haben.

Das Reich des Richters ist nicht auf äußeren Glanz, nicht auf Schneid oder Ruhm oder rednerischen Schwung gestellt. Alles ist streng sachlich und mutet insofern vielleicht den einen oder anderen etwas nüchtern an. Aber der sieht dann nur äußerlich. Innerlich hat es das Richteramt mit beinahe übermenschlich schicksalsschweren Aufgaben zu tun. Es ist seinem Ursprunge und Wesen nach ein königliches Amt — und vielleicht sogar älter und ehrwürdiger als das Amt der Könige.

Am tiefsten greift der Strafrichter in Menschenschicksale ein. Deshalb ist es völlig unverständlich, weshalb in manchen Kreisen der Zivilgerichtsbarkeit (d. i. der Gerichtsbarkeit in bürgerlichen Rechtsstreitigkeiten) ein gewisser Dünkel herrscht, mit dem man sich über die Strafgerichtsbarkeit erheben möchte. Die Strafgerichtsbarkeit braucht die stärksten und besten Juristen. Nirgends kommt es auf klare und scharfe, genaue und strenge Begriffe so an wie gerade im Strafrecht. Und kaum ein anderer Richter hat so viel Verantwortung wie der, welcher über Tatbestand und Täter urteilt. Hinter dem Täter aber muß mit seelischem Feingefühl sondergleichen der Strafrichter den Menschen mindestens ahnen. Mahnend steht das Losungswort des 44. Psalms -Vers VI katholischer Zählung und Übersetzung (Septuaginta, Vulgata, Schott) über ihm: „Für Wahrheit, Milde, Recht". Nur inmitten von Wahrheit und Recht kann Milde stehen. Anders wäre das bloß so Genannte zu sehr in Gefahr, hysterische Weichlichkeit zu werden, die nur allzuleicht hysterische Härte als Gegenwirkung wachruft. Der Strafrichter muß stark und ruhig sein. Wie über dem Leben unseres größten Rechtsgelehrten (der am 31. Oktober 1800 in Marburg die venia legendi für Strafrecht erlangte mit der Dissertation „De concursu delictorum formali") muß gerade auch über dem Leben des Strafrichters das Wort stehen, das Leopold von Ranke am Ende seiner wundervollen Gedächtnisrede für Friedrich Carl von Savigny sprach: „Sein Geist war ruhig und tief."

Wer führende Menschen der Strafrechtspflege kennenlernen darf, wird oftmals einen tiefen Eindruck davon empfangen, wie viele gerade von ihnen überaus gütig und verstehend sind. Überraschen kann einen das, wenn man nachdenkt, kaum. Wer Menschen richten muß, lernt Menschen verstehen. Er gelangt dabei auch zu tieferer Selbsterkenntnis. Müde Verzweiflung möchte dann vielleicht sprechen: Alles verstehen heißt alles verzeihen. Aber das mag oft die „Großzügigkeit" derer sein, die es nicht wagen, sich selber zu verurteilen und sich selber gerichtet zu wissen durch den lebendigen Gott. Die Stärke des Strafrichters besteht darin, daß er hart gegen sich selber sein kann. Wie sollte er sonst die Härte ertragen können, zu der ihn sein Amt gegen andere verpflichtet? Es gibt viele gerechte Strafrichter von großer Gewissenhaftigkeit, Milde und Festigkeit, die man nur wünschen kann. Wie viele von ihnen ihr Amt in letzter christlicher Tiefe verstehen: darüber etwas zu sagen, wäre ein großes Wagnis. Diese letzten Tiefen ließ uns Reinhold Schneider, der große Deuter unserer Zeit, ahnen, etwa in seinem Sonett „Das Richtschwert". Es knüpft an die Inschrift auf einem alten Richtschwerte an: „Wenn ich dies Schwert tu aufheben, wünsch ich dem armen Sünder das ewige Leben." Und es lautet:

Ich richte nicht. Ich muß das Schwert nur sein
Und schlage nicht aus meiner Kraft. Das Recht
Will mich zum Knecht an Gottes armem Knecht,
Er möge mir und möge dir verzeihn.

Und niemand herrsche denn der Herr allein!
Und seines Zeichens Siegel nur ist echt.
Aus deiner Fessel lös' ich dies Geschlecht,
Und doch ist keine Hand auf Erden rein.

Wir sind verbunden für die Ewigkeit
Und werden Hand in Hand vor Gott gelangen;
Da ich dich töte, bitt ich um dein Leben.

Im heiligen Ernste schattenhafter Zeit
Hast du die Sünde dieser Welt begangen,
Muß ich das Schwert, das sie verzehrt, erheben.

Der Strafrichter hat die größte Verantwortung. Das kommt im Strafverfahren allenthalben klar zum Ausdruck. Die Verantwortung des Richters bleibt dieselbe, wie immer auch seine äußere Stellung im Verfahren sein mag. In Deutschland kennt der vorsitzende Richter die Vorakten. Er leitet die Vernehmung und erscheint so fast wie der Herr über die Beweisaufnahme. Im englischen Strafverfahren dagegen ist der Grundsatz der Mündlichkeit und Unmittelbarkeit auf die Spitze getrieben: das Verfahren spielt sich vor dem Richter ab als ein lebendiger Kampf um das Recht. Der Richter kommt ohne Aktenkenntnis in die Hauptverhandlung — oder, besser: die Hauptverhandlung kommt vor ihn. Rex versus Miller: so heißt der Prozeß. Krone und Angeklagter kämpfen miteinander, beide unterstützt durch ihre Anwälte. Es gibt da keinen Staatsanwalt, und es besteht infolgedessen Waffengleichheit zwischen Ankläger und Verteidiger. Bei diesen beiden liegt die Hauptarbeit der Beweisaufnahme. Sie müssen im Kreuzverhöre der Zeugen (zu denen nach seiner Wahl auch der Angeklagte gehören kann) den Prozeßstoff vor dem Richter lebendig werden lassen. Der Richter hat überall das königliche Amt der Entscheidung.

In England ist das Königtum von ein paar hohen Richtern stark hervorgehoben. Es berührt die Verehrer des großen sozialen Dichters Charles Dickens sicher seltsam, daß dessen Sohn ein bedeutender Strafrichter geworden ist. Man sollte besonders in Juristenkreisen die Lebenserinnerungen dieses Sohnes lesen: The Recollections of Sir Henry Dickens (1934). Das hohe Richteramt wird übrigens den erfolgreichsten Juristen nicht als neuer Gewinn zuteil, sondern fordert von ihnen oft hohe wirtschaftliche Opfer. Denn der englische Richter geht aus dem Anwaltsstande hervor. Und den ganz großen Einnahmen berühmter Anwälte kann irgend etwas anderes so leicht nicht gleichkommen. Albrecht Mendelssohn Bartholdy hat in seinem „Imperium des Richters" (1908) so manchen feinen Gedanken über das englische Richterkönigtum dargeboten.

Das deutsche Richtertum ist durch strenge und schlichte Sachlichkeit gekennzeichnet, nicht durch die prunkende Überlegenheit einiger weniger Inhaber von Spitzenstellungen. Ist nicht ein jeder Richter ein „hoher

Richter"? Was kann größer sein als der Beruf eines Amtsrichters? Je kleiner das Amtsgericht, um so weiter ist der juristische Arbeitsbereich, um so größer die Verantwortung. Hohe Hingabe kann hier ein Richtertum hervorbringen, das an Väterlichkeit und Königlichkeit seinesgleichen nicht hat. Und andererseits entwickelt sich oft bei den Kollegialgerichten, beim Landgericht, Oberlandesgericht und Reichsgericht, das Fachmannstum, das gelehrteste Richtertum zu höchster Kraft und Blüte und reift zur schönsten Frucht. Auch dabei darf wieder nicht vergessen werden, daß mancher große, in die Geschichte eingegangene Gelehrte seine richterliche Lebensarbeit als Amtsrichter tat. Die sittlichen Werte, die im pflichttreuen und zugleich unablässig der Rechtswissenschaft dienenden deutschen Richtertum verwirklicht worden sind, sollten recht gekannt und gewürdigt und nicht etwa über dem schlichten Gewande vergessen werden. Gewiß ist auch das Bedenken nicht zu übersehen, das Friedrich Carl von Savigny dagegen vorbringt, „daß bei uns Richter und Sachwalter ihr Geschäft in wenig anregender Unbemerktheit betreiben" (s. u. S. . . .). Aber wer unbemerkt und still arbeitet, keinem zu Liebe und keinem zu Leide, erweist sich eben gerade als der wahrhaft Vornehme. Friedrich Carl von Savigny selbst ist ja im Grunde auch durch ein solches Leben und Wirken ausgezeichnet.

Mit königlicher Vollmacht entscheidend, steht der Richter, hier besonders der Zivilrichter, unbeteiligt neben den Reichtümern der Welt, selbstlos richtend in all dem Getriebe und Gewirr um Geld, Gewinn und Gut. Er bleibt unbemerkt und hat keine andere Anregung als die Gedanken der Gerechtigkeit und seiner Pflicht. In unserem Vaterlande winkt ihm auch kein Glanz des Ruhmes. Gewiß haben gelehrte Richter Bücher geschrieben, die stärker gewirkt haben und länger geblieben sind als die Werke anderer Verfasser. Ein Jurist wie Max Mittelstein, der Präsident des Hanseatischen Oberlandesgerichts in Hamburg, hat als Schriftsteller, Professor und Vorsitzender wichtiger Gesellschaften mit all seiner Schlichtheit mitten im öffentlichen Leben gestanden. Aber an solchem Ruhme sind die Richter nicht beteiligt, die ihre ganze Schöpferkraft allein ihren Urteilen und ihren Akten zugewandt haben. Sie taten und tun es oft in stolzer Verachtung schriftstellerischer Betriebsamkeit und literarischen Streites. Ein ungemein menschenkundiger und geistvoller Hamburger Strafrichter pflegte von einem viel und schnell schreibenden Juristen verachtungsvoll zu sagen: „Er kann die Tinte nicht halten."

Was der Richter schreibt, ist mehr als gelehrtes Schriftstellerwerk. Es ist die königliche Tat des Urteils. In England, zum Beispiel, scheint es mehr geehrt zu sein. Da kennt man die Verfassernamen der berühmten Urteile. Es ist zu erwägen, ob das nicht auch bei uns so sein sollte, weil es ja nur recht und billig ist. Aber man mag zweifeln, ob ein solcher Brauch den deutschen Richtern genehm wäre. Viele lieben ihre Unbemerktheit, nicht aus Bequemlichkeit, sondern aus pflichttreuer Bescheidenheit. Und darin gerade sind sie vornehm und groß.

Kühl vornehmes Wesen ist allerdings nicht das Letzte, wozu ein Richter gelangen soll. Sein Amt ist oftmals hart. Aber gerade darum muß sein Herz väterlich und gütig sein in Christi Kraft. Irgendwie bleibt er trotz alles Unpersönlichen und Überpersönlichen seines Dienertums am Rechte menschlich doch verantwortlich für das Schicksal, das sein Urteil schafft. So soll zum Beispiel der Strafrichter der Strafvollstreckung nicht unbeteiligt gegenüberstehen. In diesem Sinne hatte Moritz Liepmann recht, wenn er, in Anlehnung an seine großen Vorbilder, vor allem an Obermaier, forderte, daß die Kenntnis des Strafrichters von der Strafe und von den Menschen, die gestraft werden, keine „metaphysische" sein darf. Sein Schüler Georg Krönig hat in ruhig und klug abwägender Art sich ebenfalls für diese Notwendigkeit eingesetzt[1]). Die Erfahrungen des Strafvollzuges in Seelsorge, Seelenkunde und Erziehung müssen vom Strafrichter mit ganzer Hingabe erforscht und genützt werden. Und er muß wissen, daß seine christliche Bruderliebe in erster Linie den von ihm verurteilten Brüdern gehört.

Nach dem Urteil kann die Gnade Raum gewinnen. Denn „die Barmherzigkeit rühmt sich wider das Gericht": dieses Bibelwort (St. Jakobus 2, 13) hat Rudolf Stammler in seiner „Lehre von dem richtigen Rechte" über das Gnadenwesen geschrieben, über dieses letzte königliche Recht. Georg Krönig wies im einzelnen nach, wie der Richter auch an Strafvollzug und Gnadenwesen in neuer Zeit stärkeren Anteil nahm. Dabei mag bedacht werden, daß die Gnade grundsätzlich doch wohl einer höchsten Staatsstelle vorbehalten bleiben muß. Es kommt hier indessen nicht darauf an, Einzelheiten des Weges und der Gnade als Wegweiser zu erörtern. Man darf mit den Worten schließen, die der Hamburger Richter Dr. Georg Krönig vor der großen Prüfungszeit schrieb, die auch und gerade für die Rechtspflege anbrechen sollte. Er sagte von der Beteiligung des Richters am Gnadenwesen: „Will man aber diesen Wegweiser symbolisch nehmen, so ist er schließlich in dieser gnadenlosen Zeit auch kein schlechtes Zeichen." [2]).

[1]) Georg Krönig, Richter und Strafvollzug. Schweizerische Zeitschrift für Strafrecht, 46. Jahrgang. S. 82—98.

[2]) Krönig a. a. O. S. 98. Es ist bemerkenswert, wie viele Juristen zugleich Dichter gewesen sind. Für die Vergangenheit ist das wohl jedem bewußt. Tief und weit hat Eugen Wohlhaupter Leben und Wirken der Dichterjuristen verfolgt, in seinen schönen und reichen Arbeiten über Eichendorff, Uhland und viele andere (jetzt wohl, mit Goethe begonnen, sie alle umfassend). Für die Gegenwart sei hervorgehoben, daß auch Georg Krönig, mit dessen Worten dieser Abschnitt schloß, ein Dichter ist („Frühlingskinder", „Der Sommer des Gefangenen. Elegien").

B. Rechtsgeschichte.

Wir brauchen nur ein paar Kernfragen aufzuwerfen, um zu erkennen, daß ohne Einsicht in die geschichtlichen Zusammenhänge das Wesen von Recht und Rechtswissenschaft im Dunkeln bleibt.

Wir Heutigen denken, wenn wir vom Rechte reden, an Gesetzbücher und Sammlungen einer Unzahl kleiner Gesetze. Dieser Rechtsstoff ändert sich, wie wir aus den Zeitungen ersehen, beinahe täglich durch neue Gesetzesbeschlüsse des Parlamentes. Die großen Gesetzbücher bleiben etwas länger am Leben; aber auch an ihnen wird fortwährend herumgeflickt, und auch für sie wird nach wenigen Jahrzehnten schon die Frage aufgeworfen, ob sie nicht vollständig erneuert, durch oft ganz anderes Neues ersetzt werden sollen. So beschäftigten sich die letzten Reichstage (seit 1927) z. B. mit dem Plane eines gänzlich neuen Strafgesetzbuches. Und Vorkämpfer der Erneuerung haben das Wort geprägt: das „alte" Reichsstrafgesetzbuch von 1871 sei schon im Augenblick seiner Entstehung veraltet gewesen. Über das Bürgerliche Gesetzbuch, das erst 1900 in Kraft trat, konnte man ähnliches hören. Diese Wandlungen hängen eng zusammen mit heftigen Kämpfen der religiösen, politischen und wirtschaftlichen Weltanschauungen. Das ist der „Zusammenhang des Rechtes mit dem allgemeinen Volksleben", den Savigny vorschlägt, das politische Element zu nennen.[1])

Es äußert sich keineswegs zu allen Zeiten in parlamenarischer Gesetzgebungsarbeit und erschöpft sich zu keiner Zeit darin. Von diesem politischen Element unterscheiden wir mit Savigny das technische Element als das „abgesonderte wissenschaftliche Leben des Rechtes". Diese „Absonderung" der Rechtswissenschaft von dem Zusammenhang des Rechtes mit dem allgemeinen Volksleben kann die Juristen in eine sehr gefährliche Lage bringen. Sie darf z. B. nicht dazu führen, daß sich die Rechtskundigen auf die Auslegung der fortwährend wechselnden Gesetze beschränken. Denn dann würde das Wort Kirchmanns wahr: Ein Federstrich des Gesetzgebers und ganze juristische Bibliotheken werden Makulatur.[2]) Die Schriften der römischen Juristen sind nicht Makulatur geworden; einmal wohl, weil der Gesetzgeber Roms sparsamer in seinen Lebensäußerungen und den besagten brutalen Federstrichen war, dann aber, vor allem, weil die Formen und Begriffe des Rechtes ein von der Willkür zufälliger Machthaber unabhängiges, in der Geschichte und im Gesamtleben des Volkes begründetes Leben haben. Wie das zusammenhängt, soll gleich gezeigt werden. Absonderung der Rechtswissenschaft kann, wenn Heilsames dabei herauskommen soll, nur heißen: Sammlung ihrer Kräfte für die technische Aufgabe des Bewahrens und Anwendens jener mit dem Leben des Volkes selbst zusammhängenden Formen und Begriffe. Die geschichtlich vertiefte Rechtswissenschaft (die den Römern fehlte)[3]), kann darüber hinaus versuchen, die Verbindung der beiden Elemente, des volklichen und des handwerklichen, zu pflegen. Das haben von großen deutschen Rechtsgelehrten vor allem von Savigny, Eichhorn, Wilda, Gneist und Gierke getan.

Betrachten wir zwei Bilder vom Leben und organischen Wachstum des Rechtes, ein römisches und ein germanisches.

Römisches Recht.

Rom war sparsam mit Gesetzgebungswerken, mit Kodifikationen seines Rechtes. Jeder Gebildete weiß etwas von dem Ruhme und der Ehrfurcht, die um ein ganz altes römisches Grundgesetz bis in die spätesten und modernsten Zeiten geblieben sind: es ist das Zwölftafel-Gesetz.[4]) Im Jahre 451—450 v. Chr. ist es entstanden. Erst ein Jahrtausend später folgte ihm eine neue Kodifikation: das Corpus juris civilis des Kaisers Justinian und seines Justizministers Tribonian (drei Teile: Institutionen 533, Digesten oder Pandekten 533, Kodex 529, 534 — später Nachträge, „Novellen", 534.[5]) (Hugo Krüger: Die Herstellung der Digesten Justinians und der Gang der Exzerption, 1922.) Dazwischen liegt die Arbeit der römischen Juristen, hoher Amtsträger und vornehmer Rechtsgelehrten, die fortwährend weiterbauten am römischen Recht, um es den sich beträchtlich ändernden Zeitverhältnissen und dem wachsenden Reiche anzupassen. Über Justinian aber lese man jetzt: Wilhelm Schubart, Justinian und Theodora (1943). Das ist ein lebensvolles Bild. Es zeigt allerdings eine Zeit, die hinter der Anpassungsarbeit der klassischen Juristen liegt. Diese Anpassung war eine Arbeit unvergleichlicher Art. Nehmen wir Einzelheiten heraus als verdeutlichende Beispiele:

Die Zwölf-Tafeln waren die erste umfassende Festlegung des Rechtes der römischen Stadtgemeinde. Was Gemeinde in diesen Urzeiten heißt, wird im Verlauf unserer Arbeit noch mehrmals hervorzuheben sein, besonders beim öffentlichen Recht: es ist ein Kreis festzusammengeschlossener, seßhafter Familien mit altem Familieneigentum (Grundeigentum), nicht etwa die hin und her wogende Menge der heutigen Großstadtbevölkerung, die den Namen Gemeinde behalten oder sich angemaßt hat. Das von langen Geschlechterreihen erworbene und vererbte Bürgerrecht, das Jus civile Roms, ist das Recht einer verkehrsarmen Zeit mit seßhaften

Menschen, die nicht als Einzelmenschen (Individuen), sondern (vorwiegend) als Familien- und Gemeindeglieder gelten.

Das häufigste Geschäft des täglichen Lebens, der Kauf, heute (abgesehen vom Grundstückskauf) so formlos und flüchtig wie nur irgend möglich, war damals ein schwerfälliges Schauspiel. Mindestens fünf Kaufzeugen und ein Wägemeister, der den Kaufpreis in Gold und Silber zuwog, mußten zugegen sein. Mit feierlichen Formeln wurde von Verkäufer- und Käuferseite die Vereinbarung zustande gebracht. Und dieses Recht der Zwölf-Tafeln war noch nicht aufgehoben, als Rom ein Weltreich war, ein moderner Handelsstaat und nicht mehr die Gemeinde der Ackerbürger. Es ist klar, daß es nicht ausreichte. Trotz konservativsten Festhaltens der alten Formen mußte man doch zu neuer Rechtsbildung kommen. Sie geschah auf verschiedene Art, aber im Wege der Gesetzgebung eigentlich erst ganz zuletzt. — Und das war die Zeit des Rechtsverfalles.

Interpretation.

Das erste Mittel der Anpassung und Neubildung war die Interpretation. Gerade die Formen der Frühzeit, die schwerfälligen Rechtsgebräuche ackerbauender Vorfahren wurden mit neuem Sinne erfüllt, verwendet, um Bedürfnisse des modernsten Handelslebens zu befriedigen.

Die Zeit, da im römischen Volke jung und wurzelhaft die Kraft zu sprossen begann, aus der viel später erst das Weltreich wuchs, diese anfängliche Zeit kannte keinen händlerischen Unternehmergeist, sondern die erdgebundene Schwere des Bauern. Der Mensch, der als Voll-Handlungsfähiger allein in Betracht kam, war der Hausvater, der Paterfamilias. Auf seinem Hause, seiner Hausgemeinschaft, zu der Weib, Kinder und Sklaven gehörten, beruhte seine öffentliche wie wirtschaftliche Macht und Stellung. Mochte der Sohn ein tapferer, angesehener Krieger oder ein großer Staatsmann werden: bürgerlich-rechtlich, menschlich und wirtschaftlich blieb er der Gewalt des Familienhauptes lebenslänglich unterworfen. (Nicht jeder Ehemann, der Kinder hat, ist demnach Paterfamilias, sondern nur das Familienoberhaupt.) Und doch konnte das größer werdende Rom nicht mehr die Augen davor verschließen, daß aus der Hausgemeinschaft die Menschen in die weite Welt hinauswuchsen und Individualitäten wurden. Für den Krieger wurde zuerst der Satz durchbrochen, daß alle Vermögensfähigkeit beim Hausvater liege, alles Gut also Familiengut sei. Was er im Kriegslager besaß, was er als Soldat oder Kriegsgut erworben hatte, gehörte ihm allein, war sein Soldatengut, Peculium castrense. Ähnlich stand es in späterer Zeit mit dem, was der Sohn im öffentlichen Dienst und in der Advokatur erwarb. Und schließlich sahen schon die Zwölf-Tafeln einen Fall vor, in dem väterliche Gewalt bei

Lebzeiten des Paterfamilias doch erlöschen sollte. Der Rabenvater nämlich, der seinen Sohn dreimal verkauft hatte, sollte sein Vaterrecht verwirkt haben. Das war jedoch der einzige Fall. Und an dieser Einzigkeit und Enge war nichts zu ändern. Wegen der individuellen Unbequemlichkeit, die etwa daraus entstand, daß ein hoher Staatsbeamter nicht voll rechtsfähig, nicht sui juris war, sondern gewaltunterworfen, konnte noch nicht das große ehrwürdige Volksgesetz umgestoßen werden. Aber man meinte etwas anderes zu können, nämlich mit äußerstem Respekt den Hut vor ihm abziehen, um auf diese Weise grüßend vorbeizumarschieren und schnellstens zu entschlüpfen. Das soll heißen: der Vater konnte seinen Sohn, der der Mündigkeit, der Handlungsfähigkeit bedurfte, zum Schein dreimal feierlich in fremden Dienst verkaufen: damit hatte er ihn dann emanzipiert. So sehen wir in der Emanzipatio ein kleines Kunststück der Interpretation vor uns.

Ein größeres scheint mir das zu sein, das mit dem Peculium zusammenhängt.

Der Hausvater allein war zum verpflichtenden willkürlichen Handeln im vollen bürgerlich-rechtlichen und wirtschaftlichen Sinne fähig. Aber damit ruhte auch eine ungeheure Verantwortung auf ihm. Nach innen, seinem Hause gegenüber war er unumschränkter Herr, König und Richter in eigener Sache, nach außen aber trat er lauter solchen Herren, die ihm gleichgeordnet waren, gegenüber. Er durfte mit ihnen handeln, Geschäfte schließen. Aber für jede Schuld, die er einging, haftete er mit seinem ganzen Gut und darüber hinaus mit seiner ganzen Persönlichkeit. Wir haben heute noch grundsätzlich diese persönliche Haftung und können etwas grob, den Begriff der Handlungsfähigkeit — oder hier im engeren Sinne: der Geschäftsfähigkeit — so verdeutlichen, daß wir sagen: Geschäftsfähigkeit ist die Fähigkeit, bankerott zu machen, d. h. für seine Schuld sein ganzes Vermögen hingeben und versteigern lassen müssen. Dabei haben wir heute einige Milderungen dieser persönlichen Haftung: der Schuldner darf nicht ganz und gar, nicht bis aufs Hemd „kahl gepfändet“ und vor allem nicht selber weggepfändet werden, was in England, als Schuldhaft, übrigens bis ins vorige Jahrhundert hinein durchaus zulässig war.

Mit jedem Geschäfte, mit jeder Verpflichtung riskierte der Hausvater also Freiheit und Vermögen (das ja hier nicht bloß Individualvermögen, sondern das Gemeingut des Hauses war). Kaufmännische Unternehmungslust wurde durch solches Recht nicht gerade angeregt. Was tut heute der Kaufmann, um der Gefahr des ganzen, ungeteilten Risikos, der unbeschränkten Haftung zu entgehen? Er tut sich mit anderen zusammen und gründet mit ihnen eine Gesellschaft mit beschränkter Haftung. Diese

G. m. b. H. war in den Zwölf-Tafeln noch nicht vorgesehen. Also durfte es derart Neumodisches und Unzuverlässiges zwischen freien, überlieferungsgetreuen Römern nicht geben.

Aber eine andere Möglichkeit war da. Die Wirtschaftsmacht und alle Mittel zum Wirtschaftskampfe schöpfte der Paterfamilias aus seinem Hause. Wozu gab es darin Familienangehörige und Sklaven? Und sollte nicht die Tätigkeit, die der eines Generaldirektors oder des Geschäftsführers einer Gesellschaft mit beschränkter Haftung in heutiger Zeit entspricht, vorzüglich geeignet sein gerade für einen Sklaven? Sklaven waren ja Menschen und mitunter sogar sehr intelligent, das wußte man im Altertum, in dem man Unfreie sich zu Ärzten, Pädagogen u. ä. ausbilden ließ, sehr wohl.

Man sagte also zu einem solchen unfreien Hausgenossen: hier hast du ein Geschäftskapital von 10 000 Sesterzen. Das ist dein Pfund, mit dem du wuchern sollst. Den ehrenwerten Mitbürgern aber wurde bekanntgegeben: da in eurer Stadt hat jetzt mein Sklave X. ein Geschäft angefangen. Wie er's machen wird, ist seine Sache. Ich kann natürlich nicht für alles einstehen, was er da zuwege bringt: die einzelnen Geschäfte, die abgeschlossen werden, schließt ja er mit euch ab, nicht ich. Aber ihr könnt doch ruhig mit ihm handeln und braucht nicht zu fürchten, daß nachher etwa gesagt wird: „Ja ich, der freie Mann, habe mit der Sache nichts zu tun, da ich keinen Vertrag mit euch unterzeichnet habe. Mein Geschäftsführer ist ja geschäftsunfähig, hatte auch zu diesem konkreten Geschäft nicht etwa einen Auftrag von mir. Ich hafte also höchstens mit der Noxalklage, d. h. nicht so unbedingt wie für eigenes Verhandeln und Verschulden, sondern kann mich einfach durch Auslieferung des Sklaven befreien." Nein: darauf will ich mich nicht berufen, ihr sollt doch eine Sicherheit haben, allerdings eine begrenzte. Ich habe nämlich meinem Gewaltunterworfenen ein Peculium gegeben, ein Geschäftskapital von 10 000 Sesterzen, und das steht euch zu, das haftet euch für alle seine Geschäfte. Danach könnt ihr euch richten.

Der Sklave nahm am Gewinn des Geschäftes und damit auch besonders lebhaft an seinem Fortgang Anteil. Oft bedeutete die Einräumung des Peculium an ihn die Möglichkeit, Freiheit zu erwerben. „Wenn es dem Sklaven mit seinem Erwerb glückte, so bot ihm das Peculium teils Gelegenheit, sich loszukaufen (häufig hatte der Herr ihm schon im voraus die Summe bezeichnet), teils sich seine Lage behaglicher zu machen, z. B. durch Ankauf eines vicarius, der zu ihm im Verhältnis des Dieners zum Herrn stand" (Ihering, Geist des römischen Rechts 1883, A. Auflage, Band 2, 2 Seite 179).

Dieses Peculium war überhaupt ein kleines Sonderrecht, ein gewisser eigener Vermögens- und Geschäftsbereich des Sklaven, schon im alten römischen Recht nicht ganz schutzlos gelassen. Die Interpretation machte aus dieser kleinen Taschengeldfreiheit (vgl. BGB § 110) eine Grundlage für die Haftungsbeschränkung bei Handelsgeschäften im größten Stil.

Solche seltsame Kunst der Auslegung und Ausdehnung lebt auch heute noch. Und das Imponierende wie das Bedenkliche an ihr wird gerade wieder bei der Haftungsbeschränkung sichtbar. Wir Deutschen haben die Strenge der unbeschränkten persönlichen Haftung mindestens ebenso stark betont wie die Römer. Wir kennen eigentlich gar keine Ausnahme von dem Grundsatz, daß die Person ganz für ihre Schulden einsteht und von ihnen unter Umständen aufgefressen wird. Nur betonen wir gleich am Anfang des BGB., daß es zwei Arten von Personen gibt, natürliche (Menschen) und juristische Personen. Es sieht, oberflächlich betrachtet, so aus, als sei die juristische Person, ähnlich wie wir es beim Peculium sahen, ein Mittel für den Menschen, seiner unbeschränkten Haftung zu entgehen. Das Geschäft, das er vorhat, bedeutet zuviel Risiko für ihn, den reichen Mann; also nimmt er rasch ein paar andere, vielleicht ein paar arme Schlucker oder auch nur seine Frau hinzu und gründet eine Gesellschaft mit beschränkter Haftung, bei der er nur mit seinem Geschäftsanteil, also einer begrenzten Summe, zu haften braucht.

So darf man aber doch nicht das Wesen der Verbandspersönlichkeit erklären wollen. Es kommt vielmehr, wenn mehrere Menschen sich in so fester Form zu gemeinsamem Wirken zusammentun, eine neue Kraft, ein neues Wesen, nämlich Stärke und Wille einer Gemeinschaft zustande. Das Recht verzichtet fortan, das einzelne Vereinsmitglied, den einzelnen Teilhaber in seiner ganzen Person heranzuziehen, weil ja die neue Person da ist, deren Leben nicht aus Blut und Knochen gefügt ist, sondern aus Gemeinwillen und gemeinschaftlicher Kraft.

Aber ist die Gemeinschaft wirklich unentbehrlich für die juristische Person? Das Rechts- und Geschäftsleben von heute hat es vielfach verneint. Es gibt juristische Personen, in denen die Gemeinschaft leere Form ist und nur einen Augenblick und bloß zum Scheine bestanden hat. Nachher hat der eine große Unternehmer die ganzen Aktien der Aktiengesellschaft oder alle Geschäftsanteile der GmbH. an sich gebracht. So ist aus der Menschengesamtheit eine Einmanngesellschaft entstanden. Auch hier haben wirtschaftliche Bedürfnisse des modernen Kapitalismus (von denen noch die Rede sein wird) ein Rechtsinstitut umgestaltet und ausgehöhlt; und es ist nun nur noch Form und Vorwand für etwas von der Meinung des Gesetzgebers vollkomen Verschiedenes.

Von Nell Breuning hat über diese Seite der Juristenkunst anläßlich des Zwiespaltes von gegenwärtigem Aktienrecht und Ethik etwas geschrieben, das auch für die eigentümlichen Kunststücke gilt, die wir eben bei Emanzipatio und Peculium des römischen Rechtes kennenlernten: „Nicht aus Bosheit, sondern, ursprünglich wenigstens, aus wirtschaftlicher Notwendigkeit ist jenes juristische Artistentum entstanden, dessen technische Meisterschaft man nur bewundernd anerkennen kann, dessen Schöpfungen aber schleichendes Gift und fressend Feuer sind." [6])

Von Nell Breuning schlägt vor: man solle ehrlich sein und Wandlungen in Recht und Wirtschaft durch offene Gesetzesänderungen zum Ausdruck bringen. Das Gesetz ist ja heute scheinbar das einzige Mittel der Änderung und Weiterbildung des Rechtes. Wird es schnellfüßig genug sein, um mit dem Wandel der Dinge Schritt halten zu können? Gesetz ist heute (in der Hauptsache) ein Akt des Parlaments (Act of Parliament nennt's der Engländer). Ist das Parteienkompromiß, als welches sich das Gesetz praktisch darstellt, ist dieses Arbeitsergebnis vielköpfiger Ausschüsse das feinste und treffsicherste Mittel, dem oft nur unmerklich wachsenden Neuen gerecht zu werden?

Jus civile, jus honorarium, jus gentium.

Rom hatte außer der Interpretation zwei andere Mittel: 1. die Rechtsschöpfermacht des Prätors und 2. die Rechtfindungskunst der Gelehrten. Mit freier Billigkeit und vernünftiger Erwägung füllte der Prätor die Lücken aus, die das enge, strenge Recht gelassen hatte. So trat neben das in festen, unabänderlichen Formen hergebrachte Jus civile das Jus honorarium des Prätors. Für ein Gebiet von Fällen und Rechtsverhältnissen war er der eigentliche Rechtsschöpfer: für den Verkehr mit den Fremden. Diese darbten des Bürgerrechtes, des Jus civile. Waren sie deshalb gar nicht rechtsfähig? Da sie Menschen waren und zum großen Teile nicht einmal Sklaven, nahmen sie am Rechtsleben und an den Geschäften des Handels ihren Anteil. Und konnten sie auch nicht Grundeigentum, Familienrecht und Familienhoheit haben wie die Volksgenossen, so konnten doch noch lange nicht alle ihre Geschäfte als nichtig angesehen werden. Ähnliche Fragen wie damals bestehen auch heute noch in dieser Hinsicht, trotzdem wir nicht mehr die enge Begrenzung des bürgerlichen Rechtes auf den alteingesessenen Bürgerverband haben. Der Franzose, Engländer, Italiener, mit dem ein Deutscher in Geschäftsbeziehungen tritt, ist nicht Rechtsgenosse deutschen Rechtes. Dennoch steht das mit ihm abgeschlossene Geschäft nicht außerhalb des Rechtes. Welches Recht aber Anwendung findet, sagt uns heute das sogenannte internationale Privatrecht. In Rom war dafür das Jus gentium vorhanden. Es war nicht, wie unser heutiges internationales Privatrecht, ein fein abgestimmter Vermittlungsversuch zwischen den Rechtssystemen verschiedener Nationalstaaten der gleichen Kulturgemeinschaft. Roms Imperium verbot den Gedanken an solches „Konzert" nebengeordneter Kulturmächte. Der Name Jus gentium darf einen nicht irreleiten. Hinter ihm steht weder ein Eingehen auf die überkommenen volksmäßigen Besonderheiten des nichtrömischen Individuums noch der Gedanke einer Völkergemeinschaft. Es ist also weder internationales Privatrecht in modernem Sinne, noch Völkerrecht, sondern eine geschickte Behandlung der übrigen Welt jenseits des Bürgerverbandes und seines Jus civile nach den Regeln eines Rechtes quod naturalis ratio inter omnes homines constituit. Diese naturalis ratio ließ der Prätor mit staatsmännischer und rechtsschöpferischer Kraft walten. Und so wurde im Jus gentium ein rationales und elastisches Recht geschaffen, das für den Alltagsgebrauch bequemer war als das formenstrenge und schwerfällige Recht der Altvorderen. Daher bediente sich nicht nur der Fremde, sondern auch der römische Bürger häufig des formfreieren, von der neueren Zeit und vom Prätor geschaffenen Rechtes. Und gewiß war des Prätors Rechtschöpfermacht nicht dazu bestimmt und darauf eingeengt, Fremdenrecht zu schaffen. Sondern elastisches Verkehrsrecht hervorzubringen, ja das Recht selber überhaupt lebendig zu erhalten, war sein Amt. Aber nicht seines allein. Nicht ein Diktator, keine Verordnungsgewalt kann das Recht, dieses Lebenselement des Gemeinwesens, lebendig halten. Die Vernunft, aus der das Jus gentium und alle Fortbildung des Rechtes geboren wurde, hatte der Prätor nicht gepachtet. Ihre Pflege lag bei der Rechtswissenschaft ebenso wie bei ihm. Was wir bewundernd und oft auch mit einem heimlichen Grauen vor der uns irgendwie doch fremden Geistesgewalt eines anderen Volkes das römische Recht nennen, besteht aus den Spuren der vereinten Arbeit genialer Rechtsgelehrter und von Jahr zu Jahr verordnender hoher Amtsträger. Wie ebenbürtig der nichtbeamtete Jurist neben dem Prätor stand, zeigt die Tatsache, daß in der Kaiserzeit, als auch in Rom die Gesetzgebungsmaschine sich heftiger und häufiger bewegte, den Responsen besonders ausgezeichneter Rechtsgelehrter unbedingt verbindliche Kraft beigelegt wurde, daß sie also Gesetzes- oder Verordnungswert hatten.

Rechtswissenschaft.

Die römischen Juristen haben zuweilen eine Charakterkraft bewiesen, die vorbildlich bleibt und spätere Geschlechter leicht beschämen kann. Die beiden, die vielfach die größten genannt werden, sind als Blutzeugen für ihren Beruf gestorben: Aemilius Papinianus und Domitius Ulpian. Papinian hat es abgelehnt, den Mord, den der Imperator Caracalla an seinem Bruder Geta begangen hatte, vor Volk und Senat zu rechtfertigen. Das ist ja das Gemeinste, was die Tyrannen tun: daß sie sich keineswegs mit dem ängstlichen Schweigen begnügen, sondern fortwährend Rechtfertigung und Lob für ihre Untaten erpressen. Von Papinian wird berichtet, daß er dem das große Wort entgegengesetzt habe: Non tam facile paricidium excusare posse quam fieri (Kipp, Geschichte der

Quellen des römischen Rechtes, 4. Aufl., 1919, S. 134). — Auch Ulpian ist für seinen Beruf, für das Recht gefallen. Er war der vertraute Ratgeber des Kaisers Alexander Severus. Dessen Liebe hat er sich wohl erhalten. Aber auch der Kaiser hat den großen Juristen nicht davor schützen können, daß er von der Leibgarde ermordet wurde, weil er Rechtsgedanken verwirklichen wollte, die dem Troß nicht gefielen. Hoch und erhaben war der Begriff, den die römischen Juristen von ihrem Berufe und ihrer Wissenschaft hatten. An Ulpian (l 10 § 2 D I, 1) und Cicero (de off. I 153, II 5) knüpfen die Eingangsworte der Institutionen an: „Justitia est constans et perpetna voluntas jus suum cuique tribuens. Juris prudentia est divinarum atque humanarum rerum notitia, justi atque injusti scientia.“ (§ 1 I de Justitia et Jure I, I.)

Solange die Obrigkeit des Prätors eine mit dem Volkswesen wahrhaft verbundene Autorität war, solange auch die Rechsgelehrten ein in Ehren dem Volke dienender Stand gewesen sind, war alles in Ordnung.[7a]) Aber unter dem Glanze des Imperiums zerfiel das Volk. Nicht bloß der Menschheit, sondern auch des Volkes Grab ist der Wahn des Weltherrschertums.

Das Ende des Altertums.

„Wie ward die Welt plötzlich so öde an freien Völkern“, ruft Ranke aus, als er unternimmt, das Aufkommen der römischen Macht im Altertume zu schildern. Aber die Kraft des siegenden Römervolkes verströmte bei allem Erobern in allgemeines Menschheitsbewußtsein, erstarb im Weltbürgertum. Und als man sich im matten Glanze überreifer Kultur am Ende und auf dem Gipfel glaubte, erwachte im Osten neue Völkerkraft, der von Gott anvertraut war, die neue Welt zu gestalten. Ohne Verständnis für die germanische Welt bleibt man blind für die Größe der Zeit, die auf den Trümmern des römischen Imperiums das mittelalterliche Reich hat wachsen lassen. Und dieses Verständnis kann nicht allein aus dem sehnsüchtigen und müden Geiste des Tacitus gewonnen werden, nicht aus seiner Untergangsstimmung. Es gehört dazu die Vertrautheit mit den volklichen Kräften, die das Mittelalter trugen. Es ist die Zeit des deutschen Rechtes, die nun beginnt. Deutschrechtliches Denken steigt auf, siegt und wird wieder besiegt. Der Deutsche hat mit seltener Willigkeit fremdes Recht und fremde Gedanken von Staat und Gesellschaft aufgenommen. Aber aus seinem Herzen bricht immer wieder die Sehnsucht hervor nach eigenem Recht und Reich.

Wenn wir an diesen Zwiespalt denken, werfen wir den Blick schon jahrhunderteweit voraus. In der Verfallzeit des Römertums ist Deutschtum höchstens ein Keim im Wurzelboden der großen germanischen Völkerfamilie.

Die Zeitenwende.

Und die neue Wahrheit, das neue Recht — sie sind noch allgemeinerer Art und noch höheren Ursprungs. Es ist heute gerade Sache wahrhaftiger Wissenschaft, den Wahrheitsanspruch ganz ernst zu nehmen, mit dem das Altertum abgeschlossen ist und die neue Zeit beginnt. Es ist der Anspruch des Herrn Jesus Christus: Ich bin der Weg, die Wahrheit und das Leben. Es gibt zwar viele Darstellungen der Geschichte und des Rechtes, die zwischen den Höhepunkten der Antike und dem Beginn der neuzeitlichen Kunst und Philosophie nur einen barbarischen Zwischenraum voller Roheit und Aberglauben, das sogenannte dunkle Mittelalter, sehen lassen. Aber die Wahrheit ist das nicht. Es ist die Lüge, die wider das Licht streitet.

Es ist dabei keineswegs so, daß wir etwa, vorgefundene Wertungen völlig in ihr Gegenteil kehrend, das Mittelalter romantisch verklären wollen. Leopold von Ranke hat uns gemahnt, daß jedes Zeitalter unmittelbar zu Gott steht. In Dunkel und Licht, in Sünde und Gnade versinken wir nie, sondern bleiben auf Erden bewahrt für das himmlische Reich, weil Gott uns immer nahe ist. Keine müde Sehnsucht, die verzweifelt aus der Gegenwart entflieht, darf den Blick auf ein vorangegangenes Zeitalter bestimmen. Gerade der Christ bejaht die Gegenwart. Kein Schmerz ist so groß, daß er uns hindern dürfte, Glück und Gnade der eigenen Zeit zu sehen. Aber der Christ macht es nicht mit, daß bei der Betrachtung irgendeines Zeitalters der Blick abgewandt werden soll ausgerechnet von den Spuren der Heilsgeschichte in der Geschichte der Welt.

Mittelalter.

Es ist eine ernste und schöne Aufgabe, wissenschaftlich zu erforschen, wie ein heidnisches Recht allmählich durch und durch christlich umgestaltet wurde. Als neueres Hilfsmittel liegt im rechtswissenschaftlichen Schrifttume bereit das Buch des Fürsten Constantin von Hohenlohe über den Einfluß des Christentums auf das Corpus Juris Civilis (1937). Dieser Vorgang am Ende des Altertums leitet über zum Mittelalter. Der Jurist sollte es mit als seine Aufgabe ansehen, sich auch in die Quellen des christlichen Mittelalters einzuarbeiten. Gleich am Beginn, fast vor den Toren noch, liegt sozusagen ein umfassendes Handwörterbuch, ein Lexikon, eine Encyklopädie. Es sind die Libri Etymologiarum des heiligen Isidor von Sevilla (um 560—636). Auch die Rechtswissenschaft jener Zeit ist darin enthalten. Auf der Höhe des Mittelalters steht dann das unvergleichlich umfassende Werk des heiligen Thomas von Aquin (1225—1274): die Summa Theologica. Das ist reifste Meisterschaft und Ausgeglichenheit. Die scholastische Methode mag manchem zunächst eng und gar zu schulmäßig erscheinen. Wer aber im Forschen fortschreitet, wird bald erkennen, wie sorgfältig und scharfsinnig dieser wissenschaftliche Weg, diese Arbeitsweise gewesen ist. Der heilige Thomas von Aquin ist übrigens nicht nur dieser gelehrten Sprache fähig gewesen. Seine Hingabe an den Herrn, seine klare Wortgewalt bringt auch die Seele im Liede zum Erklingen. Man darf eigentlich sagen, daß er der am meisten gesungene Hymnendichter der Welt ist.

Der Jurist sollte es nicht verschmähen, wenigstens einen Teil des Weges mitzugehen, der allen seinen mittelalterlichen Standesgenossen gemeinsam war: er sollte sich wenigstens mit den theologischen Hauptwerken jener Zeit vertraut machen. Jeder, der wirklich einmal den Kirchenvätern und Kirchenlehrern, der Patristik und Scholastik, nahte, versteht, was Matthew Arnold meinte, als er sagte: Wenn er auf eine einsame Insel verbannt werden sollte und nur einen Schrank mit Büchern mitnehmen dürfte, so würde er die diesen füllende Editio Migne der Kirchenväter und Kirchenlehrer wählen. Diese Ausgabe, mag sie auch in vielen Teilen überholt sein, ist immer noch ein großer Schatz. Vom heiligen Thomas von Aquin bietet übrigens der katholische Akademikerverband eine deutsche und lateinische Ausgabe dar. Das Wort Scholastik darf nicht abschrecken. Gleich an ihrem Beginne steht ein Werk, das eine Fülle von Kraft und Licht bedeutet. Es ist des heiligen Anselm von Canterbury Cur Deus homo?

Die neueste Zeit hat heftig versucht, das Licht zu leugnen, die Wahrheit zu verdunkeln. Selbst in Bezirken der Theologie (allerdings nur der entarteten, der modernistischen) wurde der Anspruch Jesu, die Wahrheit zu sein, nicht mehr ernst genommen. Unter den protestantischen Theologen bedurfte es vielfach erst solcher Besinnungen wie der Friedrich Gogartens. Und sogar da bleibt noch die Frage offen, ob das wirklich, selbst vom protestantischen Standpunkte, ein theologischer Versuch ist, die Orthodoxie wiederzugewinnen. Er mutet manchmal zu philosophisch an, seine Dialektik ist nicht klar durchschaubar. Und doch muß für Christen am klarsten und eindeutigsten sein ihr unbedingtes Ja zum Gottessohne, zu Jesus Christus, dem Sohne des lebendigen Gottes.

Die wirklich klassische Geschichtsschreibung hat niemals die Augen vor der Gewalt geschlossen, die mit Christi Wirken in die Welt trat. Ranke bezeugt: „Aber auch auf dem Standpunkt dieser unserer weltlichen Betrachtung dürfen wir sagen: unschuldiger und gewaltiger, erhabener, heiliger hat es auf Erden nichts gegeben als seinen Wandel, sein Leben und Sterben; in jedem Hauch seiner Sprache wehet der lautere Gottes-Odem; es sind Worte, wie Petrus sich ausdrückt, des ewigen Lebens; das Menschengeschlecht hat keine Erinnerung, welche dieser nur von fern zu vergleichen wäre.“ [8])

Das Kanonische Recht.

Für den christlichen Glauben handelt es sich allerdings in keinem Augenblicke nur um eine Erinnerung. Denn in dem Glauben an den dreieinigen Gott liegt der Glaube an den Heiligen Geist und die aus ihm lebende Kirche, durch die der Christ der Wahrheit gewiß wird.

In den Jahrhunderten der Kirchengeschichte wuchs das kirchliche Recht. Dieses kanonische Recht geht auch heute noch jeden Juristen an: heißt er doch, wenn er den Titel des Rechtsgelehrten erwirbt, Doktor beider Rechte, des geistlichen und des weltlichen. Dabei umfaßt der Bereich des ersten viel mehr als Kirchenrecht. Weite Gebiete des Familien- und Eherechtes gehören zum Beispiel dazu.

Das Wachstum des kanonischen Rechtes zeigt uns auf dem mittelalterlichen Höhepunkte kein Gesetzbuch, sondern ein Rechtsbuch, d. h. kein Werk amtlicher Gesetzgebung, sondern eine Aufzeichnung, die an sich eine Privatarbeit war, aber höheres Ansehen und stärkere Kraft erlangte und länger behielt, als vielen Kodifikationen beschieden war. Der Kamaldulensermönch Gratian hat es um 1140 in Bologna, dem weltberühmten Mittelpunkte der mittelalterlichen Rechtswissenschaft, geschrieben. Man nennt ein solches Werk ein Rechtsbuch, kein Gesetzbuch. Friedrich Carl von Savigny hat (z. B. auch im „Beruf unserer Zeit für Gesetzgebung und Rechtswissenschaft" von 1814) mehrfach die letzte innere Berechtigung dieser Unterscheidung in Frage gezogen. Für die Sichtung und Ordnung des geschichtlichen Stoffes ist sie zunächst wichtig Da erscheint das Gesetz als Entstehungsquelle (neben dem Gewohnheitsrechte), das Rechtsbuch aber lediglich als Erkenntnisquelle des Rechtes.

Gratians Sammlung, Systematisierung und Harmonisierung der verstreuten kirchlichen Rechtsregeln hieß Concordia discordantium canonum. „Seit dem Ende des 12. Jahrhunderts wird der Ausdruck Decretum Gratiani bei den Schriftstellern der stehende, obwohl die Handschriften die alte Bezeichnung beizubehalten pflegten." (Joh. Friedrich von Schulte, Die Geschichte der Quellen und Literatur des kanonischen Rechts I, 1875, S. 49). Dieses Decretum Gratiani wurde Beginn und breite Grundlage des Corpus Juris Canonici. Das entstand gewissermaßen als ein Gegenstück zum Corpus Juris Civilis Justinians. Seine Hauptbestandteile sind: das Decretum Gratiani von etwa 1140. die Dekretalen Gregors IX. von 1234; der Liber Sextus von Bonifaz VIII von 1298; Constitutiones Clementis V. von 1314 und 1317.

Gewohnheitsrecht.

Das wirkliche Rechtsleben des frühen Mittelalters ist schwer erschließbar, weil es noch viel weniger als das römische in Gesetzesbuchstaben einging. Die Gewohnheit ist da die Hauptquelle des Rechtes.

neben der die Satzung (das „gesetzte Recht") zeitweise beinahe verschwindet. Der Rechtsgelehrte, der das Rechtsleben des Mittelalters am gründlichsten und erfolgreichsten durchforschte, war Savigny.[10] Seine Einsicht in den Reichtum dieses Rechtes ohne Gesetzgebungsapparat, ohne Kodifikationen, bestimmte ihn hauptsächlich zu jenem Widerspruch gegen die Gesetzmacherlust der Aufklärungszeit, mit dem wir unsere geschichtliche Betrachtung begannen. Er sah das Recht so wie die Sprache wachsen. Beide lassen sich nicht machen.

Tatsache und Recht der Kirche, so wie sie da war schon vor dem alten kanonischen Recht des Corpus juris canonici (das 1917 durch einen neuen Codex juris canonici ersetzt wurde), Dasein und Rechtsanspruch dieser Kirche Christi, so wie sie in Geschichte und Völkergewohnheit leben, gilt es zu begreifen, wenn man das frühe Mittelalter, vom Zerfall des weltlichen römischen Imperiums ab, verstehen will.

Positives göttliches Recht.

Da sei es erlaubt, noch einmal Rankes Autorität herbeizurufen.

„Der Imperator faßte die Religion in dem weltlichsten Bezuge, — an die Erde und ihre Güter gebunden: ihm seien dieselben übergeben, sagt Celsus; was man habe, komme von ihm. Das Christentum faßte sie in der Fülle des Geistes und der überirdischen Wahrheit.

Der Imperator vereinigte Staat und Religion; das Christentum trennte vor allem das, was Gottes, von dem, was des Kaisers ist.

Indem man dem Imperator opferte, bekannte man sich zur tiefsten Knechtschaft. Eben darin, worin bei der früheren Verfassung die volle Unabhängigkeit bestand, in der Vereinigung der Religion und des Staates, lag bei der damaligen die Besiegelung der Unterjochung. Es war ein Akt der Befreiung, daß das Christentum den Gläubigen verbot, dem Kaiser zu opfern.

Der Dienst des Imperators war endlich auf die Grenzen des Reiches, des vermeinten Erdkreises, beschränkt; das Christentum war bestimmt, den wirklichen zu umfassen, das gesamte Menschengeschlecht. Das ursprüngliche älteste religiöse Bewußtsein, wenn es wahr ist, daß ein solches allem Götzendienst vorangegangen, oder wenigstens ein unbedingt reines, durch keine notwendige Beziehung auf den Staat getrübtes, suchte der neue Glaube in den Nationen zu erwecken und setzte es dieser weltherrschenden Gewalt entgegen, die, nicht zufrieden mit dem Irdischen, auch das Göttliche unterwerfen wollte. Dadurch bekam der Mensch ein geistiges Element, in dem er wieder selbständig, frei und persönlich unüberwindlich wurde; es kam Frische und neue Lebensfähigkeit in den Boden der Welt; sie wurde zu neuen Hervorbringungen befruchtet.

Es war der Gegensatz des Irdischen und des Geistigen, der Knechtschaft und der Freiheit, allmählichen Absterbens und lebendiger Verjüngung." [11])

Wieder muß gewarnt werden, bei diesen Fragen Frühmittelalterliches mit Spätmittelalterlichem zu vermengen. Nicht unter dem Gesichtspunkte des tragischen Gegensatzes von kaiserlicher und päpstlicher Gewalt zur Zeit der Salier und Staufer will dieser Kirchen- und Völkermorgen betrachtet sein. Es ist die Kirche, wie sie sich schon im vierten Jahrhundert in Rom durchgesetzt hatte. Es ist die Unruhe, die vom fünften bis neunten Jahrhundert durch völkische Sonderkirchen (arianischer Goten, westgotischer, burgundischer, fränkischer Landeskirchen) in die Christenheit kam. Es ist also weniger der Einbruch der Kirche in die Staatshoheit als im Gegenteil das Bestreben des Staates, sich die Kirche anzueignen. Wäre die fränkische Herrschaft über Deutschland nicht den müden Händen Konrads I. entglitten, so wäre es im zehnten Jahrhundert vielleicht anders gekommen. Nun aber kam unter den sächsischen Königen und Kaisern Deutschland zu starker Eigenmacht, die zeitweise auch gegen die Kirche eigenwillig betont wurde.

921 hat Karl der Einfältige, der Karolingersproß, dem Frankreich zugefallen war, in einer der wichtigsten Urkunden des ganzen Mittelalters die deutsche Herrschaft König Heinrichs I. anerkannt.[12]) Hiermit beginnt die eigentlich deutsche Geschichte. Unter Otto dem Großen ist bereits „der Kaiser der große Heeresfürst und zugleich der Statthalter Christi, mit dem Schwerte zur Rache über alle Übeltäter und zur Vernichtung ‚aller Heiden und schlechten Christen' belehnt." [13]) Ottos Nachfahren wollten noch weiter gehen — und wichen damit vom deutschen wie vom christlichen Wege ab. „Wie sie den Mittelpunkt der Herrschaft von Deutschland mehr und mehr nach Italien verlegten, so faßten sie auch ein Regiment in das Auge, das mit der begrenzten fürstlichen Macht, wie sie von altersher unter den Deutschen bekannt war, wenig gemein hatte und an den Despotismus von Rom und Konstantinopel gemahnte. Nicht allein die Erblichkeit der Krone, nicht allein die Ausbreitung und einheitlichere Verbindung des Reiches erstrebten sie; Otto III., der Sohn einer griechischen Kaisertochter, begann den Grundstein zu legen zu einem abendländischen Imperium, welches dem von Byzanz in seinen Ansprüchen mindestens gleichkam." [13]) Daneben blieb dem Papst kein wirklicher Machtbereich mehr; die Kirche diente dem Kaisertum. „Der Imperator vereinigte Staat und Religion." Kaiser Wilhelm II. hat einmal in einer viel zu wenig beachteten rein wissenschaftlichen Abhandlung dargetan, wie groß da fortwährend die Versuchung war, daß der christliche Kaiser in das

heidnische Gottkönigtum, in die Totalität des Staates zurückfiel (Kaiser Wilhelm II., Das Königtum im alten Mesopotamien, Berlin, Walter de Gruyter & Co., 1938, S. 41/42).

Mittelalterliche Rechtsquellen.

Wir müssen bei dem Studium der deutschen Kaiserzeit überhaupt beachten, daß neben dem aus ursprünglichem Germanentum Wachsenden die ewige Renaissance da ist. Denn nicht erst in jenem gewaltsamen Umbruch zur Neuzeit, durch den das Mittelalter seit dem vierzehnten, ja seit dem dreizehnten Jahrhundert zerstört wurde, bricht die Renaissance hervor. Der Geschichtskundige weiß von einer ottonischen, ja schon von einer karolingischen Renaissance.[14]) Naiver als im Beginn der Neuzeit wurde da der Imperialismus Roms und manchmal auch der Absolutismus von Byzanz nachgeahmt. (In diesem letzteren der beiden Teile des ursprünglich einheitlichen Römerreiches hatte bekanntlich Justinian geherrscht und um 533 das Corpus juris civilis geschaffen.) Die eigentlichen Höhepunkte des Mittelalters liegen aber nicht in diesen dem Christentum wie dem Deutschtum fremden Dingen. Wer ohne allzu mühsames Forschen in das wahrhaft Große des mittelalterlichen Geistes eindringen will, findet fertige (vielleicht schon allzu fertige!) Zeugnisse und vollendete Äußerungen etwa im Sachsenspiegel, einem Rechtsbuch (nicht Gesetzbuch!), das um 1225 entstanden ist, und bei dem größten Philosophen der Scholastik, dem heiligen Thomas von Aquino. In seiner Summa Theologica gipfelt die mittelalterliche Kirchenlehre. Außerdem ist für uns besonders wichtig seine Schrift De regimine principum. (Wieweit sie von ihm, wieweit von seinen Schülern stammt: über diese und andere textkritische Fragen lese man das überhaupt sehr förderliche Buch von Robert Linhardt: Die Sozialprinzipien des heiligen Thomas von Aquin, 1932.) Wer tiefer eindringen will in das deutsche Mittelalter, findet den Weg geebnet durch ein überragendes Quellenwerk, dessen Schöpfung der Freiherr vom Stein angeregt und ermöglicht, der Geschichtsforscher Pertz wissenschaftlich durchgeführt hat: die Monumenta Germaniae Historica. Es muß davor gewarnt werden, hier stumpfsinnig Antiquitäten zu suchen. Der Blick darf nicht einseitig auf die sogenannten Volksrechte (eine dumme romanistische Manier nennt sie Leges barbarorum) gerichtet sein. Sie sind natürlich (ebenso wie die Kapitularien Karls des Großen) unentbehrlich für jede deutschrechtliche Arbeit. Aber mit der lateinischen Sprache bringen die meisten von ihnen ein fremdes Element (nicht immer bloß in der Formulierung) herein. Und die Rechtswirklichkeit ist niemals in ihnen erschöpft, sondern höchstens angedeutet. Schwerlich kann man sich von dem frühen Reichtum germanischer Gemeindegedanken aus ihnen ein

Bild machen. Die Reihe der Stammesrechtsaufzeichnungen beginnt mit der Lex Salica um 508. Zu ihrer Ergänzung schlage ich für das erste Einarbeiten dreierlei vor: 1. die constitutiones der deutschen Könige und Kaiser seit jener schon erwähnten Urkunde von 921 [16]), mit der recht eigentlich die deutsche Geschichte beginnt; 2. die Gesetze der Angelsachsen [17]), 3. die Darstellungen bedeutender Germanisten, die es mit wahrer Leidenschaft sind.[18])

Germanistik.

Der Altmeister der Germanistik ist Jacob Grimm. Er ist der geniale Erforscher unserer Muttersprache und von Hause aus ein Rechtsgelehrter. Er war einer der ersten Schüler des jungen Savigny, mit dem ihn auch frühe französische Eindrücke verbanden. Die beiden jungen Gelehrten hat früh eine gewisse Abneigung gegen den Absolutismus ihrer Zeit erfüllt. Während aber Friedrich Carl von Savignys ruhiger und tiefer Geist am entschiedendsten der Revolution entgegenstand, war Jacob Grimm nicht so ganz unberührt von der gewaltigen Welle der Auflehnung des Bürgertums, dem er sich seltsam bewußt zugehörig fühlte. Beide aber, Friedrich Carl von Savigny wie Jacob Grimm, haben als Forscher die Schätze des Mittelalters gehoben. Und beiden gemeinsam ist die Erkenntnis, daß das Recht so wie die Sprache wächst. Recht und Sprache werden aus dem Volksgeiste geboren. Bei Jacob Grimm ist außerdem besondere Liebe dem germanischen Altertume zugewandt. Ein packendes Buch von unvergleichlicher Schöpferkraft und Wortgewalt ist seine Geschichte der deutschen Sprache. Dem Juristen aber seien als schöne und gründliche Einführung in die rechtsgeschichtliche Forschung besonders empfohlen seine „Deutschen Rechtsaltertümer". (Vierte vermehrte Ausgabe, besorgt durch Andreas Heusler und Rudolf Hübner, I/II, 1922.) Wie urtümlich groß und schön stehen da, allein in der Sprache schon, die Formeln aus den friesischen Quellen und vor allem aus der Gragas, der isländischen Graugans vor uns. So ist auf I S. 56 aus der Gragas angeführt: „es ist das trygdamal, wenn sich die erben des ermordeten nach erlegter buße mit dem mörder aussöhnen: sie sollen teilen miteinander messer und braten und alle dinge, wie freunde und nicht wie feinde; wer das bricht, soll landflüchtig und vertrieben sein so weit menschen landflüchtig sein können, so weit christenleute in die kirche gehen und heidenleute in ihren tempeln opfern, feuer brennt und erde grünt, kind nach der mutter schreit und mutter kind gebiert, menschen feuer entzünden, schiff schreitet, schild blinket, sonne scheint, schnee fällt, Finne schreitet, fohre wächst, habicht fliegt den langen frühlingstag und der wind stehet unter beiden seinen flügeln, himmel sich wölbt, welt gebaut ist, winde brausen und die männer korn säen. Ihm sollen versagt sein kirchen und gotteshäuser, guter leute gemeinschaft und jederlei wohnung, die hölle ausgenommen."

Die Graugans Islands ist überall sehr schön, ebenso wie die friesischen Rechte (Asegabuch, ein alt-friesisches Gesetzbuch der Rüstringer, herausgegeben, übersetzt und erläutert von Wiarda, 1805. Karl Freiherr von Richthofen, Friesische Rechtsquellen, 1840.)

Was Wilhelm Scherer in seiner „Geschichte der Deutschen Literatur" gegen Ende des ersten Kapitels anführt, liest sich in seiner Übersetzung nicht nur leichter, sondern gibt fürs Erste wohl auch ein lebendigeres Bild, als wenn der Anfänger gleich eine gelehrte Ausgabe der Quelle, etwa Wiarda, aufschlüge: »Geschriebene Gesetze gab es nicht, sondern der Priester verkündigte die feststehenden, vom Volke geheiligten Regeln, er war der „Gesetzsprecher", der „Gesetzhüter". Bei solchen Verkündigungen versagte sich die naive Phantasie nicht, wirkliche Lebensverhältnisse, an welche bestimmte Rechtssätze geknüpft waren, bis ins einzelne auszumalen und dergestalt zu wahrhafter Poesie überzugehen, deren Glanz noch in späten Aufzeichnungen unverblichen dauert. So wenn friesische Rechtsquellen die „drei Nöte", die drei Bedingungen aufzählen, unter denen das Erbe eines vaterlosen Kindes angetastet werden darf, und dabei ein ergreifendes Bild des Unglücks entwerfen. „Die erste Not ist: wenn das Kind gefangen und gefesselt wird nördlich über die See oder südlich über die Berge: dann mag die Mutter des Kindes Erbe veräußern und ihr Kind lösen und ihm sein Leben damit retten helfen. Die zweite Not ist: wenn da teure Jahre kommen und der heiße Hunger über das Land fährt und das Kind Hungers sterben würde, da mag die Mutter sein Erbe veräußern und ihm davon Kuh und Korn kaufen, auf daß man ihm damit zum Leben helfe, denn Hunger ist der Schwerter schärfstes. Die dritte Not ist: wenn das Kind ist stocknackt oder hauslos und dann die nebeldüstere Nacht und der notkalte Winter über die Zäune steigt, so eilen alle Menschen in ihren Hof und in ihr Haus, und das wilde Tier sucht den hohlen Baum und der Berge Schlüfte, um darin sein Leben zu fristen: da weint das unmündige Kind und beklagt seine nackten Glieder und jammert, daß es kein Obdach habe, daß sein Vater, der ihm helfen sollte gegen den kalten Winter und gegen den heißen Hunger, so tief und in Dunkel ruht, unter Eichenholz und Erde, mit vier Nägeln verschlossen und bedeckt; dann darf die Mutter ihres Kindes Erbe veräußern und verkaufen.» Wer das etwa (wie der Verfasser dieses Buches von seinem Lehrer Ernst von Moeller) in der Vorlesung zum ersten Male hörte, bewahrt das ehrfürchtige Erschauern vor dem Hauch uralter Poesie.

Sachsenspiegel.

Eines wird schon im Unterschiede zum römischen Recht klar geworden sein: wie sehr in dieser deutschrechtlichen Vergangenheit das Ganze von Volk und Staat für uns im Vordergrund steht. Nicht das Privatrecht, wie vorhin beim römischen Recht, sondern das öffentliche Recht ist das Bedeutende und Wichtige. Es wird manchmal allerdings auch das Gegenteil gelehrt. Im Hinblick auf Verfallserscheinungen des späten Mittelalters oder aus Mißverständnis des Lehnrechtes, über das der zweite Teil des Sachsenspiegels berichtet[19]), ist die Behauptung verbreitet worden: im Mittelalter seien öffentliche Herrschaftsverhältnisse nach Art eines privaten gegenseitigen Vertrages geregelt und begriffen worden. In Wirklichkeit ist dem Mittelalter eigen, daß es privates und öffentliches Recht nicht trennt. In der englischen Rechtsgeschichte tritt dieser Zug womöglich noch stärker hervor und ist bis in die Gegenwart herein geblieben. Frederick William Maitland hat uns das besonders deutlich und geistvoll nahegebracht.[19a]) Das öffentliche Recht ist aber nicht römischer Imperialismus oder byzantinischer Absolutismus, sondern Herrschaft im Dienste des Christentums. Die Trennung von Weltlichem und Göttlichem, von der wir Ranke zu uns reden ließen, und doch auch wieder das Verbundensein von Staat und Gott bringt unübertrefflich der Sachsenspiegel in seinem ersten Teile, dem Landrecht, zum Ausdruck: „Zwei swert liz got in ertriche zu beschirmene de cristenheit. Deme babste ist gesaczt daz geistliche, deme keisere daz werltliche. Deme babste ist ouch gesaczt zu ritene zu bescheidener zcit uf eime blanken pferde, und der keiser sal im den stegereif halden, durch daz der satel nicht en winde; daz ist die bezcechenunge: swaz deme babste widerste, des her nicht mit geistlichem gerichte getwingen mag, daz ez der keiser mit werltlichem gerichte twinge, deme babste gehorsam zu wesene; so sal ouch sin geistliche Gewalt helfen deme werltlichen gerichte, ab es sin bedarf." Über vorhandene Anklänge an die Zwei Schwerter in Justinians Novelle 6 pr. s. Schubart, Justinian und Theodora, 1943, S. 42: „Wir werden sehen, wie Justinian diese Anschauung von den zwei Gewalten, oder zugespitzt von den zwei Schwertern, auslegte und sich selbst als den Inhaber beider verstand. . ."

Von Gott, als dem höchsten Lehnsherrn, reicht das Band der Lehnstreue bis zum einfachen Manne, der seinem Herrn folgt und damit dem König und damit Gott.

Der Weg von den Volksrechten zum Lehnsrechte.

Bevor dieser Lehnsverband so ausgebildet und straff geordnet war, herrschte das bluthaft gebundene Recht der Stämme, deren bunte Fülle vor. Das ist das eigentliche Wesen jener volksrechtlichen Zeit der Lex Salica, Lex Ribuaria, Ewa Chamavorum und der anderen Stammesrechte, dieser nur das Notdürftigste in fremder Sprache festhaltenden Aufzeichnungen: die organische Verbundenheit von angeborenem Volkstum und Recht. Savigny kennzeichnet diese Zeit so: „Wir Neueren gehen von dem Grundsatze aus, daß die Art des Rechts durch das Territorium bestimmt werde; wer in demselben lebt, muß nach dessen Recht sein Eigentum und seine Verträge beurteilen lassen, der Unterschied zwischen Staatsbürgern und Fremden ist hierin gering, und die nationale Abstammung ist ganz ohne Einfluß. Nicht so im Mittelalter, wo in demselben Lande, ja in derselben Stadt, der Lombarde nach lombardischem, der Römer nach römischem Rechte lebte. Ja dieselbe Verschiedenheit des Rechts galt auch für die Germanen verschiedener Stämme, der Franke, Burgunder, Gote lebten an demselben Orte jeder nach anderem Rechte. So erklärt sich, was der Bischof Agobardus in einem Schreiben an Ludwig den Frommen sagt: ‚Es geschieht oft, daß fünf Menschen zusammengehen oder -sitzen, von welchen jeder nach einem anderen Rechte lebt.' "

Der Lehnsverband vereinheitlicht in mancher Weise, faßt das stammlich Verschiedene letztlich doch irgendwie zusammen unter der höchsten und schließlich der allerhöchsten Lehnsherrlichkeit. Und eine Gebundenheit an den Boden, den Heimatboden, kommt in das Recht herein, die sich mannigfach auswirkt, z. B. darin, daß der Gerichtsstand des Menschen und das für ihn zuständige Recht in der Lehnszeit sich nach dem Wohnorte, nach der Heimat bestimmt. In späterer, in heutiger Zeit etwa, ist allerdings Wohnort (domicilium) und Heimat nicht mehr dasselbe. Die Zeit größerer Freizügigkeit schiebt daher statt des Wohnortes immer mehr den bloßen Aufenthaltsort für die Bestimmung des Rechtsverhältnisses eines Menschen in den Vordergrund. Aus der Lehnshoheit ist die allgemeine Landeshoheit geworden und aus ihr das Territorialprinzip entstanden. An die Stelle des Heimatrechtes mit dem Boden verbundener Menschen ist das vielfach veräußerlichte Staatsbürgerrecht getreten. Und schon gehen die Modernsten daran, das Bürgerrecht noch mehr zu verallgemeinern: man will es seiner letzten nationalen Bindungen berauben und entweder einen Zwiespalt von Nationalität und Bürgerrecht schaffen (Sowjetrußland, Jugoslawien, südamerikanische Vorschläge)[20]) oder gar die Nationalitäten in einem Weltbürgerrechte, die Völker im zivilisierten Erdkreise untergehen lassen. Die einen preisen das als den Fortschritt vom Dorfe zur Stadt, von der Stadt zum Staate und vom Staate zur Organisation der Welt. Die anderen (die deshalb nicht gleich weltflüchtig genannt werden müssen) sind mißtrauisch gegen die „Organisation", weil sie nicht glauben, daß die Menschen oder die Menschheit einen Organismus machen können, weil sie an den Turmbau zu Babel denken und nicht das wirklich Organische und die Seele dazu in den trunkenen Jubel der Betriebsamen wegwerfen wollen. Sie können und wollen das nicht, weil sie als Deutsche den Ursprung jener Zivilisation in der civilisation française sehen und nicht die Sehnsucht nach einer tieferen Gesittung vergessen können. Allerdings ist in den Jahren unseres Aufbegehrens neben echter Sehnsucht viel hochmütiger Haß gewesen. Und „vom Haß kommt keine Hilfe", wie Reinhold Schneider uns in „Elisabeth Tarakanow" warnt. Was milde und menschlich war in der neuzeitlichen Entwicklung, durfte nie herabgesetzt oder gar geschmäht werden. Es war der mittelalterlichen christlichen Milde tief verwandt und wuchs aus ihr. Hans Helfritz hat das einst in einem Vortrage über die Grundrechte vor König Friedrich August von Sachsen warnend und prophetisch betont, kurz vor dem Tode dieses christlichen Königs. Aber neben dem, was wahrhaft freiheitlich und fortschrittlich hochkam und letzten Endes immer noch im Christentume wurzelte, war das Schlechte da, das Wurzellose und Entwurzelnde. Und deshalb ist statt Freiheit und Fortschritt genau das Gegenteil gekommen. Am Ende der Entwicklung, deren Ziel angeblich die Freizügigkeit war, stehen nie dagewesene Gebundenheiten des Menschen, ständige Beaufsichtigung, karteimäßige Erfassung, Zwangsaufenthalt und Zwangsarbeit. Ist der Weg von heilsamer Bindung an die Heimat zu Heimatlosigkeit und Knechtschaft gegangen? Doch wenden wir uns von bedrängender Gegenwart gleich wieder zurück zur Rechtsgeschichte des Mittelalters!

Lehnrecht und Staatsgewalt.

Das Lehnwesen ist lange Zeit verkannt worden. Vielleicht hat erst Heinrich Mitteis wieder seinen fördernden Anteil in der Geschichte des Staatsgedankens klar herausstellt (Lehnrecht und Staatsgewalt, 1933, dazu den Beitrag von Ulrich Stutz in den Abhandlungen der Preußischen Akademie der Wissenschaften, 1934).

Ständestaat.

Als der Lehnsverband seine ursprüngliche Gestalt verlor, war das Reich noch nicht am Ende, der deutsche Reichtum an Rechtsgedanken noch lange nicht erschöpft. Aus dem Lehnsstaat wurde der Ständestaat. Vielleicht hat der Gedanke des Standes dabei eine Veränderung, vielleicht eine Verschlechterung erfahren. Stand ist in dem Sinne, den später Luther noch festgehalten hat, die Verbindung der Ungleichen. So stehen Mann und Frau im Ehestande; aber auch der Vater und Sohn, Herr und Knecht, Obrigkeit und Untertan sind standesmäßig verbunden. Alles ist auf Gebundenheit und Autorität gestellt. Man spricht heute auch davon: die Gliederung sei damals vertikal, von oben (an den Sachsenspiegel denkend, müssen wir sagen: vom Höchsten) nach unten, gewesen; und sie sei später im ständischen Staat, als der zugrunde liegende Standesgedanke verflachte horizontal geworden, d. h. es schichteten sich die Gleichen zusammen,

Fürst zu Fürst, Ritter zu Ritter, Stadt zu Stadt, Bürger zu Bürger, Bauer zu Bauer. Allerdings blieb es immer noch Gliederung, also sinnvolle Verbundenheit. Die äußerliche und das Ganze zertrennende Klassenschichtung war noch nicht da.

Hier blühte, am Ende des Mittelalters und in die Neuzeit hinein, mit dem Ständewesen zusammen das deutsche Genossenschaftsrecht, das in Otto von Gierke einen Erforscher und Darsteller von unerreichter und schier unerreichbar scheinender Größe fand.[22])

Das Mittelalter wurde erfüllt von der jugendlichen Kraft der gen Westen wandernden Völkerschaften, vom Christentum, das im erneuerten Rom seinen Weltmittelpunkt wahrte, von der Lehnstreue und vom Stände- und Genossenschaftswesen. Alle diese Mächte hielten den Menschen in strenger Gebundenheit an übergeordnete Gewalt, aber alle stellten doch die Person, als Glied einer sie ganz umschließenden Gemeinschaft, so in den Vordergrund, daß das mittelalterliche Recht im wesentlichen beherrscht wurde von dem Grundsatz der Persönlichkeit, dem Personalitätsprinzip. D. h. der Mensch blieb dem Rechte unterworfen, in dem er geboren war, oder er reihte sich selbst durch bedeutsame Handlungen, durch Treupflicht, die er wählte, die aber auch ihn erwählte, in ein eigenes Rechtsverhältnis der Belehnung, des Standes, geistlichen oder weltlichen, oder der genossenschaftlichen Bindung ein. Man braucht kein Romantiker, kein Verherrlicher des Mittelalters zu sein, um diese guten Züge seines Rechtes zu sehen. Ein dem Neuzeitlichsten so zugewandter Denker wie Gustav Radbruch hat, feinsinnig vergleichend, viel davon anerkannt. (Der Mensch im Recht, 1927, bes. S. 6.) Niemals war das Recht menschlicher und der Mensch als Glied der Gemeinschaft würdiger gestellt. Er war eingestellt in das Reich. Wehmütig sah der mittelalterliche Mensch in der Renaissance-Kultur diese Welt versinken. Wir denken etwa an das Müdewerden des Kurfürsten Friedrich II. von Brandenburg, der noch an Reich und Kaiser glaubte und die neue Welt nicht verstehen konnte. Er konnte und durfte sie auch nicht wollen. Wir dürfen wohl auch des pommerschen Edelmannes Heinrich von Plauen, des Ordensmeisters, gedenken, der durch Eichendorffs Trauerspiel „Der letzte Held von Marienburg" dichterisch verklärt wurde. Die Allöffentlichkeit aller menschlichen Verhältnisse, ihre Bezogenheit auf das Reich, das weltliche und göttliche, die innige Verschlungenheit von privatem und öffentlichem, persönlichem und dinglichem Recht ist ein Ziel unerloschener, zu allen Zeiten immer wieder hervorbrechender Sehnsucht geblieben. Mit Verzicht oder Verzagen blickt die Gegenwart darauf zurück. Und der das Bild liebt, wagt oft nicht mehr, dem Reichsgedanken im harten Tage Raum zu schaffen, sondern flieht in die geschichtliche Erinnerung des Sacrum Imperium.[21]) Dann sind die Allzuheutigen froh, ihn als einen Romantiker etikettieren zu können und beiseite zu stellen. Man hat neben solchen, die „romantisch" in schlechtem Sinne sind, Männer genannt wie Friedrich Carl von Savigny, der bei Erforschung des Mittelalters beinahe aus einem Romanisten zum Germanisten wurde, die beiden Brüder Grimm, die so Unvergleichliches für die deutsche Sprach- und Rechtsgeschichte geleistet haben. Heute ist die Wissenschaft besser geneigt, auf das Rechte, Tiefe und Bleibend-Wahre einzugehen, das in den Werken dieser Forscher lebendig ist. Und Friedrich Carl von Savigny ist, wie schon Leopold von Ranke in seiner Gedächtnisrede bemerkt hat, in Wurzel, Wesen und Bildung noch durchaus klassisch.

Erst nachdem man das Hohe und Begeisternde eingesehen hat, darf man den Blick dem Unerfüllten zuwenden, das im Mittelalter trotz seiner erhabenen Größe blieb. Es ist da. Wir wollen davon sprechen mit Worten Gierkes [22]) und mit einem Quellenbelegstück aus dem Sachsenspiegel. Zu der folgenden Stelle aus Gierkes „Genossenschaftsrecht", die wegen ihrer Meisterlichkeit so ausführlich wiedergegeben ist, sei zweierlei vorwegbemerkt; zuerst etwas Grundsätzliches: Gierke schätzt wohl (in Abs. 2) die natürlichen und die lehnsrechtlichen Gebundenheiten des Mittelalters nicht hoch genug, die früh-naturrechtlichen Anfänge des menschlichen Freiheitsgedankens zu hoch ein. Ferner zur Erläuterung: Die Verdinglichung, von der Gierke beim Lehnswesen (Feudalität) spricht, bedeutet, wenn man es vorläufig und einfach erklären will: das menschliche, dienende Führertum des Belehnten, dem sein Lehen ursprünglich gegeben ist als Mittel und Grundlage öffentlicher Pflichterfüllung, erstarrt in der kalten Masse des Besitzes: das „dingliche" Recht, d. h. das Recht am Grundstück, löst sich ab von der persönlichen Pflicht und dienenden Verantwortlichkeit, also von seinen sittlichen Voraussetzungen. Gierke faßt in der hier folgenden Stelle die drei Hauptperioden des Mittelalters zusammen:

„I. Die erste derselben reicht von der ältesten historischen Kunde bis zur Kaiserkrönung Karls des Großen (800). So wenig die Zustände am Anfang und Ende dieses tausendjährigen Zeitraums miteinander gemein haben, so läßt derselbe sich doch insofern zusammenfassen, als in ihm das germanische Rechtsbewußtein bei einer überwiegend patriarchalen Auffassung aller menschlichen Verbindungen stehenbleibt. Auch ist das Prinzip der ursprünglichen Volksfreiheit noch am Ende dieses Zeitraums wenigstens der Idee nach die Grundlage des öffentlichen Lebens, während freilich das entgegengesetzte Prinzip der Herrschaft und des Dienstes bereits ausschließlich zur Quelle schöpferischer Neubildung geworden ist. Deshalb ist diese ganze Periode hindurch die Grundform aller Assoziation die der patriarchalen Volksfreiheit entsprechende freie Genossenschaft des alten Rechts, welche als ein auf natürlicher Zusammengehörigkeit beruhender persönlicher Friedens- und Rechtsverein alles Recht in die Gesamtheit verlegt. Aber von Anfang an steht ihr die entgegengesetzte Form menschlicher Gemeinschaft, in welcher Einer das Band für Alle ist, als herrschaftlicher Verband in patriarchaler, persönlicher Gestaltung entgegen und drängt sie in unaufhaltsamer Entwicklung immer mehr zurück. Mit dem Kampfe von Genossenschaft und Herrschaft kreuzt sich der Kampf des alten Prinzips der Persönlichkeit und des neuen Prinzips der Dinglichkeit aller Verbände — die Genossenschaften werden zu dinglichen Gemeinden, die Herrschaftsverbände zu Grundherrschaften, und schon am Ende dieser Periode ist so das patriarchale Verfassungsprinzip im Begriff, der patrimonialen Rechts- und Staatsaufassung zu weichen.

II. In der zweiten Periode, die bis 1200 reicht, hat die Herrschaft über die Genossenschaft, die Dinglichkeit über die Persönlichkeit definitiv gesiegt. Das patrimoniale und feudale Verfassungsprinzip beherrscht das Leben der Nation. Ein gewaltiger Bau von Herren und Dienern türmt sich in Kirche und Reich empor und knüpft an den Himmel selber an, jedes Herschafts- und jedes Dienstverhältnis aber ist dinglich und deshalb patrimonial geworden. Nur in untergeordneter Stellung und höchstens in den von der großen Bewegung der Zeit ausgeschlossenen Gegenden in höherer Bedeutung erhält sich die alte freie Genossenschaft. Allein so mächtig ist im deutschen Geist der korporative Gedanke, daß er in die Herrschaftsverbände selber eindringt und die zuerst umformt, dann auflöst. So entsteht als eine neue, für diese zweite Periode charakteristische Vereinsform die abhängige oder herrschaftliche Genossenschaft, welche neben und unter dem die ursprüngliche Einheit des Verbandes repräsentierenden Herrn ein eigenes Gesamtrecht entwickelt. Schon aber erhebt sich am Ende des Zeitraums ein jüngeres, mächtigeres Prinzip, welches endlich den Lehnstaat in Trümmer schlägt. Es ist das Prinzip der freien Vereinigung (Einung), welches statt der alten, bloß auf natürliche Grundlagen gestellten Genossenschaften gewillkürte Genossenschaften erzeugt, in den Städten aber die freie Willenseinigung mit der natürlichen Grundlage verbindet und so gleichzeitig die älteste Gemeinde und den ältesten Staat auf deutschem Boden hervorbringt.

III. In der dritten Periode, welche mit dem Mittelalter zugleich endet, ist es das Prinzip der Einung, welches, während Lehnsstaat und Hierarchie zusammenbrechen, von unten auf in gekorenen Genossenschaften auf allen Gebieten die herrlichsten Organisationen schafft. Genossenschaften und das genossenschaftliche Gemeinwesen schließen sich auf föderativem Wege zu immer höheren Kreisen zusammen — sie bereiten die Emanzipation der Persönlichkeit von Grund und Boden vor, ohne umgekehrt die gewonnene Selbständigkeit der Sachenrechte aufzuheben — sie führen zur Trennung öffentlicher und privater Rechte — sie erzeugen den Begriff der idealen Gesamtpersönlichkeit als Staat, Gemeinde, Körperschaft —, und beinahe gelingt es ihnen, von unten auf durch freie Vereinbarung einen deutschen Gesamtstaat zu erbauen. — Aber nur beinahe! Denn zur Vollendung seines Werkes trägt auch das Genossenschaftswesen dieser Periode die Kraft nicht in sich. Unfähig, die Schranken des Ständewesens, das es vielmehr nur schroffer gestaltet, zu durchbrechen, außerstande vor allem, den Bauernstand in die Bewegung hineinzuziehen, beginnt es schließlich in den einmal festgestellten Formen zu erstarren und vermag so einer neuen, auf die Nivellierung der Stände, auf die Verschmelzung von Stadt und Land und auf eine größere konzentriertere Staatseinheit hinarbeitenden Macht nicht zu widerstehen. Dies ist die Landeshoheit, welcher es gelingt, die Grundherrschaft zum Territorialstaat umzubilden und sich selber zur alleinigen Trägerin der modernen Staatsidee zu erheben.“ 22)

Was die Hohenzollern als Landesfürsten geleistet haben, hat knapp, klar und ergreifend Kaiser Wilhelm II. am Ende seiner Abhandlung über das Königtum im alten Mesopotamien gesagt (Berlin, Walter de Gruyter & Co., 1938). Der Kaiser zeigt im übrigen die Überspanntheiten, die Schwächen des mittelalterlichen Kaisertums, die das Landesfürstentum nötig machten, ebenso wie das Zusammengehen von Papst und Landesfürsten.

Freiheit und Gerechtigkeit in der Gemeinschaft.

In den großen Rechtsquellen des Mittelalters finden wir übrigens auch schon die Einsicht in das Unvollkommene und Ungelöste der Zeit. Berühmt ist die folgende Stelle des Sachsenspiegels mit ihren Bedenken gegen innerlich unbegründete Gebundenheiten und Unfreiheiten:

„Got hat den man nah ime selben gebildet und hat in mit siner marter geledigel, den einen als den anderen. Ime ist der arme als na als der riche. Nu en lazet uch nicht wunderen, daz dicz buch also luczel saget, von dinstlute rechte; wend ez ist also manigvalt, daz es nieman zu ende komen enkan. Under ieclichem bischofe und abte und abtischen habn die dinstlute sunderliche recht, dar umbe en kan ich es nicht bescheiden. Do man ouch recht erst sazte, do en was niechein dinstman, und waren alle lute vrie, do unse vorderen her zu lande quamen. An minen sinnen en kan ich es nicht uf genemen — (nah der warheit), — daz ieman des anderen sulle sin. Ouch en habe wirs nichein urkunde. Doch sagen sumeliche lute, die der warheit irre varen, daz sich eigenschaft erhube an Kayn, der sinen bruder ersluc." Sachsenspiegel, Landrecht, 3. Buch. Art 42 §§ 1—3, hier zitiert nach der Ausgabe von Weiske, 10. Aufl., 1919.

Höhepunkt und Zerfall im Mittelalter.

Auf einem Höhepunkte des Glanzes zerfiel das mittelalterliche Reich. Weshalb?

Ich wage nicht, irgendwie bestimmte Gründe zu behaupten. Jedenfalls brach allenthalben, deutlich seit dem 14. Jahrhundert, ein innerer Aufstand los. Die ersten Streiks geschahen: Speyersche Webergesellen traten in Ausstand (1341). Das Bürgertum begann die Welt mit Reineke-Fuchs-Augen zu sehen (dieses Epos kam damals hoch). Der Starke sah sich auf die eigene Kraft gestellt.

Wandlung des Weltbildes.

Die großen Denker der Kirche, Albertus Magnus und Thomas von Aquino, hatten der Renaissance zuvorzukommen versucht. Die Wissenschaft des Altertums war von ihnen eingearbeitet worden in die Lehre der Kirche. Aber es genügte nicht mehr. Der Mensch empfand die angehäuften Dogmen, die Summe der nachchristlichen Wissenschaft als lästige Fessel seiner Vernunft. De docta ignorantia — diese Losung des Nikolaus Cusanus von 1440 mußte stark wirken in einer Zeit, die seit langem sich sehnte, die Flügel der Menschenvernunft frei regen zu dürfen. Auf diese Freiheit und Selbstherrlichkeit des Menschen kam es der Renaissance an: das Altertum war vielfach nur Vorwand. Aus dem schwärmenden Lobe, das der Cusaner dem „heiligen Nichtwissen" spendete, wurde die neue Wissenschaft, die Wissenschaft des Menschen, die in der Sprache der Kirche prudentia carnis hieß, nun aber selbstherrlich wurde und keine Wahrheit mehr anerkennen wollte, die nicht von ihr gefunden und gemessen war. Friedrich Gogarten, der sich mit diesem Geiste besonders auseinandergesetzt hat, schreibt (1930) in seiner Arbeit über „Wahrheit und Gewißheit“:

„Diese Wandlung in dem Selbstverständnis des Menschen hängt aufs engste zusammen mit der Wandlung des Weltbildes, die damals vor sich ging. In dem Weltbild des Mittelalters steht der Mensch im Zentrum der Welt. Das heißt nicht, daß er selbst das Zentrum der Welt ist. Aber es heißt, daß er alle Geschehnisse in der Welt als auf sich zukommend versteht. Er versteht sich aus dem, was in der Welt geschieht. Geschichte ist für ihn dementsprechend etwas, was an ihm geschieht. Er ist das Objekt der Geschichte. In dem modernen Weltbild dagegen, so wie es in der damals aufkommenden modernen Naturwissenschaft ausgebildet wird, steht der Mensch durchaus nicht mehr im Zentrum der Welt, sondern er ist irgendwohin, an einen völlig unbekannten Ort der Welt versetzt. Der Mensch verliert sich in der Welt, so wie er sie naturwissenschaftlich versteht. Das ist ja so bis auf den heutigen Tag. Freilich, das ist nur die eine Seite der damals sich ereignenden Wandlung des menschlichen Selbstverständnisses. Es ist ja derselbe Mensch, der sich, als Naturwesen, so in der Welt verloren hat, der als natürliches Wesen nur eines unter unzählbaren anderen ist — ich sage: es ist derselbe Mensch, der, als geistiges, als Vernunftwesen diese unermeßlich, grenzenlos gewordene Welt erfaßt und der sich, indem er sie vernünftig erfaßt, über diese selbe Welt erhebt, in der er sich als Naturwesen verloren hat. Ja, indem er die Welt vernünftig erfaßt, insofern er Vernunft, Geist ist, ist er nun selbst das Zentrum der Welt. Nur so kann der Mensch in dieser nicht mehr geozentrischen Welt leben. Nur in dieser geistigen, vernünftigen Selbstbehauptung. Nur durch das, was er selbst als Vernunftwesen tut; nur durch das, worin er sich selbst behauptet, worin er sich, sein geistiges, vernünftiges Wesen darstellt, hat der Mensch die Möglichkeit, in dieser Welt zu leben, ohne sich endgültig in ihr zu verlieren. Darum kann dieser Mensch die Geschichte, insofern sie ein menschlich sinnvolles Geschehen sein soll und nicht ein den Menschen zerstörendes Naturgeschehen, nur verstehen als dasjenige, was von ihm getan wird und nicht als etwas, was mit ihm und an ihm geschieht. Er ist das Subjekt dieser Geschichte. Darum ist Geschichte für diesen Menschen die große, alle Zeiten und Menschen umfassende Selbstdarstellung des menschlichen Geistes, in den natürlichen Gegebenheiten der Welt. Und diese Geschichte ist zu verstehen allein von der menschlichen Vernunft aus. In ihr, der Vernunft allein hat sie ihre Wahrheit. Das heißt, die Wahrheit ist hier übergeschichtlich, der Mensch trägt sie in seinem übergeschichtlichen Wesen in sich.“ [9])

Und auch das Recht wird aus Vernunft und Natur des Menschen begriffen. Das Naturrecht war schon bei den Scholastikern, in der Kirche, seit langem gelehrt worden. Aber es war damals, wie alles Recht, letztlich gebunden an Gottes Licht und Willen. Jetzt wurde es „von der Theologie emanzipiert“, wie man sagt. Das heißt, es wurde immer mehr auf den Menschen, seine Natur, sein Wesen, seine Vernunft gestellt. Bei Hugo Grotius liegt ein erster Höhepunkt dieses Rechtsdenkens, ohne daß die Brücken zum mittelalterlichen Rechte schon völlig abgebrochen wären.

Staatsraison. Souveränität.

Aber die Befreiung des Menschen, die sich doch schließlich der Individualismus, die vom Einzelmenschentum ausgehende Betrachtung seit der Renaissance als Ziel vorgesetzt hatte, trat nicht ein. Ein die neuzeitliche Entwicklung stark bejahender Geschichtsforscher, Karl Lamprecht, schreibt: es habe da eben „Doktrinäre gegeben, die das Individuum im selben Augenblicke dem Staate preisgaben, da sie es von den Banden der Kirche lösten: so im 16. Jahrhundert Machiavelli und Bodinus“. (Deutsche Geschichte, VI, 3. Aufl. 1910, S. 57.) Aber dieser Staat, dem das Individuum preisgegeben wurde, war nicht mehr die persönliche Herrschergewalt eines vom persönlichen Gott beauftragten Menschen. Der herrschende Mensch begann nebensächlich, zufällig zu werden. Die objektivierte, entpersönlichte Staatsraison hatte die eigentliche Gewalt. Und war es nicht tröstlich, daß somit alle Menschen als Vernunftwesen notwendigen Anteil haben mußten an dieser ratio? Allerdings war es ein sehr theoretischer Trost. Denn der Renaissancefürst war praktisch ein Despot von stärkstem Glauben an die eigene Persönlichkeit.

Dieser despotische moderne Staat gewann seine erste berühmte Theorie in Italien, wo sein Wesen in einer Fülle von Stadtstaaten im Renaissancezeitalter zum Ausdruck kam, in Florenz durch Niccolo Machiavelli. Aber eigentlich juristisch ausgedacht wurde Machiavellis Lehre von seinem Gegner Jean Bodin. (Six livres de la république, 1576.) Ein Franzose begründete die neuzeitliche Lehre vom souveränen Staat, der selbstherrlich ist und unabhängig von Papst und Kaiser. Und Frankreich hat seit dem 14. Jahrhundert, ja früher schon, die Praxis des modernen Staates betätigt in scharfer Gegnerschaft gegen das Reich.

In der Renaissance trat der Geist des modernen Frankreich in seiner deutschfeindlichen Richtung immer schärfer hervor. Aber das Reich selber blieb nicht unberührt vom Geist der Renaissance. Je mehr die kaiserliche Gewalt verfiel, weil sich die ehemaligen Lehnsmänner des Kaisers immer unabhängiger und selbstherrlicher machten, um so stärker wurde der Gedanke des Imperiums in Anlehnung an das alte Römerreich, in das die Rechtsnachfolge behauptet wurde, betont. Wer sich an Hand der Quellen ein Bild hiervon machen will, greife zur Goldenen Bulle von 1356. Dieses Reichsgrundgesetz Kaiser Karls IV. zeigt den ganzen Prunk spätrömischer absolutistischer Kaisergewalt. So findet man dort das weitestgehende Gesetz über das Verbrechen der beleidigten Majestät (crimen laesae majestatis); es ist die Lex Quisquis der Kaiser Arcadius und Honorius, die aus dem Codex (dem dritten Teil des Corpus juris von 534) beinahe wörtlich übernommen ist. Karl Binding verweist darauf in seinem so starken, bewundernswerten, aber auch eigenwilligen Lehrbuch des Gemeinen Deutschen Strafrechts, Besonderer Teil, Zweiter Band, 2. Abt. Aber das ist nur ein Zug dieses gewaltigen Reichsgrundgesetzes. Wer es kennen lernen will, greife zu Karl Zeumer: Die Goldene Bulle Kaiser Karls IV. (Quellen und Studien Bd. II Heft 1/2.)

Italienische Rechtswissenschaft. Rezeption.

Viel tiefer eingreifend als diese naive Wiederaufnahme von römischem Recht und lebensgefährlich für das einheimische deutsche Recht wurde die Arbeit der italienischen Wissenschaft, die bald nach Deutschland herüberwirkte. Es waren die sog. Glossatoren und Postglossatoren (Accursius, über den neuerdings Erich Genzmer schrieb: „Zur Lebensgeschichte des Accursius", 1946, Bartolus, Baldus und andere). Schon 1088 hatte Irnerius die berühmte Juristenschule in Bologna gegründet. Sie alle, die alten und die neuen, bewirkten die eigentliche Rezeption des römischen Rechtes, den folgenreichsten Vorgang in der neueren Rechtsgeschichte. Auch die späteren italienischen Juristen, deren Arbeit dann in so großen Erscheinungen gipfelte wie in dem Kriminalisten Julius Clarus (über ihn: Ernst von Moeller, Julius Clarus aus Alessandria, der Kriminalist des 16. Jahrhunderts, der Rat Philipps II., 1525 bis 1575, Breslau 1911) waren sehr einflußreich.

Die Rezeption hat man sich keineswegs so vorzustellen, als ob ein Altertumsforscher in der für die Antike begeisterten Renaissance auf den Gedanken verfallen wäre, das Corpus juris civilis zu suchen und wiederherzustellen. Was tot und nur in Pergamenten aufbewahrt ist, kann nimmermehr zu neuem Leben als geltendes Recht erwachen. Das römische Recht aber ist im Mittelalter nicht tot gewesen. Es hatte ständig weitergelebt in Menschengemeinschaften auf italienischem Boden. Nicht bloß, übernommenerweise, bei dem Papste, der nach römischem Rechte lebte, sondern bei Nachfahren der Römer. Denn diese waren von den Germanen ja nicht ausgerottet worden, sondern lebten weiter — nach ihrem Rechte, gemäß dem Personalitätsprinzip, d. h. dem Grundsatz der Geltung des angeborenen Volksrechtes. Nur so war das Fortleben des römischen

Rechtes möglich. „Denn ging mit Zerstörung des westlichen Reiches das römische Volk leiblich unter, so war für die Fortdauer des Rechtes weder Bedürfnis noch Möglichkeit vorhanden: beinahe dieselbe Unmöglichkeit trat ein, wenn die unterworfenen Römer ihre persönliche Freiheit oder ihr gesamtes Eigentum verloren, indem auch dann kein Gegenstand für das fortdauernde Recht übrig war. Ja, selbst wenn Freiheit der Personen und Eigentum nicht gänzlich verlorengingen, wenn aber nur alle vorige Verfassung vollkommen vernichtet wurde, so daß das öffentliche Leben der vorigen Zeit gänzlich aufhörte, und die besiegten den siegenden Völkern vollkommen einverleibt wurden, selbst in diesem Fall ist die Fortdauer des Rechts schwer zu glauben. Denn auch das Recht ist ein Stück des öffentlichen Lebens, mit allen übrigen Teilen desselben vielfach verwachsen, bei deren plötzlichem Untergang es auch wird absterben müssen." (Savigny, Geschichte des römischen Rechts im Mittelalter Bd. I, 2. Ausg., 1834, S. IX.)

Das römische Recht wuchs durch das Mittelalter. Es blieb nicht unvermischt. Da stand im Mittelpunkt die früh und lange berühmte Universität Bologna (Fitting, Die Anfänge der Rechtsschule von Bologna, 1888). Und dieser Mittelpunkt der neuen Studien ist eben doch nicht antik klassisch, sondern mittelalterlich, um nicht geradeweg zu sagen: mittelalterlich scholastisch. Da stand neben, über dem Studium des weltlichen Rechtes, des Zivilrechtes, das des kanonischen Rechtes. Da wirkten auch andere als rein römische Gedanken ein. Und die herrschende Gelehrsamkeit war die der Schule, eben die Scholastik. Erich Genzmer hat auf das geistige Ineinanderverwobensein der neurömischen Kunst der italienischen Glossatoren und der Scholastik hingewiesen: „Vorbilder für die Distinktionen der Glossatoren", Rom 1935 (Excerptum ex Actis Congressus Juridici Internationalis). Genzmer sagt in dieser Schrift (S. 4/5) über die Glossatorenschule von Bologna: „Ihr Geist ist zwar vor allem durch den antiken Stoff beeinflußt, entspricht aber auch in vielem der gleichzeitigen Scholastik, welche die christlichen Heilswahrheiten und Kirchenlehren einerseits und philosophischen und naturwissenschaftlichen Erkenntnisse der Antike andererseits durch bestimmte Methoden als übereinstimmend zu erweisen und das Ganze als geordnete Einheit zu erfassen bemüht ist." Und schließlich verweist Genzmer (S. 15) auf eine Schrift, „deren Verfasser keine vertieften legistischen Kenntisse besessen hat, deren Erörterungen aber manchmal sehr an die distinctiones glossatorum erinnern." Er meint den (von E. Perels herausgegebenen) Liber de vita christiana des Bonizo, der zwischen 1090 und 1099 verfaßt ist. „Nun behaupte ich keineswegs, daß Bonizo, etwa als er am Hof der Markgräfin Mathilde, den Irnerius getroffen und ihm das Distinguieren beigebracht habe. Sondern ich ziehe nur den Schluß, daß damals das

Distinctionsverfahren für Autoren aus ähnlichen Lebenskreisen und mit ähnlicher Bildungsgrundlage sehr nahe lag, daß man durch die im Trivium gelehrte Schullogik zum Distinguieren gebracht werden konnte, ohne daß das Vorbild der römischen und byzantinischen Juristen sich auszuwirken brauchte. — Übrigens ist auch das Vorbild der Schullogik nicht der wichtigste Faktor. An erster Stelle steht die ursprüngliche geistige Kraft, die wir auch in der Frühscholastik finden, mit der Irnerius und seine Schule an die Durchdringung des gewaltigen und schwierigen Rechtsstoffes herangehen." (Genzmer S. 16).

In diesem inhaltreichen Vortrage über die „Vorbilder für die Distinctionen der Glossatoren" gibt Erich Genzmer auch auf S. 8 das Musterbeispiel einer Distinction. Es lohnt sich, das einmal zu studieren.

Auch nach Glossatoren und Postglossatoren blühte die italienische Rechtswissenschaft weiter. Für die Laien in Deutschland wurde sie popularisiert in den Laienspiegeln. Jeder halbwegs Gebildete wollte etwas davon wissen. Die italienischen Juristen wurden, als die Ordnung des Mittelalters verfiel, wie Heilsbringer begrüßt. Die neue, vernünftig aufgebaute Welt, Rechtssicherheit in unsicherer, unruhiger Zeit schienen sie zu bringen. Man lese einmal, wie Ranke den Einzug eines solchen Gelehrten in die Universität Frankfurt a. d. Oder schildert: so feiert die Menge heute das Erscheinen eines berühmten Sportsmannes oder Filmhelden.[23])

Aber die den Fortschritt priesen, gaben sich selber, ihr Sein und ihre Sicherheit, hin als Objekt dieser neuen Macht und Wissenschaft — so wie der Fortschrittgläubige, dem es heute schwerfällt, die Autorität von Staat und geisteswissenschaftlich verstandenem Recht anzuerkennen, der sich aber widerspruchslos fügt, wenn die Naturwissenschaft, wenn der Arzt gutachtet, beschließt und verordnet.

Die an römischer Weisheit und in den italienischen Stadtstaaten gebildeten Juristen dienten dem absoluten Staate, an dessen absoluter Gewalt sie sich im Inquisitionsprozesse selber geschickt ihren Anteil sicherten. Die besten dieser absoluten Landesherrschaften waren nötige Staatmannsarbeit in zerfallender Zeit und also wahrer Fortschritt. Und vieles an der neuen Rechtswissenschaft ist von der Geschichte anerkannt worden. Aber der Deutsche hat allen Grund, sich auf die Schäden zu besinnen, die durch das Eindringen des fremden Rechtes verursacht wurden.

Man rühmt der Rezeption nach, daß sie Privatrecht und öffentliches Recht geschieden habe. Wir haben oben schon bezweifelt, daß diese Trennung etwas Gutes sei und das deutschrechtliche Denken als tiefer erkannt. Immerhin: diese Trennung ist die Grundlage des heute noch geltenden Rechtes geworden. Aber die Rezeption hat Privatrecht und öffentliches Recht gar nicht immer getrennt, sondern oft auch unheilvoll vermischt.

Sie erst (nicht das Mitttelalter mit seinen deutschrechtlichen Gedanken) hat privatrechtliche Eigentumsvorstellungen für die Begründung staatlicher oder sonstiger Obrigkeit verwandt und die Zeit des rein patrimonialen Rechtsdenkens, die teilweise bis in den Anfang des 19. Jahrhunderts reicht (Patrimonialgerichtsbarkeit des Gutseigentümers), ermöglicht.

Die Rezeption hatte um 1500 herum bereits auf ganzer Linie gesiegt. 1495 war das Reichskammergericht gegründet worden, in dessen Organisation die Hochschätzung des von nun an für unentbehrlich gehaltenen römisch gebildeten Juristen zum Ausdruck kommt. Das Reichskammergericht hat uns Rudolf Smend in seiner gründlichen und feinsinnigen Art besonders nahegebracht. (R. Smend, Das Reichskammergericht, in Quellen und Studien zur Verfassungsgeschichte des deutschen Reiches in Mittelalter und Neuzeit, herausgegeben von Karl Zeumer, Bd. IV, Heft 3, Weimar 1911; Brandenburg-Preußen und das Reichskammergericht, in: Forschungen zur Brandenburgischen und Preußischen Geschichte, Bd. 20, Leipzig, 1907; von früheren s. z. B. J. J. Moser, Von der Teutschen Justizverfassung, Frankfurt u. Leipzig, 1774. Über die allmähliche Emanzipation der brandenburgisch-preußischen Territorien von Reich und Reichskammergericht: Kurt Perels, Die allgemeinen Appellationsprivilegien für Brandenburg-Preußen (Zeumers Quellen und Studien III), 1908. Bei der Wichtigkeit des Gegenstandes sei es hier noch einmal gestattet, Autoritäten der neueren deutschen Rechtswissenschaft anzuführen, um von ihnen ein Gesamturteil über die Rezeption zu hören:

Urteile über die Rezeption.

„Infolge ... des Besonderungstriebes verfiel unser nationales Recht gegen den Schluß des Mittelalters in schweres Siechtum . . . An der Zersplitterung des deutschen Rechts scheiterte die nach herrlichen Anfängen immer mehr verknöchernde nationale Rechtswissenschaft. Und alles Elend, das an der staatlichen Zerfahrenheit hing, verdoppelte sich durch die Zerfahrenheit des Rechtes. Die Zeitgenossen empfanden die Mängel dieses Zustandes. Es fehlte nicht an Versuchen, das deutsche Recht von innen heraus zu einigen . . . Das Ziel wäre aber nur zu erreichen gewesen, wenn eine kräftige Reichsgewalt dazu ihren Arm geliehen . . . hätte. Wie aber stand es um das deutsche Reich? Es war der Verfall des nationalen Staates, der über das Schicksal unseres nationalen Rechtes entschied!"

„Denn Hilfe mußte kommen. Und sie kam. Aber sie kam nun von außen. Man griff zum fremden Rechte, man nahm das römische Recht mit seinen Ergänzungen auf, nicht weil, sondern obwohl es ein fremdes war, aber weil man keinen anderen Ausweg fand. Das war nun freilich ein Heilmittel und ein sehr radikales Heilmittel für den bisherigen Krankheitszustand. Aber die Arznei enthielt ihr

Gift, das neue Krankheiten heraufbeschwor! Zumal man übermäßige Dosen verschluckte und bald aus bloßer Gewöhnung im Genusse fortfuhr!" Gierke, Deutsches Privatrecht I, 1895, S. 7.

„Machtvoll wirkte zugunsten des römischen Rechts die auf allen Lebensgebieten vordringende Strömung, die durch Wiederbelebung der Antike das Mittelalter zur modernen Welt umzugestalten trieb. Die Rezeption ist zuletzt nur ein Teilvorgang jener Bewegung, die in der Kunstgeschichte Renaissance, in der Kulturgeschichte Humanismus heißt. Schon als ein Stück des Altertums hatte das römische Recht Anspruch auf bewundernde Hingabe und glühende Verehrung, wie sie allem Antiken gezollt wurde. Oft seigerte sich diese Wertschätzung bis zu der noch heute nicht ganz ausgestorbenen Anschauung, daß im Corpus juris die Ratio scripta, die für alle Zeiten und Völker bindende Offenbarung der Rechtsvernunft selbst überliefert sei. Zum mindesten aber zweifelte man nicht, daß das römische Recht dem Naturrechte näher stehe als die Satzungen der eignen Vorfahren, auf die man bald als ‚barbarische' Gebräuche des ‚finsteren' Mittelalters bildungsstolz herabsah." Gierke, Deutsches Privatrecht I, S. 11.

„Nicht alles deutsche Recht ließ sich beiseite drängen. Es erhielt sich zum Teil unverfälscht ... in den volkkstümlichen Satzungen und Gebräuchen, nach denen sich fort und fort das Leben in den engsten Verbänden richtete. In Genossenschaften aller Art, in Gilden und Zünften wurde die alte Überlieferung fortgepflanzt. Am zähesten hielt das Landvolk am Hergebrachten fest, so daß in den ländlichen Weistümern noch jahrhundertelang stets von neuem uraltes Germanenrecht verkündet wird, gleich als sei über diesen Boden niemals der Sturm der großen deutschen Rechtsumwälzung dahingebraust. Die Juristen freilich erkannten dieses Volksrecht überhaupt kaum als Recht an und blickten namentlich auf die ‚Possen' der Handwerker und Bauern mit vornehmem Spott herab. Und allmählich mußte bei solcher Mißachtung auch das lebensvollste Recht sich entweder zur bloßen Sitte verflüchtigen oder ins Enge und Formelhafte entarten. Allein gleichwohl erfüllten diese oft unscheinbaren Reste des Volksrechtes den Beruf, manchen deutschen Rechtsgedanken in geschütztem Bezirke treulich zu hegen, bis die Zeit für seine freiere Wiederentfaltung gekommen war." Gierke a. a. O. S. 19.

Hatte man um des Fortschritts willen das neue Recht gepriesen, so sollte man bald doch erkennen, wie schädlich es der Freiheit war. Adolf Merkel, dem die Rezeption „in der Entwicklungsgeschichte des modernen Rechts im ganzen als ein Ferment des Fortschritts" erscheint, muß doch zugeben:

„Die Rezeption war jedoch in Deutschland zugleich mit tiefgreifenden Schädigungen des nationalen Lebens verbunden.

Dahin gehört u. a. die mit der Rezeption verknüpfte Beseitigung mancher wertvollen Bestandteile des einheimischen Rechts; eine häufige verständnislose und zu Ungerechtigkeiten führende Anwendung römischer Rechtssätze auf Verhältnisse, auf welche sie nicht paßten, insbesondere eine derartige Anwendung zugunsten der in Staat und Gesellschaft Mächtigen auf Kosten der Schwachen; die Begünstigung einer Entwicklung der Rechtspflege in einer Richtung, in welcher sie mehr und mehr einen volkstümlichen Charakter einbüßte." Merkel, Jur. Enzyklopädie, 1885, §§ 574—576.

Friedrich Carl von Savigny: System des heutigen Römischen Rechts, 1. Bd.; 1840, S. 78—80: „Der größte und merkwürdigste Akt eines allgemeinen Gewohnheitsrechts in diesem Anfang der neuen Zeit war eben die Rezeption des Römischen Rechts selbst, und zwar in den bestimmten Grenzen, welche bereits angegeben worden sind (§ 17). Diese Rezeption aber hatte eine verschiedene Bedeutung in verschiedenen Nationen des neueren Europa, so daß die daraus hervorgehende Neuerung des Rechtszustandes in sehr verschiedenen Graden fühlbar werden mußte. In Italien war das Justinianische Recht niemals verschwunden: neu war also hier nur teils dessen Wiederbelebung, teils die eigentümliche und bestimmte Begrenzung, in welcher es nunmehr anerkannt wurde. In Frankreich war zwar auch das Römische Recht nicht verschwunden, aber die besondere Gestalt desselben in der Justinianischen Gesetzgebung war hier schon völlig neu. Weit fühlbarer aber mußte jene Rezeption in Deutschland werden, wo das Römische Recht selbst ein ganz neues, bisher unbekanntes Rechtselement war: freilich den neu entstandenen Lebensverhältnissen angemessen, da es nur dadurch Eingang finden konnte. Gerade hier nun ging ein langer und lebhafter Widerstreit der entschiedenen Rezeption vorher, und dadurch wurde diese Einwirkung des Gewohnheitsrechts sowohl vorbereitet als konstatiert. — Aber nicht bloß die Aufnahme des Römischen Rechts an sich muß als entschiedener Einfluß des Gewohnheitsrechts unsere ganze Aufmerksamkeit auf sich ziehen, sondern ebenso und fast noch mehr die bestimmte Art und Begrenzung, in welcher diese Aufnahme stattfand (§ 17), indem daraus hervorgeht, daß dieselbe von einem klaren Bewußtsein begleitet war, und nicht etwa als das Werk eines gedankenlosen Zufalls betrachtet werden darf. Auch darf diese in bestimmter Art vollzogene Aufnahme nicht als etwas Augenblickliches und sogleich völlig Abgeschlossenes betrachtet werden, indem sie vielmehr teilweise erst allmählich zu vollendeter Entwicklung kam. Dieses gilt namentlich von der materiellen Begrenzung, durch welche ein bedeutender Teil des Inhalts des Römischen Rechts von der Rezeption ausgeschlossen ist. — In dieser großen Erscheinung eines allgemeinen Gewohnheitsrechts, in vielen Staaten gleichmäßig (wenngleich nicht zu derselben Zeit) vorkommend, offenbart sich zugleich die eigentümliche Natur der ganzen neueren Zeit. Diese Staaten nahmen im ganzen ein Recht auf, das nicht in ihnen, sondern in einem fremden Volke entstanden war, in einem Volke, mit welchem einige unter ihnen nicht einmal Stammverwandtschaft hatten. Es zeigt sich hierin, daß die neueren Nationen nicht in dem Maße wie die alten zu einer abgeschlossenen Nationalität berufen waren, daß vielmehr der gemeinsame christliche Glaube um sie alle ein unsichtbares Band geschlungen hatte, ohne doch die nationale Eigentümlichkeit aufzuheben. (b) von Savigny, Geschichte des Römischen Rechts im Mittelalter B. 3 § 33. Hierin liegt der große Entwicklungsgang der neueren Zeit, deren letztes Ziel vor unseren Augen noch verborgen ist.

Durch die Rezeption des Römischen Rechts befördert, bildete sich aus der Begriff des in Deutschland geltenden gemeinen Rechts. Dieser steht in Verbindung mit der eigentümlichen Verfassung des Deutschen Reichs, dessen einzelne Staaten unter der gemeinsamen Staatsgewalt des Reichs vereinigt waren. So stand jeder Teil von Deutschland unter einer zwiefachen Staatsgewalt, und unter dem Einfluß derselben hatte sich überall ein zwiefaches positives Recht gebildet, Territorialrecht und gemeines Recht. Bei der Auflösung des Deutschen Reiches behaupteten nun manche Schriftsteller, daß das gemeine Recht mit seiner Basis, der Reichsstaatsgewalt, auch seine Geltung verloren habe. Diese Meinung, entstanden aus einem Mißverständnis über die Natur des positiven Rechts, ist indessen ganz ohne Einfluß auf den wirklichen Rechtszustand geblieben.

(a) Jene gehen von der irrigen Ansicht aus, als müsse mit der Auflösung einer Staatsgewalt auch alles durch sie oder unter ihrem Einfluß Gebildete mit aufhören. Ein ganz ähnlicher Fall findet sich bei der Zerstörung des westlichen Römischen Reiches. Auch hier behaupten viele, das Römische Recht habe durch die Eroberung verschwinden müssen, und es sei auch wirklich verschwunden. Wenigstens diese faktische Behauptung dürfte wohl jetzt nicht leicht mehr Verteidiger finden." (von Savigny, System I S. 4.)

Naturrecht (modernes, von Kirche und Theologie emanzipiertes).

Aber das römische Recht blieb nicht unangetastet. Das weltlich und vernünftlerisch verstandene Naturrecht, so sehr es zeitweise die Rezeption wie den Polizeistaat von seinen menschlichen Natur- und Zweckgedanken her befördert hatte, blieb doch ein unzufriedener, revolutionärer Gesell. Und dank der ihm innewohnenden unruhigen Veränderungslust, hat es sich später auch wieder gegen das positiv gewordene römische und für das germanische Recht eingesetzt.

Aufklärung.

Das Naturrechtszeitalter zerfiel in sich selbst, weil die Spekulationen über die Natur des Menschen und das naturgegebene Rechtssystem zu einem Chaos einander widersprechender imaginärer Rechtsordnungen führten. Trotzdem der Rationalismus auf diese Weise bankerott gemacht hatte, weil es bald so viele Naturrechte wie Naturrechtsphilosophen gab, blieb der Glaube an die einzelmenschliche Vernunft auch in dem folgenden Kulturzeitalter erhalten. Es war die Aufklärung. Bevor sie die advokatorischen Übertreibungen von Voltaire und Rousseau hervorbrachte, hatte sie eine Frühzeit mit imponierendem, in vielen Elementen klassischem Gehalt (an die dann ihre Spätzeit oder Überwindung — Kant, Anselm von Feuerbach — wieder erinnert). Der einflußreichste Schriftsteller blieb der Begründer des modernen konstitutionellen Staatsgedankens: Charles de Secondat, Baron de la Brède et de Montesquieu (1689—1755).

Montesquieu.

Er geht mit dem Reichtum seines Werkes und Wesens nicht ganz im Rationalismus und in der Aufklärung auf. Als Edelmann steht er, mehr als die gewöhnlichen Darstellungen von heute hervorheben, mit einem Fuße doch noch in mittelalterlicher, lehnsrechtlicher Gebundenheit. Als sorgsamer und kritischer Gelehrter zieht er allenthalben gegen die literarischen Behauptungen seiner Zeit die Geschichte der Völker und den tatsächlichen Zustand ihres gegenwärtigen Rechtslebens zu Rate. Was ihn einreiht in die Geistesgeschichte der Aufklärung, ist nicht Neuerungssucht oder gar rebellisches Gelüst, sondern feine Resignation und pessimistisch stimmender Blick in seine Gegenwart.

Die französische Revolution von 1789 erhob vielfach Vergröberungen der Montesquieuschen Gedanken zu Gesetzesforderungen. Der Gesetzgeber aber wurde nicht die revolutionäre Menge, sondern der Diktator Napoleon Bonaparte. Durch ihn gewannen diese französischen Gedanken recht eigentlich erst ihr Gelüst, die Welt zu beherrschen. Bonaparte verstand es, den Eroberer unter dem Reformator, dem Organisator Europas zu verbergen. Das hat uns Robert Seeley in seiner Biographie des Reichsfreiherrn vom Stein sehr gut gezeigt.

Geschichtliche Rechtsschule.

Als Protest gegen die willkürlichen Schöpfungen des Revolutionszeitalters und seines Imperators erschien in der ersten Hälfte des neunzehnten Jahrhunderts das Bekenntnis der geschichtlichen Rechtsschule. Gegen Naturrecht und Aufklärung bekannte sie sich zu den still wachsenden Werken des Volksgeistes. Ihr Haupt war Friedrich Carl von Savigny (1779—1861). Ohne ihn fehlte unserem Wissen vom Gang der Rechtsgeschichte mit das Wesentlichste. Rein römisch begann er mit einem Buche über den Besitz. Dann machte ihn die Arbeit an seinem unvergleichlichen Werke „Geschichte des römischen Rechtes im Mittelalter" zu einem ebensoguten Germanisten. Und schließlich gab er in seinem „System des heutigen Römischen Rechts" eine Darstellung des Rechtes, wie es als gemeines Recht seit der Rezeption bis etwa 1900 gegolten hat. Dieses Recht war kein römisches Recht mehr, sondern ein Ergebnis gemeinsamer Arbeit von italienischen Juristen, Vertretern des kanonischen Rechtes, des langobardischen Lehnrechtes und vieler anderer Kräfte, die zum Wachstum dieses neuzeitlichen Gewächses beigetragen hatten. War es nicht unnational, daß Savigny sich 1814 denen entgegenstellte, die ein neues deutsches Recht schaffen wollten? Um die Frage beantworten zu können, muß man wissen, daß die Juristen, die damals die Kodifikation forderten, zumeist im Banne der Aufklärungsgedanken und der Gesetzgebungswerke Napoleons standen. Vor dem Überflutetwerden durch diese civilisation française wollte die geschichtliche Rechtsschule das deutsche Volk bewahren.[23a)] Ihr gegenüber war das gemeine Recht des Heiligen Römischen Reiches Deutscher Nation allerdings das dem deutschen Volkstum Angemessenere, trotz aller Überfremdung durch die Rezeption. Denn das gemeine Recht, der usus modernus pandectarum, hatte, eben als das Recht des vom deutschen Volk geführten Reiches, vielfach auch deutschrechtliche Züge bekommen.

Positivismus.

Die Kodifikationsbestrebungen siegten jedoch. An die Stelle des mittelalterlichen Reiches aller Deutschen, das 1803 und 1806 durch Bonaparte zur juristischen Auflösung gebracht worden war, trat der gewillkürte Bundesstaat von 1866 und 1871. Eine geschriebene Verfassung war seine Rechtsgrundlage. Und nun entstand, im Bismarckschen Reiche besonders, eine neue Rechtsschule. Hervorragende Vertreter waren Gerber, Laband, Windscheid. Man nennt sie die Positivistische Rechtsschule. Mit der historischen Rechtsschule gemeinsam hat sie die scharfe Richtung gegen das Naturrecht. Es ist die nüchterne und disziplinierte Beschränkung auf das wirkliche Recht, das Positive, das Verbannen des spekulierenden Philosophen aus dem Bereich der Rechtswissenschaft, das wir bei der einen wie bei der anderen Schule finden. Und doch sind die Positivisten deutlich unterschieden von der älteren geschichtlichen Schule um Savigny wie von der neuen geschichtlichen Arbeit um Otto von Gierke. Sie beschränken sich auf einen bestimmten Ausschnitt aus der Geschichte, auf die Gestalt, die in der Gegenwart noch deutlich sichtbar und unmittelbar bestimmend ist. Savigny ist ihnen ein Romantiker, den sie ebenso ablehnen wie die Idealisten und Spekulanten aus den Philosophenschulen von Kant bis Hegel. Sie betonen gegen Savignys berühmte Schrift, die seiner Zeit den Beruf zur Gesetzgebung absprach, das Recht der Gegenwart, durch neue positive Willensakte selber Geschichte und damit Recht zu machen. Was in dieser Schule zuchtvolle Beschränkung auf das Recht der Gegenwart war, kann man bejahen. Dagegen wird über das krampfhafte und unfruchtbare positivistische Philosophieren etwa seit Austin noch ein Wort der Ablehnung zu sagen sein.

Bewahrte Wahrheit.

Von Kritikern dieser Zeit der Positivisten wird behauptet, daß ja in ihr der Deutsche doch, gegen Savignys Mahnung, der einzelmenschlich vernünftlerischen Gesetzesmacherei, dem Geiste von 1789 und dem Nachahmen des Napoleonischen Vorbildes verfallen sei. Das ist jedoch nur zum Teil richtig. Zwar liegt es jetzt auf dem Gebiete des Strafrechts und bei der Frage seiner etwaigen Neugestaltung nahe, darauf hinzuweisen, daß das Reichsstrafgesetzbuch von 1871 vom Preußischen Strafgesetzbuch von 1851, dieses vom Jahre 1848 und damit mittelbar von 1789 und dem Code Napoléon von 1808 abstamme; daß die Staatsanwaltschaft und die Strafprozeßreform 1846 frisch aus Frankreich eingeführt wurde und dergleichen mehr. Das sähe aber doch zu sehr an Friedrich Carl von Savignys Ministerarbeit von 1842—1848 vorbei. Es ist außerdem doch nicht zu leugnen, daß das neunzehnte Jahrhundert eine eigene deutsche Geschichte hat, die keineswegs im Nachahmen französischer Vorbilder bestand. Trotz manches äußeren Anstrichs mit Farben französischer Zivilisation war der Staat Friedrichs des Großen immer ein deutscher Staat. Das große Gesetzgebungswerk Friedrichs, das Preußische Landrecht von 1794, kann nicht einfach ein Aufklärungsprodukt genannt werden. Über Carl Gottlieb Svarez, ohne den nach Friedrich Wilhelms III. Worten an den Sterbenden „weder die neue Gerichtsordnung noch das allgemeine Landrecht" je zustande gekommen wäre: Adolf Stölzel, Carl Gottlieb Svarez. Ein Zeitbild von der zweiten Hälfte des achtzehnten Jahrhunderts, 1895. Dieser Staat verlor sich nie an machiavellistische Renaissance-Rezepte und nie an französische Staatsräson, sondern blieb seines deutschen Wesens und seiner christlichen, jenseitigen Bindung stets eingedenk. Weil dieses Preußen für das Reich arbeitete, fühlte sich der

Reichsfreiherr vom Stein zu ihm hingezogen. Und dieser herrliche preußisch-deutsche Staatsmann hat aus angelsächsischen und vor allem auch aus den Rechtsquellen des alten deutschen Reiches, dessen Größe er mit den Hohenstaufen zu Grabe sinken sah, geschöpft. So meinte er Selbstverwaltung, Bauernbefreiung und Einbauen der Industrie in die Staats- und Rechtsordnung. Er hat ja im Alter mit seinem letzten unermüdlichen Mühen die Quellensammlung veranlaßt und veranstaltet, die uns das Haupthilfsmittel für die umfassende Erforschung der deutschen Rechtsgeschichte ist: die Monumenta Germaniae Historica.

Schon der große König, Friedrich II. selber, unterschied sich viel deutlicher, als in manchen Darstellungen erscheint, von den einseitigen Lehren der Aufklärer. Vor deren Übertreibungen bewahrten ihn geschichtlicher Sinn und geschichtliche Pflicht. Adolf Stölzel, der eifrige Forscher in Brandenburg-Preußens Rechtsgeschichte, sagte einmal: «Als im Jahre 1748, also zu einer Zeit, wo von Rechtsgeschichte im heutigen Sinne des Wortes noch keinerlei Rede war, Friedrich der Große seine bekannte „Dissertation sur les raisons d'établir et d'abroger les lois" schrieb, stellte er an die Spitze dieser einzigen juristischen Schrift, die er verfaßt hat, ja dieser einzigen juristischen Schrift, die vielleicht überhaupt ein König verfaßt hat, den Satz: „Wer eine genaue Kenntnis der Art gewinnen will, wie man Gesetze geben oder abschaffen muß, kann sie nur aus der Geschichte schöpfen".» (Schulung für die zivilistische Praxis, 1894, hier nach der 6. Aufl. 1904 [vgl. mit der 11. Aufl. 1936] S. 1 [13])

Das Lesen der Schriften Friedrichs des Großen wird für manchen wirklich unvoreingenommenen Leser große Überraschungen bringen. Ganz falsch ist es, da manches als Jugendwerk abzutun, wie etwa den Anti-Machiavell. Dieses Werk ist immerhin am Ende der Kronprinzenzeit entstanden, 1739—1740. Der König hat sich von dieser ihm wie allen preußischen Königen selbstverständlichen sittlichen Grundlage nie gelöst. Kaiser Wilhelm II. zählt in den Schlußworten zu seinem 1938 bei Walter de Gruyter in Berlin erschienenen „Königtum im alten Mesopotamien" nur zwei Taten Friedrichs des Großen auf: die Abschaffung der Folter und den Anti-Machiavell. Der König von Preußen sagt: „Der ‚Fürst' von Machiavell bedeutet auf dem Gebiete der Moral, was Spinozas Werk für den Glauben bedeutet. Spinoza untergrub die Grundlagen des Glaubens, indem er nichts Geringeres anstrebte als einen Umsturz des Gebäudes der Religion; Machiavell pflanzte den Keim des Verderbens in das staatliche Leben und unternahm es, die Vorschriften gesunder Sittlichkeit zu zerstören. ... Ich wage es, die Verteidigung der Menschlichkeit aufzunehmen wider ein Ungeheuer, das sie verderben will. ... Von jeher sah ich im ‚Fürsten' Machiavells eines der gefährlichsten unter allen Büchern von Weltverbreitung." (Deutsche Ausgabe der Werke Friedrichs des Großen von Gustav Berthold V o l z und Friedrich von Oppeln-Bronikowski, 1913, Bd. 7, S. 3).

Es gibt eine Linie der preußischen Überlieferung, die sich durch alle Zeiten zieht. Sie ist wichtiger als Stimmungen einzelner Abschnitte und Besonderheiten bestimmter Persönlichkeiten. Man sollte dieses Wesentliche, das überall die Sittlichkeit bejaht, besser beachten.

Konservative Preußen.

Es sollte auch nicht mit solcher Beharrlichkeit das konservative Preußentum der Brüder Wilhelm, Leopold, Ludwig und Otto von Gerlach (viele weniger bekannte Briefe finden sich zum Beispiel in Bertha v o n K r ö c h e r, Die alte Generation), des Rechtsgelehrten Carl Ernst J a r c k e (1801 bis 1852, Handbuch des Gemeinen Deutschen Strafrechts, I—III, Berlin. 1827—1830, Vermischte Schriften, 3 Bände, München 1839, Prinzipienfragen, Paderborn, 1854), des Rechtsphilosophen Friedrich Julius S t a h l, des Verwaltungsmannes Hans v o n K l e i s t - R e t z o w und Gleichgesinnter so beharrlich vergessen und verschwiegen werden. Die Vaterlandsliebe dieser Männer war edler als die der Nationalisten, die ihre Gegner waren. Man hat in unserer Zeit vielfach vergessen, daß der Nationalismus eine revolutionäre Bewegung gegen die bewahrenden Kräfte, gegen das Konservative gewesen ist. Zu der entsetzlichen Mode der nationalistischen Morde hat J a r c k e Stellung genommen. (Carl Ludwig Sand und sein an dem kaiserlich-russischen Staatsrat v. Kotzebue verübter Mord, Neue Bearbeitung, Berlin 1831). Und er ist stets entschieden der „hochmütigen Nationalitätstheorie, die ein Kind der Revolution ist", entgegengetreten. Er hat sie als eine „feindliche Lehre und Praxis" behandelt. Das Christentum gebot es diesen Männern, das revolutionäre Geltendmachen der Nationalität nüchtern als das zu erkennen, was es ist: nämlich „wenn es mit hoffärtiger Verachtung dessen verbunden ist, welcher dem fremden Volke angehört, eine Sünde" (Jarcke). Eine wie hingebende, echt deutsche Vaterlandsliebe mit diesen christlichen Einsichten verbunden war, zeigt allein schon die edle Gestalt des Freiherrn Joseph v o n E i c h e n d o r f f, der zum Kreise dieser Männer gehörte. Die Schlußkapitel seines Romans „Ahnung und Gegenwart" sind eine erschütternd erfüllte Voraussage der Tragödie, die wir durchlebten. Seine späteren Werke atmen denselben Geist. Die Vaterlandsliebe der christlichen Patrioten ist auf die Behauptung des Vaterlandes und aller seiner Rechte unter seiner rechtmäßigen, überlieferten Regierung gerichtet. Diese Regierung ist nicht notwendig landesfürstlich. Sie trägt in Hamburg zum Beispiel das eigentümliche Gepräge der freien Reichs- und Hansestadt. In Preußen aber ist sie das ehrwürdig gewordene Königtum der landesväterlich, hausväterlich sorgsamen Hohenzollern. So ist in Preußen echte und edle Vaterlandsliebe immer zugleich Königstreue. Das alles ist weitab vom revolutionären Nationalismus der Aufklärung.

Deutscher Idealismus.

Näher als Stein und die leider vielfach vergessenen preußischen Konservativen stand die deutsche idealistische Philosophie der Aufklärung. Aber auch sie ist nicht Anhängerin, sondern Überwinderin dieses Geistes von 1789. Sie zeigt zwar überall stark individualistische und ratonalistische Züge, ist aber frei von flachem Freiheitswahn und Fortschrittsleichtgläubigkeit. Sie ging der positivistischen Schule vorauf und wirkte stark mit ein auf die Rechtsneugestaltung von 1871. Erneuerter kantischer Idealismus lebt weiter in dem Werke des Erneuerers der Rechtsphilosophie: Rudolf Stammler.

Positivismus und Reine Rechtslehre.

Der Positivismus hatte sich in freudiger Bejahung des neuen Reiches auf dessen sichtbares Recht (das geschriebene Gesetz zum Nachteil der Gewohnheit begünstigend) beschränkt und hat sich in dieser Beschränkung als Meister erwiesen. Mit der Erschütterung, ja teilweisen Vernichtung seines Gegenstandes, nämlich des Bismarckschen Reiches, sind seine Vertreter, die Positivisten, naturgemäß in große Not geraten. Es ist die Not der Gegenwart.

Die diese Gegenwart bejahen, haben, mit Hans Kelsen an der Spitze, einen neuen Überpositivismus geschaffen. Kelsen hat die Rechtswissenschaft gänzlich aus der Geschichte herausgerissen. Irgendein Willensinhalt kann Recht sein, wenn nur die logischen Formen des Rechtes gewahrt sind, ein gewisser „erkenntniskritisch" gewonnener, ganz und gar formalisierter Rechtsbegriff erfüllt ist. Damit ist aber das Positive am Positivismus aufgehoben: denn auf den positiven Inhalt eines Rechtes kommt es ja nun (scheinbar) gar nicht mehr an, er ist nicht mehr Gegenstand der Rechtswissenschaft, sondern der Geschichte, Soziologie, Psychologie usw. — Diese Art von „reiner Rechtslehre" kann nur auflösend wirken. Von dem großen und klaren Werke des Erkenntnistheoretikers Stammler, der das Positive am Positivismus ehrlich bejahte, muß die in Wien unter Kelsens Führung entstandene Schule scharf unterschieden werden.

Jüngere und jüngste Forscher erhoffen das Heil von methodischer Besinnung. Der Methodenstreit nimmt in dem nachrevolutionären Schrifttum einen breiten Raum ein. Seit Rudolf von Ihering über den „Zweck im Recht" geschrieben hat, hören die Versuche einer „teleologischen Methode" nicht auf. Wer bestimmt den Zweck, wonach wird er bestimmt? Diese Frage ist auch auf das heute so viel gebrauchte Wort „Wert" anzuwenden. Sie scheidet die Geister. Hier zeigt sich, wer in individualistisch rationalistischer Haltung verharren, wer sich dem Übereinzelmenschlichen und der ewigen Wahrheit zuwenden will. Man ruft nach der „geisteswissenschaftlichen Methode". Aber bei der Anwendung der Methode zeigt sich, wohin der geisteswissenschaftlich gerichtete Rechtskundige gehen will. Der bekannte Bonner und Berliner Staatsrechtslehrer und Rechtsphilosoph Erich Kaufmann sprach im Anschluß an sehr feine Bemerkungen des Berliner Publizisten Rudolf Smend von „institutioneller Methode". An einem einfachen Beispiele kann man sich, glaube ich, klarmachen, was das bedeutet. Art. 127 RV. gewährleistet dem deutschen Volke das Recht der „Selbstverwaltung". Diese ist im wesentlichen vom Freiherrn vom Stein geschaffen worden und beruht auf organischen und altdeutschen Rechtsgedanken, wie sie im allgemeinen der Weimarer Verfassung fremd sind. In dieses Recht der Selbstverwaltung sind von Landesregierungs- und Landesgesetzgeberseite schwer schädigende Eingriffe erfolgt. Kann man das Institut (d. h. die Rechtseinrichtung) „Selbstverwaltung" gegen diese Eingriffe schützen? Die Verteidiger der Eingriffe sagen: das gewährleistete Institut der Selbstverwaltung haben wir ja bestehen lassen, wir haben es lediglich geändert, nicht abgeschafft. Aus der Methode Kaufmanns folgt eine Besinnung, die zu folgender Antwort hierauf führt: Es genügt nicht, daß formaljuristisch etwas erhalten bleibt, das Selbstverwaltung heißt, sondern man muß auf den Sinn des Instituts, auf seinen „Gerechtigkeitsgehalt", auf das geschützte Rechtsgut zurückgehen. Woraus aber will man dies alles erkennen? Wer der Geschichte hierbei aus dem Wege geht, verläuft sich im Naturrecht.

Man soll an dem Methodenstreit der Gegenwart nicht vorübergehen, aber man soll noch weniger die Fruchtbarkeit dieses Streites überschätzen. Rudolf Smend hat mit Recht darauf hingewiesen, daß „Gierkes un- oder vorkritische Arbeitsweise ... trotz oder vielleicht gerade vermöge ihrer methodischen Naivität die großen Probleme in unvergänglicher Weise gefördert hat".[24]) Es ist übrigens die Frage, ob der gegen die moderne Erkenntniskritik mißtrauische Geschichtsforscher unkritisch ist — oder der Erkenntniskritiker, der den anmaßlichen Anspruch seiner Theorie der geschichtlichen Wirklichkeit und offenbarter ewiger Wahrheit entgegenstellt.

Die Not unserer Zeit ist keine Methodennot, sondern eine wahre Rechtsnot. Nicht aus methodischer, sondern aus geschichtlicher Besinnung wird die Wissenschaft Kraft gewinnen, an ihrem Platze der Not zu steuern. Denn die Quellen der Kraft liegen in dem, was wahrhaft Deutsches Reich und Preußentum ist.

Ausklang.

Diese Sätze der 1. Auflage der „Einführung" von 1931 sollen stehen bleiben. Bald nachdem sie geschrieben waren, ist abermals das Verbrechen der Revolution über unser Vaterland gegangen. Und welche Zerrbilder von Deutschtum und Preußentum sind da aufrührerisch gewaltsam errichtet und dem Volke als letzte Wahrheit hingestellt worden! Gerade der, dessen Vaterlandsliebe aus der zarten Sehnsucht märkischer Heide wächst, fühlt, daß etwas Hohes und Edles in unverantwortlicher Weise entweiht worden ist. Da tut es wohl, gegenüber den vielen Nichtpreußen, die meinten, das Preußentum für sich in Anspruch nehmen zu können, ohne sich die Mühe zu geben, seinen wahren Sinn zu erfassen, einen Preußen zu hören. Prinz Oskar von Preußen hat in diesem schweren Jahre 1946 Aufzeichnungen gemacht („Warum wurde Preußen, wie es war?"), aus denen folgendes wiedergegeben werden darf. Er weist zunächst auf die Gründe der fortgesetzten Angriffe auf Preußen und seine „Junker" hin, auf die verschiedenen teils böswilligen, teils törichten, teils auch tragischen Mißverständnisse, die daraus erwuchsen. Außerdem lehnt der Verfasser

der Aufzeichnungen die Anmaßung und Kurzsichtigkeit derer ab, die „im Hackenklappen und ruckartigen Vorstrecken der Arme preußische Art verkörpert zu sehen meinten, vom preußischen Geist aber nicht einen Hauch verspürten".

Die weiteren Hauptausführungen des Prinzen lauten wörtlich:

„Da lohnt es sich, einmal ganz kurz auf die Uranfänge zurückzugreifen, den Gründen nachzuspüren, die zur Entstehung Preußens führten, und die es zwangsläufig so werden ließen, wie wir es kannten und liebten! Denn wir Preußen liebten unser Land in seiner Kargheit, seiner schlichten, anspruchslosen Landschaft, mit seiner unendlich mühseligen geschichtlichen Entwicklung, seinen Kämpfen und Leiden, dem Auf und Ab seines Werdeganges, der schließlich in der deutschen Kaiserkrone seine letzte Krönung erhielt. Von diesem Zeitpunkt an beginnt die Auflösung Preußens, das sich in und für Deutschland verströmte, und niemand hat das klarer erkannt als Kaiser Wilhelm I., dem die Annahme der Kaiserkrone deswegen so schwer wurde, weil er wußte, daß er damit sein Preußen zu Gunsten Deutschlands aufgab.

Als Hermann von Salza, der kluge, außenpolitisch hochbegabte Großmeister des Deutschen Ritterordens, seinem Kaiserlichen Herrn Friedrich II. von Staufen Anfang des 13. Jahrhunderts den Vorschlag unterbreitete, den Orden aus dem Heiligen Lande zurückzuziehen und ihn zur Christianisierung und Kolonisierung des Ostens anzusetzen, da legte er gleichzeitig — unbewußt — den Grundstein für den Aufbau Preußens. Er hatte klar erkannt, daß die große religiöse Idee der Kreuzzüge im Abklingen war, daß Erwerbungen wie das Königreich Jerusalem, Antiochien, Cypern auf die Dauer — da vom Mutterland abgetrennt — nicht zu halten waren, und daß im Osten des Reiches größere, lebenswichtigere Aufgaben ganzen Einsatzes harrten. Kaiser und Papst übertrugen ihm neben der Christianisierung und Kolonisierung der heidnischen Preußen und Polen die wesentliche Aufgabe der Verteidigung der Reichsgrenze im Nordosten und Osten gegen die ewig unruhigen östlichen Nachbarn. Da keine natürlichen Grenzen durch Meere oder Hochgebirge gegeben waren, bildeten Schwert und Schild der Ordensritter die Grenze des Deutschen Reiches, sie waren Grenzwächter der Ostmark! — Es ist hier nicht der Ort, auch nur einen Abriß der Geschichte der wechselvollen Kämpfe des Ordens, seiner Blüte und seines Niederganges zu geben, man lese sie in dem klar und faßlich geschriebenen Buch „Der Deutsche Ritterorden" von Ernst Hering nach; sie ist gerade in unserer Zeit von größtem Interesse. Es seien hier nur einzelne besonders wichtige Momente herausgegriffen, die für die Entwicklung des preußischen Gedankens, seiner Art und seines Wesens, von Bedeutung waren.

Die Organisation, der Kaiser und Papst diese schwere Aufgabe anvertrauten, war ein Ritterorden. Wechselseitig durchdrungen von religiösen Gedanken und militärischen Aufgaben, konnte er sich nur in den fortgesetzten Stürmen seiner Zeit durch straffste Gliederung, eiserne Disziplin und bis ins Kleinste gehende zweckmäßige Organisation halten. Der Orden entwickelte — vielleicht in Anlehnung an die Schöpfung Friedrichs II. in Sizilien und Süditalien — ein klar gegliedertes Beamtentum — etwas für die damalige Zeit sonst Unbekanntes —, das ihm die Verwaltung der Ordenslande überhaupt erst ermöglichte. Wir sehen also hier schon die Hauptfaktoren entstehen und sich zwangsläufig entwickeln, die später für den preußischen Staat so maßgeblich werden sollten.

Es lag in der Natur der Dinge, daß der Orden ohne eine dauernde Zuführung von Kräften aus dem Reich nicht lebensfähig bleiben konnte. So sehen wir bald stärker, bald schwächer, einen ständigen „Treck" vom Westen nach dem Osten. Magdeburg und Lübeck waren die Sammelstellen für Land- und Seetransporte. (Magdeburger und Lübisches Recht galten in Krakau, Warschau so gut wie in Nowgorod).

Es zogen der vielgeschmähte „Junker" mit seiner berittenen Gefolgschaft, es zogen Bauern, die sich unter seinem Schutz ansiedelten, auf dem Seewege aber füllten sich die Städte des Ostens mit Kaufleuten und Handwerkern. Alle diese deutschen Menschen, die dem Orden Arbeiter und Kämpfer stellten, kamen aus den verschiedensten Teilen des Reiches, aus Holstein, Niedersachsen, aus Thüringen und vom Rhein. Sie alle wurden im Ordensstaat eingespannt in den Dienst der deutschen Aufgabe, innerlich erfüllt von einer Idee, der sie sich unterordneten, für die sie lebten, arbeiteten und fielen. Einer Idee, die über- und außerhalb ihrer selbst, sie über sich und ihre Eigenwünsche hinausführte zum Erfassen der Notwendigkeit des Einsatzes für das Ganze. Hier klingen bereits Töne an, die später in Preußen eine starke, alles durchdringende Melodie ergaben, eine Melodie, die ihren schönsten Ausdruck in den halbstündlich über Potsdam klingenden Versen des Liedes „Üb' immer Treu und Redlichkeit" fanden. — Erfüllt von der inneren Notwendigkeit seiner göttlichen Sendung, durch sein Gelübde dem Höchsten verantwortlich, auf vorgeschobenem, sturmumbrandeten Posten zu fester Gemeinschaft verschworen, so hielt der Orden durch Hunderte von Jahren arbeitend und kämpfend treue Grenzwacht im Osten.

Als im Anfang des 15. Jahrhunderts die Hohenzollern in die Mark Brandenburg einzogen, um das fast aussichtslos erscheinende mühselige Werk der Befriedung und des Aufbaues ihres an Naturschätzen armen, ausgesogenen, auf allen Seiten von mißgünstigen Nachbarn umgebenen Landes aufzunehmen, da ergaben ähnliche Notwendigkeiten die Grundlage für späteres gemeinsames Wachstum.

Sie betrachteten sich als schlichte Amtmänner am Werke Gottes, diese Auffassung fand dann später ihre Krönung in dem Satze Friedrichs des Großen: „Der König ist der erste Diener seines Staates." Und es darf nicht vergessen werden, daß dieser Satz oder besser dieser Grundsatz herausgestellt wurde zu einer Zeit, als noch das umgekehrte Prinzip des roi soleil fast allgemeine Gültigkeit hatte: ‚L'Etat c'est moi!' —

Betrachtet man auf einer alten Karte die Grenzen Brandenburg-Preußens, so erkennt man die ungeheuren Schwierigkeiten, die der Verwaltung dieses Landes entgegenstanden. Weithin vom Osten bis an den Rhein auseinandergezogen, z. T. in Enklaven verstreut und verzettelt, ringsum mißgünstige, z. T. stärkere Nachbarn, war Brandenburg-Preußen nur lebensfähig, wenn es straff, sparsam und mit nie nachlassender Pflichttreue geführt wurde und sich aus eigener Kraft einen Machtfaktor in einer Armee schuf, die die Grenzen verteidigen konnte. Daneben aber mußte ein Beamtenkörper entwickelt werden, der fleißig, gewissenhaft und unbedingt zuverlässig arbeitete, für wenig Geld viel leistete, und dem das hohe Ethos der Pflicht zum Maßstab seines Tuns und Handelns geworden war. — Es ist kein Zufall, daß Männer wie der Große Kurfürst, Friedrich Wilhelm I., Friedrich II. und ihre Nachfolger auf denselben Faktoren fußten, die im Ordensstaat Grundlage der Verwaltung gewesen waren. Spottend hatten seine Gegner Friedrich Wilhelm I. roi des gueux, König der Bettler, genannt, er verkehrte diesen Spottnamen in einen Ehrentitel. Und wie er seine Armee schulte, sein Beamtentum zur Pflicht erzog, sein eigener Hausverwalter war, so erzog er auch sein ganzes Volk zum Gedanken des Dienens für den Staat. Dabei führte er nur konsequent die Maßnahmen fort, zu deren Anfang der Orden den Grund gelegt hatte, der Orden, der durch die geschichtliche Entwicklung seinen Weg gehend, hineinwuchs in den Brandenburg - Preußischen Staat. — Preußentum war nüchterne, sparsame, praktische Aufbauarbeit an Volk und Staat, war harter Alltag, bewußtes Verzichten auf viel Schönheit und Genuß zu Gunsten des Dienstes an der Allgemeinheit, war Dienst von früh bis spät, über dem unablässig die Klänge des von Friedrich Wilhelm I. gestifteten Glockenspieles das Leitmotiv abgaben, bis es über 200 Jahre später im Feuersturm der brennenden, in Trümmer sinkenden Residenzstadt der Könige von Preußen im April 1945 zum letzten Male erklang. Preußens Weg war ein harter, so mußte es hart und herb werden, um ihn gehen zu können. Ihm hatte kein glückliches Geschick eine Insel zum Geschenk gemacht, auf der es — bis zur Erfindung der Luftwaffe — völlig unangreifbar wohnen und sich in Ruhe entfalten konnte.

Preußens Los war ein immer erneuter Kampf um seine Existenz, stets hing über ihm das Damoklesschwert eines Kampfes nach mehreren Seiten, immer von neuem drohte ihm der Untergang. Seinem zäh verbissenen Ringen an der Ostgrenze des Reiches durch all die Jahrhunderte haben die übrigen deutschen Staaten es zum großen Teil zu verdanken, daß sie eine leichtere und bequemere Entwicklung durchmachen konnten.

Ohne den unentwegten Kampf des Ordens und später Preußens säßen die Polen wahrscheinlich schon seit Hunderten von Jahren an der Weser, und viele, die heute nicht genug Unrat auf das Gedächtnis an Preußen abladen können, wären dann bestimmt nicht dazu in der Lage.

Wenn man die Witz- und Karikaturblätter der Zeit bis 1941 verfolgt, so unterscheidet sich ihr Inhalt nur unwesentlich von den Angriffen, die jetzt von allen Seiten gegen Preußentum und Preußenart geführt werden. Und daß die Quellen, aus denen damals geschöpft wurde, trübe waren und nur sehr durchsichtige Zwecke verfolgten, das weiß jeder denkende Angehörige der älteren Generation. — Doch von all dem wird Preußen und der preußische Geist nicht berührt. Eine Sache tun um der Sache willen, das Persönliche und die Person einer Aufgabe wegen zurückstellen, für die einem Anvertrauten sorgen, sein Vaterland lieben erst recht, wenn es in Not ist, Dienst tun für die Allgemeinheit und dabei die Ehre höher schätzen als den klingenden Lohn, aufrichtig und aufrecht den Menschen gegenüber, aber demütig vor Gott, mehr sein als scheinen, das ist wahre preußische Art. Sie ist gewachsen auf armem Boden, geglüht und gestählt in unzähligen Leidensjahren, sie ist — wie ihre Heimat — langsam in stetigem Ringen vom Kleinen zum Großen geführt worden. Beide haben für Deutschland Unschätzbares geleistet, nun hat der große Weltenlenker ihnen ein Ende gesetzt. Ob vorübergehend oder für immer, das steht in Seiner Hand. Potsdams Glockenspiel versank im Feuerorkan, seine Melodie aber wird in den Herzen aller Preußen, die stolz auf ihre Art sind und bleiben, weiterklingen: Üb' immer Treu und Redlichkeit und Lobe den Herren, den mächtigen König der Ehren."

Wer erlebt, wie sein Vaterland geschmäht wird, liebt es nur noch inniger. Dabei kann durchaus das rechte Verhältnis zu den anderen Staaten gewahrt bleiben, in dem alten, ehrwürdigen Reiche, das einstmals das Heilige hieß, und in der ganzen christlichen Völkergemeinschaft. Ein nüchternes, gutes Maßhalten und schlichte Bescheidenheit gehören auch zu der preußischen Überlieferung. Neidlos soll anerkannt werden, was andere Stämme, Staaten, Völker waren und sind. Niemandem soll das hier Gesagte aufgedrängt werden, wenn es ihm fremd ist. Er mag so glücklich sein in seiner heimatlichen Art wie der Preuße in seinem Preußentum. Das Ganze ist ja übrigens beileibe kein Gegenstand des Stolzes und der Selbstgefälligkeit, sondern überlieferte Pflicht. In den Jahrhunderten langsamen Wachstums und stiller Pflichterfüllung war unser Vaterland wohl auch niemals gehaßt. Es genoß eine zunehmende Achtung in der Familie der christlichen Könige. Diese christliche Familie der Könige ist heute eine vielbefeindete Wirklichkeit, aber, wie mmer vermindert, Gottlob, doch eben noch Wirklichkeit.

Am Schlusse mögen hier eigentümlich starke Worte über das christliche Königtum und alle bewahrenden Gewalten stehen. Es sind Worte, die Reinhold Schneider mitten im zweiten Weltkriege dem deutschen Volke mit unerhörter Kühnheit zugerufen hat:

„Vater ist auch der Regent, dessen höchste Aufgabe nicht die Pflicht, sondern die Liebe, nicht der Dienst, sondern die Fürsorge ist; ein Schimmer der alten geheimnisvollen Würde des Vatertums umspielt die Krone. Wohl dem Regenten, der ihn wahrnimmt, wohl dem Volke, das sich ihm beugt! Sonst müssen Liebe und Vertrauen zerreißen; die Macht verliert ihre bindende Kraft und wird zur Gewalt; statt des Vaters und der Kinder stehen einander Tyrannen und Knechte, Gewalthaber und Aufrührer, gegenüber. Das heilige Bild des Vatertums will auch zwischen Meister und Jünger, Schüler und Lehrer walten; es leuchtet in alle Beziehungen hinein, die eine Verantwortung für Menschen bedeuten, Vertrauen zu Menschen fordern." (‚Das Vater unser' S. 12/13). „Denn Ordnung beruht auf der Hingabe der Freien und der Ehrfurcht vor Gottes Gesetz; dem Widersacher bliebe nur ein Zerrbild der Ordnung: Der Zwang, der fesseln soll, was die Ehrfurcht nicht bindet, die Liebe nicht vereint. Sein Reich ist der Streit, seine Herrrschaft die Gewalt, die von der Ordnung losgerissene Macht; sein Gesetz seine Waffe, sein Zweck er selbst, sein Mittel der Mensch. Aber seine Gestalt zerteilt sich in seinesgleichen; er stürzt, was er baut, bekämpft und verschlingt sich selbst und erscheint wieder mit der Kraft des Hasses und der Empörung, die der Anfang der Geschichte ist und von ihr überwunden werden muß. Denn die Geschichte ist Heilsgeschichte; ihr Ende ist das sichtbare Reich des Herrn; darum ist das echte geschichtliche Reich auf Erden, dessen Haupt dem Herrn dient und lebt aus der Vereinigung mit Ihm, das Versprechen dieses Reiches; ein Heiliges ist in ihm beschlossen, und wäre es auch nicht mehr, als sein Kronreif umfaßt. Es ist nicht das Gottesreich, in dem der Friede beheimatet ist, und dessen Träger weithin verstreut als Brüder wohnen; aber es ist das Bild der Ordnung, die verwirklicht werden wird, wenn Christus sichtbar den Thron der Welt besteigt. Vom Weltkönig, dessen unzulänglicher Vorläufer der irdische König ist, hat der Herr des geschichtlichen Reiches seine Macht und das Heilige seiner Würde. Vom Weltkönig fällt ein Schimmer auf seine Krone, auf sein Gesicht" (‚S. 27/28'). „Ein Schatten liegt auf der Welt, und wir wissen doch, ihre verheißungsvolle Schönheit hat sich nicht gewandelt. Auch über die Freude heiliger Feste ist ein Schatten gekommen; er sollte nicht sein; unsere Freude sollte tiefer, reiner werden; aber der Schatten ist da. Die Sorge zehrt an jeder Stunde; wir leben nicht mehr als Deine Kinder; der Bergsturz der Geschichte schüttet den Raum unseres Daseins zu, und dem Menschen sind alle Zeichen seiner Würde, seiner Freiheit genommen. Wir haben das Wort verloren, das Dich bezeugt; wir haben die Freude verloren, die das Siegel der Erlösung ist; unsere

Liebe ist immerfort versucht vom Haß; seit die Bilder der Gerechtigkeit alle gefallen sind, versündigen wir uns fort und fort gegen das Recht und gegen die Heiligkeit Deines unerforschlichen Waltens."

Anmerkungen zur Rechtsgeschichte.

Die hier gegebenen Anmerkungen sind nach Möglichkeit so zusammengestellt, daß sie als Ganzes gelesen werden können.

1. Friedrich Carl von Savigny (1779—1861), Vom Beruf unserer Zeit für Gesetzgebung und Rechtswissenschaft, 1. Ausgabe 1814, hier angeführt nach der 3. Auflage 1840, S. 12. An dieser Schrift darf kein Jurist vorbeigehen. Über Savigny vgl. oben S. 49. Er ist der Begründer und Führer der geschichtlichen Rechtsschule. Die Ehre des Begründers wird allerdings von manchen (wohl auch von v. Savigny selbst) für Hugo in Anspruch genommen. Daß Friedrich Carl v Savigny der historischen Schule das Gepräge gegeben hat, vermag indessen niemand zu bestreiten Hören wir ihn selbst

Friedrich Carl von Savigny: Vom Beruf unserer Zeit für Gesetzgebung und Rechtswissenschaft 1 Ausgabe 1814. 2 Ausgabe 1828. 3. Auflage 1840. Neudruck nach der dritten Auflage, Freiburg i B 1892, Akademische Verlagsbuchhandlung von J C. B. Mohr (Paul Siebeck).

S. 4 [2 des Neudrucks von 1892]: „Von zwei Meinungen über die Einführung des bürgerlichen Rechts, die mir bekannt geworden sind, geht die eine auf Herstellung des alten Zustandes [1]) ([1]Rehberg über den Code Napoleon. Hannover 1814), die zweite auf Annahme eines gemeinschaftlichen Gesetzbuches für die deutschen Staaten[2]). ([2]) K. E Schmid: Deutschlands Wiedergeburt. Jena 1814. S. 135 u. f. Thibaut über die Notwendigkeit eines allgemeinen bürgerlichen Rechts für Deutschland. Heidelberg 1814. — Jener wünscht für den Augenblick Annahme des Österreichischen Gesetzbuchs, dieser sogleich ein neues.) Zur Erläuterung dieser zweiten Meinung sind gleich hier einige Bemerkungen nötig, indem sie in einem doppelten historischen Zusammenhang betrachtet werden muß.

Erstens nämlich steht sie in Verbindung mit vielen ähnlichen Vorschlägen und Versuchen seit der Mitte des achtzehnten Jahrhunderts. In dieser Zeit hatte sich durch ganz Europa ein völlig unerleuchteter Bildungstrieb geregt. Sinn und Gefühl für die Größe und Eigentümlichkeit anderer Zeiten, so wie für die naturgemäße Entwicklung der Völker und Verfassungen, also alles, was die Geschichte heilsam und fruchtbar machen muß, war verloren· An die Stelle getreten war eine grenzenlose Erwartung von der gegenwärtigen Zeit, die man keinesfalls zu etwas geringerem berufen glaubte, als zur wirklichen Darstellung einer absoluten Vollkommenheit Dieser Trieb äußerte sich nach allen Richtungen: was er in Religion und Staatsverfassung gewirkt hat, ist bekannt, und es ist unverkennbar, wie er hier durch eine natürliche Gegenwirkung aller Orten einer neuen, lebendigen Liebe die Stätte bereiten mußte. Auch im bürgerlichen Rechte war er tätig. Man verlangte neue Gesetzbücher, die durch ihre Vollständigkeit der Rechtspflege eine mechanische Sicherheit gewähren sollten, indem der Richter, alles eigenen Urteils überhoben, bloß auf die buchstäbliche Anwendung beschränkt wäre zugleich sollten sie sich aller historischen Eigentümlichkeiten enthalten, und in reiner Abstraktion für alle Völker und Zeiten gleiche Brauchbarkeit haben. Es würde sehr irrig sein, jenen Trieb und diese Anwendungen desselben einzelnen Irrlehrern zuzuschreiben: es war, nur mit sehr achtungswerten Ausnahmen, die Meinung der Völker. Darum stand es nicht in der Macht der Regierungen, allen Anwendungen auszuweichen, und die bloße Milderung und Beschränkung derselben konnte oft schon als sehr verdienstlich und als Beweis innerer Kraft gelten. Vergleichen wir mit diesen vergangenen Zuständen die gegenwärtige Zeit, so dürfen wir uns freuen. Geschichtlicher Sinn ist überall erwacht, und neben diesem hat jener bodenlose Hochmut keinen Raum. Und wenn auch angehende Schriftsteller oft noch einen ähnlichen Anlauf nehmen, so ist es doch gar nicht mehr herrschender Geist. Auch in den oben genannten Vorschlägen von Gesetzbüchern ist zum Teil diese erfreuliche Vergleichung bewährt. Frei von jenen übertriebenen Ansprüchen gehen sie auf ein bestimmtes praktisches Ziel, und auch ihre Motive stehen auf festem Boden. Das Durchlaufen jener Periode aber gewährt uns den großen Vorteil, daß wir ihre Erfahrungen zu Rate ziehen können. Aus den Ansichten derselben sind nacheinander Gesetzbücher für drei große Staaten hervorgegangen. Diese, und zum Teil ihre Wirkungen liegen vor uns, und es würde unverzeihlich sein, die Lehre zu verschmähen, die sie uns aufmunternd oder warnend geben können.

Zweitens stehen jene Vorschläge in Verbindung mit einer allgemeinen Ansicht von der Entstehung alles positiven Rechts, die von jeher bei der großen Mehrzahl der deutschen Juristen herrschend war. Nach ihr entsteht im normalen Zustande alles Recht aus Gesetzen, d. h. ausdrücklichen Vorschriften der höchsten Staatsgewalt. Die Rechtswissenschaft hat lediglich den Inhalt der Gesetze zum Gegenstand. Demnach ist die Gesetzgebung selbst, so wie die Rechtswissenschaft, von ganz zufälligem, wechselndem Inhalt, und es ist sehr möglich, daß das Recht von morgen dem von heute gar nicht ähnlich sieht. Ein vollständiges Gesetzbuch ist demnach das höchste Bedürfnis, und nur bei einem lückenhaften Zustande desselben kann man in die traurige Notwendigkeit kommen, sich mit Gewohnheitsrecht, als einer schwankenden Ergänzung, behelfen zu müssen. Diese Ansicht ist viel älter, als die oben dargestellte, beide haben sich auf manchen Punkten feindlich berührt, weit öfter aber sehr gut vertragen. Als Vermittlung diente häufig die Überzeugung, daß es ein praktisches Naturrecht oder Vernunftrecht gebe, eine ideale Gesetzgebung für alle Zeiten und alle Fälle gültig, die wir nur zu entdecken brauchten, um das positive Recht für immer zu vollenden.

Ob diese Ansicht von der Entstehung des positiven Rechts Realität habe, wird sich aus der folgenden Untersuchung ergeben.

Wir befragen zuerst die Geschichte, wie sich bei Völkern edler Stämme das Recht wirklich entwickelt hat: dem Urteil, was hieran gut, vielleicht notwendig oder aber tadelnswert sein möge, ist damit keineswegs vorgegriffen.

Wo wir zuerst urkundliche Geschichte finden, hat das bürgerliche Recht schon einen bestimmten Charakter, dem Volk eigentümlich, so wie seine Sprache, Sitte, Verfassung. Ja, diese Erscheinungen haben kein abgesondertes Dasein, es sind nur einzelne Kräfte und Tätigkeiten des einen Volkes, in der Natur untrennbar verbunden, und nur unserer Betrachtung als besondere Eigenschaften erscheinend Was sie zu einem Ganzen verknüpft, ist die gemeinsame Überzeugung des Volkes, das gleiche Gesicht innerer Notwendigkeit, welches allen Gedanken an zufällige und willkürliche Entstehung ausschließt . . .

[13] Die Summe dieser Ansicht ist also, daß alles Recht auf diese Weise entsteht, welche der herrschende, nicht ganz passende Sprachgebrauch als Gewohnheitsrecht bezeichnet, d. h. daß es durch Sitte und Volksglaube, dann durch Jurisprudenz erzeugt wird, überall also durch innere, still wirkende Kräfte, nicht durch die Willkür eines Gesetzgebers Dieser Zustand ist bis jetzt nur historisch aufgestellt worden, ob er löblich und wünschenswert ist, wird die folgende Untersuchung lehren. Aber auch als historische Ansicht bedarf dieser Zustand noch einiger näherer Bestimmungen Zuerst ist dabei eine ganz ungestörte, einheimische Entwicklung vorausgesetzt worden; der Einfluß früher Berührung mit dem fremden Rechte wird weiter unten an dem Beispiel von Deutschland klar werden. Ebenso wird sich zeigen, daß allerdings ein teilweiser Einfluß der Gesetzgebung auf bürgerliches Recht, bald löblich, bald tadelnswert, stattfinden kann. Endlich finden sich große Verschiedenheiten in den Grenzen der Gültigkeit und Anwendung des Rechts. Wie nämlich dasselbe Volk sich in viele Stämme verzweigt, Staaten sich vereinigen oder zerfallen, so muß bald dasselbe Recht mehreren unabhängigen Staaten gemein sein, bald in verschiedenen Teilen desselben Staates, neben gleichen Grundsätzen des Rechts, eine große Mannigfaltigkeit einzelner Bestimmungen gelten

Unter den deutschen Juristen hat Hugo das große Verdienst, in den meisten seiner Schriften die herrschenden [15] Ansichten gründlich bekämpft zu haben. (1) Vorzüglich in der Enzykopädie ed. 4 Nr. 21, 22. Naturrecht ed. 3 Nr. 130. Civilist. Magazin B. 4 No. 4). Hohe Ehre gebührt auch hierin dem Andenken Mösers, der mit großartigem Sinn überall die Geschichte zu deuten suchte, oft auch in Beziehung auf bürgerliches Recht; daß dieses Beispiel den Juristen größtenteils unbemerkt geblieben ist, war zu erwarten, da er nicht zünftig war, und weder Vorlesungen gehalten, noch Lehrbücher geschrieben hat.

2. Julius H von Kirchmann, Die Wertlosigkeit der Jurispudenz als Wissenschaft 1847 (!) neu herausgegeben von Schröder, 1919. Mit Kirchmann hat sich mehrfach auseinandergesetzt Rudolf Stammler (Lehrbuch der Rechtsphilosophie, 3. Auflage 1928), Rechtsphilosophie, 1930, Josef Esser, 100 Jahre Anklagezustand über die Jurisprudenz. Zum Gedächtnis Julius H. v. Kirchmanns, Deutsche Rechtszeitschrift, 2. Jg., 1947, S. 315.

3. Rudolf von Ihering (1818—1892), Geist des römischen Rechts, I, 7. und 8. Auflage, 1924, S. 93· „So groß die Römer als Dogmatiker waren, so besaßen sie doch keinen Sinn für die historische Entwicklung des Rechts."

Ihering ist aus Savignys geschichtlicher Schule hervorgegangen. Er versuchte später rechtsphilosophisches Arbeiten mit historischem zu vereinen und führte eine neue Zweckbetrachtung des Rechtes ein. Von Savigny entfernte er sich dabei. Der feinsinnige Erforscher der sog. allgemeinen Rechtslehre Adolf Merkel (1836—1896) schrieb über ihn (Vorrede zu „Geist des römischen Rechts" I)·

„Savigny hatte das Programm einer Entwicklungsgeschichte des Rechts aufgestellt . . . Ihering unternahm, was die Schule postuliert hatte. Aber was er brachte, zeigte ihn alsbald in mannigfachem Gegensatze zu ihr.

Die historische Ansicht vom Recht hatte sich bei dieser Schule im Zeitalter der Romantik, im Zusammenhange mit dem Kampfe gegen die Ideen der Revolutionszeit gestaltet. Bei Ihering tritt sie aus diesem Zusammenhange heraus, sie streift das romantische Gewand ab. Hierher gehört seine abweichende Stellung zum Universalismus im Rechte

. . . Mit alledem gewinnt der Entwicklungsgedanke bei ihm eine andere Färbung. Dieser zentrale Gedanke der modernen Wissenschaft hat bei Savigny und den Seinigen eine durchaus konservative Färbung. Sie betonen vor allem die Stetigkeit des geschichtlichen Lebens und die Abhängigkeit einerseits der Gegenwart von der Vergangenheit, andererseits der einzelnen von den objektiven Mächten. Bei Ihering dagegen nimmt dieser Gedanke, wie im Bereiche der heutigen Wissenschaft überhaupt, einen progressistischen Charakter an. Ist er doch, wie schon gesagt wurde, ein Repräsentant des geistigen Selbständigkeitsstrebens dem überlieferten Rechte gegenüber."

4. Die alten Urkunden des römischen Rechtes (vor dem Corpus juris civilis) hat Bruns, Fontes juris romani antiqui, 1860 (7. Aufl. 1912), zu sammeln und herauszugeben versucht. Hein-

rich Degenkolb, Karl Georg Bruns, 1881. Die Arbeit ist mühsam, weil die Stellen im Corpus juris nur verstreut zitiert und obendrein verändert worden sind. Das war eine Veränderung nicht bloß des Wortlauts, sondern des Geistes. Von diesen Verschlechterungen durch den byzantinischen Verfall die Klassikerstellen wieder zu reinigen, ist Aufgabe der Interpolationenforschung. Kipp, Geschichte der Quellen des römischen Rechtes, 4. Aufl. 1919.

Eine schöne Auswahl von römischen Quellenstellen aus allen Zeiten und zu fast allen hauptsächlichen Gegenständen hat Richard Schott gegeben Hilfsbüchlein über die Vorlesungen über Institutionen, Geschichte und Zivilprozeß des römischen Rechtes, 1931

5. Als das beste Lehrbuch des römischen Rechtes erscheint mir immer noch das von Rudolf Sohm, Institutionen, ein Lehrbuch der Geschichte und des Systems des römischen Privatrechts, 17 Aufl. 1928, neu herausgegeben von Mitteis und Wenger

Sohm ist ein Forscher und Denker von liberaler Einstellung mit großem sozialen Idealismus. Während Savigny das Gewohnheitsrecht preist, erhebt Sohm das Gesetz, stellt scharf dessen „soziale Funktion" heraus.

6. von Nell-Breuning, Aktienreform und Ethik, Deutsche Juristenzeitung (abgekürzt gewöhnlich zitiert DJZ) 1930 Sp. 1162 ff

7 Gaius, Institutionum Commentarii, gibt in Lehrbuchform einen Überblick über römisches Recht. Gaius war ein Jurist zur Zeit der Kaiser Hadrian, Antoninus Pius und Marc Aurel. Sein Werk war lange verschollen und ist erst 1816 wieder von Niebuhr aufgefunden worden. Es ist leichter zu lesen als das Corpus juris und daher geeignet für den Beginn des Quellenstudiums (Ausgabe von Seckel und Kübler bei Teubner, Leipzig 1913).

7a) Theodor Mommsen, Römische Geschichte 1. Band, 9 Auflage, Berlin, Weidmannsche Buchhandlung, 1903.

S. 157/8 ,,Gestattend oder hemmend tritt das Recht stets unbedingt auf wie der unvertretene Fremde dem gehetzten Wild, so steht der Gast dem Bürger gleich; der Vertrag gibt regelmäßig keine Klage, aber wo das Recht des Gläubigers anerkannt wird, da ist es so allmächtig, daß dem Armen nirgends eine Rettung, nirgends eine menschliche und billige Berücksichtigung sich zeigt; es ist als fände das Recht eine Freude daran überall die schärfsten Spitzen hervorzukehren, die äußersten Konsequenzen zu ziehen, das Tyrannische des Rechtsbegriffes gewaltsam dem blödesten Verstande aufzudrängen. Die poetische Form, die gemütliche Anschaulichkeit, die in den germanischen Rechtsordnungen anmutig walten, sind dem Römer fremd, in seinem Recht ist alles klar und knapp, kein Symbol angewandt, keine Institution zu viel. Es ist nicht grausam, alles Nötige wird vollzogen, ohne Umstände, auch die Todesstrafe; daß der Freie nicht gefoltert werden kann, ist ein Ursatz des römischen Rechts, den zu gewinnen andere Völker Jahrtausende haben ringen müssen. Aber es ist schrecklich, dies Recht mit seiner unerbittlichen Strenge, die man sich nicht allzusehr gemildert denken darf durch eine humane Praxis, denn es ist ja Volksrecht — schrecklicher als die Bleidächer und die Marterkammern jene Reste lebendiger Begräbnisse, die der Arme in den Schuldtürmen der Vermögenden klaffen sah. Aber darin eben ist die Größe Roms beschlossen und begründet, daß das Volk sich selber ein Recht gesetzt und ein Recht ertragen hat, in dem die ewigen Grundsätze der Freiheit und der Botmäßigkeit, des Eigentums und der Rechtsfolge unverfälscht und ungemildert walteten und heute noch walten."

8. Leopold von Ranke, Die römischen Päpste, 1834, 12. Aufl 1923, S. 1, 2 f. Vom katholischen Standpunkt muß dem gegenübergestellt werden das gewaltige Werk von Ludwig Pastor, Freiherr von Camperfelden Geschichte der Päpste, 1899—1920.

9 Zur Einführung Gogarten, Wahrheit und Gewißheit in „Zwischen den Zeiten", Jahrgang 1930, S. 96 ff.

10. v Savigny, Geschichte des römischen Rechts im Mittelalter, 2. Ausgabe 1834.

11. Ranke a. a. O. (d. h. „am angeführten Orte", nämlich in dem oben Anm. 8 zitierten Werke) Kap. I.

12. Diese Urkunde und die Übersetzung und Erläuterung, die Ranke in seiner „Weltgeschichte" (Bd. 6) gibt, ist im vierten Buche dieser Einführung (Völkerrecht) unten S. —— Anm. 2 abgedruckt.

13. Wilhelm Giesebrecht, Geschichte der deutschen Kaiserzeit, 2. Aufl. 1860, Bd. II S. 4 Giesebrechts Werk ist in manchem überholt durch neuere Forschung. Wer sich über diese unterrichten will, wird etwa zu Hampes Kaisergeschichte greifen. Wenn hier Giesebrecht dennoch empfohlen wird, so wegen der seinem Buche innewohnenden Fähigkeit, Begeisterung für den Gegenstand zu erwecken. — Knapper und mit klassischer Meisterschaft behandelt Ranke die Kaiserzeit in Bd. 5—7 seiner Weltgeschichte.

14. Karl Lamprecht, Deutsche Geschichte Bd. 1—6, 1892—1904.

15. Thomas von Aquino (1226—1274) hat sich auseinandergesetzt mit der Antike, aber das Positive aus ihr (besonders aus den Werken des Aristoteles) einzubauen versucht in die Theologie, die auf der höchsten Stufe nicht aus der Vernunft, sondern kraft Offenbarung erkennt. Othmar Spann hat durch Friedrich Schreyvogel in der Sammlung „Herdflammen" (3. Bd., 1923) einige besonders und stark wirtschaft-wissenschaftliche Hauptschriften des hl. Thomas in deutscher Übersetzung mit lateinischem Begleittext herausbringen lassen. S. unten S. 87

16. Monumenta Germaniae Historica, legum IV

17 Liebermann, Gesetze der Angelsachsen, Bd 1—3, 1903—1916.

18. Zur Einführung in die deutschrechtliche Forschung seien empfohlen: das Werk ihres Begründers, Karl Friedrich Eichhorn, Deutsche Staats- und Rechtsgeschichte, 4 Bände, 5. Aufl. 1843—1844. Die Lehrbücher von Brunner - v. Schwerin, Schröder - Künßberg, die Grundrisse von Schröder-Glitsch in der Sammlung Göschen, Brunner-Heymann, von Schwerin, Fehr, ganz großzügig und genial Gierkes Einleitung im 1. Bande seines Genossenschaftsrechtes (s. unten Anm. 22).

19. Der Sachsenspiegel ist ein um 1225 von Eike von Repkow verfaßtes Rechtsbuch (Aufzeichnung im wesentlichen von Gewohnheitsrecht), kein Gesetz. Es sollte keinen Juristen geben, der nicht wenigstens einige Stellen daraus durchgearbeitet hat. Eine große wissenschaftliche Ausgabe schuf Homeyer (2. Ausgabe 1835). Über den Staatsgedanken des Sachsenspiegels s. z. B Fehr, Die Staatsauffassung Eike von Repgaus, Zeitschrift für Rechtsgeschichte (Savigny-Zeitschrift), Germanistische Abteilung Bd. 37 S. 131 ff. Fehr gibt eine geistvolle Darstellung. Aber weil er den Glauben Eikes im letzten doch nicht ernst nimmt, wird manches schief (bes. S. 138/9) Über die Entstehungszeit des Sachsenspiegels: Rosenstock, Ostfalens Rechtsliteratur unter Friedrich II., 1912 S. 115 Fehr, Die Staatsauffassung Eike von Repgaus, Savigny-Zeitschrift, Germanistische Abteilung, Bd. 37, 1916, S. 134. S. a. Erik Wolf, Große Rechtsdenker, 1939 (2. Aufl. 1944).

19a) Maitland in der großen englischen Rechtsgeschichte, die er mit Sir Frederick Pollock zusammen herausgab, auch in seinem kleinen, glänzend geschriebenen Buche, das er mit F C Montague zusammen schrieb: Sketch of English Legal History (ed by F Colby, New York, 1915) und in den Selected Essays (1936).

20. Triepel, Internationale Regelung der Staatsangehörigkeit, in Bruns' Zeitschrift für ausländisches öffentliches Recht und Völkerrecht, Bd. I, Teil 1 (1929).

21. Über das Sacrum Imperium und den Geist der Scholastik hat in den letzten Jahren umfangreiche Forschungen dargeboten Alois Dempf. Vgl. z. B. sein inhaltreiches Buch Sacrum Imperium, Geschichts- und Staatsphilosophie des Mittelalters und der politischen Renaissance, 1929. Vgl. a. Weltgeschichte als Tat und Gemeinschaft, 1924.

22. Gierke, Das deutsche Genossenschaftsrecht, Bd. I: Rechtsgeschichte der deutschen Genossenschaft, 1868, S. 8 ff. K. Beyerle, Gierke. In: Staatslexikon der Görresgesellschaft. 5. Aufl.

23. Ranke, Zwölf Bücher preußischer Geschichte (1847), hier angeführt nach Sämtlichen Werken Bd. 25/26, 1874, S. 147.

23a) Friedrich Carl von Savigny, Vom Beruf unserer Zeit für Gesetzgebung und Rechtswissenschaft, 1814 Aus der Vorrede zur 2. Ausgabe (1828, V/VII „Im siebenten Abschnitt ist ein sehr ungünstiges Urteil über die französischen Juristen der neuesten Zeiten niedergelegt. Nun sind zwar die einzelnen dort zusammengestellten Tatsachen ganz richtig, und auch an dem Tadel derselben läßt sich nicht füglich etwas mindern, dennoch ist das darauf aufgebaute Totalurteil völlig einseitig und ungerecht, indem eine höchst achtbare Seite der juristischen Literatur unserer Nachbarn mit Stillschweigen übergangen wird. Die Ursache dieser Einseitigkeit lag teils in der aufgeregten Stimmung gegen diese Nachbaren, die in jenem Zeitpunkt so natürlich war, teils in meiner unvollständigen Kenntnis ihrer Literatur, und ich benutze gerne diese Gelegenheit, jenes zugefügte Unrecht durch ein offenes Bekenntnis gut zu machen (¹) Zum Teil war dieses schon bei einer andern Gelegenheit von mir geschehen Zeitschrift für geschichtliche Rechtswissenschaft B. 4 S. 488—490.) Die Sache ist nämlich die, daß allerdings die gelehrte Seite der Rechtswissenschaft, und die mit ihr zusammenhängenden Kenntnisse, seit langer Zeit in Frankreich sehr vernachlässigt waren, obgleich auch hierin eine Anzahl jüngerer Männer in den neuesten Zeiten rühmlichen Eifer an den Tag gelegt haben. Dagegen hat bei ihnen die praktische Rechtswissenschaft einen hohen Grad von Bildung erlangt und behauptet, und der darauf gegründete Teil ihrer Literatur verdient die größte Achtung, und könnte mit wesentlichem Vorteil von uns benutzt werden. So zum Beispiel enthalten die Schriften von Merlin, sowohl das Repertoire, als die Questions, wahre Muster gründlicher, scharfsinniger, geschmackvoller Behandlung von Rechtsfällen, und unsere praktisch-juristische Literatur steht hierin der französischen bei weitem nach. Der Grund dieser ihrer Trefflichkeit, neben den oben erwähnten Mängeln, liegt teils in dem praktischen Geschick der Nation, teils in den Formen ihres Prozesses, welche dem ausgezeichneten Talent Spielraum und Reiz in hohem Maße gewähren, anstatt daß bei uns Richter und Sachwalter ihr Geschäft in wenig anregender Unbemerktheit betreiben. Dagegen bin ich weit entfernt, dem Code an diesen Vorzügen den geringsten Anteil zuzuschreiben, und was sie Gutes haben, das haben sie ungeachtet des Code, nicht durch denselben. Alles also, was gegen diesen in meiner Schrift gesagt ist, muß ich noch jetzt für wahr erklären. Und ebenso das nachteilige Urteil über ihre Rechtsschulen, deren Einrichtung gewiß jede freie Entwicklung der Rechtswissenschaft in Frankreich hemmt. Ich sage dieses um so zuversichtlicher, als mir dieses Urteil durch die Stimme sehr achtbarer und einsichtsvoller Franzosen bestätigt worden ist."

Diese Sätze Friedrich Carl von Savignys sollten von allen beherzigt werden als ein Beispiel edler Selbstbesinnung, freimütiger Selbstberichtigung und vornehmer Sachlichkeit

24. Smend, Verfassung und Verfassungsrecht, 1928, S 4

Zusammenfassung.

Von jedem Blickpunkte aus ist die Rechtsgeschichte gekennzeichnet durch die Jahrtausende des Römischen Rechtes:

451—450 v. Chr. Zwölftafelgesetz.

529—534 n. Chr. Corpus Juris Civilis des Kaisers Justinian und seines Justizministers Tribonian.
Teile des Corpus Juris sind: Institutionen (533), Digesten oder Pandekten (533), Codex (529), Novellen (534).

Um 1500: die Rezeption des Römischen Rechtes ist in Deutschland vollendet. Gemeines Recht: Usus modernus pandectarum.

Heumann - Seckel, Handlexikon zu den Quellen des Römischen Rechtes. 9. Aufl. Jena 1914. Theodor Kipp, Geschichte der Quellen des Römischen Rechtes, 4. Aufl. 1919. Rudolf Sohm, Institutionen, ein Lehrbuch der Geschichte und des Systems des römischen Privatrechts, 17. Aufl. 1928, neu herausgegeben von Mitteis und Wenger. Theodor Kipp, Das Römische Recht. In: Stammler, Das gesamte deutsche Recht in systematischer Darstellung I, 1931. — Allgemeines: Wilhelm Schubart, Justinian und Theodora, 1943. Vor allem aber die großen Werke von Theodor Mommsen über Römisches Staatsrecht (I—III, 1871—1887) und Römisches Strafrecht (1899). S. a. Juristische Schriften von Theodor Mommsen, I—III, 1905—1907.

Das organische Wachstum des Römischen Rechtes geschah durch Interpretation, Rechtsschöpfermacht des Prätors und Rechtswissenschaft. Von Savigny lehrt: „daß alles Recht auf diese Weise entsteht, welche der herrschende, nicht ganz passende Sprachgebrauch als Gewohnheitsrecht bezeichnet, d. h., daß es durch Sitte und Volksglaube, dann durch Jurisprudenz erzeugt wird, überall also durch innere still wirkende Kräfte, nicht durch die Willkür eines Gesetzgebers". (Friedrich Carl von Savigny, Vom Beruf unserer Zeit für Gesetzgebung und Rechtswissenschaft, 1. Ausgabe 1814, 2. Ausgabe 1828, 3. Aufl. 1840, daselbst S. 13 u. 14). Über Savigny s. besonders die dreibändige, den reichen Briefwechsel ausschöpfende Biographie von Adolf Stoll (1927—1929). Ferner Schultzenstein in Meister des Rechtes (1930); Erik Wolf, Große Rechtsdenker der deutschen Gesetzesgeschichte (1939, 2. Aufl. 1944); Gerner in Staatslexikon der Görres-Gesellschaft IV, 5. Aufl. 1931, Sp. 1190—1193.

Zur Interpretation vgl. Georg Friedrich Puchta, Das Gewohnheitsrecht, 1. Teil 1828, S. 16. Zu Puchta s. auch Walter Schönfeld: Puchta und Hegel in Festgabe für Binder, 1930, S. 1 —62.

Durch die Rechtsschöpfermacht des Prätors trat neben das formenstrenge und schwerfällige jus civile das jus honorarium, neben das

Recht der römischen Bürger das Recht der Nichtbürger aus den zum Weltreiche gehörenden verschiedenen Völkern, das ist das jus gentium als ein Recht quod naturalis ratio inter omnes homines constituet. Diese naturalis ratio ließ der Prätor mit staatsmännischer und rechtsschöpferischer Kraft walten. Er war nicht darauf eingeengt, Fremdenrecht zu schaffen, sondern elastisches Verkehrsrecht hervorzubringen, ja, das Recht selber überhaupt lebendig zu erhalten, war sein Amt. Daher bediente sich nicht nur der Fremde, sondern auch der römische Bürger häufig des formfreien, von der neuen Zeit und vom Prätor geschaffenen Rechtes.

Über die Gegensätze jus civile und jus honorarium, jus civile und jus gentium s. besonders von Savigny, System I (1840), S. 118. Zur Ergänzung, Vertiefung, ja auch Berichtigung des oben im Text Angeführten, seien hier diese Sätze v. Savignys über das jus honorarium wiedergegeben: „Wir können jetzt als entschieden annehmen, daß es seine abändernde Kraft lediglich aus dem Gewohnheitsrecht, nicht aus eigener Macht des Prätors, hernahm (§ 25 t). Dennoch würden wir irren, wenn wir darum den Prätor als bloßen Schreiber des Gewohnheitsrechtes ansehen wollten. Der Stoff freilich war ihm durch das Volksrecht gegeben; aber die daraus hervorgehende Fortbildung des Rechts im einzelnen zu entwickeln und durchzuführen (corrigendi juris civilis) war ihm mit großer Freiheit überlassen, ebenso wie die Ergänzung des Zivilrechts, wo dieses unvollständig war (supplendi juris civilis). In der Tat also wurde die Fortbildung des Rechts großenteils durch den Prätor besorgt, aber durch den jährlichen Wechsel der Prätoren bekam die Leitung dieses Geschäfts doch wieder etwas Volksmäßiges, wiewohl mit aristokratischem Charakter." (System des heutigen Römischen Rechtes, Erster Band, 1840, S. 118/119).

Die Rechtswissenschaft entfaltete sich besonders in der Kaiserzeit zur höchsten Blüte. Da war neben die Gewohnheit lange schon das Gesetz als regelmäßige Rechtsquelle getreten. Aber die Responsen der besonders ausgezeichneten Juristen waren rechtsverbindlich wie ein Gesetz. Als Blutzeugen ihres Berufes fielen Aemilius Papinianus 212 (von Caracalla niedergemacht) und Domitius Ulpianus 228 n. Chr. (von den Prätorianern ermordet). S. über sie Wilhelm Kalb, Roms Juristen. Nach ihrer Sprache dargestellt, 1890, S. 107 f, 126 f. Otto Karlowa, Römische Rechtsgeschichte I, 1903, S. 733 ff. Theodor Kipp, Geschichte der Quellen des Römischen Rechtes, 4. Aufl. 1919, S. 134, 137.

Auch in der Rechtsgeschichte ist das Christentum die Zeitenwende. Die Geburt des göttlichen Heilandes ist der Beginn der neuen Zeit und des neuen Reiches, in dem Jesus Christus, der König der Könige, herrscht: Leopold von Ranke, Die römischen Päpste, 1834, 12. Auflage 1923, Kap. 1. Über die Papstgeschichte selber siehe indessen das viel umfassendere Werk von Ludwig Pastor Freiherr von Camperfelden, Geschichte der Päpste, 1899—1927; ferner die knapperen Darstellungen von Seppelt, Schmidlin u. a.

Friedrich Carl von Savigny, System des heutigen Römischen Rechtes, I (1840), S. 53 u. 54.

Die Befreiung, Erlösung, Wiedergeburt des Menschen hat seiner Natur den göttlichen Adel gegeben.

In der folgenden Zeit wuchsen zwei Rechte zugleich und zusammen (jus utrumque). Der christliche Rechtsgelehrte wird in dieser Überlieferung heute noch Doktor beider Rechte (Dr. juris utriusque): des jus canonicum und des jus civile, des jus sacrum und des jus profanum, des päpstlichen und des kaiserlichen Rechtes.

Das kanonische Recht erreichte seinen ersten Höhepunkt im Mittelalter um 1140 in der Concordia discordantium canonum des Mönches Gratian, der in Bologna lehrte. Sein Werk wurde später Decretum Gratiani genannt und der erste Teil des Corpus Juris Canonici, das erst Pfingsten 1918 durch den Codex Juris Canonici von 1917 abgelöst wurde. (Über das griechische Wort Kanon die Wortstudie von Leopold Wenger: Canon in den römischen Rechtsquellen und in den Papyri, 1942).

Im Abendlande wuchs und blühte das germanische Recht. Aus der ersten Zeit der Volksrechte, der Stammesrechte ist uns als älteste Quelle erhalten die Lex Salica von 508. Neben den lateinisch aufgezeichneten Volksrechten sollten die in der Muttersprache erhaltenen nordischen und angelsächsischen Gesetze in keiner Arbeit vernachlässigt werden.

In vorwiegend gewohnheitsrechtlicher Entwicklung wuchs das germanische Recht vielfach mit dem kanonischen Recht zusammen. Reife Frucht ist auf der Höhe des Mittelalters Eike von Repkows Sachsenspiegel, ein Rechtsbuch (kein Gesetzbuch!), das um 1225 entstand.

Jacob Grimm, Deutsche Rechtsaltertümer, 1828; 4. Ausgabe 1922. Monumenta Germaniae Historica, legum I—IV.

Otto Stobbe, Geschichte der deutschen Rechtsquellen, I—II, 1860—64.

G. Homeyer, Die deutschen Rechtsbücher des Mittelalters und ihre Handschriften (1836), neu bearbeitet von Borchling, Eckhardt und Julius von Gierke, 1931—1934.

Carl Gustav Homeyers Ausgabe des Sachsenspiegels, I. Landrecht, 1. Ausg. 1827, 2. Ausg. 1835, 3. Ausg. 1861. II. Lehnrecht, Richtsteig, 1842 und 1844.

Gragas (isländisch), Kopenhagener Ausgabe 1879.

Rudolf His, Das Strafrecht der Friesen im Mittelalter, 1901. Über His: Hubert Naendrup, Rudolf His. Ein Forscherleben im Dienste der deutschen Rechtsgeschichte, Münster 1941. Eberhard Schmidt, Zeitschrift der Savigny-Stiftung für Rechtsgeschichte 56 (1936) S. 623 ff.

Liebermann, Gesetze der Angelsachsen, Bd. 1—3, 1903—1916.

Sir F. Pollock and F. W. Maitland: History of English Law before the time of Edward I. I—II, 1895—1898; W. S. Holdsworth: A History of

English Law, I (1903; 3 rd. ed. 1922) — IX (A 26), Titles and Index by Edward P o t t o n, 1932.

Die bedeutendste Darstellung der deutschen Rechtsgeschichte ist wohl immer noch die von Karl Friedrich E i c h h o r n, Deutsche Staats- und Rechtsgeschichte, 4 Bände, 5. Aufl. 1843/1844. Führende Darstellungen und Lehrbücher schufen in jüngster Zeit B r u n n e r, Freiherr von S c h w e r i n, H e y m a n n, S c h r ö d e r, Freiherr von K ü n ß b e r g, F e h r u. a.

Römisches Recht lebte auch im Mittelalter weiter. Und gerade nach dem germanischen Prinzip der Personalität (Gegensatz: Grundsatz der Territorialität) galt für die Römer inmitten der germanischen Völkerwelt weiterhin ihr angeborenes römisches Recht.

Auf der Höhe des Mittelalters hatte die wissenschaftliche Pflege dieses Rechtes bereits ihren Weltmittelpunkt in Bologna, wo I r n e r i u s 1084 die berühmte Juristenschule gründete. Glossatoren und Postglossatoren (A c c u r s i u s, B a r t o l u s, B a l d u s und viele andere) bildeten das Römische Recht weiter. Ihr Vorbild war aber nicht nur die römische Jurisprudenz, sondern auch die Scholastik.

F. C. v o n S a v i g n y, Geschichte des Römischen Rechtes im Mittelalter, I, 1. Ausg. 1815, 2. Ausg. 1834; III—V 1840—50.

Die italienischen Juristen wurden als Heilsbringer begrüßt. Die gelehrten Juristen gewannen im Laufe der folgenden Zeit wachsenden Einfluß, auch im Reichskammergericht von 1495. Um 1500 war die Rezeption des Römischen Rechtes in Deutschland vollendet. Es wurde das gemeine Recht des alten Reiches im Gegensatz zum Partikularrecht oder Territorialrecht der neuen Landesherrschaften. Es begann der Usus modernus pandectarum zu herrschen.

Vom Geiste des Mittelalters löste sich die neue Zeit durch die von Religion und Sittlichkeit emanzipierte politische Theorie des Niccolo Machiavelli (Jl principe, 1513, dagegen schrieb Friedrich der Große 1739/1740 seinen Antimacchiavell); den zum Absolutismus führenden Souveränitätsbegriff des Jean Bodin: Six livres de la république, 1576, und ein von der Theologie emanzipiertes, rein auf die spekulierende einzelmenschliche Vernunft gestelltes Naturrecht, als dessen Vater meist Hugo G r o t i u s genannt wird: De jure belli ac pacis libri tres, 1625.

Das nicht mehr kirchlich gebundene Naturrechtszeitalter zerfiel, weil die Spekulationen über die Natur des Menschen und das naturegebene Rechtssystem zu einem Chaos einander widersprechender, von Philosophen ersonnener Rechtsordnungen führten. Es setzte sich allmählich gegen den spekulierenden Rationalismus eine kritischer vorgehende Denkweise durch, „zarte Empirie" (im Sinne G o e t h e s) und zum Teil schon Historismus. Der größte Rechtsdenker dieser Art war

Montesquieu (De l'esprit des lois, 1748). Bereits Herder hat gesehen, wie sehr Montesquieu nicht bloß ein Aufklärer und Wegbereiter der von ihm sicher nicht gewollten Revolution von 1789 ist, sondern seine Wurzeln im Mittelalter hat. Er nennt „dieses Riesenwerk des Esprit des Lois ein gotisches Gebäude im Geschmack seines philosophischen Jahrhunderts". Vgl. Friedrich Meinecke, Die Entstehung des Historismus, I—II, 1936.

Die preußische Entwicklung war schlichter und gesünder als der französische Absolutismus, gegen den sich Montesquieu mit Recht gewandt hat. Wieviel edle Menschlichkeit und Milde kann der Leser aus einem so hervorragenden Werk lernen wie: Hans Helfritz, Geschichte der preußischen Heeresverwaltung, 1938. Über das Staatsdienertum der preußischen Könige und die Brandenburg-preußische Rechtsgeschichte siehe weitere Hinweise (vor allem auf die großen Werke Adolf Stölzels) in Eberhard Schmidts, Rechtsentwicklung in Preußen (in Kohlrausch-Kaskel-Peters: Enzyklopädie, 2. Auflage 1929). Conrad Bornhak, Preußische Staats- und Rechtsgeschichte, 1903. Friedrich Zurbonsen, Quellenbuch zur brandenburgisch-preußischen Geschichte, 1889. Wilhelm Altmann, Ausgewählte Urkunden zur brandenburgisch-preußischen Verfassungs- und Verwaltungsgeschichte, 1897. Otto Fischer, Lehrbuch des preußischen Privatrechts, 1887. Ebenfalls von Otto Fischer: Ziel und Methode des rechtsgeschichtlichen Unterrichts, 1908, (Iherings Jahrbücher, 2. Folge, Bd. XVIII, 1908).

Friedrich Carl von Savigny (1779—1861) gründete 1814 und 1815 die in der Gelehrtenwelt des In- und Auslandes geachtete und einflußreiche geschichtliche Rechtsschule. Er selbst schrieb allerdings Gustav Hugo den Gründerruhm zu: „Der 10. Mai 1788", Zeitschrift für geschichtliche Rechtswissenschaft, 1838, S. 421—432; ebenfalls in von Savignys „Vermischten Schriften", Bd. 4, S. 195—208.

Hauptwerke von Friedrich Carl von Savigny:

De concursu delictorum formali, 1800.

Das Recht des Besitzes, 1803, 7. Aufl. 1865.

Vom Beruf unserer Zeit für Gesetzgebung und Rechtswissenschaft, 1814, 3. Aufl. 1840.

Geschichte des Römischen Rechtes im Mittelalter, Bd. 1, 1. Ausg. 1815, 2. Ausg. 1834—1850.

System des heutigen Römischen Rechtes, Bd. 1—8, 1840—1849.

Vermischte Schriften, Bd. 1—5, 1850 (beachte darin besonders auch: „Wesen und Wert der deutschen Universitäten". Bd. 4, S. 270—308).

Das Obligationenrecht als Teil des heutigen Römischen Rechtes. I. 1851, II, 1853.

Adolf Stoll, Friedrich Karl von Savigny, I—III, 1927—1939.

Rechtsphilosoph der historischen Schule war in mancher Hinsicht Friedrich Julius Stahl. Zu Unrecht wird heute gewöhnlich zu wenig beachtet der noch entschiedener christlich gerichtete Kriminalist und seinerzeit weit und tief wirkende Schriftsteller über die bewegenden Fragen der Zeit Carl Ernst Jarcke (Handbuch des gemeinen deutschen Strafrechts I—III, Abs. 27; Vermischte Schriften, 1839—1854). Die Losung in seinem Kampfe, den er gemeinsam mit dem Freiherrn Joseph von Eichendorff, Joseph Maria von Radowitz, Ludwig von Gerlach u. a. führte, war: „Gegen Absolutismus und Revolution".

Auf natürliche Weise kommt einem das Wahre in Friedrich Carl von Savignys Lehre durch seinen ständigen Vergleich mit der Sprache nahe. So unwillkürlich wie die Sprache entstanden ist, wächst auch das Recht. — Berechtigte, zum Teil tief berechtigte Einwände gegen Savigny hat schon Ludwig von Gerlach erhoben. (S. darüber meinen Aufsatz „Recht" in: Die Kirche in der Welt, 1. Jahrgang, 1947, S. 53.)

C. Der Begriff des Rechtes.

Recht ist die an Schöpferordnung und geschichtlichen Gotteswillen gebundene Regelung des menschlichen Zusammenlebens.

Stammler bestimmt das Recht als unverletzbar selbstherrlich verbindendes Wollen (Lehrbuch der Rechtsphilosophie, 3. Aufl., §§ 19—48). Diese Begriffsbestimmung kann man annehmen. Nur hat man sich dabei von dem Irrtum frei zu halten, daß es sich dabei lediglich um menschliches Wollen handle. Auch genügt für das Verständnis des Rechtes nicht der Hinweis auf jenes subjektlose Wollen in Kants „Kritik der praktischen Vernunft".

Ohne Verbindung mit dem höchsten Willen, also dem Gottes, bleibt jeder Erklärungsversuch des Rechtes unvollkommen. Der Wille Gottes tritt unmittelbar hervor als offenbartes Gottesgebot. Das ist die lex aeterna im höchsten Sinne. Es ist das positive göttliche Recht, jus divinum positivum.

Mittelbar wird der göttliche Rechtswille auch aus der Natur als der Ordnung des Schöpfers erkannt. Das geschieht in der Kraft und den Grenzen der menschlichen Vernunft, die teilhat an Gottes Licht. So wird die lex naturalis erkannt. Auch sie hat man göttliches Recht genannt. Das ist zutreffend, wenn man hierbei an den zugrundeliegenden göttlichen Schöpferwillen denkt. So ist auch der Sprachgebrauch der Kanonisten, der Kirche. Aber man darf den Unterschied der beiden verschiedenen Bereiche des göttlichen Rechtes nicht verwischen. Das jus divinum positivum beruht auf unmittelbarer Offenbarung. (Beispiele s. unten S. —.) Es ist dem alten Mütterchen und dem Kinde so klar wie dem Philosophen. Es hat das wunderbar Einleuchtende des Bibelwortes, des Gotteswortes. Das jus divinum naturale dagegen ist in hohem Maße mit der Erkenntniskraft der menschlichen Vernunft verbunden, wenn nicht gar mit dem Werke des Philosophen. Es wäre falsch, hier von Offenbarung zu reden, wenngleich der Mensch im Laufe der Geschichte oftmals aufbegehrt und behauptet hat, daß sich ihm Gottes Wille und Gesetz am klarsten offenbaren, wenn er die Natur, die Schöpfung belausche. Man hat hier von natürlicher Offenbarung gesprochen. Das ist indessen mindestens mißverständlich. Deshalb sollte das Wort Offenbarung in diesem Zusammenhange überhaupt vermieden werden. Will man es anwenden, so muß man wenigstens hinzufügen: mittelbare Offenbarung. Damit soll keineswegs die Arbeit der Vernunft, der ratio entmutigt werden. Sie ist ein Organ für Gottes Licht. Aber hat nicht auch Hegel (der im übrigen weit von echt christlicher Rechtslehre abweicht) deutlich dargetan, wie unserer Vernunft der Gegenstand in immer neuem Lichte erscheint? Wir nehmen ihn niemals ganz und ungebrochen auf. Das Überwältigende der vollkommenen Wahrheit erscheint unvermittelt nur in der echten Offenbarung des positiven Gottesgesetzes.

Der dritte Bereich des Rechtes aber ist die lex humana, das menschliche Gesetz. Der Mensch darf dieses positive Recht in Gewohnheit und Gesetz schaffen. Es wächst organisch in der Geschichte. Menschengemeinschaften bringen es hervor kraft der ihnen verliehenen Rechtsschöpfermacht. Das aus geschichtlich wirkendem Menschenwillen geschaffene Recht ist jus positivum. Es ist gerecht, soweit der in der Geschichte hervortretende Völker- und Menschenwille sich einfügt in den Gotteswillen. An Gottes Recht findet alles Menschenrecht seine Grenze.

Die drei Bereiche des göttlichen, natürlichen und menschlichen Rechtes stehen in Einklang miteinander und haben doch zugleich ihre Eigentümlichkeit. Beides, den Einklang und die Eigengesetzlichkeit, dürfte der heilige Thomas von Aquino am feinsten erfaßt und am ausgeglichensten dargestellt haben.

In der neuesten Zeit ist eine erhebliche Verengung eingetreten, indem die meisten überhaupt bloß noch den dritten Bereich, den des menschlichen Rechtes, als Gegenstand der Rechtswissenschaft anerkennen wollen. Sogar K. Petraschek schreibt (im Staatslexikon der Görresgesellschaft Bd. IV, 5. Aufl. 1931, Sp. 674): „Hingegen scheidet das natürliche, desgleichen das positive göttliche Recht als Gegenstand der Rechtswissenschaft, so wie wir sie heute zumeist verstehen, aus. Der Charakter der Rechtswissenschaft, die hiernach als Wissenschaft vom positiven (menschlichen) Recht zu gelten hat, wird allgemein durch das Wesen der Wissenschaft überhaupt, ihr Verhältnis zu der Philosophie, zumal der des Rechtes und durch die Eigenart ihres Gegenstandes bestimmt." Daß Petraschek selbst sich allerdings (glücklicherweise) in seinem rechtswissenschaftlichen Denken nicht von der Grundlage des göttlichen Rechtes lösen kann, zeigt er an anderen Stellen, z. B. Staatslexikon der Görresgesellschaft IV Sp. 569: „Anderseits folgt aus diesem innigen Zusammenhang der positiven Gesetzgebung mit den natürlichen und göttlichen Normen, daß einem menschlichen Gesetz, das der inneren Verwandtschaft mit dem natürlichen Gesetz gänzlich entbehrt, die wesentliche Eigenschaft eines gültigen Gesetzes abzusprechen ist (St. Thomas, S. Theol. 1, 2 q 95 a. 2, ferner Rundschreiben Leos XIII. Sapientiae Christianae vom 10. Januar 1890)."

In Stammlers Schule wurde Rechtsphilosophie in besonderem Maße zu einem fortgesetzten Ringen mit dem erschütternden Zwiespalt von Recht und Gerechtigkeit. Rudolf Stammler war groß, wenn er uns sein strenges Sowohl-Als auch einhämmerte: das positive, geschichtlich bedingte Recht und die reine, unbedingt allgemeingültige Rechtsphilosophie, den Begriff und die Idee des Rechtes, die positive Rechtswissenschaft und die Lehre von dem richtigen Rechte, die Praxis der Gesetzesanwendung und die Praxis des richtigen Rechtes. Das alles löst sich zur höheren Harmonie in jenem Dreiklange von göttlichem, natürlichem und menschlichem Rechte. Statt der von der neukantischen Schule geforderten Einheit des Erkenntnisstandpunktes ist hier allerdings eine Dreiheit vorhanden. Aber das ist echte Bereicherung. Statt des bloß einen Erkenntnisstandpunktes sind diese drei gegeben: die Offenbarung für die lex divina positiva, für die echteste lex aeterna; die Vernunft für die lex naturalis; die Geschichte und alle „zarte Empirie" (das ist wohl ein Goethewort, das Albrecht Mendelssohn Bartholdy liebte) im positiven Rechte für die lex humana. Unabhängig voneinander und doch im Einklange miteinander sind diese drei Erkenntnisstandpunkte: der theologische, der philosophische und der historisch-dogmatisch juristische.

Gegen diese Überlieferung voll Tiefe und Geistesfrieden haben sich viele Juristen in der Neuzeit aufgelehnt. Sie fingen an, die Rechtsordnung in der Weise zu veräußerlichen, daß sie eine Zwangsordnung wurde. Auch der große Anselm von Feuerbach, dessen Biograph in unserer Zeit der doch so zart nach Tiefe und Innigkeit strebende Gustav Radbruch geworden ist, scheint mir mit seiner Theorie vom psychologischen Zwange in diese Richtung zu weisen. Hier ist es allerdings gut, sich an das Vorbild Carl Ernst Jarckes zu halten, der bei keiner Auseinandersetzung den hohen geistigen Rang Anselm von Feuerbachs vergaß.

Niederzerrend unfruchtbar waren Werk und Wirkung von John Austin, der bis zu seinen gegenwärtigen Schülern hin (etwa Professor Hibbert in London mit seiner „National Jurisprudence" von 1931) aus seiner „Recht" genannten, willkürlichen und öden Zwangsordnung Völkerrecht, göttliches Naturrecht, wesentliche Teile des Kirchenrechtes und all dergleichen einfach verbannt. (John Austin, The Province of Jurisprudence determined, 1832, 2nd ed. 1869 [by R. Campbell]. — Lectures on Jurisprudence or the Philosophy of Positive Law. Abridged from the larger work by Robert Campbell. 13th Impression, London, 1920). Soweit der Positivismus in solchem Geistesboden wurzelt, gehört er ebenfalls hierher. Positivismus als Freude am Positiven ist gut, positive Jurisprudenz als zuchtvolle Beschränkung auf das geltende Recht der Gegenwart ist oft bewunderungswürdig. Falsch aber ist die Veräußerlichung des Denkens, die letzten Endes dazu führt, daß als Gesetzgeber jeder gilt, der zufällig mächtig genug war, sich in den Besitz der Reichsdruckerei zu setzen, und als Recht alles, was in dem dort gedruckten Gesetzblatte steht.

Es ist ein starker Trost, daß unser größter Rechtsgelehrter der edelste und entschiedenste Kämpfer gegen alle solche Veräußerlichung gewesen ist. Das war Friedrich Carl von Savigny, von dem Ranke in seiner wundervollen Gedächtnisrede gesagt hat: „Sein Geist war ruhig und tief." Deutlicher noch als Savigny hielt Carl Ernst Jarcke in allem, was er schrieb, an der überlieferten christlichen Rechtslehre fest (z. B. Handbuch des gemeinen deutschen Strafrechts I, 1827, S. 71—74). Man sollte heute mehr das Gemeinsame als das Trennende bei Friedrich Carl von Savigny und Carl Ernst Jarcke sehen. In der gemeinsamen Berliner Zeit war von Savignys Urteil über Jarcke manchmal hart, und das Verhältnis der beiden Männer in der Fakultät war gespannt. (Adolf Stoll, Friedrich Carl von Savigny, Bd. II; Professorenjahre in Berlin 1810—1842, S. 459, d. a. S. 189, 250, 364, 442). Über Jarcke und die Historische Rechtsschule s. a. Frieda Peters, Carl Ernst Jarckes Staatsanschauung und ihre geistigen Quellen, Bonn 1926, S. 82 ff. Noch viel stärker als diese klug sichtende Verfasserin dürfen wir heute fühlen, wie letzten Endes die geschiedenen Kreise um von Savigny und von Ranke und um die Brüder von Gerlach, C. E. Jarcke, J. M. von Radowitz doch verbunden sind in einem gewaltigen Geisteskampfe gegen den gemeinsamen Feind, gegen die Herrschaft des Rohen und Gemeinen, das Savigny, wie Ranke in seiner Gedächtnisrede zweimal ergreifend hervorhob, von Natur aus haßte. Jarcke und seine Freunde waren entschiedener in diesem Kampfe, nicht rückschrittlicher (wie sie von den meisten gescholten werden). Sie sind auch nicht — mit Friedrich Meinecke, dem Biographen von Joseph Maria von Radowitz, dem Beurteiler der Gebrüder von Gerlach — so einfach abzutun als die Überwundenen. Reinhold Schneider, der in begnadeter Weise das Wort der Stunde hat, schreibt aus den Schmerzen unserer Zeit über die Geisteskämpfe in der ersten Hälfte des vorigen Jahrhunderts: „Hören wir genauer auf das Stimmengewirr der Geister, so vernehmen wir einige wenige Stimmen, die eines furchtbaren Vorgefühls nicht Herr werden: ihnen erscheinen die Glücksverheißungen ihrer Zeitgenossen flach und freventlich, als Ausflüchte und Lügen, die eine nicht bewältigte Not verdecken möchten. Diese Not, versichern sie, steigt im Verborgenen und wird mit einer entsetzlichen Macht die Erde überfluten. — Inzwischen haben diese Propheten, die in allen Ländern des Abendlandes ihr einsames Schicksal tragen, Recht bekommen gegen die Wortführer ihrer Zeit. Wir haben erfahren, daß die Freiheit, von der das Jahrhundert träumte, in eine Tyrannei ohne Beispiel umschlug, wie es der Spanier Donoso Cortés schon um die Jahrhundertmitte vorausgesagt hatte; daß die Einschätzung des Menschen, die der deutsche Idealismus lehrte, den Menschen vor der entsetzlichsten Erniedrigung unter Gewalt und Schuld nicht zu bewahren vermochte. Wir fragen nach den Männern, die den Mut hatten, sich den herrschenden Ideen entgegenzustellen und in der babylonischen Verwirrung, die alle denkbaren Überzeugungen und Freiheiten feilbot, sich zur Wahrheit bekannten, die frei macht: nach Männern, die von dieser Wahrheit unwiderruflich in Pflicht genommen waren." (Reinhold Schneider, Newmans Entscheidung, Freiburg, Herder, 1946, S. 4). Zu diesen mutigen Männern, nach denen Reinhold Schneider fragt, gehört auch Carl Ernst Jarcke. Und wie wenig rückschrittlich die Männer um ihn waren, zeigt die von Frieda Peters mit Recht hervorgehobene Äußerung seines Freundes Joseph Maria von Radowitz: „Die nächste Revolution wird keine politische, sie wird eine soziale sein. Sie wird nicht mehr irgend eine tolle politische Theorie zum Feldgeschrei haben, sondern den Hunger gegen die Schwelgerei, die Nacktheit gegen den Luxus, die Menschenrechte gegen die Bürgerrechte." (Gespräche aus der Gegenwart über Staat und Kirche, 1846, S. 83). Aus dem, was Joseph Maria von Radowitz über sein Leben niedergeschrieben hat, fügen wir dem die folgenden wichtig genug scheinenden Stellen hinzu. Radowitz sagt von dem, der so wie er eingestellt ist:

„Er wird auch auf dem Gebiete der Politik sich nicht mit dem Materialismus der Jakobiner oder dem Deismus der Liberalen abfinden lassen, sondern nach einer höheren Basis für alle geselligen Verhältnisse der Menschen suchen. Ich werde nicht vergessen, welchen Eindruck mir der erste Teil von Hallers Restauration (Karl Ludwig von Hallers Hauptwerk „Restauration der Staatswissenschaft" begann 1816 zu erscheinen) machte, den ich bald nach seinem Erscheinen mit höchster Spannung las; dies war das Wort, nach welchem ich mich umgesehen in dem Gewirre politischer Faseleien, sophistischer Theorien und brutaler Praxis. Ihm, der bei aller Einseitigkeit doch die Bahn gebrochen und dessen Einfluß auf unsere ganze Generation noch lange nicht genug gewürdigt worden ist, nächstdem aber Burke, Montlosier und Fievée [von Burke kommen hier namentlich die Reflections on the Revolution in France (1790) in Frage, von Montlosier das umfangreiche Werk De la Monarchie française (1814) und von Fievée die Schrift Sur la nécessité d'une religion (1795)] habe ich es zu danken, zu einer festeren Erkenntnis in den Dingen dieser Welt gekommen zu sein, zu einer solchen, die den Anforderungen der in dem Gewissen sprechenden natürlichen Gerechtigkeit und der wissenschaftlichen Konsequenz entspricht. Wenn die Abneigung gegen die schale Weisheit des Tages leicht dazu führen kann, eine folgerechte Alleingewalt anzubeten, so ist nur jenen tieferen Denkern die Einsicht zu verdanken, daß in dem Absolutismus dasselbe Prinzip wirksam sei, welches die Revolution voranstellt, und daß beide gleichermaßen dem Rechte und der auf diesem begründeten wahren Freiheit entgegenstehen" — „Die Überzeugung, daß der Kampf gegen die Revolution auf dem geistigen Gebiete fast allgemein durchaus irrig geführt werde, daß man dem Absolutismus der Demagogen nur den Absolutismus der Offizianten gegenüberzustellen wisse, brachte mehrere Gleichgesinnte zu dem Entschlusse, einen Versuch zu machen, den wahren politischen Doktrinen in größeren Kreisen Eingang zu verschaffen. Der Gedanke, zu diesem Zwecke eine Zeitschrift zu gründen, stieg in mir Mitte des Jahres 1831 auf; ich teilte ihn zunächst dem Professor Jarcke mit, einem zur katholischen Kirche übergetretenen jungen Gelehrten, dem ich seit mehreren Jahren in den ihn treffenden Unbilden vielfach Stütze und Rat gewesen war. Er war ursprünglich Kriminalist, hatte sich aber auf meine Veranlassung mehr den politischen

Studien zugewendet und meinen Ansichten angeschlossen. Jarcke besitzt eine ungemeine Fähigkeit, die Gedanken anderer aufzufassen, sie systemmäßig auszubilden und in äußerst präziser und eindringlicher Art darzustellen. Zum politischen Zeitschriftsteller ist er geeigneter wie irgend jemand in Deutschland.

Wir machten mit unseren Gedanken die Brüder Leopold, Ludwig und Wilhelm Gerlach und Carl Voß bekannt und es wurde beschlossen, daß Jarcke vom 1. Oktober 1831 an seine Zeitschrift beginnen und zunächst gar keine Rücksicht auf das Ökonomische nehmen solle. Ich setzte die Eingabe an den König auf und wir schossen eine Summe zusammen, um die Kosten für ein Vierteljahr ganz unabhängig vom Publikum zu decken.

So entstand das „Berliner politische Wochenblatt", an welchem außer den Obengenannten auch der „Dekan" der Restaurations-Politik, Haller, ferner G. v. Raumer in Berlin, Phillipps in München, Leo in Halle, Haxthausen und manche andere tätigen Teil genommen haben." —

„Der Grundgedanke des Wochenblattes, wodurch es sich von allen anderen legitimistischen Zeitblättern unterscheidet, ist und bleibt: daß die Revolution die falsche Freiheit sei, daß sie daher nur durch die wahre Freiheit bekämpft werden könne, die hinwiederum nur das Recht sei, nie aber durch den Absolutismus, der, in welche Gestalt er sich auch kleide, in seinen obersten Prinzipien immer wieder auf denselben revolutionären Prinzipien ruhe. Dieses Grundthema ist in den mannigfachsten Formen und Anwendungen und zum Teil in sehr ausgezeichneter Weise behandelt worden." (Joseph Maria v. Radowitz von Paul Hassel, Erster Band 1797—1848, Berlin 1905, S 8/9, 43, 44.)

S. Thomae Aquinatis — Summa Theologica — Prima Secundae.

De Lege. Quaestio XCI Art. II. Utrum sit in nobis aliqua lex naturalis. Ad secundum sic proceditur. I. Videtur quod non sit in nobis aliqua lex naturalis. Sufficienter enim homo gubernatur per legem aeternam....

Sed contra est quod Roman. 2, 14, super illud: *„Cum gentes, quae legem non habent, naturaliter ea quae legis sunt, faciunt dicit Glossa ordin., quod si non habent legem scriptam, habent tamen legem naturalem, qua quilibet intelligit, et sibi conscius est quid sit bonum et quid malum."* ... *Signatum est super nos lumen vultus tui, Domine;* quasi lumen rationis naturalis, quo discernimus quid sit bonum et quid malum, quod pertinet ad naturalem legem, nihil aliud sit quam impressio luminis divini in nobis. Unde patet quod *lex naturalis nihil aliud est quam participatio legis aeternae in rationali creatura.*

Articulus III. Utrum sit aliqua lex humana.... ita etiam ex praeceptis legis naturalis, quasi ex quibusdam principiis communibus et indemonstrabilibus, necesse est quod ratio humana procedat ad aliqua magis particulariter disponenda; et *istae particulares dispositiones adinventae secundum rationem humanam, dicuntur „leges humanae", observatis aliis conditionibus quae pertinent ad rationem legis....*

Et ideo sicut ex parte rationis speculativae per naturalem participationem divinae sapientiae inest nobis cognitio, quorundam communium principiorum, non antem cujuslibet veritatis propia cognitio, sicut in divina sapientia continetur; ita etiam ex parte rationis practicae naturaliter homo participat legem aeternam secundum quaedam communia principia, non autem secundum particulares directiones singulorum, quae tamen in aeterna lege continentur: et ideo necesse est ulterius quod ratio humana procedat ad particulares quasdam legum sanctiones.

Articulus IV. Utrum fuerit necessarium esse aliquam legem divinam.

Ad quartum sic proceditur. I. Videtur quod non fuerit necessarium esse aliquam legem divinam, quia, ut dictum est art. 2 huj. quaest., lex naturalis est quaedam participatio legis aeternae in nobis, Sed lex aeterna est lex divina, ut dictum est art. 1 hujus quaest. Ergo non oportet quod praeter legem naturalem, et leges humanas ab ea derivatas sit aliqua lex divina 2. Praeterea, Eccli. 15, 14, dicitur quod „Deus dimisit hominem in manu consilii sui" (Vulgata: Deus ab initio constituit hominem, et reliquit illum in manu consilii sui). Consilium autem est actus rationis, ut supra habitum est, quaest. 14, art. 1. Ergo homo dimissus est gubernationi suae rationis. Sed dictamen rationis humanae est lex humana, ut dictum est art. praec. Ergo non oportet quod homo aliqua lege divina gubernetur.

3. Praeterea, natura humana est sufficientior irrationalibus creaturis. Sed irrationales creaturae non habent aliquam legem divinam praeter inclinationem naturalem eis inditam. Ergo multo minus creatura rationalis debet habere aliquam legem divinam praeter naturalem legem.

—Sed contra est quod David expetit legem a Deo sibi poni, dicens Psal. 118, 33: *Legem pone mihi, Domine, viam justificationum tuarum.*

Respondeo dicendum quod *praeter legem naturalem et legem humanam, necessarium fuit ad directionem humanae vitae habere legem divinam.* Et hoc propter quatuor rationes: — *Primo* quidem, quia per legem dirigitur homo ad actus proprios in ordine ad ultimum finem. Et si quidem homo ordinaretur tantum ad finem qui non excederet proportionem naturalis facultatis hominis, non oporteret quod homo haberet aliquid directivum ex parte rationis supra legem naturalem et legem humanitus positam, quae ab ea derivatur. Sed quia homo, ordinatur ad finem beatitudinis aeternae, que excedit proportionem naturalis facultatis humanae, ut supra habitum est, quaest. 5, art. 5, ideo necessarium fuit ut supra legem naturalem e humanam dirigeretur etiam ad suum finem lege divinitus data. — Secundo, quia propter incertitudinem humani judicii, praecipue de rebus contingentibus et particularibus contingit de actibus humanis diversorum esse diversa judicia, ex quibus etiam diversae et contrariae leges procedunt. Ut ergo homo alique omni dubitatione scire possit quid ei sit agendum et quid vitandum, necessarium fuit ut in actibus propriis dirigeretur per legem divinitus datam, de qua constat quod non potest errare. — *Tertio*, quia de his potest homo legem facere de quibus potest judicare. Judicium autem hominis esse non potest de interioribus actibus, qui latent, sed solum de exterioribus motibus, qui apparent; et tamen ad perfectionem virtutis requiritur quod in utrisque actibus homo rectus existat. Et ideo lex humana non potuit cohibere et ordinare sufficienter interiores actus, sed necessarium fuit quod ad hoc superveniret lex divina. — *Quarto*, quia, sicut Augustinus dicit in 1 de Libero Arbit., cap. 5 et 6, lex humana non potest omnia quae male fiunt, punire vel prohibere: quia, dum auferre vellet omnia mala sequeretur quod etiam multa bona tollerentur, et impediretur utilitas boni communis, quod est necessarium ad conservationem humanam. Ut ergo nullum malum improhibitum et impunitum remaneat necessarium fuit supervenire legem divinam, per quam omnia peccata prohibentur. — Et istae quatuor causae tanguntur in Psalmo 18, 8, ubi dicitur: „*Lex Domini immaculata*", id est, nullum peccati turpitudinem permittens; *convertens animas*, quia non solum exteriores actus, sed etiam interiores dirigit; „*Testimonium Domini fidele*", propter certitudinem veritatis et rectitudinis; „*Sapientiam praestans parvulis*", inquantum ordinat hominem ad supernaturalem finem et divinum.

Quaestio XCIII.

Articulus III. Utrum omnis lex a lege aeterna derivetur. Ad tertium sic proceditur. 1. Videtur quod non omnis lex a lege aeterna derivetur. . . .

Sed contra est quod Proverb. 8, 15, divina Sapientia dicit: „*Per me reges regnant, et legum conditores, justa decernunt.*" Ratio antem divinae Sapientiae est lex aeterna, ut supra dictum est . . .

Quaestio XCV: De Lege Humana.

Articulus primus.

Utrum fuerit utile aliquas leges poni ab hominibus.

... Unde *necessarium fuit ad pacem hominum et virtutem, quod leges ponerentur,* sicut Philosophus dicit in 1 Polit., cap. 2, in fin. *sicut homo si sit perfectus virtute, est optimus animalium, sic si sit separatus a lege et justitia, est pessimum omnium,* quia homo habet arma rationis ad expellendas concupiscentias et saevitias, quae non habent alia animalia.

Articulus II. *Utrum omnis lex humanitus posita a lege naturali derivetur.*

... Respondeo dicendum quod, sicut Augustinus dicit in 1 de Lib. Arb., cap. 5, parum a princ., *non videtur esse lex quae justa non fuerit:* unde in quantum habet de justitia, in tantum habet de virtute legis... Unde *omnis lex humanitus posita in tantum habet de ratione legis, in quantum a lege naturae derivatur. Si vero in aliquo a lege naturali discordet, jam non erit lex, sed legis corruptio.*

Im neueren Schrifttum ist einseitig dem positiven menschlichen Rechte immer nur das Naturrecht gegenübergestellt worden. Wir betonen demgegenüber die drei Bereiche, die in letztem, ewigem Einklang stehen positives göttliches Recht, natürliches göttliches Recht und menschliches Recht Von Naturrecht allein zu sprechen ist außerdem doppeldeutig. Seit Oldendorp und Hugo Grotius, der allerdings dem Wortlaute und auch der Sehnsucht nach an den alten drei Bereichen eigentlich noch festhalten möchte, ist eine Bewegung da, die ein anderes Naturrecht meint als das, welches die Kirche lehrt. Dieses neue weltliche Naturrecht hat sich zunehmend von Theologie und kirchlicher Autorität „emanzipiert". Seitdem der Zusammenbruch der naturrechtlichen Spekulationen des Rationalismus offenbar ist, hat es allerdings auch vielfach ein Wiederfinden der kirchlichen Lehre gegeben, die in der katholischen Kirche ja stets gegenwärtig ist. S. über diese drei naturrechtlichen Strömungen (alte kirchliche Lehre, „emanzipiertes" Naturrecht und Rückkehr zur Wahrheit) Theodor M e y e r : Institutiones Juris Naturalis seu Philosophiae Moralis Universae secundum principia S. Thomas Aquinatis ..., I 1885, II 1900. Derselbe Die Grundsätze der Sittlichkeit und des Rechtes nach Maßgabe der im Syllabus VII verzeichneten Irrtümer, 1868. Derselbe Die christlich-ethischen Sozialprinzipien und die Arbeiterfrage, 1904. B. C. K u h l m a n n , Der Gesetzesbegriff des Hl. Thomas von Aquin, 1912. M. G r a b m a n n , Das Naturrecht der Scholastik von Gratian bis Thomas von Aquin Archiv für Rechts- und Wirtschaftsphilosophie, XVI (1922—23) S. 54ff. O. L o t t i n , Le droit naturel chez S. Thomas d'Aquin et ses prédécesseurs Brügge, 1931. K. P e t r a s c h e k , System der Rechtsphilosophie, 1932. Joh. Peter S t e f f e s , Das Naturrecht in metaphysischer und religiöser Weltsicht, 1932. J. S a u t e r , Die philosophischen Grundlagen des Naturrechtes, 1932. R. E b e r h a r d , Modernes Naturrecht, 1934. Heinrich R o m m e n , Die ewige Wiederkehr des Naturrechtes, 1936. Vgl. a. meinen Aufsatz „Recht" in „Die Kirche in der Welt", 1. Lieferung 1947 Dort ist auch hingewiesen auf K a r l B i n d i n g Der Rechtszwang. Nach Wesen, Arten, Grenzen. Nach einem Vortrage gehalten zu Wien in der Juristischen Gesellschaft am 17. Mai 1888, in Normen, 3 Auflage 1916, Anhang (S 483—504). Binding weist auf die Fülle der Fälle hin, in denen das Recht auf den Zwang freiwillig verzichtet, ohne damit Selbstmord zu begehen. „Und wenn einer der allerbedeutendsten Rechstslehrer neuerdings wieder das Recht als den Inbegriff der in einem Staate geltenden Zwangsnormen definiert, so kann ich den Ausdruck nicht für glücklich, und muß ich den Gedanken, und zwar in mehr als einer Beziehung, für unrichtig halten. Wo der Zwang aufhören muß, das ergibt sich aus seiner Natur; daß aber das Recht aufhören soll, wo der Zwang aufhört, ist die denkbar größte Verkehrung des wahren Sachverhaltes. Denn das Recht kann sich auf den freien Willen allein stellen und darf rechnen, daß er ihm größtenteils entsprechen wird. Nicht nur einzelne subjektive Rechte in großer Zahl, sondern ganze Gesetze, begründet durch das Gesetz, oder schlecht ausgedrückt, ganze Gesetze entbehren des Zwangsapparates." (S. 492—493)

Wer den H l. J o n a s v o n A q u i n in deutscher Übersetzung lesen will, wird heute am besten zu der großen lateinisch-deutschen Ausgabe der Summa Theologica greifen, die der Katholische Akademieverband besorgt hat.

Von C a r l E r n s t J a r c k e vgl. a. seine tiefbegründete Stellungnahme gegen die schon in seiner Zeit beginnende furchtbare Mode der nationalistischen Morde. Carl Ludwig Sand und sein an dem kaiserlich-russsischen Staatsrat v. Kotzebue verübter Mord. Neue Bearbeitung, 1831. Über Jarckes Leben außer Phillips in Prinzipienfragen, 1854 E. F ö r s t e m a n n , Erinnerungen an Karl Ernst Jarcke, Hist.-pol. Blätter, Bd. 95 (1885) S. 733—749; Bd 96 S 785—805 Bd. 97 (1886), S 161—177, S. 445—460; Ewald R e i n h a r d , Karl Ernst Jarcke an Karl Ludwig von Haller, Hist.-pol. Blätter, Bd 154 (1914) S. 402—415; — Ed. H o s p , Aus Karl Ernst Jarckes Leben, Hist.-pol. Blätter, Bd. 163 (1919) S 606—615, 655—668, 724—735; Bd. 164 (1919) S. 81—93 und 167—174. Otto W e i n b e r g e r , Karl Ernst Jarcke. Ein Beitrag zu seiner Würdigung nebst unveröffentlichten Briefen und Aktenstücken. In den Arbeiten von Hosp und Weinberger sind auch die übrigen Arbeiten über Jarcke angeführt und gewürdigt. E i s e n h a r t in der Allg deutschen Biographie gibt ein lebendiges Bild; ob es ihm wirklich gelingt, gerecht zu sein, ist mir zweifelhaft Noch weniger aber schien Robert von Mohl hierzu in der Lage zu sein.

D. Das System. Vorbemerkung zum Aufbau des Rechtes.

Der ist ein Historiker. Und: der ist ein Systematiker. Man pflegt so zu unterscheiden. Gewöhnlich sind auch die Begabungen derart verteilt, daß der eine mehr historische, der andere mehr systematische Erkenntnis zu fördern vermag. Die Systeme wären aber trostlose Erklügelungen einzelmenschlicher Vernunft, wenn sie nicht in der Geschichte stünden. Gottlob sind sie in deren großen Gang durchaus gebunden. Schon für jeden Baustein des Systems, für jeden Begriff gilt das. Nur dadurch sind die juristischen Begriffe feste Rechengrößen und der Willkür unserer Vernunft entrückt. In der Betonung dieser Einsicht sehe ich den wichtigsten und bleibenden Gehalt jener berühmten Schrift Friedrich Carl von Savignys: „Vom Beruf unserer Zeit für Gesetzgebung und Rechtswissenschaft" von 1814.

Im System muß von unverrückbaren Punkten her das Ganze aufgebaut werden. Wir werden hier vier Hauptpunkte dieser Art benutzen. Aber wir wissen, daß sie Konstruktionspunkte sind und wollen sie nicht als mehr denn das ausgeben. Steht das Gebäude fertig, so sehen wir nicht mehr den nackten und übertriebenen Grundriß, sondern die feinen Übergänge, das Fließende der Linien und Farben. Doch zunächst darf nichts verfließen, sondern muß alles mit festen und vielleicht übertriebenen Strichen gezeichnet werden.

Wir begreifen das Recht

1. vom Menschen her.

Die Hauptmasse dieses Rechtes ist das bürgerliche Recht, das Privatrecht.

2. Vom Staate her.

Unter diesem Gesichtspunkt gehören die meisten Gebiete des öffentlichen Rechtes (in engerem Sinne), also Staatsrecht, Verwaltungsrecht, Strafrecht, Prozeßrecht.

3. Von der Völkergemeinschaft her.

Das ist das Völkerrecht, d. h. öffentliches Recht, das nicht allein vom einzelnen Staate her zu begreifen ist.

4. Von der christlichen Kirche her, als göttlicher Stiftung.

Das ist das Kirchenrecht, soweit es höheren Anspruch erhebt als den einer innerstaatlichen Körperschaft des öffentlichen Rechtes und ihrer Statuten oder gar bloß einer Vereinssatzung.

Dies sind Hauptpunkte und Anfangspunkte. Das eigentliche juristische System wird nun erst um sie herum sichtbar gemacht werden müssen. Auch soll von vornherein eingestanden werden, daß um jeden dieser vier Ausgangspunkte lebhafter Streit geht. Kurz angedeutet, handelt es sich da um folgende schwere Fragen: Das Ausgehen vom einzelnen Menschen ist immer individualistisch. Individualismus war aber (besonders im jungen deutschen Geschlechte) ein Gegenstand leidenschaftlicher Ablehnung. Inzwischen hat allerdings wieder ein Wandel in Denken und Wollen vieler Menschen stattgefunden. Das Gebundensein in Massenmacht hat notwendig die Sehnsucht nach Menschentum, Menschlichkeit und Persönlichkeit wachgerufen. Wahre Gemeinschaft muß das, was unantastbar eigen ist, in Wille, Seele und Leib des Menschen, wahrhaft achten und wirksam schützen.

Daß unser Bürgerliches Gesetzbuch das Privatrecht vom einzelnen Menschen her aufbaut, ist nicht zu leugnen. Wir werden im nächsten Hauptabschnitt das des Näheren an §§ 1 ff. des Bürgerlichen Gesetzbuches von 1900 darzutun haben. Gewiß: schon der zweite Titel des BGB. stellt neben den einzelnen Menschen, neben die physische oder natürliche Person, die juristische Person, d. h. die Menschenvereinigung im Verein, in dem der Einzelmensch ja nur Glied, „Mitglied" ist. Aber vieles im System des BGB. weist darauf hin, daß dieses Gesetzbuch mit dem Gedanken des Vereins, der Gesamtpersönlichkeit, des lebensvollen Organismus, in dem der Einzelne nur ein lebendiges Glied ist, keineswegs ganz ernst macht. Vielmehr scheint es sich um eine Fiktion, eine künstliche Annahme zu handeln. Ausgangspunkt ist und bleibt der Einzelmensch. Alle Gesamtheiten werden so behandelt, als seien sie Summen von Einzelnen. Behandelt sie aber irgendeine Bestimmung einmal als Ganzes, so tut sie das in der Weise, daß sie fingiert, etwas in Wirklichkeit (realiter) nicht Bestehendes sei für diesen bestimmten Rechtszweck der Idee nach (idealiter) vorhanden. Nicht eine reale Verbandspersönlichkeit wäre der Verein nach dieser Auffassung, sondern eine bloß gedachte „ideale". Letzte Realität, letzte Wirklichkeit wäre immer nur der Mensch. Daß sich im Bürgerlichen Gesetzbuche solche Gedanken finden, liegt daran, daß es stark vom römischen Rechte beeinflußt ist. Die Germanisten (vor allem Gierke, vorher schon Beseler) haben diese Auffassung als undeutsch bekämpft. Die romanistische Fiktionstheorie mag im Privatrecht noch erträglich sein: handelt es sich da doch um den privaten Bereich des Einzelnen. Greift sie aber ins öffentliche Recht über, so führt sie zur Auflösung. Dann wird nämlich auch im Staate nur der Mensch als letzte Wirklichkeit gesehen und nicht mehr die Gesamtpersönlichkeit des Volkes, mit der jeder Volksgenosse organisch verbunden ist. Daß der Volksgedanke auch krampfhaft übertrieben werden kann, braucht heute wohl kaum noch gesagt zu werden. Konservativen Denkern, wie etwa Carl Ernst Jarcke, war das übrigens immer überaus klar. Die Vorstellung, daß der Staat der Verband der Einzelnen sei, führte von den naturrechtlichen Staatsvertragtheorien zur Französischen Revolution (Rousseau, 1712—1778, Contrat Social) und zu dem staatsauflösenden bloß gesellschaftlichen (oder: soziologischen), nicht mehr geschichtlichen Denken. Wie kann diese von den nebeneinanderstehenden Menschen ausgehende Lehre zu einer Autorität gelangen, der sich jeder Einzelne unbedingt fügen muß? Wie kann sie zu irgendeiner Gesamtheit des Volkes, des Standes oder selbst nur der Klasse gelangen, wenn Wirklichkeit nur das Individuum, jede Gesamtpersönlichkeit aber Fiktion ist? Müssen hier nicht Staat und Kirche als höchst willkürliche menschliche Zusammenschlüsse erscheinen, jederzeit durch Mitgliederbeschluß abänderbar und auflösbar wie der Kegelklub Harmonie e. V.?

Ganz anders als dieses Denken, das vom einzelnen Menschen ausgeht, der vernunftmäßig um sich herum die Welt aufbaut, ist der deutschrechtliche Geist gerichtet. Hier ist der Einzelmensch der Gesamtpersönlichkeit wahrhaft eingegliedert. Diese organische Auffassung des Gemeinschaftslebens im Rechte hat wichtige praktische Folgen, denen wir auf Schritt und Tritt begegnen werden. Hier soll nur etwas ganz Grundsätzliches über ihre Bedeutung für den Aufbau des Rechtes gesagt werden.

Zunächst verschwindet, wenn man den germanischen Rechtsgedanken zugrunde legt, die überscharfe Scheidung von Privatrecht und öffentlichem Recht. Denn auch im Privatrechte herrscht nicht mehr der Gesichtspunkt des Einzelmenschen. Nicht aus dessen Willen und Willkür entstehen die Rechtsverhältnisse. Sondern der Einzelne ist von vornherein eingegliedert. Das ist schon für das Bürgerliche Gesetzbuch zu beachten: denn niemals lassen sich die auch von ihm anerkannten Bindungen der Familie als Ausfluß gewillkürter einzelmenschlicher Verträge begreifen. Zu diesem Organischen, das sich durch alle rationalistischen und individualistischen Zeiten hindurch erhalten hat, ist neuestens noch manches andere getreten: So ist das Arbeitsrecht nicht mehr erschöpft im Einzelarbeitsvertrag (Dienstvertrag: BGB. §§ 611 bis 630, Werkvertrag: BGB. §§ 631—651), sondern der Tarifvertrag läßt es wachsen aus Gesamtvereinbarungen von Berufsverbänden. Solche Verbände stehen zwischen Individuum und Staat. Sie leiten über von dem Privatrechte des Einzelnen zum öffentlichen Rechte. Wie im Mittelalter verschwindet hier der Unterschied von Privatrecht und öffentlichem Recht.

Das Hauptbeispiel, das Arbeitsrecht, zeigt allerdings noch sehr viel Unausgeglichenes und innerlich Unmögliches. Ist es Waffenstillstandsrecht oder Gemeinschaftsbeginnen? Stand soll über dem Einzelnen, auch über dem Arbeiter sein. Aber noch fehlt es (wie der Arbeiterführer August Winnig bitter beklagt) an der Standwerdung des Arbeiters. Der Geist des Umsturzes seit 1918 ist dem Gedanken des Standes feindlich. Und wenn die Reichsverfassung vom 11. August 1919 in den Grundrechten, diesem liturgischen Alterswerke Friedrich Naumanns[2], einen ganzen Abschnitt über das Gemeinschaftsleben einfügt, so ist doch die Gemeinschaft dort individualistisch begriffen, d. h. vom Einzelwesen her aufgebaut und gesehen, nicht als ursprüngliche Gesamtheit. Trotzdem wäre es falsch, im ganzen nur absprechend über die neuen Rechtsgebilde zu urteilen. Selbst ein so scharfer Kritiker des Sozialismus und Marxismus wie Othmar Spann stellt fest: „An ein echt ständisches Gebilde, dies sei noch bemerkt, kommt hingegen der Gesamtarbeitsvertrag (Tarifvertrag) schon nahe heran; ebenso das auf ihm aufgebaute Schlichtungs- und Schiedsgerichtswesen.“ [3] Wie man übrigens das aus christlicher Überlieferung Kommende der Grundrechte achten und bewahren muß, hat Hans Helfritz stets betont.

Der Stand, die Gemeinde (die als Landgemeinde in besonders enger Beziehung zu den landwirtschaftlichen Ständen steht): sie bilden, systematisch, den Übergang vom Einzelnen zur Allgemeinheit, vom Privatrecht zum öffentlichen Recht.

Man hat diese Mächte auch die gesellschaftlichen Gebilde genannt, nach Hegel:[4] die Differenz, die zwischen Familie und Staat tritt, nach Stahl[5]: soziale Erscheinungen, bei denen es sich um Verfolgung einzelmenschlicher Zwecke handle und die von konservativer Weltanschauung in den Staat eingebaut werden müssen. Sehr stark ist bei dem großen Reichsfreiherrn vom Stein[6] die letzthin bestehende Gliedhaftigkeit aller Einzelnen und aller Verbände im Staate, also das Ineinanderübergehen von öffentlichem Recht und Privatrecht betont worden. Das ist echt mittelalterlich und echt germanisch.

Es ließe sich ein Aufbau des Rechtes denken von der Gesamtpersönlichkeit her und nicht vom Einzelnen. Aber beim Privatrecht hat sogar der große Germanist Gierke darauf verzichtet, deutsches Privatrecht rein nach deutscher Art aufzubauen. „Jeder Versuch, das heutige deutsche Privatrecht nach einem auf die ursprünglichen nationalen Grundbegriffe gebauten System darzustellen, muß notwendig mißlingen. Denn seit der Aufnahme der fremden Rechte haben die hierzu geeigneten einheimischen Rechtsbegriffe, wie etwa Munt und Gewere, eine zu starke Umbildung erfahren, als daß sie noch einen systematischen

Bau zu tragen vermöchten . . . Somit muß bei der Darstellung des deutschen Privatrechtes im allgemeinen das übliche sog. Pandektensystem als Richtschnur dienen." (Deutsches Privatrecht, I, 1895, S. 107.)

Und solange wir ein zum großen Teile romanistisches Bürgerliches Gesetzbuch haben, ist das, was Gierke sogar für die Darstellung des germanischen Rechtes glaubte tun zu müssen, bei einer Einleitung in das Gegenwartsrecht unvermeidlich. Wir folgen dem Bürgerlichen Gesetzbuch und bauen das Privatrecht vom Einzelmenschen her auf. Aber wir werden, deutschrechtlichem Denken gemäß, nicht alles restlos vom Einzelnen her begreifen, sondern auch im sog. Privatrecht stark die Gemeinschaftswirklichkeit von Familie und Stand betonen. Von da über die Gemeinde geht es zur Spitze des Staates, zur Obrigkeit. Der Einzelmensch und die Obrigkeit sind zwei Endpunkte einer großen Linie, auf der sich das Leben des Rechtes abspielt. Lebensvoll geht auf der großen einheitlichen Linie Öffentlich-Rechtliches und Privatrechtliches ineinander über.

Für viele Juristen ist das Recht hiermit erschöpft, liegt die ganze Arbeit zwischen den beiden bezeichneten Endpunkten und auf dieser einen Linie beschlossen. Über die Spitze des Staates hinaus gibt es für sie nichts weiter. Sie möchten bei den beiden Rechtsgebieten, die noch übrigbleiben und die wir von der Völkergemeinschaft und vom göttlichen Stifterwillen her aufbauen wollen, behaupten, daß auch diese einzuordnen seien in das öffentliche Recht des Staates. Völkerrecht wird somit äußeres Staatsrecht [7], und das Kirchenrecht verschwindet irgendwo im Verwaltungsrecht des Staates. Dieses Leugnen und Zweifeln trat zuerst in der Renaissance und dann im Naturrechtszeitalter hervor. Seitdem ist in vielen Völker- und Menschenherzen der Glaube an die überstaatlichen Autoritäten zerstört worden.

Anmerkungen zu „D. System".

1. Über das Recht der Privatvereine (BGB. §§ 21 ff) s unten S. 64 f.

2. Smend, Verfassung und Verfassungsrecht, 1928, S. 167. Smend braucht das Wort nur für N-s. ersten Entwurf.

3. Ständisches Leben, 1. Jahrgang, 1931, S. 10.

4. Hegel, Grundlinien der Philosophie des Rechts, 1821, 2. Abschnitt. Werke 1928, Bd. 7, § 182 Zusatz.

5. Friedrich Julius Stahl, Die Philosophie des Rechts, 5 Aufl. 1870, 2. Abteilung S. 21 ff.

6. Über den Freiherrn vom Stein: Pertz, Das Leben des Ministers Freiherrn vom Stein, 6 Bände, 1855, eine gute Auswahl von Steins Staatsschriften bietet Klaus Thiede, Freih. vom Steins ausgewählte Schriften, 1929 (Herdflamme, herausgegeben von Othmar Spann, Bd. 17).

7. Das Völkerrecht ist bereits bei Hegel als äußeres Staatsrecht bezeichnet. Philosophie des Rechts §§ 330—340.

Systematik, Methodik und Rechtsphilosophie ist seit Rudolf Stammler wieder reichlich, aber auch von vielen sehr verschiedenen Standpunkten aus getrieben worden. Mit größter Hingabe hat Wilhelm Sauer auf dieesm Gebiete gearbeitet, später auch versuchend, Philosophieren und Tatsachenforschung nebeneinander und in bewußtem Ergänzungsstreben zu pflegen. Es braucht nicht immer darauf hingewiesen zu werden, daß hier oft andere Wege gegangen werden als in dem reichen Lebenswerke von Wilhelm Sauer, dessen Bibliographie Heinrich Korte verfaßt hat. Dem Landsmanne und Fakultätskollegen fühlt sich der Verfasser in Verehrung verbunden. Von Sauers Werken kann in einer Einführung nur einiges erwähnt werden, so an dieser Stelle: Juristische Methodenlehre. Zugleich eine Einleitung in die Methodik der Geisteswissenschaften, 1940.

Erstes Buch.

Das Recht vom Menschen her.

1. Hauptstück.

Bürgerliches Recht als Recht von der Privatperson her.

A. Allgemeiner Teil und Recht der Schuldverhältnisse.

In großer Klarheit zeigt das Bürgerliche Gesetzbuch, daß es den Menschen zum Ausgangspunkt für den Aufbau des Privatrechtes genommen hat.[1] § 1: „Die Rechtsfähigkeit des Menschen beginnt mit Vollendung der Geburt." Das ist also das in erster Linie in Betracht kommende Subjekt des Privatrechtes: der Mensch.[2] Wir müssen hinzufügen: jeder Mensch — und sagen damit etwas weltgeschichtlich unser Recht Kennzeichnendes aus: daß es nämlich keine Hörigkeit, kein Sklaventum, keinen Menschen bloß als Objekt des Rechtes, als Gegenstand, in bezug auf den ein anderer berechtigt ist, mehr gibt. Wir wollen aber an dieser Stelle den Aufbau des Rechtes verfolgen und nicht auf die kulturgeschichtlichen Fragen des Menschentums eingehen. Darum fragen wir weiter: Ist nur der Mensch Rechtssubjekt, oder gibt es auch andere Subjekte des Privatrechtes? Es gibt andere. Der Mensch ist nur eine Art der Rechtssubjekte, natürlich die Hauptart. Der Oberbegriff ist „Person". Ihm unterfallen die natürlichen Personen (das sind eben die einzelnen Menschen) und die juristischen Personen, das sind Personengesamtheiten, die wie eine einzige Person behandelt werden (oder, nach germanischer Auffassung, wahre eigene Persönlichkeit haben) und Stiftungen, d. h. Zweckvermögen, die das Recht (BGB. § 80) personifiziert.

Wir erhalten also das Bild:

Rechtssubjekt: Person

- **natürliche Person**
- **juristische Person**
  - **Menschliche Verbände mit Rechtspersönlichkeit (Gesamtpersonen)**
    - Eingetragene Vereine, ohne wirtschaftliche Erwerbszwecke, sog. Idealvereine.
    - Wirtschaftliche Körperschaften nach Privatrecht, BGB. § 22, HGB. u. Nebengesetze.
  - **Stiftungen**

Man könnte versucht sein, hier die gerade Linie des Aufbaues zu stören durch geschichtliche und grundsätzliche Betrachtungen. Für die Gesamtpersönlichkeit ergibt sich das schon aus dem oben Gesagten; bei der Stiftung könnte man an die harten Worte der Aufklärungszeit über das Vermögen der toten Hand denken. Wenn seitdem vielerorts der Pöbel Kirchen und Klöster zerstörte, so hängt das durchaus mit jenen Theorien der Aufklärungszeit zusammen.

In dem Gedanken, daß das Recht von der Person her aufzubauen ist, liegt der Glaube an eine starke Rechtsschöpfermacht dieser Persönlichkeit. Das ist in der Tat denn auch kennzeichnend für das Privatrecht: Seine Hauptquelle ist der Schöpferwille der Privatperson. Die Privatautonomie ist dem Privatrecht wesentlich. (Vgl. Fritz von Hippel, Das Problem der rechtsgeschäftlichen Privatautonomie, 1936). Zwar haben wir oben schon gelernt: Quellen des Rechtes sind Gewohnheit und Gesetz. Doch da war der Blick auf das Ganze des Rechtes, auf die Allgemeinheit, auf das objektive Recht, man sagt wohl am besten: auf die Rechtsordnung gerichtet. Im Privatrechte aber hat dieses objektive Recht, haben Gewohnheit und Gesetz der Privatperson einen weiten Raum gelassen für die Betätigung ihres Rechtsschöpferwillens. Das macht einem ein Blick ins tägliche Leben klar. Das BGB. enthält Bestimmungen über den Mietvertrag. Aber das ist gar nicht das wirkliche Recht des Mietvertrages. Das wirkliche Recht wird von dem Willen der beiden beteiligten Privatpersonen geschaffen, vom Vermieter und Mieter. Und das sieht oft wesentlich anders aus: der Vermieter (vielleicht beraten von einem Verbande und seinem Syndikus) entwirft einen Vertrag, der ihm günstiger ist als das im BGB. Vorgeschlagene. Der Mieter (vielleicht ebenso unterstützt von einem Mieterschutzverbande) versucht in gleicher Weise etwas herauszuklügeln, das ihm mehr Vorteil bringt als der Mietvertrag des BGB. Das steht ihm nach dem Willen des Gesetzes durchaus frei. Im großen und ganzen wollen die §§ 535—580 BGB. nur ein Vorschlag sein: Wenn euch nichts Besseres einfällt, oder ihr zu bequem seid, über etwas anderes nachzudenken, so bedient euch dieses Formulars. Ihr braucht dann weiter nichts zu sagen als: Diese Wohnung miete (vermiete) ich für 70 RM. monatlich. Welche Rechte und Pflichten sich aus dieser Miete wechselseitig ergeben, bestimmt sich ja, soweit keine besondere Vereinbarung getroffen worden ist, nach den §§ 535 ff. BGB.

Die Vertragsfreiheit, auf die wir hier stoßen, zeigt uns deutlich, welche beträchtliche Schöpferkraft die Rechtsordnung der Privatperson einräumt. So wichtige Lebensverhältnisse wie Miete, Pacht u. dgl. werden gestaltet vom Willen der Beteiligten. In dem Mietvertrage, den wir gewöhnlich unterzeichnen, weicht der Parteiwille wesentlich ab vom Vorschlage des Gesetzes, das hier nachgiebig (jus dispositivum) ist. Und viele in Handel und Wandel gebräuchliche, fein erdachte Verträge sind Typen, die das BGB. gar nicht vorsieht. Friedrich Carl von Savigny hat so auf die Eigenart des Obligationenrechtes hingewiesen: „Die einzelnen Obligationen, die den besonderen Teil desselben bilden, sind zunächst ungleich zahlreicher und mannigfaltiger, als die einzelnen Institute des Sachenrechtes und der übrigen genannten Hauptlehren. Aber selbst diese zahlreichen und mannigfaltigen Obligationen sind nur als einzelne Fälle zu betrachten, welche sich durch lange Erfahrung als besonders wichtig und häufig dargestellt haben. Neben denselben aber bleibt stets freier Raum für die Bildung neuer Obligationen, wie sie durch das wechselnde Bedürfnis der Zeiten, oder auch durch freie Willkür, herbeigeführt werden mögen.“ (Obligationenrecht, I, 1851, S. 2/3.) Allerdings: Die Vertragsfreiheit hat keinen ein für allemal abgesteckten Betätigungsraum. Die Rechtsordnungen der verschiedenen Zeiten und Völker begrenzen der Pritvatperson den Raum für ihre Rechtsschöpfermacht verschieden. Bleiben wir beim Mietvertrage. Bis zum Kriege herrschte hier der Einzelwille der Privatperson beinahe unumschränkt. Die Wohnungszwangswirtschaft hat danach den privaten Vermietern und Mietern beinahe alle Freiheit genommen. Das war schon im ersten Weltkriege so. In der späteren Nachkriegszeit erlangten sie die Parteien, d. h. die am Rechtsverhältnis beteiligten Privatpersonen, allmählich wieder zurück. Das Recht der Miete ist wissenschaftlich und praktisch vor allem dargestellt worden von Max Mittelstein, dem Präsidenten des Hanseatischen Oberlandesgerichts, und in der Neubearbeitung von seinem Sohne, Rechtsanwalt Dr. Kurt Mittelstein.

Daß aber Rechtsschöpfermacht der Privatperson da sei, macht das Wesen des Privatrechtes aus. Als die

Wohnungszwangswirtschaft den freien Mietvertrag, als der Tarifvertrag (Gesamtarbeitsvereinbarung) den Einzelarbeitsvertrag zurückdrängte, da trat eben öffentliches Recht (Recht vom Staate her gesehen) an die Stelle des Privatrechtes (des Rechtes von der Privatperson her). Gewisse zwingende Sätze, an denen der Einzelne nichts ändern kann, gibt es übrigens zu allen Zeiten in den Privatrechtsgesetzen. Sie heißen jus cogens im Gegensatz zum jus dispositivum, zwingendes Recht im Gegensatz zum nachgiebigen Recht.[3]

Lassen wir die Privatperson, unseren systematischen Ausgangspunkt im Privatrecht, rechtsschöpferisch tätig werden, so gewinnen wir eine schon tief in den Reichtum der Privatrechtsbegriffe hineinführende Gedankenlinie und Steine für den Weiterbau.

Zunächst wird unsere Einsicht in die Verschiedenheit der Privatpersonen wesentlich bereichert. Wir erkennen, daß es unter den Privatpersonen zwei Hauptarten gibt: Handlungsfähige und Handlungsunfähige.

Rechtsfähig ist jede Person: denn rechtsfähig sein und Person oder Rechtssubjekt sein, ist ein und dasselbe. Aber wenn auch das kleine Kind und der Geisteskranke rechtsfähig sind, d. h. wenn sie auch Vermögen, Eigentum, Familie haben können — sie können nicht ebenso wie der verstandesmächtige Erwachsene durch Handlungen dergleichen selber schaffen. Sie sind rechtsfähig, aber nicht handlungsfähig.

Im klaren und vollen Sinne handlungsfähig ist der Volljährige, der Mündige, also der Mensch mit 21 Jahren (BGB. § 2). Und von der Handlungsfähigkeit dieses Volljährigen führen wir die Gedankenlinie weiter zur Bedeutung und Wirkung seiner tatsächlich vorgenommenen Handlungen. Sie schaffen und verändern Rechtsverhältnisse.[1] Am übersichtlichsten wird unser Aufbau, wenn wir uns zunächst auf die beiden ersten Bücher des BGB. beschränken: denn nur die Rechtsverhältnisse dieser beiden ersten Bücher, des Allgemeinen Teiles und des Rechtes der Schuldverhältnisse, lassen sich ganz von der Privatperson und ihren Handlungen her begreifen. Sachenrecht, Familienrecht und Erbrecht, also die Bücher 3—5 des BGB., zeigen Unpersönliches und Überpersönliches.

In aller Schärfe haben schon die Römer das Recht auf die Willens- und Handlungsmacht der Privatperson zurückgeführt. Das tritt besonders klar im Rechte der Schuldverhältnisse hervor. Deshalb konnte F. C. von Savigny hiervon feststellen: „Vergleichen wir das Obligationenrecht im ganzen mit anderen verwandten Teilen des Rechtssystems, so treten uns folgende eigentümliche Züge desselben als vorherrschend entgegen. In dem gesamten Rechtsverkehr der heutigen Zeit ist dem Einfluß des Obligationenrechts eine augenscheinlich fortschreitende Wichtigkeit, vor anderen Teilen des Rechtes, zuzuschreiben, indem darin die Bedürfnisse und Richtungen der Gegenwart vorzugsweise ihre Befriedigung finden. — Ferner haben sich in dem Obligationenrecht die Rechtsbegriffe und Grundsätze der Römer, vorzugsweise vor anderen Rechtsteilen, in anerkannter Wirksamkeit erhalten. — Endlich zeigt das Obligationenrecht, vor anderen Teilen des Rechts, eine besondere Biegsamkeit. Die Willkür der die Rechtsverhältnisse bildenden Personen erscheint hier unbeschränkter als im Sachenrecht und der Familie, so daß in diesem Teile des Rechtes vorzugsweise der Sitz der bloß vermittelnden Rechtsregeln zu suchen ist." (Obligationenrecht, I, S. 17.)

Auch das Recht der Schuldverhältnisse, dieses zweite Buch unseres deutschen Bürgerlichen Gesetzbuches, zeigt demgemäß noch immer den stärksten römischen Einfluß. Indessen muß man dennoch stets bedacht sein, das Schuldrecht in deutschrechtlichem Geiste zu verstehen und sich zu erarbeiten. Da bietet sich Otto von Gierkes Meisterwerk an: Schuldrecht, 1917.

Es mag dem Anfänger zu überwältigend erscheinen. Trotzdem sei ihm geraten, frisch heranzugehen an dieses gewaltige Buch. Weil es lebensvoll ist, wird es ihn packen. Weil es tief ist, wird er es erleben. Und was man erlebt hat, behält man besser als das bloß Gelernte.

Die Willens- und Handlungsmacht der Privatperson schafft Rechte und Pflichten von Person zu Person. Das geschieht hauptsächlich auf zweierlei Art. Gaius (über ihn s. oben S. 66) sagt: Omnis enim obligatio vel ex contractu nascitur vel ex delicto.

In der Sprache unseres BGB. müssen wir entsprechend formulieren: Die Person verpflichtet sich durch Rechtsgeschäfte und unerlaubte Handlungen. Dabei setzen wir den weiteren Begriff des Rechtsgeschäftes an die Stelle der Kontrakte. Weiter ist der Begriff der Rechtsgeschäfte, weil der Vertrag immer mindestens zweiseitig ist, das Rechtsgeschäft aber auch einseitig sein kann (z. B. die Auslobung nach BGB. § 657).

So haben wir bisher folgende Einteilungen gewonnen:

Person

Handlungsfähige | Handlungsunfähige

Voll H. | beschränkt H.

Rechtsbedeutsame Handlungen und daraus folgende obligationes

Rechtsgeschäft (obligatio ex contractu) | Unerlaubte Handlung (obligatio ex delicto)

Das Rechtsgeschäft kommt zustande durch die Willenserklärung, §§ 116 ff. Dem rechtsschöpferischen Privatwillen sind aber Grenzen gesetzt, die er nicht überschreiten kann. Er hat überhaupt nur die Rechtsschöpfermacht, die ihm von der Rechtsordnung verliehen ist. In der Tatsachenwelt kann der Wille des Unmündigen oder des Geisteskranken als Persönlichkeitsäußerung sehr heftig und entschieden sein: das Bürgerliche Recht versagt ihm die Rechtswirkung. Der Kauf-„Vertrag", den der Geisteskranke abschließt, ist kein Vertrag, sondern ein nullum, ein Nichts. Ferner: Zwei Geistesgesunde von eher zu schlauem als zu wenig Verstande, z. B. zwei gewiegte Betrüger, tüfteln irgendeinen sehr verwickelten Vertrag aus über verbotenen Devisenhandel, Zollschmuggeleien, Durchstecherei u. dgl. Sie mögen Wille und Verstand anstrengen so sehr sie wollen, rechtlich ist alles, was sie tun, ein Nichts. So § 134:

Ein Rechtsgeschäft, das gegen ein gesetzliches Verbot verstößt, ist nichtig, wenn sich nicht aus dem Gesetz ein anderes ergibt.

Und § 138:

Ein Rechtsgeschäft, das gegen die guten Sitten verstößt, ist nichtig. Nichtig ist insbesondere ein Rechtsgeschäft, durch das jemand unter Ausbeutung der Notlage, des Leichtsinns oder der Unerfahrenheit eines anderen sich oder einem Dritten für eine Leistung Vermögensvorteile gewähren oder versprechen läßt, welche den Wert dergestalt übersteigen, daß den Umständen nach die Vermögensvorteile in auffälligem Mißverhältnisse zu den Leistungen stehen.

Das Recht ignoriert einfach den unvermögenden wie den unsittlichen Privatwillen. Das Strafrecht belegt dann übrigens die schlimmsten der verbotenen und unsittlichen Handlungen mit Strafe.

Daraus, daß diese Willensäußerungen nach §§ 104, 134, 138 einfach nichtig sind, ergeben sich nun ganz seltsame Folgerungen:

So z. B. wenn ein reicher Geisteskranker von einer Bank, bei der er kein Konto hat, die aber seine gute Vermögenslage, nicht allerdings seine Geschäftsunfähigkeit kennt, 200 M. leiht. Die Bank möchte natürlich das Darlehen zurück haben. Aber hier müssen wir gleich eine Regel merken, die für jeden bürgerlich-rechtlichen Fall höchste Wichtigkeit hat: Wer einen Anspruch gegen jemand erhebt, muß einen Grund dartun, aus dem heraus dieser andere verpflichtet ist (qualis est actio heißt die erste Frage). Ein solcher Verpflichtungsgrund (causa) ist das Rechtsgeschäft (z. B. Darlehen BGB. §§ 607—610 = Vertrag; Auslobung BGB. §§ 657—661 = einseitiges Rechtsgeschäft). Ein anderer Verpflichtungsgrund ist die unerlaubte Handlung (BGB. §§ 823 ff.: z. B. X schlägt dem Z die Fensterscheiben ein). Keine dieser beiden Arten von Verpflichtungsgründen, weder ein Rechtsgeschäft noch eine unerlaubte Handlung, kommt hier in Betracht: denn der Geisteskranke ist handlungsunfähig. Er kann sich nicht durch Rechtsgeschäfte verpflichten (d. h. er ist geschäftsunfähig, § 104 BGB.) und auch nicht durch Delikte (Deliktsunfähigkeit). Hätten wir nichts als diese Zweiteilung:

Verpflichtungen
(obligationes)

aus Rechtsgeschäft (ex contractu) — aus unerlaubter Handlung, (ex delicto)

so ginge die Bank leer aus. Das schöne Geld wäre in ein rechtliches Nichts versunken, durch ein Loch der Rechtsordnung hindurchgefallen.

Da kannten die Römer aber bereits einen Rechtsgedanken, der dieses Loch so einigermaßen verstopfte.

Die Rechtssubjekte haben nebeneinander ihr Vermögen. Dieses beruht auf bestimmten Rechtsgründen: man hat es ererbt, gekauft (also durch Vertrag erworben), ersessen (BGB. §§ 937 ff.) usw. Fordert man aus der Vermögensmasse eines anderen etwas heraus, so muß man sagen, weshalb. Man muß die causa, den Grund, angeben. Zwei Arten der Gründe haben wir schon näher kennengelernt: Rechtsgeschäft und unerlaubte Handlung: causa contractus oder causa delicti. Aber auch wenn man weder Vertrag noch Delikt behaupten kann, wie in unserem Falle, so darf man doch behaupten: auf dies habe ich einen Anspruch, einfach weil es nachweislich bisher immer zu meinem Vermögen gehört hat und plötzlich bei dir ist, ohne daß du sagen kannst, weshalb. Also bist du ohne Grund bereichert. Schließlich muß doch jeder seinen Besitzstand den Rechtsgenossen gegenüber rechtfertigen können. Jedem soll gewiß das Seine erhalten bleiben. Suum cuique: das ist eines der ältesten Leitworte der Rechts- und Staatskunst. Aber wenn eine Sache bis gestern mein war und sie nur rein tatsächlich heute bei dem X ist, muß der doch angeben können, auf welchen Rechtsgründen diese Verschiebung beruht. Erst dann ist die tatsächliche Veränderung auch eine rechtliche, erst dann muß ich sie gelten lassen (z. B. wenn ich zur Erfüllung eines Kaufvertrages die 200 M. als Kaufpreis hingegeben habe). Wenn aber der rechtliche Grund fehlt, weil der Geisteskranke keinen setzen kann, dann ist es rechtlich eben unbegründet, daß er jetzt meine 200 M. hat.

So tritt als Anspruchsgrund neben Rechtsgeschäft und unerlaubte Handlung, neben obligatio ex contractu und obligatio ex delicto, dieser Fall, indem ich etwas von einem anderen fordere, weil er es mir zum Nachteil ohne Grund (sine causa) inne hat[4]:

Eine solche Bereicherung ohne Grund liegt nicht nur vor, wenn jemand durch ein Geschäft, das ein Geschäftsunfähiger vornahm und das also nichtig ist, etwas erhalten hat. Nichtig ist ja auch das Geschäft, das gegen die guten Sitten oder Gesetze verstößt. Wer Bestechungslohn, Mordgeld usw. annimmt, erhält es ohne rechtlichen Grund: denn der tatsächliche Grund, die Verabredung zu einer Amtspflichtverletzung oder einer Mordtat kann vom Rechte in keiner Weise anerkannt werden. Aber hinsichtlich unseres Anspruches aus ungerechtfertigter Bereicherung (condictio sine causa) liegt die Sache hier praktisch oft wesentlich anders als bei der Nichtigkeit eines Rechtsgeschäftes wegen Geschäftsunfähigkeit einer beteiligten Person. Weshalb sollen wir dem, der sich auf unrechte Geschäfte (etwa Schiebungen u. dgl.) eingelassen hat, irgendwelche rechtlichen Ansprüche geben und Rechtsschutz dafür gewähren? Wer sich auf Glatteis begibt, ausrutscht und hinfällt, hat das in der Regel mit sich selber abzumachen: in pari turpitudine melior est condicio possidentis, heißt es gemeinrechtlich. Und der § 817 BGB. hält diesen Rechtsgedanken für unser geltendes Bürgerliches Recht fest.

Auf diese schon ins einzelne der Privatrechtsordnung gehenden Fragen kamen wir so: Wir machten uns klar, daß das erste, was ein Jurist tun muß, wenn er raten soll, ob A von B etwas zu beanspruchen hat, stets die Feststellung des Grundes der Klage ist. Und wir kamen dann zu dem etwas verblüffenden Ergebnis, daß unter Umständen Grundlosigkeit (sine causa — der Bereicherung nämlich) auch ein Grund ist. Fassen wir zusammen, was wir an Verpflichtungsgründen bereits festgestellt haben, so ergibt sich:

Gründe der Obligationen

Rechtsgeschäft (obligatio ex contractu)	Ungerechtfertigte Bereicherung (condictio sine causa) BGB. § 812	Unerlaubte Handlung (obligatio ex delicto)

Mit gutem Vorbedacht ist in diesem Schema die Haftung aus ungerechtfertigter Bereicherung in kleiner Schrift neben die gewöhnliche Haftung aus Rechtsgeschäften gesetzt. Der Anspruch aus §§ 812 ff. ist nämlich nur ein schwacher Lückenbüßer, ein Anspruchsgrund von geringerer Kraft und Tragweite. Kauft ein Vollgeschäftsfähiger im Wege gültigen Kaufvertrages ein Buch, so muß der Käufer den Kaufpreis zahlen, und der Verkäufer muß ihm das Eigentum an der verkauften Sache verschaffen. Die §§ 433 ff. BGB. setzen diese Hauptansprüche und noch eine Reihe anderer Nebenansprüche, die aus dem Kaufvertrag folgen, fest. Kauft ein Geisteskranker dieselbe Sache, so entstehen durch die äußerlich ganz gleiche Verabredung gar keine Rechte und Pflichten, denn sie ist kein rechtsgültiger Vertrag, sondern nichtig. Was der Geisteskranke sine causa, ohne rechtlichen Grund erlangt hat, muß er allerdings herausgeben. Wenn er aber die Sache verloren oder verschenkt hat, so entfällt mit der Bereicherung auch der Anspruch dessen, dem zu Schaden er bereichert war: denn der Anspruch ist nur auf die Herausgabe der Bereicherung gerichtet und geht mit dieser unter. Der Geschäftsfähige dagegen bleibt aus dem Vertrage zur Zahlung des Kaufpreises auch dann verpflichtet, wenn ihm die gekaufte Sache gleich nach Empfang, ja, beim Versendungskaufe, manchmal schon vor dem Empfang (BGB. § 447) abhanden gekommen oder zerstört worden ist.

Daraus ergibt sich für den im Leben ratensollenden Rechtskundigen die Lehre: nur im Notfalle einen Anspruch auf ungerechtfertigte Bereicherung zu stützen. Denn Vertrag und unerlaubte Handlung sind bessere, sichere Gründe.

Wie sich von dem Gedanken des Rechtsgeschäftes der des Anspruchs aus ungerechtfertigter Bereicherung abzweigt[5] und in die Lücke tritt, die das nichtige Rechtsgeschäft, das Fehlen des vertraglichen Rechts- und Pflichtgrundes läßt, so tritt neben die unerlaubte Handlung im engeren und eigentlichen Sinne ebenfalls ein Lückenbüßer.

Rechtsschöpfer im Privatrecht ist die handelnde Persönlichkeit. Ihr Handeln ist von freiem Schöpferwillen getragen bei den Rechtsgeschäften, im Reiche der Vertragsfreiheit. Sie wird aber manchmal auch Schöpfer von Rechten und Pflichten sehr wider ihren Willen.[6] Das kann bei den unerlaubten Handlungen, den Delikten (§§ 823 ff. BGB.) geschehen. Aber zunächst setzt auch der Verpflichtungsgrund Delikt eine Handlung voraus und somit eine handlungsfähige Person. Das Kind unter sieben Jahren und der Geisteskranke sind nicht nur unfähig, durch Willenserklärungen (§§ 116 ff. BGB.) Rechtsgeschäfte zustande zu bringen, sie sind überhaupt handlungsunfähig, also auch deliktsunfähig (§§ 827, 828 BGB.).

Der Schaden aber ist in gleicher Weise entstanden, ob nun ein Unmündiger oder ein Mündiger, ein Kranker oder Gesunder die Fensterscheibe zertrümmert. Nur die Schuld ist nicht ebenso da. Und deshalb fehlt es an dem Schuldner im gewöhnlichen, vollen Sinne. Trotzdem kann hier nicht in jedem Falle jeder Anspruch verweigert werden. Der geisteskranke Millionär, der einem kleinen Landmann das Haus anzündet und vernichtet, mag nicht schuldig sein, wie es der § 823 („vorsätzlich oder fahrlässig"!) verlangt. Aber soll er darum in einem solchen Falle auch ohne jede Haftung bleiben? Der § 829 BGB. (manchmal Millionärsparagraph genannt) bestimmt:

„Wer in einem der in den §§ 823—826 bezeichneten Fälle für einen von ihm verursachten Schaden auf Grund der §§ 827, 828 nicht verantwortlich ist, hat gleichwohl, sofern der Ersatz des Schadens nicht von einem aufsichtspflichtigen Dritten erlangt werden kann, den Schaden insoweit zu ersetzen, als die Billig-

keit nach den Umständen, insbesondere nach den Verhältnissen der Beteiligten, eine Schadloshaltung erfordert und ihm nicht die Mittel entzogen werden, deren er zum standesmäßigen Unterhalte sowie zur Erfüllung seiner gesetzlichen Unterhaltspflichten bedarf."

Damit ist eine Billigkeitshaftung neben die Haftung für schuldhafte unerlaubte Handlung gesetzt, ein Quasi-Delikt neben das Delikt im engeren Sinne, wenn man will.[7]

Sollen wir jetzt einen Anspruch begründen, so bietet sich uns bereits ein ganzer Katalog von Gründen an, auf die Ansprüche gestützt werden können.

Rechte und Verpflichtungen
(Schuldverhältnisse) obligationes

- aus Rechtsgeschäft (ex contractu)
- aus ungerechtfertigter Bereicherung (condictio sine causa §§ 812 ff.
- Billigkeitshaftung § 829.
- aus unerlaubter Handlung (ex delicto)

II. Dieses Schema (das gleich noch in einigen wichtigen Punkten weiter ausgebaut werden soll) gibt einen Überblick über einen großen und wichtigen Teil des Privatrechtes. Allerdings: es ist nur ein Teil des bürgerlichen Rechtes, der hier sichtbar wird. Wir gehen, indem wir nach einem Grunde für den Anspruch suchen, den ein Klient uns vorträgt und den er mit unserer Hilfe wirksam gegen X erheben will, auf das zugrunde liegende Rechtsverhältnis zurück, z. B. auf den Kaufvertrag, aus dem X 100 M. zu zahlen schuldig ist. Aber die bisher von uns angewandte Fragestellung zeigt uns nur eine bestimmte Art von Rechtsverhältnissen: die von Person zu Person. Es kann natürlich auch andere geben. Es gibt das Verhältnis von der Person zur Sache: darum handelt es sich im 3. Buch des BGB., im Sachenrecht. Es gibt statt der gewillkürten Verbindung von Einzelperson zu Einzelperson ein familienrechtliches Gebundensein, über welches das 4. Buch des BGB. Auskunft gibt. Und schließlich gibt es Willenserklärungen und Rechtsgeschäfte, die nicht dem Rechtsverkehr des täglichen Lebens dienen, um unter Lebenden die Bedürfnisse des Tages zu befriedigen, sondern die von Todes wegen, mortis causa, erfolgen. Diese Verfügungen mortis causa im Gegensatze zu denen inter vivos werden wie die übrigen Ansprüche aus dem Grunde des Todes im 5. Buch des BGB., im Erbrecht, geregelt.

Die Regeln des Rechtes, die wir hier zunächst noch betrachten müssen, enthalten allgemeine Richtlinien für das ganze Recht, finden sich daher im ersten Teile des BGB., im sog. Allgemeinen Teil. Aber unverändert passen sie eigentlich nur für das Recht der Schuldverhältnisse. Denn bei Familienrecht und Erbrecht erleiden die Regeln, z. B. der §§ 119 ff. BGB., sehr erhebliche Ausnahmen.

Aus dem Willen der Privatperson fließt das Privatrecht, soweit die übergeordnete Staatsmacht diesem Willen Raum und Rechtsschöpfermacht gelassen hat: §§ 134, 138. Der Wille äußert sich hauptsächlich und am deutlichsten in Willenserklärungen, die zu Rechtsgeschäften führen. Ist der Wille der Grund für Verpflichtung aus Rechtsgeschäft, so muß die Erklärung des Willens mit dem wirklichen Willen übereinstimmen. Wer sich verspricht oder nur zum Scherz erklärt, handelt ohne den der Erklärung entsprechenden Willen. Es liegt hier ein Willensmangel vor. In den § 116 ff. gibt das BGB. Regeln für die Behandlung der Willensmängel. Als wichtigste Mängel sind hervorzuheben der Irrtum (§ 119) und die arglistige Täuschung (§ 123). Es muß hier zunächst beachtet werden, daß der Willensmangel anders als z. B. der widerrechtliche Geschäftswille nach §§ 134, 138 BGB. keineswegs völlige Ungültigkeit (Nichtigkeit) bewirkt. In der Außenwelt ist ja durch eine Willenserklärung das Rechtsgeschäft vorerst zustande gekommen. Allerdings kann die sich irrende Person ihre Erklärung anfechten. Denn von ihrem Standpunkte sollte das Erklärte zu etwas ganz anderem führen als zu dem, was der andere, der Erklärungsgegner, entnehmen mußte. Es liegt ein mangelhaftes Rechtsgeschäft vor, weil die rechte Willensübereinstimmung fehlt. Es kann angefochten werden, d. h. es ist vernichtbar, keineswegs aber schon von vornherein nichtig. Die Anfechtung ist wieder eine Willenserklärung, zu welcher der Irrende (§ 119), der Getäuschte (§ 123) usw. berechtigt ist.

A hat von B eine Uhr gekauft. Sie kostet 30 M. A glaubt aus irgendeinem Grunde, es sei eine gebrauchte echt goldene Uhr. In Wirklichkeit ist es neue Gold-Dublee-Ware, also unecht. Das ist nach § 119 ein Irrtum über eine wesentliche Eigenschaft der Sache. A kann anfechten. Durch die Anfechtung, der rückwirkende Kraft gegeben ist, erscheint nun das Geschäft als von Anfang an nichtig. Jetzt möchte A seine 30 M. und der B seine Uhr zurück haben. Worauf kann A, worauf kann B seinen Anspruch stützen? Ein Vertrag ist nicht da: der Kaufvertrag (§ 433 ff.) ist ja vernichtet, gilt als von Anfang nicht bestehend.[8] Eine unerlaubte Handlung (etwa arglistige Täuschung von so böser Art, wie in § 826 BGB. vorgesehen) ist auch nicht unterlaufen. Da bleibt wieder nur der Lückenbüßer, der quasi-vertragliche Anspruch der condictio sine causa (§ 812 BGB.). Causa, Grund der Hingabe von Geld wie Uhr sollte der Kaufvertrag sein. Er gilt als von Anfang an nichtig, ist also gar nicht vorhanden. Wer auf Grund dieses nichtigen,

d. h. rechtlich ungültigen Geschäfts etwas in Händen hält, hat es ohne rechtlichen Grund, ist ungerechtfertigt bereichert und muß die Bereicherung nach § 812 BGB. herausgeben.

Aber wer durch seine Erklärung veranlaßt, daß der andere an das Vorhandensein eines Rechtsgeschäftes glaubt und auch glauben muß (der Uhrenhändler weiß ja nicht, daß A sich irrt und die unechte Uhr für golden hält), der haftet für den Vertrauensschaden (§ 122).

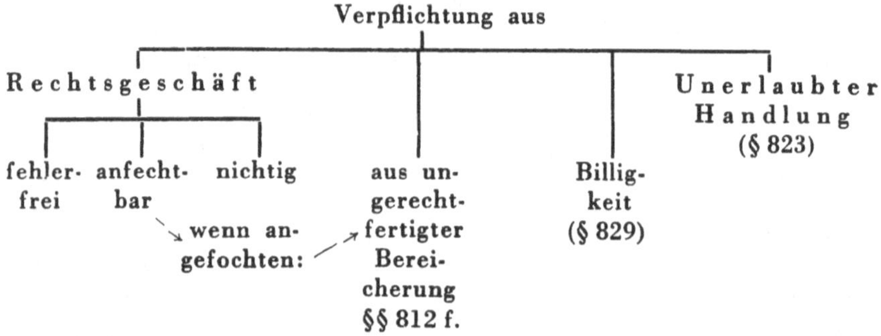

Soweit im bisher Erörterten bereits der Weg in die Arbeit am Recht der Schuldverhältnisse gewiesen ist, mag hauptsächlich das Römische und Gemeinrechtliche sichtbar gevorden sein. Ein gewaltiger Führer in das germanische Schuldrecht ist Otto von Gierke. Auf sein Schuldrecht (1917) wurde bereits hingewiesen. Am Anfange dieses Werkes sind auch die Hauptergebnisse seiner berühmten Forschungen über Schuld und Haftung wiedergegeben. Daß Schuld und Haftung auseinanderfielen, mag dem jungen Juristen von heute zunächst erstaunlich, ja befremdlich vorkommen. Er wird aber nicht umhin können, die Rechtsgeschichte über Schuld und Haftung zu sich sprechen zu lassen. Bedeutungslos ist dieser begriffliche und sachliche Gegensatz auch heute noch nicht: Otto von Gierke zeigt mit seiner breiten und wuchtigen Gründlichkeit, was im geltenden Rechte davon weiterlebt. Einen Fall, in dem geschuldet, aber nicht gehaftet wird, kennt übrigens jedermann: den Fall der verjährten Schuld: § 194 ff.

B. Sachenrecht.

Nur die aus der Willens- und Handlungsmacht des Individuums kommende persönliche Verpflichtung mit ihren Hauptauswirkungen ist bisher dargestellt worden. Es ist das Gebiet, das die beiden ersten Bücher des BGB. regeln: der Allgemeine Teil und das Recht der Schuldverhältnisse.

A kauft bei dem Kunsthändler B ein Bild. Damit ist ein Schuldverhältnis zwischen A und B hergestellt. Das ist eine rein persönliche Beziehung. Es ist damit noch keine Beziehung des A zu der Sache, zu dem Bilde, geschaffen worden. Diese Feststellung ist ein Satz von größter grundsätzlicher Bedeutung. Sie wird klar, wenn wir die einfachsten Folgen bedenken: B verkauft das Bild, das A nicht gleich mitgenommen hat, noch einmal an C, der einen höheren Preis bietet. C ist so klug, sich das Bild sofort übergeben, „übereignen", zu lassen. Jetzt steht es bei ihm in der Wohnung. Welche Rechte hat A? Antwort: Es kommen nur persönliche Rechte gegen B in Betracht. Mit C steht er ja in gar keinem Rechtsverhältnis: weder durch Rechtsgeschäft noch durch unerlaubte Handlung hat sich ein Band geknüpft, ist eine obligatio entstanden.

Dagegen steht C nicht bloß in persönlichen, schuldrechtlichen, obligatorischen Beziehungen zu B. Es ist mehr geschehen als ein Kaufvertrag zwischen ihm und B. Es ist durch das Ansichnehmen, durch das Erhalten und Erfassen der Sache, des Bildes nämlich, ein sachenrechtliches Verhältnis entstanden, ein Verhältnis vom Menschen zur Sache und nicht bloß von Mensch zu Mensch. Dieses Verhältnis vom Rechtssubjekt zum Rechtsobjekt haben wir im Sachenrecht zu betrachten.

Das Sachenrecht ist ein in mancher Beziehung stärkeres Recht als das persönliche oder obligatorische. Das obligatorische Recht ist immer relativ, d. h. immer nur gegeben in bezug auf eine bestimmte andere Person. A konnte sich nur an den Verkäufer B halten wegen des Schadens, der ihm daraus erwuchs, daß B nicht ihm das gekaufte Bild übereignet hatte, sondern dem C. Das dingliche Recht ist absolut, d. h. es wirkt gegen jeden, es setzt die Sachherrschaft des einen Rechtsgenossen mit absoluter Wirkung gegen alle anderen Rechtsgenossen fest. Hat A eine Sache in seinem Eigentum, so hat er gegen jeden anderen, der ihm die Sache wegnimmt oder sie ihm sonst vorenthält, den Anspruch des § 985, die sog. rei vindicatio: „Der Eigentümer kann von dem Besitzer die Herausgabe der Sache verlangen." Weil Sachenrechte sich nicht beschränken auf ein Verhältnis zwischen einzelnen Privatpersonen, sondern gegen alle wirken, gehen sie die Gesamtheit an und dürfen deshalb nicht im Verborgenen blühen, sondern müssen sichtbar sein. Die ganze Habe, fahrende und feste, eines Menschen gehört zu seiner Person hinzu. Seine Person ist natürlich erst recht so etwas Absolutes wie die Sachenrechte. Persönlichkeitsrechte (wie z. B. das Namensrecht des § 12) wirken ebenso wie dingliche Rechte gegen jedermann. Der Ausdruck Persönlichkeitsrecht bedeutet also etwas ganz anderes als „persönliches Recht". Das persönliche oder obligatorische Recht ist, wie wir sagen, beschränkt, relativ, weil nur aus einer persönlichen Beziehung zwischen verschiedenen Personen entstanden und sich hierin erschöpfend. Das Persönlichkeitsrecht fließt unmittelbar aus der rechtlichen Existenz der Person, aus ihrem Rechtssubjektsein, hinter ihm steht das ganze Pathos der Persönlichkeit, und es ist demgemäß (wenigstens im Privatrechte) unbeschränkt, absolut.

Ergeht aber von Staats wegen an die Rechtsgenossen der Befehl, die Persönlichkeit und ihre Habe zu achten, so muß offen erkennbar sein, welches der Umkreis dieses zu achtenden Persönlichkeitsbereiches ist. Die von der Gesamtheit her gebotene Festsetzung und Sichtbarmachung des sachlichen Vermögens einer Person wurde besonders im germanischen Rechtsleben vergangener Jahrhunderte sehr ernst genommen.[9] Von den Einrichtungen und Rechtsgedanken der altdeutschen Vergangenheit ist aber mancher wichtige Grundsatz auch im BGB. erhalten.

Es ist als einer der ersten und obersten Grundsätze des Sachenrechtes die Regel zu merken:

Alle dinglichen Rechte müssen sichtbar gemacht werden.

Nach Art der Dinge, Sachen, werden alle dinglichen Rechte oder Sachenrechte in zwei Hauptarten eingeteilt:

1. Rechte an unbeweglichen Sachen (Liegenschaftsrecht, Immobiliarrecht).
2. Rechte an beweglichen Sachen (Fahrnisrecht, Mobiliarrecht).

Otto von Gierke, Deutsches Privatrecht, Bd. 2: Sachenrecht, 1905, S. 5:

„Die Sachen sind entweder beweglich oder unbeweglich. Das deutsche Recht bezeichnet die unbeweglichen Sachen als Liegenschaften oder liegendes Gut, die beweglichen Sachen als Fahrnis oder fahrende Habe.

Diese Einteilung bedeutete für das ältere deutsche Recht einen tief angelegten Gegensatz, der das Sachenrecht vom Fundamente bis zum Gipfel spaltete und in das Vertragsrecht, Familienrecht, Erbrecht und Prozeßrecht hinübergriff. Gemäß der mittelalterlichen Lebensordnung wurde dabei der Grund und Boden gegenüber der Fahrnis einerseits wegen seiner wirtschaftlichen Vormacht als ungleich wertvollerer Vermögensgegenstand, andererseits wegen seiner politischen und sozialen Funktionen als ein durch seinen Vermögenswert niemals erschöpftes Gut behandelt. Als durch die städtische Entwicklung das bewegliche Kapital selbständig und die persönliche Rechtsstellung vom Grundbesitz unabhängig wurde, verschob sich zwar das alte Verhältnis, die Sonderung von Liegenschaftsrecht und Fahrnisrecht wurde jedoch mitnichten aufgegeben. Erst seit der Aufnahme des römischen Rechts begann der Gegensatz zu verblassen. Doch konnte er selbst im gemeinen Recht nicht auf das römische Maß herabgedrückt werden. Die

Partikularrechte wahrten ihm einen erheblichen Teil der alten Kraft, die großen Gesetzbücher und neuere Spezialgesetze führten ihm neues Leben zu. So hat auch die deutsche Kodifikation dem Siegeszuge des germanischen Gedankens nicht widerstanden." Otto von Gierke weist auf den breiten Raum hin, den das Bürgerliche Gesetzbuch dem Liegenschaftsrechte gegönnt hat. Auch die Verschiedenheit des Zwangsvollstreckungsrechtes für bewegliche und unbewegliche Sachen zieht er heran als ein Beispiel dafür, daß die grundlegende Zweiteilung erhalten blieb und sogar betont wurde. (Vgl. Otto Fischer und L. Schaefer, Die Gesetzgebung, betreffend die Zwangsvollstreckung in das unbewegliche Vermögen im Reiche und in Preußen, 1902; siehe auch Otto Fischers 10. Auflage der erläuterten Textausgabe in der Guttentagschen Sammlung deutscher Reichsgesetze, Bd. 43, 1929; ferner über Notzeiterscheinungen: Fritz Schultze und Fritz Seifert, Der gesamte neue Vollstreckungsschutz, Guttentagsche Sammlung Nr. 185, 1934.) Diese Dinge gehören an sich in das Zivilprozeßrecht (siehe auch Zweites Buch, 6. Hauptstück). Aber sie kommen da oft (nicht bloß in Einführungen, sondern auch in Vorlesungen und Lehrbüchern) zu kurz. Deshalb seien sie hier mit erwähnt bei diesen Hinweisen auf das Liegenschaftsrecht, aus dem ein Landwirtschaftsrecht zu wachsen vermöchte. Es ist 1900/1901 gründlich dargestellt worden von den Reichsgerichtsräten W. Turnau und K. Förster (Das Liegenschaftsrecht nach den Deutschen Reichsgesetzen in den Preußischen Ausführungsbestimmungen, Bd. 1 u. 2, I, 2 Aufl., 1902).

Bei unbeweglichen Sachen dient das Grundbuch der Sichtbarmachung, der Offenkundigkeit (oder Publizität). Bei beweglichen Sachen ist der Besitz ein solches Mittel der Sichtbarmachung.

Wer ein Grundstück zu eigen erwerben will, muß erwirken, daß er in dem bei dem Amtsgericht geführten Grundbuch als Eigentümer eingetragen wird. Aber wie jedermann weiß, muß er nicht nur in diesem Falle, sondern auch dann, wenn er ein Pfandrecht am Grundstück erwerben will, eine Hypothek u. dgl., dieses Recht eintragen lassen. Bei beweglichen Sachen tritt an die Stelle des Grundbuches der Besitz. Was das heißt, erkannten wir schon an dem oben herangezogenen Falle: A kauft ein Bild von B. Durch den Kauf, d. h. durch die mündliche Abrede und die etwa ihr folgende Zahlung des Kaufpreises ist A nicht Eigentümer geworden. Der C, der zweite Käufer, wurde Eigentümer, weil bei ihm zu Abrede und Kaufpreiszahlung noch etwas hinzutrat: nämlich die Erfüllung des Kaufvertrages durch Einigung und Übergabe gemäß § 929 BGB. Mit der Übergabe, d. h. mit der Besitzeinräumung ist C in ein unmittelbares körperliches Verhältnis zur Sache getreten, ist sein Sachenrecht, auf dessen Herstellung der Kaufvertrag gerichtet war, sichtbar geworden. Wir arbeiten hier schon immerfort mit einer der schwierigsten und zugleich grundlegendsten Unterscheidungen im ganzen Privatrechte: obligatorisch und dinglich. Wir unterscheiden die obligatio aus dem Kaufvertrage von dem dinglichen Rechte Eigentum. Und doch werden im täglichen Leben beide; die obligatio aus dem Kaufvertrage gemäß §§ 433 ff. und das dingliche Recht aus der Übereignung gemäß §§ 929 ff., in einem Akte erworben: A kauft das Bild, bezahlt es und erhält es sofort in die Hand. Wir zerlegen dieses Geschehen in zwei verschiedene Geschäfte: Kauf und Übereignung. Aber beide hängen auch juristisch wieder eng zusammen: der Kauf ist das Verpflichtungsgeschäft (Verpflichtung des Verkäufers zur Übereignung, des Käufers zur Zahlung des Kaufpreises); und die Einigung und Übergabe nach § 929 ist das Erfüllungsgeschäft (Erfüllung der Eigentumverschaffungspflicht). Außerdem: der Kauf ist der Grund (die causa) der Eigentumsveränderung. Also Kaufvertrag = Kausalgeschäft. Das Erfüllungsgeschäft wird allerdings sehr scharf unterschieden vom Kausalgeschäft: es ist losgelöst (abstrakt) und unabhängig von ihm gültig. Die causa kann wegfallen nach §§ 104, 134, 138, 117 ff., dann hat der andere (z. B. der Betrüger, der einen bestellten Anzug vom Schneider erhalten hat) nach der gemäß § 123 erfolgten Anfechtung das Eigentum des Anzuges sine causa, aber er hat es. Das sine-causa-haben, diese ungerechtfertigte Bereicherung begründet zwar in den Schranken von §§ 812 ff. einen Anspruch, jedoch ist dieser Anspruch ein persönlicher, obligatorischer, relativer. Er ist nur gegeben gegen den Betrüger selber, nicht gegen jeden, der von ihm den Anzug erwirbt. Anders wäre es, wenn der Schneider Eigentümer geblieben wäre: dann hätte er nicht bloß das schwache und lediglich relative obligatorische Recht aus § 812, sondern das gegen jedermann wirksame (absolute) der rei vindicatio nach § 985. (Vgl. aber RGZ. 70, S. 57, wo das Reichsgericht annimmt, daß die Anfechtung des Kausalgeschäfts auch die Übereignung mitergreifen könne, das Eigentum des Verkäufers also wiederhergestellt sei.)

Daß einer eine Sache auf Grund eines nichtigen Vertrages, also rechtlich ohne Grund (sine causa) erlangt hat, ist kaum jemandem außer den an der ungültigen Abrede Beteiligten ersichtlich. Sichtbar wird das Sachenrecht erst durch den Besitz und bei unbeweglichen Sachen durch den Grundbucheintrag. Deshalb wird regelmäßig eines von beiden bei allen Sachenrechtsverschiebungen gefordert. Dieses Wertlegen auf die Sichtbarmachung (Publizität) des Sachenrechtsbestandes ist germanischen Ursprungs. Und es wird leicht zu zeigen sein, daß die Besinnung darauf, was aus germanischer und was aus romanischer Wurzel in das BGB. hereinwuchs, nicht müßig, sondern von folgenreicher Bedeutung ist (Otto von Gierke, Deutsches Privatrecht, Bd. 2: Sachenrecht

1905, S. 280. S. dort auch über sale, investitura, traditio per cartam, S. 266 f.).

Der germanische Ursprung des Grundbuches (dieses Publizitätsmittels bei unbeweglichen Sachen) wird allgemein zugegeben.

Grundstücke werden durch gerichtliche Auflassung übereignet. „In den letzten Jahrhunderten des Mittelalters ging die gerichtliche Auflassung nebst ihren Abzweigungen eine zukunftsreiche Verbindung mit der Errichtung der öffentlichen Bücher ein" (Gierke): Seit dem zwölften Jahrhundert gibt es, zuerst wohl in Köln, Grund- oder Schreinsbücher. Anfänglich sind sie chronologisch geordnet. Nach Grundstücken eingeteilt seit dem vierzehnten Jahrhundert.

Besonders aber zeigt sich bei dem Besitz, diesem Publizitätsmittel bei beweglichen Sachen, der scharfe Unterschied von germanischem[15] und romanischem[10] Denken. Am besten kann das an Beispielen klargemacht werden, von denen wir zwei wählen. Das zweite leitet zugleich zu unserem nächsten Abschnitt über.

1. Sichtbarmachung der Sachenrechte durch Besitz.

Nicht bloß das Eigentum, sondern alle anderen Sachenrechte erfordern zu ihrer Sichtbarmachung den Besitz (oder das Grundbuch).

Das wird im täglichen Leben manchmal besonders belangreich beim Pfandrechte. Da will z. B. der Besitzer einer Schankstelle seine Einrichtung verpfänden, da er Bargeld braucht zum Weiterbetreiben seines Geschäftes und dieses nicht erlangen kann, ohne seinerseits Sicherheit für den Geldgeber anbieten zu können. An beweglichen Sachen kennt aber unser BGB. nur das Faustpfandrecht, d. h. „zur Bestellung des Pfandrechtes ist erforderlich, daß der Eigentümer die Sache dem Gläubiger übergibt und beide darüber einig sind, daß dem Gläubiger das Pfandrecht zustehen soll". Aus diesem ersten Satze des § 1205 ergibt sich, daß die Besitzeinräumung an den Pfandgläubiger conditio sine qua non der Entstehung des Pfandrechtes ist. Der Schankstättenbesitzer müßte also Ladentisch, Stühle usw. auf den Wagen packen und zu dem hinfahren, von dem er gegen Verpfändung seiner Einrichtung Kredit haben will. Also z. B. zu der Brauerei, die ihm Bier auf Kredit liefern soll. Damit wäre jedoch weder ihm noch der Brauerei gedient: denn er kann sein Geschäft nicht mehr betreiben, wenn er keinen Schanktisch hat. Und die Brauerei hat nun eigentlich gar kein Interesse mehr an ihm. Es ist gesagt worden, das wirtschaftliche Interesse verlange hier eine Mobiliarhypothek. Das geltende bürgerliche Recht kennt aber keine Hypothek an beweglichen Sachen. Hypothek ist ein im Grundbuche eingetragenes Grundpfandrecht. An Grundstücken kann man natürlich kein Faustpfand bestellen. Hier wird der Besitz als Publizitätsmittel, wie wir oben bei der grundlegenden Zweiteilung in bewegliche und unbewegliche Sachen erkannten, ersetzt durch den Grundbucheintrag. Nun wäre es gewiß möglich, neben den Grundbüchern oder mit diesen zusammen auch Register über die Verpfändungen beweglicher Sachen zu führen. Aber abgesehen davon, daß die Arbeit des Registerrichters hier ins Ungemessene wachsen könnte, ist es mehr als fraglich, ob auf diese Weise unser Hauptzweck erreicht werden sollte: die Sachenrechtslage offen erkennbar und sichtbar zu machen. Bewegliche Sachen verändern ihren Ort und sind in ihren Schicksalen naturgemäß schwerer zu verfolgen als unbewegliche. Das BGB. hielt an diesen einfachen Grundgedanken fest. Zur Zeit seines Inkrafttretens gab es nur eine Ausnahme, die der ratio des BGB., wenn man genau hinsieht, keineswegs zuwiderläuft: die Schiffshypothek. Schiffe sind gewiß bewegliche Sachen, aber trotz ihres Umherfahrens in der Welt haben sie doch eine Rechtsähnlichkeit mit den Grundstücken: sie sind „fahrende Häuser" und der Fundus der ganzen wirtschaftlichen Existenz ihres Eigentümers. Über diese Ausnahme hinauszugehen, lehnte das bürgerliche Recht bis vor kurzem ab. Aber das wirtschaftliche Interesse schien auf der anderen Seite zu fordern, daß der Gastwirt berechtigt sein solle, seine Einrichtung, der Pächter sein Inventar zu verpfänden und doch die Sachen in Besitz zu behalten und damit weiterzuwirtschaften. Die Praxis sucht seit Jahren einen Ausweg, einen Ersatz für die im BGB. nicht vorgesehene Mobiliarhypothek. Der Gastwirt übereignete, eigentlich aber nur zum Schein, der Brauerei seine Einrichtung. Zur Übereignung ist zwar grundsätzlich ebenfalls Übergabe, also Besitzeinräumug, erforderlich. Aber hier hat das Gesetz Ausnahmen zugelassen. So vor allem das constitutum possessorium, § 930 BGB, d. h. der Übereigner gibt sein Eigentum hin, erhält aber die Sache sogleich wieder zurück, nun aber nicht mehr als Eigentümer (denn das soll ja der andere werden), sondern als Lehen oder als geliehenen, gemieteten oder sonstwie ihm nunmehr vertraglich eingeräumten Besitz. Im Vertragsrecht herrscht völlige Freiheit. Also können in unserem Beispiele Brauerei und Gastwirt irgendeinen alten oder neuen Vertragstyp finden, auf Grund dessen der Gastwirt im Besitze seiner Sachen bleibt, während Eigentümer die Brauerei geworden ist. Der Katalog der Sachenrechte ist im Gegensatz zum Katalog der Vertragstpyen ein streng geschlossener. Es gibt nur die Sachenrechte, die im 3. Buche des BGB. aufgezählt sind; das ist einer der wesentlichsten Unterschiede des 3. Buches zum 2. Buche des BGB. — Man nennt die Praxis, auf die wir in unserem Beispiel Bezug nehmen, die Sicherungsübereignung. Und da man zu diesem kleinen Trick greift, um scheinbar das Verbot der Mobiliarhypothek zu umgehen, taucht die Frage auf, ob das überhaupt statthaft sei oder ob das ganze Geschäft nach §§ 134, 138 BGB. als nichtig angesehen werden müsse. Diese Frage wäre berechtigt, man müßte die Ungültigkeit dieses Geschäftes in der Tat behaupten, wenn es sich um eine Scheinübertragung handelte. Dagegen muß allerdings eingewendet werden, daß die Brauerei Eigentümerin und nicht bloß Scheineigentümerin geworden ist. Daran ändert auch nichts die stärkere persönliche Bindung, die sie dem Gastwirt gegenüber eingegangen ist und die es ausschließt, daß sie ohne seinen Willen über ihr Eigentum verfügt, die den Zustand herstellt, daß sie sich praktisch eben nicht wie ein Eigentümer, sondern wie ein Pfandgläubiger beträgt. Diese persönliche Verpflichtung läßt sich gedanklich immerhin durchaus von der dinglichen Rechtslage unterscheiden.

Die Frage ist außerordentlich umstritten. Manche behaupten, die Bestimmungen des BGB. seien durch Gewohnheitsrecht außer Kraft gesetzt. Man könnte aber auch eine Umgehung des Gesetzes mit dem Hinweis darauf leugnen, daß die Brauerei nun einmal Eigentümer geworden ist, der Gastwirt sich die Sache also nicht bequemer gemacht hat als beim Faustpfand, sondern schwerer, indem er sein Eigentum aufgegeben hat. Daß das neue Eigentum der Brauerei fiduziarisch ist, d. h. zu treuen Händen und mit vielen Vertragsverpflichtungen umgeben, ändert an der dinglichen Rechtslage nichts. Wir scheiden nun einmal Sachenrecht und schuldrechtlichen Vertrag.

Bei der Unklarheit der Rechtslage ist es begreiflich, daß in den Fällen der dringendsten wirtschaftlichen Bedürfnisse oder der völligen Unmöglichkeit, ein Faustpfand zu bestellen, der Gesetzgeber offen und ehrlich eine Ausnahme vom § 1205 festgesetzt und die Mobiliarhypothek da eingefügt hat. Das ist insbesondere durch Gesetz vom 9. Juli 1926 für den landwirtschaftlichen Pächter vorgesehen, der sein Inventar verpfändet, es aber natürlich nicht vom Hofe fort und zum Pfandleiher schaffen möchte. Auch in diesem Beispiele sehen wir romanistische und deutschrechtliche Gedanken, allerdings in besonders buntem Gemisch, miteinander ringen. Und über den Rahmen des gesetzgeberischen vorläufigen Versuches, die Pachtinventarhypothek einzuführen, weit hinaus ist sozusagen hintenherum die römische Mobiliarhypothek in das deutsche Sachenrecht hereingekommen.

Ein Beispiel der grundsätzlichen Verschiedenheit deutschen und römischen Rechtsdenkens ist die Auffassung des Besitzes.

2. Das Wesen des Besitzes im Vergleich mit den anderen Sachenrechten (nämlich: Eigentum, Erbbaurecht, Grunddienstbarkeit, Nießbrauch, beschränkte persönliche Dienstbarkeit, Vorkaufsrecht, Reallasten, Hypothek, Grundschuld, Rentenschuld, Pfandrecht an beweglichen Sachen und an Rechten).

Eine der ältesten bürgerlich-rechtlichen Streitfragen heißt: Ist der Besitz ein Recht oder eine bloße Tatsache?[15] Und wenn der Besitz ein Recht ist — gehört er dann zu den Sachenrechten, die das BGB. im 3. Buch erschöpfend aufzählt (in der Reihenfolge unserer Abschnittsüberschrift)? Es ist das eine theoretische Frage von großer praktischer Bedeutung. Dem Verstande liegt vielleicht die Lösung am nächsten, die im Besitz eine bloße Tatsache sieht. Eine klare und großartige Zweiteilung ergibt sich alsdann:

Der Besitz ist der tatsächliche Zustand der Güterverteilung. Äußerlich ist es nicht erkennbar, ob, wer Besitzer ist, auch wirklich im Rechte wohnt, ob er Eigentümer oder unehrlicher Verwahrer oder Veruntreuer ist. Aber in einer Hinsicht wird auch dieser äußere und rein tatsächliche Zustand der Dinge rechtlich geschützt: soweit es um die Wahrung des Friedens, um den Schutz gegen gewaltsame, verbotene Eigenmacht, gegen Hausfriedensbruch u. dgl. geht. Der Besitz ist ein Institut der Friedensordnung, nicht der Rechtsordnung: so lehrte Kohler.

Die Rechtsordnung liegt tiefer. Besitz hat (wenn man das Gröbste nimmt) sogar der Dieb. Recht hat nur, wer den Besitz, die Sache gültig und ehrlich erwarb. Besitzschutz und Rechtsschutz ist nicht dasselbe. Der Rechtsfanatiker, der sich lieber die Hand abhacken würde, als irgendwen in seinen wohlerworbenen Rechten zu beeinträchtigen, ist manchmal ein arger Friedensstörer, ein Verletzer der Besitzordnung um des Rechtes willen. So war Michael Kohlhaas, von dem Heinrich von Kleist schrieb: „Das Rechtsgefühl aber machte ihn zum Räuber und Mörder."

Daß der Besitz eine Tatsache ist und kein Recht, ist indessen eine Behauptung, die aus den Gedanken des Römischen Rechtes her begründet wird, zum Germanischen Recht aber in Widerspruch steht. Der

Römer sieht im Besitz eine Tatsache, an die sich allerdings einige Rechtsfolgen knüpfen.[10] Im Altdeutschen Recht heißt der Besitz Gewere (Gewand, Kleid des Sachenrechtes). Investitura ist die feierliche Bekleidung, die Einweisung in den Besitz der Sache, die Bekleidung mit der Gewere. Die Gewere ist nichts bloß Tatsächliches. So erscheint dem Germanisten der Besitz als Sachenrecht.[15] Er ist über das Tatsächliche hinausgehoben, vergeistigt, vielfach abgestuft, unmittelbar oder mittelbar. Der Romanist muß anders denken. Von seinem Standpunkte scheint mir immer noch unausweichlich die Folgerung, die Savigny gezogen hat (wenn er auch hier unter den gegenwärtigen Romanisten kaum noch Anhänger findet): Wo der Besitz im Römischen Recht überhaupt Rechtsfolgen zeitigt, handelt es sich nicht um ein Sachenrecht, sondern um ein Obligationsrecht.[10]

Der Gegensatz der Auffassungen betrifft nichts Altertümliches und Veraltetes, sondern ist auch heute noch bedeutsam für wichtige Fragen des Rechtslebens. Um das zu erkennen, gehen wir im Aufbau des Privatrechtes einen Schritt weiter und betrachten das Verhältnis von Rechtssubjekt und (körperlichem) Rechtsobjekt, welches den eigentlichen Inhalt des ganzen 3. Buches, des Sachenrechtes, darstellt. Wir gehen an dieses Verhältnis mit der Frage heran:

3. Was ist, im Gegensatze zum Rechtssubjekte, das Rechtsobjekt?

Als Rechtsobjekt kann alles gedacht werden, was bloß Gegenstand und nicht Träger des Rechtes (Rechtssubjekt) ist. Verboten ist es uns also, in irgendeinem Rechtsverhältnis den Menschen als Objekt zu behandeln, da dieser stets Subjekt ist.[11]

Die Gegenstände (Objekte) werden eingeteilt in körperliche und unkörperliche. Das Sachenrecht hat es mit den körperlichen Gegenständen zu tun: „Sachen im Sinne des Gesetzes sind nur körperliche Gegenstände." (§ 90 BGB.) Mit dieser allgemeinsten Besinnung ist aber noch keineswegs scharf umrissen, was eine Sache ist.

Ein Gelehrter verkauft seine Bücherei. Ist das eine Sache? Nein: Hier haben wir es mit einem Inbegriff verschiedener Sachen zu tun (Sachinbegriff, universitas rerum distantium).

Auch ein Fahrrad kann man in mehrere Teile zerlegen wie eine Bücherei in viele einzelne Bücher. Aber zwischen dem zerlegten Fahrrad und der Bücherei ist ein großer Unterschied. Das Fahrrad ist eine Sache, deren Bestandteile eben nur Bestandteile sind. Die Bücherei ist keine einheitliche Sache, sondern eine Sammlung von Sachen, deren Einheit keine körperliche, dingliche, sondern eine geistige ist, nämlich der Wille und Plan des Sammlers.

Die Unterscheidung von Sache, Sachinbegriff und Sachbestandteil ist keine müßige Spielerei, sondern von der Rechtsordnung mit sehr wichtigen Folgen ausgestattet. § 93 BGB. bestimmt: „Bestandteile einer Sache, die voneinander nicht getrennt werden können, ohne daß der eine oder der andere zerstört oder in seinem Wesen verändert wird (wesentliche Bestandteile), können nicht Gegenstand besonderer Rechte sein."

Und weil die wichtigste Wirkung dieses Rechtssatzes bei den Liegenschaften, den unbeweglichen Sachen, zutage tritt, fügt § 94 gleich hinzu: „Zu den wesentlichen Bestandteilen eines Grundstückes gehören die mit dem Grund und Boden fest verbundenen Sachen, insbesondere Gebäude, sowie die Erzeugnisse des Grundstückes, solange sie mit dem Boden zusammenhängen. Samen wird mit dem Aussäen, eine Pflanze wird mit dem Einpflanzen wesentlicher Bestandteil des Grundstückes.

Zu den wesentlichen Bestandteilen eines Gebäudes gehören die zur Herstellung des Gebäudes eingefügten Sachen."

Schwere wirtschaftliche und soziale Kämpfe sollen mit diesen Sätzen entschieden werden. So ist mit ihnen z. B. das frühere Stockwerkseigentum abgeschafft. Nie kann ich Eigentümer einer Wohnung, sondern immer nur des ganzen Grundstückes sein. Von Rom her ist der Grundsatz in das Sachenrecht gekommen: Superficies solo cedit. Aber nicht alle Fragen, die hierher gehören, sind vom Gesetzgeber restlos und klar gelöst. Und was strittig ist, dürfte wieder vom Germanisten anders beantwortet werden als vom Romanisten. Das scheint mir auch der folgende Fall zu zeigen.

Ein Landwirt pachtete von einem Verwandten ein Gut. Nach der mündlichen Verabredung wie nach dem ganzen Verhältnis, in dem er zum Verpächter stand, nahm er an: hier werde nicht nur er, sondern noch seine Kinder und Kindeskinder wirtschaften. Erst als Pächter und später vielleicht einmal als Eigentümer. In diesem Sinne kaufte er Vieh und neue Einrichtungsgegenstände. Außerdem erbaute er eine Scheune mit solidem Fundament und ganz aus guten Ziegelsteinen. Dieser Scheunenbau verursachte ihm sehr erhebliche Kosten. Kurz nach seiner Vollendung machten unvorhergesehene Zwistigkeiten dem Pachtverhältnisse (das man im schriftlichen Vertrage nicht so auf ewige Zeiten festgelegt hatte, wie man es innerlich beim Abschluß plante) ein vorzeitiges Ende. Wer ist der Eigentümer der Scheune? Nach § 94 ist sie Bestandteil des Grundstückes. Dieses gehört dem Verpächter. Und da an den Bestandteilen kein gesondertes Eigentum bestehen kann, gehört ihm auch der Bestandteil, also die Scheune.

Eine Ausnahme ist allerdings vorgesehen, im § 95. Danach sind nicht Bestandteile des Grundstückes, sondern neue selbständige Sachen die Bauwerke, die nur zu einem vorübergehenden Zweck mit dem Grund

und Boden verbunden sind oder solche, die „in Ausübung eines Rechtes an einem fremden Grundstücke von dem Berechtigten mit dem Grundstücke verbunden worden" sind.

Die erste Ausnahme liegt nicht vor: Die Scheune ist nicht (wie etwa ein kleiner Holzschuppen) nur vorübergehend, sondern durch ihr solides Fundament wie durch die ursprüngliche Absicht des Erbauers dauernd mit dem Grundstück verbunden. Sie wäre also dessen Bestandteil, falls nicht etwa die zweite Ausnahme gegeben ist: daß nämlich die Scheune in Ausübung eines Rechtes errichtet wäre, das der Pächter am Grundstücke des Verpächters hätte.

Ob ein solches Recht, in dessen Ausübung der Pächter die Scheune errichtet haben will, vorliegt, ist allerdings sehr die Frage. Es wäre ein grober Fehler, wollte man antworten: das Pachtrecht ist doch unzweifelhaft ein solches Recht. Es gibt wohl kaum einen Rechtslehrer, der nicht in Vorlesungen und Übungen mahnt, mit dem Worte unzweifelhaft in juristischen Arbeiten sparsam zu sein. § 95 verlangt: ein Recht an einem fremden Grundstücke, also ein Sachenrecht, ein dingliches Recht an einer fremden Sache. Solche dinglichen Rechte außer dem Eigentum sind die im BGB. §§ 996—1296 und von uns in der Überschrift des vorigen Abschnitts aufgezählten. Das Pachtrecht dagegen ist kein Recht an einer Sache, sondern eine Obligation, ein Recht aus dem Pachtvertrage, nicht dinglich und absolut gegen alle, sondern nur persönlich, obligatorisch, relativ zwischen den Vertragsteilen wirkend. Ein Sachenrecht, ein Liegenschaftsrecht, aus dem angeführten Katalog des BGB. liegt nicht vor. Aber vielleicht ist das Sachenrecht gegeben, das wir in dieser Reihe nicht genannt haben, weil seine dingliche Rechtsnatur bestritten ist, obgleich es vom BGB. an die Spitze des „Sachenrechtes" gestellt ist: der Besitz. Der Pächter, der auf dem Pachtgute sitzt, hat etwas mehr als ein gewöhnlicher Vertragspartner. Er hat auf Grund seines Vertrages den Besitz einer Sache, eines Grundstückes, erlangt.

Es ist, wie mir scheinen will, kein Zufall, daß der hervorragendste Germanist der letzten Zeit, Otto von Gierke, sich hier der herrschenden Meinung, die für § 95 nur Liegenschaftsrechte wie Erbbaurecht u. dgl. genügen läßt, entgegenstellt und behauptet: diesen dinglich Berechtigten müsse der Pächter oder Mieter gleichstehen.

Gierke behauptet nun allerdings nicht unmittelbar, daß Pächter und Mieter ein dingliches Recht hätten (aus ihrem schuldrechtlichen Vertrage haben sie sicher keins, das sei auch hier nochmals betont). Er meint nur: „Nach der ratio legis aber rechtfertigt sich eine ausdehnende Auslegung." (Sachenrecht, § 103 n. 38, S. 47.)

Diese ausdehnende Auslegung (extensive Interpretation) wendet den für das Erbbaurecht, die Dienstbarkeit usw. gegebenen Rechtssatz analog auf den Pächter oder Mieter an. Die Rechtswissenschaft unterscheidet allerdings Analogie und extensive Interpretation. Aber die notwendige Unterscheidung darf uns nicht die Berührungspunkte und Übergänge vergessen lassen. „Die Gesetzesanalogie berührt sich mit der extensiven Interpretation. Es handelt sich aber um eine andere Auffassung. Die extensive Interpretation geht von der Unterstellung aus, daß sie den Willen des Gesetzgebers, wie er sich aus der Gesamthaltung des Gesetzes ergibt, verwirkliche; die Gesetzesanalogie fußt nicht auf dem Willen des Gesetzes, sie macht neues Recht wegen Gleichheit des Grundes." So sagt (mit wichtigen Hinweisen auf römische Quellen) Heinrich Dernburg (Pandekten I, § 38, 3. Aufl. S. 86). Und er schließt an seine Begriffsbestimmung der Rechtsanalogie im Unterschiede zur Gesetzesanalogie: „Die Rechtsanalogie operiert nicht mit einem einzelnen Gesetze. Sie wendet einen Komplex von Rechtssätzen, welche in systematischem Zusammenhange ein gewisses Rechtsgebiet beherrschen, auf ein anderes Rechtsgebiet wegen Gleichheit des Grundes an." Dernburg gibt dann ein Beispiel, das auch für unseren Fall mit Nutzen nachgelesen werden kann.

Wir dürfen hier auch durchaus mit Analogie arbeiten. Analogie ist Rechtsähnlichkeit: die ähnliche Sachlage deutet auf eine in einer bestimmten vergleichbaren Lage bereits angewandte Regel. Als die gewöhnlich angeführte Form der Analogieschlüsse vermerkt Benno Erdmann:[16]

> Die Erde hat Bewohner,
> Mars ist der Erde ähnlich,
> Mars wird Bewohner haben.

Für unseren Zusammenhang abgewandelt: dingliche Nutzungsrechte rechtfertigen die Anwendung des § 95: Der Pachtbesitz ist diesen Rechten ähnlich, also ist § 95 anwendbar.

Es ist aber in der Rechtswissenschaft mit der Verwendungsmöglichkeit der Analogie oder Rechtsähnlichkeit eine eigene Sache. Man findet mit ihrer Hilfe eine Regel, die sichtbarlich nicht im Gesetz steht. Man sagt: sie steht zwar nicht drin, aber sie wird durch die ratio legis, den Sinn und Zweck des Gesetzes, geboten. Weshalb hat aber das Gesetz nicht zum Ausdruck gebracht, was seiner ratio, seiner wahren Absicht, entspricht? Nur wenn wir hierauf antworten können: weil das Gesetz an diese Frage gar nicht dachte, weil eben aller Gedankenausdruck unvollkommen, lückenhaft, gröber und ärmer ist als die Idee, nur wenn wir so bedenkenlos eine Lücke des Gesetzes behaupten können, dürfen wir ganz getrost sein bei der Anwendung von Analogie. In allen anderen

Fällen tritt dem argumentum per analogiam das argumentum e contrario entgegen. Dieses ist eine Erwägung, die sich uns zumeist aus den gleichen Fällen aufdrängt. die uns die Môglichkeit des argumentum per analogiam nahelegen.

Hier hat nun das Gesetz im § 95 gesagt: Recht an einem fremden Grundstück. Das ist nach dem festen Sprachgebrauch des BGB. ein Sachenrecht, näher: ein Liegenschaftsrecht. Schon hier bietet sich der Umkehrschluß an: also nicht persönliches Recht, nicht Pacht. Schärfer noch ist das argumentum e contrario (Umkehrschluß), das Martin Wolff beibringt:[12] Es dürfe „auch die Wortfassung des § 837 ins Feld geführt werden. Dort heißt es: Besitzt jemand auf einem fremden Grundstück in Ausübung eines Rechtes ein Gebäude oder ein anderes Werk. Hier genügt sicher ein persönliches Recht. Ein argumentum e contrario ergibt für § 95 das Gegenteil."

Aber gerade Martin Wolff betont als akademischer Lehrer immer wieder: der Umkehrschluß ist mit Vorsicht anzuwenden; wer ihn leichthin und viel gebraucht, kennzeichnet sich damit gewöhnlich als einen Buchstabenjuristen. Wer über den Buchstaben hinausgeht, es auf die ratio des Gesetzes abstellt, wird eher zum argumentum per analogiam kommen, zur sinngemäßen Ausdehnung der im Ausdruck stets zu engen Rechtssätze gelangen.

Dieser edle Wettstreit der beiden Argumentationen, die sich uns aus denselben Fällen und Gesetzesstellen heraus anbieten und doch zu ganz entgegengesetzten Entscheidungen führen, bringt uns — hier wie überall in Rechtsfragen — in nicht geringe Verlegenheit. Beide, Rechtsähnlichkeit wie Umkehrschluß, sind aus sich heraus unfähig, die Lösung hervorzubringen. Sie sind logische Hilfsmittel zur Bewältigung des großen geschichtlichen Erfahrungsstoffes, der vor dem Arbeiter am Rechte liegt. Sieht man von diesem Stoffe ab, hebt man die Werkzeuge aus ihm heraus und klappert mit ihnen herum in der dünnen widerstandslosen Luft der Abstraktion, so gelangt man zu der Buchstabenjurisprudenz eines falschverstandenen Positivismus (eines Haftens am Buchstaben des Gesetzes) oder zur rationalistischen Willkür unserer Vorurteile, die wir in das Gesetz (als die ihm nur angeblich eigene ratio) hineininterpretieren.

Wenden wir diese Erkenntnis auf die Rechtsfragen an, bei deren Gelegenheit wir zu diesen allgemeinen Grundsätzen gelangten, so ergibt sich:

Das Erbbaurecht oder eine auf ähnliche Art der Nutzung gerichtete persönliche Dienstbarkeit oder ein Nießbrauch geben das Recht zum Bau auf fremdem Boden und beschränken insofern das umfassendste dingliche Recht, das des Eigentümers von Grund und Boden. Es ist, von hier aus gesehen, unsinnig, daß an den durch das Recht des Bauenden doch von vornherein beschränkten Eigentümer das Gebäude fällt, das der Erbauer in Rechtsausübung errichtet. Diese Sachlage ist, wirtschaftlich und menschlich, vernünftigermaßen beim Pächter und Mieter dieselbe wie beim Erbbauberechtigten, Nießbraucher usw. So war es auch im deutschen Recht vor der Rezeption des römischen. Und deshalb entscheiden sich die Vertreter der deutschrechtlichen Forschung dafür, den Schutz des § 95 dem Pächter und Mieter zugute kommen zu lassen. Nun bietet sich allerdings auch bei dieser geschichtlichen Besinnung wieder ein Umkehrschluß an und will uns bestimmen, entgegengesetzt zu entscheiden: Hat nicht gerade der Gesetzgeber des BGB. es abgelehnt, Pacht und Miete dinglich aufzufassen, hat er nicht mit voller Absicht all die Überreste des germanischen Mittelalters wie Stockwerkseigentum, Hofleihe u. dgl. beseitigt? Ist nicht die von Gierke vorgeschlagene ausdehnende Auslegung, ist nicht das argumentum per analogiam nur ein Versuch, das vom BGB. in diesem Punkte abgelehnte deutsche Recht hintenherum wieder einzuführen?

Hierauf ist zu erwidern: Gewiß hat das BGB sich dafür entschieden, daß Pacht und Miete grundsätzlich nicht dinglich, sondern persönlich wirken, ins Obligationenrecht und nicht ins Sachenrecht gehören. Aber mit dieser grundsätzlichen Kennzeichnung ist noch nicht gesagt, daß Pacht und Miete in allen Punkten von den Vorzügen sachenrechtlicher Folgen ausgeschlossen sein sollen. Der § 95, der für die Behandlung unseres Falles Ausgangs- und Mittelpunkt bleibt, ist deutsch-rechtlichen Ursprungs.[13] Was liegt da näher als: ihn auch im Geiste des deutschen Rechtes auszulegen? Schadet es da etwas, wenn man, dem Zuge altdeutscher Rechtsgedanken folgend, von der im übrigen durchaus zu achtenden und beachteten Regel abweicht, nach der im BGB. Miete und Pacht — grundsätzlich — nicht dinglich wirken? Ist hier nicht eine wahre Lücke des Gesetzes, hat hier nicht der Gesetzgeber einfach vergessen zu sagen: Bei dieser deutschrechtlichen Bestimmung des § 95 muß natürlich berücksichtigt werden, daß auch der Pächter unter Umständen in Ausübung seines Pachtrechtes baut und daß dies billigerweise im Rahmen von § 95 berücksichtigt werden muß, wenn auch für gewöhnlich keine dinglichen Wirkungen von Pacht und Miete ausgehen sollen. Das Gesetz wird doch im Zweifel nicht unbillig sein wollen.

Auf dies Letztere wird wieder entgegnet (und zwar von Oertmann): Das Gesetz ist gar nicht unbillig, es denkt ja an die Schutzbedürftigkeit des Mieters; die §§ 547, 581 zeigen es. (Vgl. Kommentar zu BGB. Allg. Teil, 3. Aufl., S. 287/88.) Es wird Oertmann meines Erachtens nicht zugegeben werden können, daß dieser Schutz ausreicht. Er steht an Wirksamkeit hinter § 95 zurück. Und (um eine eigene Erwägung zu dieser ganzen Streitfrage, zu dieser Kontroverse beizutragen): Es scheint mir billig, über alle Bedenken hinweg, gegen die herrschende Meinung darauf hinzuweisen, daß der Pächter ein besonders geartetes Besitzrecht an der gepachteten Sache hat, das für die Rechtsausübung im Sinne von § 95 durchaus wesentlich ist. Ich glaube, daß es bei Gierke nicht bloß Erinnerung an die früher anders gefaßte Rechtsnatur von Pacht und Miete war, die ihn zu seiner von der herrschenden Meinung abweichenden Ansicht bestimmte. Es ist die hiermit verbundene, dem Germanisten eben naheliegende, andere Einschätzung des Besitzes. Die deutschrechtliche Gewere ist sachenrechtlicher Natur. Allerdings ist sie ein Kleid und setzt darum etwas zu Bekleidendes, ein anderes durch sie sichtbar gemachtes Recht, voraus. Ihrem Wesen nach ist sie ja berufen zur Sichtbarmachung von Sachenrechten. Es ist ein ungewöhnlicher, durch die unharmonische Rechtsentwicklung, durch die Rezeption des fremden Rechtes herbeigeführter Fall, daß jetzt das Liegenschaftsrecht, das hier von der Gewere einst bekleidet wurde, zur bloß persönlichen, vertraglichen Pacht und Miete zusammengeschrumpft ist. Der Germanist wird sich aber schwer entschließen, die Gewere hier schon deshalb als zusammengetrocknet, als in allen ihren Beziehungen des sachenrechtlichen Wesens beraubt, anzusehen. Im Wesen des deutschen Rechtes liegt zweierlei begründet: 1. daß der Besitz als mehr denn ein tatsächliches Verhältnis, daß er vielmehr als Sachenrecht gewertet wird; 2. daß die Gewere nach der Art des zugrunde liegenden Rechtsverhältnisses mannigfach abgestuft ist. Der Pachtbesitz im oben geschilderten Falle beruht auf einer Rechtsstellung, zu deren natürlichem Ausnützen jener Scheunenbau gehörte.

Die eben angebotenen Darlegungen sind in ihrer Ausführlichkeit nicht von der Bedeutung des § 95 bestimmt. Daß ihnen hier ein so verhältnismäßig großer Raum gewährt wurde, ist gerechtfertigt einmal durch die methodischen Überlegungen, zu denen der Fall Anlaß gab, dann durch das Bestreben dieser Einführung, an praktischen Fällen zur Arbeitsweise des Juristen anzuleiten. Wir haben hier angedeutet, wie eine Streitfrage zu behandeln ist. Im Ergebnis wichen wir ab von der herrschenden Meinung. Das ist bedenklich und darf nicht leichthin geschehen, daß man sich über die Ansicht der meisten anderen Schriftsteller hinwegsetzt, besonders wenn so hervorragende Namen darunter sind wie Martin Wolff, Oertmann u. a. Leichtsinnig wäre es aber auch gewesen, sich über geschichtliche Erwägungen und über die Autorität eines Gierke hinwegzusetzen, bloß weil man es ungefährlicher und bequemer findet, sich der herrschenden Meinung anzuschließen.

Die Behandlung dieser Streitfrage ist hier nur angedeutet. Sie hat (etwa in einem Gutachten oder in einer Dissertation) noch viel eingehender zu sein. Da wären in sauberer Reihe die Argumente der beiden Auffassungen einander gegenüberzustellen. Und natürlich darf da nicht willkürlich Stellung genommen werden, sondern erst nachdem durch sorgsames Abwägen ein eigenes Urteil gewonnen und womöglich eigene neue Gründe den alten hinzugefügt worden sind.

4. Eigentum.

Dieses umfassendste dingliche Recht ist der Mittelpunkt der ganzen Sachenrechtsordnung, und zugleich ist es der Brennpunkt heftigen öffentlichen Kampfes in Staat und Gesellschaft: denn Individualeigentum, Sozialisierung und die stets wieder aufbrechende Sehnsucht nach altdeutschen Rechtssätzen von Eigen und Hof, die Freiheit und Gebundenheit, Eigenes und Gemeines vereinen — das sind Kampfrufe und Weltanschauungen. Bald bringen sie im Tageslicht bestehen könnende Forderungen hervor; bald steigern sie sich in den übergrellen Glanz utopischer Erklügelungen, bald sinken sie in das warme Dunkel der Romantik und ihrer gemütvollen Sehnsucht.

Nüchtern gesehen, dürfte es um den geschichtlichen Weg und das Wesen des Eigentumsrechtes etwa so stehen:

Es wird manchmal das unbegrenzte Herrschaftsrecht über eine Sache genannt. Diese Begriffsbestimmung fällt schon vor dem ersten prüfenden Blick zusammen. Die äußersten und allgemeinsten Schranken des Eigentums, die das BGB. selber angibt, sind bereits jedem juristischen Anfänger bekannt: §§ 226, 826. Aber auch das Notrecht des § 904 gehört hierher. Das sind gesetzliche Beschränkungen. Dazu treten die vom Willen des Eigentümers selber geschaffenen: Grunddienstbarkeit, Hypothek usw.

Einleuchtender erscheint mir da schon die Begriffsbestimmung Stammlers: Eigentum ist das Recht des letzten Entscheides über das Schicksal einer Sache.

Dieser Begriff ist so allgemein, daß er schon nicht mehr Bestandteil einer geltenden, geschichtlich bestimmten Rechtsordnung ist, sondern eine Kategorie, ein allgemein gültiges Merkmal jeder Rechtsordnung, des Rechtes überhaupt. Denn der Begriff in dieser Fassung gibt keinen Hinweis, wer denn das Subjekt, der Träger dieses Rechtes sei: die Privatperson (d. h. Mensch oder juristische Person), irgendeine gesellschaftliche Macht, der Staat oder die Völkergemeinschaft oder die Kirche. Wir wissen hiernach also nicht einmal, ob wir die Lehre vom Eigentum in das Privatrecht oder ins öffentliche Recht einzustellen haben.

Unser heute geltendes deutsches Recht regelt die Hauptmasse des Eigentumsrechtes im 3. Buche des BGB. Damit ist entschieden, daß wir es hier mit Privateigentum zu tun haben. Das Privatrecht sieht das Recht von der Person her. Und da (wenigstens nach romanistischer Auffassung, für die alle privatrechtlichen Gesamtheiten, alle Verbandspersönlichkeiten nur Fiktionen sind) alles Persönliche auf den Einzelmenschen zurückgeführt wird: von diesem her. Das deutsche BGB. bekennt sich also zum Individualeigentum. Damit hat es eine Forderung erfüllt, die 1789 durch die déclaration des droits de l'homme et du citoyen in Frankreich durch die Revolution stürmisch erhoben wurde. Privateigentum, Vertragsfreiheit, freie Vererbung: das waren die Forderungen und geistigen Wegbereiter des Bürgeraufstandes von 1789. Aber schon 451 v. Chr. hatten die Zwölf-Tafeln Roms die Grundlagen hierfür geschaffen. Das klassische römische Recht hatte daran fortgebildet.

Weshalb war es nun nötig, das damals schon Errungene erneut und mit solcher Heftigkeit zu fordern? Weil das Mittelalter, vor allem zur Zeit des Lehnsrechtes, Bindungen geschaffen hatte, die im Liegenschaftsrecht die Rezeption des römischen Rechtes überdauerten und in die Neuzeit ragten, so ist hierauf zu antworten. Eigentum im römischen Sinne gab es da nicht, auch keine strenge Scheidung von dinglichem und persönlichem Recht. Der König und Kaiser, der mit dem Papst zusammen selber der Lehnsmann Gottes war, verlieh Grund und Boden an die Großen des Reiches, nicht als Privateigentum, sondern als Mittel und Lohn öffentlicher Pflichterfüllung und Führerschaft. Und von da ging's weiter nach unten, in Hofrecht, Hofleihe und einer Fülle deutschrechtlicher Bildungen. Bodenbesitz band den Bauern, band aber auch (ehe die Rezeption diese öffentlichen gegenseitigen Pflichtverhältnisse privatisierte und aus gutem Patriarchalzustande das gänzlich erstarrte Patrimonialwesen schuf) den Grundherrn an den Bauern. Wie die Gotik steil und streng zum Himmel strebte, war im Rechte alles auf Gott abgestellt und kam von da über König und Obrigkeit nach unten hin. Das heute (dem römischen Vorbild nachgeschaffene) Privatrecht aber geht vom Menschen aus, vom Individuum, von der Person.

Dieser Gesichtspunkt der Person, der bisher für uns den Aufbau des Privatrechtes bestimmte, gilt auch hier. Eigentum wird getragen, wird verändert, veräußert und erworben vom willens- und handlungsfähigen Menschen. Seine Rechtsschöpfermacht gestaltet die Eigentumsordnung.

Aber wie uns diese einzelmenschliche rechtsschöpferische Willensmacht doch nicht restlos das Recht der Schuldverhältnisse erklärte, weil wir dort fortwährend auf objektives Recht, auf Schranken des Einzelwillens stießen: §§ 134, 138, 157, 242 BGB., so finden wir auch im Sachenrechte (und erst recht in ihm!) überindividualistische Gesichtspunkte.

Eigentum wird allerdings gewöhnlich nach §§ 929 ff. erworben, durch Einigung und Übergabe, also gemäß dem Willen der Privatpersonen. Im römischen Recht ist dieser Gesichtspunkt, dieses Ausgehen vom Willen der Privatperson, strenger durchgeführt als im deutschen bürgerlichen Recht.

Z. B. A hat ein Buch, sein Eigentum, verliehen an B. B ist ein undankbarer und untreuer Entleiher. Er verkauft das Buch an C, der B für den Eigentümer hält. Das römische Recht sagt: Da B nicht Eigentümer, sondern nur Entleiher (sachenrechtlich: unmittelbarer Besitzer) ist, kann er C auch nicht das Eigentum übertragen. Nemo plus juris transferre potest, quam ipse habet. A kann daher von C die Sache als sein Eigentum herausverlangen (vindizieren, rei vindicatio § 985). Das deutsche Recht aber schützt den guten Glauben des C und sagt dem A: Wo du deinen Glauben gelassen hast (nämlich bei dem Entleiher B), da sollst du ihn suchen, d. h.: laß den C unbehelligt, den hat jetzt sein guter Glaube und die Verfügung des B, obwohl der nicht verfügungsberechtigt war, zum Eigentümer gemacht; halte dich, wenn du etwas willst, an den B, an dessen Verfügungsberechtigung der C geglaubt hat.

Man hat das — ebenso wie die Ersitzung — originären Eigentumserwerb genannt. (Der Gegensatz ist: derivativer Eigentumserwerb. Derivativ heißt: von einem anderen abgeleitet.) Hier wird also widerwillig Eigentum verloren. Allerdings nicht ohne Zutun und Schuld des Eigentümers (die hier allerdings nicht deliktisch und nicht kriminell ist). Und in dieser Schuld kann, wer auf das Willenselement Wert legt, doch wieder die eigentümliche Quelle des Privatrechtes finden: die menschliche Willensfreiheit.

Gänzlich ohne das Tun oder Lassen des Rechtssubjekts, d. h. der Privatperson, geschieht die Änderung des Eigentumsrechtes, wenn der staatliche Gesetzgeber als Enteigner eingreift. Die Enteignung ist in der Weimarer Verfassung in Art. 153 vorgesehen. Aber sie darf, wie im früheren Rechte, nur zum Wohle der Allgemeinheit auf gesetzlicher Grundlage und gegen Entschädigung erfolgen. Dieser Eingriff von oben, vom Staate her, ist in einem anderen Rechtsgebiete begründet als dem des Privatrechtes, in einem übergeordneten: dem Staatsrechte. Man darf die staatliche Enteignung, die es im Bismarckschen Reiche wie in jedem früheren Staate gegeben hat und die oft (z. B. als Enteignung zum Zwecke eines Straßenbaues oder einer Bahnanlage) ohne jeden politischen Hintergrund ist, nicht mit der Sozialisierung verwechseln, von der besonders nach dem Umsturz vom November 1918 vielfach die Rede war. Staatliches Walten, sei es Belehnen mit Eigentum oder dessen Entziehung, ist immer ausgerichtet nach übermenschlichen (überindividualistischen) Gesichtspunkten. Staat ist göttliche Ordnung. Sozialisierung dagegen ist etwas, das durchaus vom Einzelmenschen her, von seinem Wohle in der Masse gleichartiger Wesen, gesehen ist. Sozialismus, Soziallehre, Soziologie: dies alles geht von der Gesellschaft, d. h. eben von der Summe der Einzelmenschen aus. Staat ist mehr, ist etwas Höheres als diese Gesellschaft. Er ist nicht willkürlicher Zusammenschluß der einzelnen, sondern eine unbedingt übergeordnete Macht mit ihrem eigenen Schicksal, mit Geschichte, Ehre und Geist. Gesellschaftliche Organisationen sind Veranstaltungen zum Nutzen der einzelnen; da spielen Glückseligkeitsfragen u. dgl. ihre Rolle. Der Staat aber hat keineswegs den Zweck, der Glückseligkeit der Staatsbürger zu dienen, sondern das Volk, das Blut des Staates, fordert die Glückseligkeit des einzelnen als freudig dargebrachtes Opfer. Nicht mit menschlicher Zweckmäßigkeitsbegründung fordert der Staat, sondern einfach mit dem Hinweis auf sein übermenschliches Recht, das auf seiner Geschichte und seiner Natur als göttliche Ordnung beruht. Hierbei muß allerdings zugleich vor der entsetzlichen Gefahr der Staatsvergötzung gewarnt werden. Keiner hat ernster und eindringlicher gewarnt als Ludwig von Gerlach. In seinem Tagebuch vom 29. April 1867 (Aufzeichungen II, S. 295) spricht er mit größter Heftigkeit davon, „daß man nicht weiß, was Staat, Volk, König, Nationalität ist. Diese unverstandenen Worte verwandeln sich einem unter den Händen in Natursubstanzen oder Götzen, auf welche göttliches und menschliches Recht sich nicht anwenden läßt, sondern die als monstra oder Leviathane nach ihren eigenen wunderlichen Eigenschaften beurteilt werden müssen.“ Rechtes Staatsdenken sieht alles von Gott und seinem ewigen Reiche her. Gesellschaftsdenken aber kann nicht anders, als alles vom Menschen aus begreifen zu wollen. Dem deutschen Staatsdenken scheint mir am besten eine Eigentumsordnung zu entsprechen. die an das Wahrbleibende des mittelalterlichen Lehn- und Pflichtgedankens anknüpft. Allerdings verfließen da öffentliches Recht und Privatrecht ineinander — oder vielmehr: das Privatrecht geht auf im öffentlichen Recht. Aber dieses öffentliche Recht wird bei solcher Gestaltung eine menschliche Gegenseitigkeit und Verbundenheit, während der Individualismus Roms wie der aufklärerischen Revolutionen nach dem treffenden Worte des Freiherrn vom Stein immer in einem eisernen Despotismus endet. Auf die echt deutsche gegenseitige Verbundenheit bei aller straffen Zucht in der Dienstordnung von Staat und Volk berief sich Bismarck einmal in schmerzvoll-leidenschaftlicher Aufwallung: „Das germanische Lehnsrecht gibt dem Vasallen außer dem Besitz des Gegenstandes wenig Anspruch, aber doch den der Gegenseitigkeit der Treue zwischen ihm und dem Lehnsherrn; Verletzung derselben von der einen wie der anderen Seite heißt Felonie.“ Und er preist „das Gefühl, welches die festeste Grundlage der Verfassung des preußischen Heeres ist, das

Gefühl, daß der Soldat den Offizier, aber auch der Offizier den Soldaten niemals im Stiche läßt" (Gedanken und Erinnerungen, Band III, Kap. 10). Wenn diese Worte Birsmarcks hier angeführt werden, so geschieht das nur, weil sie, genial und scharf wie immer, eine Sachlage kennzeichnen. Der Heftigkeit seines Gefühls gegen den kaiserlichen und königlichen Herrn darf man nicht folgen. Dieser kaiserliche und königliche Herr hatte übrigens gerade in der sogenannten sozialen Frage ein offenes Herz, ein warmes, tätiges Sehnen und liebevolles Empfinden. Kaiser Wilhelm II. wollte die Staatshoheit wahren, dabei durchaus den Armen helfen und doch zugleich unparteilich über den Wirtschaftsmächten und Klassen stehen. Sozialismus und Kapitalismus führen einen Streit, der sich auf einer Ebene abspielt, die unter den Gottesordnungen des Staates wie der Kirche liegt. Kirche und Krone sind weder für die eine noch für die andere Strömung verantwortlich. Es handelt sich um gesellschaftliche Kämpfe. die der Staat bändigen muß. Und nicht etwa dürfen sich im Gegenteil die Gesellschaftsmächte die Herrschaft im Staate anmaßen. Das Gesellschaftsdenken begreift das Eigentum allenthalben vom Menschen her. Vernunft und alle Kräfte der klassischen Wissenschaft schienen zunächst auf die ungemein heilsame Rolle hinzuweisen, die der einzelne Träder dieses umfassenden Rechtes Eigentum zu spielen vermag: Aristoteles schon hat in diesem Sinne das Eigentum zu begründen versucht. Und in seinen Bahnen wandelten dann wieder später die weltlichen Naturrechtslehrer wie Hugo Grotius und auch so manche Utopisten, die wie Träumer und Luftschloßbauer der ratio erscheinen.

Bis heute sind ihre Argumente nicht verklungen, sondern leben immer wieder auf in neuer Form und Gedankenfolge. Man sehe, um sich zu überzeugen, z. B. in Hedemanns Darstellung des Sachenrechtes (1924, S. 16) hinein: „Nur durch Anerkennung des Individualeigentums wird die volle Kraft der Menschheit ausgelöst." Aber er, der überzeugte Individualist, sieht sehr wohl auch die Nachteile.

Wer den Ton auf diese Nachteile legt, kommt, vom gleichen vernünftlerisch einzelmenschlichen Ausgangspunkte, zum Sozialismus, der in verschiedener Form und Weite die Vergesellschaftung des Eigentums fordert. (Thomas Morus 1478—1535, Babeuf 1778, Fourier, „Phalange" 1822, Proudhon: La propriété c'est le vol 1840.) In den Jahrzehnten nach 1840 trat in Deutschland Karl Marx hervor, der seine Lehre (zusammen mit Friedrich Engels) selber als „wissenschaftlichen Sozialismus" im Gegensatze zu den früheren von ihm sog. utopischen Sozialismen auf den Markt brachte. Die Wissenschaftlichkeit suchte er mit gelehrtem Rüstzeug aus der Werkstatt Hegels darzutun. Aber Hegels Idealismus hat er (nach seinem eigenen Ausspruch) „umgestülpt", so daß die „materialistische Geschichtsauffassung" daraus wurde. Seit dem Erfürter

Programm von 1891 hat die Sozialdemokratische Partei heftige Kritik am geltenden Eigentumsrecht geübt. Allerdings ging von Anfang an die Forderung der gemäßigten Sozialisten nicht auf Vergesellschaftung (Sozialisierung) allen Eigentums, sondern nur auf die der Produktionsmittel. Deren Anhäufung in den Händen einzelner Industrieller schien diesen eine ungebührlich große Macht zu geben. Mit dieser Erscheinung moderner Wirtschaft kann ein individualistisches Recht allerdings nicht fertig werden. Von den guten germanischen Gedanken, die ein reines Privatrecht nicht anerkennen, sondern letztlich doch alles, was der einzelne besitzt, an das Ganze von Volk und Staat binden, ist zu wenig in das BGB. herübergerettet worden. Lediglich das Offenliegen, die Sichtbarmachung allen Eigentums durch Grundbucheintrag und Besitz ist in der Hauptsache dem fremden römischen System aufgezwungen worden. Hier lebt etwas weiter von den öffentlich-rechtlichen Wesenszügen des Privatrechtes. Aber verloren ist der Gedanke königlicher Hoheitsrechte, der Regalien (über die man zunächst zur genauen rechtsgeschichtlichen Besinnung in Karl Friedrich Eichhorns Deutscher Staats- und Rechtsgeschichte die §§ 58, 246, 362, 548 lesen möge, mit der Frage allerdings, ob und wie weit § 58 n. c. zu Recht den römischen Ursprung behauptet). Verloren ist ferner der Glaube, daß auch Gewerbe und Handel Rechte sind, die verliehen werden müssen, so wie einst die Stadtobrigkeiten und von diesen wieder die Zünfte, Innungen und Gilden mit den einzelnen Gewerbezweigen und Handelsprivilegien belehnt wurden.[14] Verloren ist das Bewußtsein des Standes, in dem Wirtschaftsführer und Arbeiter zueinanderstehen, die Einsicht des unbedingten Gefordertseins durch den anderen, mit dem man im Stande steht.

Dem freien Privateigentum und der Freiheit des Handels mit allem Eigentum, auch dem adligen wie bäuerlichen an Grund und Boden, ist die Gewerbefreiheit zur Seite getreten. Und tastend oder verzweiflungsvoll zupackend versucht erst unsere Zeit wieder, diese Freiheiten, dieses laisser faire, laisser aller auf das richtige Maß zurückzuführen. Allerdings läßt sich der Individualismus, dieses betonte Ausgehen vom Einzelmenschen nicht überwinden, die kunstvolle, letztlich an den Himmel gebundene Gliederung (wie sie einmal im Mittelalter nahezu erreicht war) nicht erzwingen durch allgemeine und großklingende Schlagworte, wie: „Eigentum verpflichtet. Sein Gebrauch soll zugleich Dienst sein für das Gemeine Beste." Diese Bestimmung des Art. 153 Abs. 3 RV. ist ein wunderschöner Satz, aber kraftlos, wenn es bei der poetischen Formung von Worten verbleibt — wie so vieles in den Grundrechten der Reichsverfassung, diesem liturgischen Alterswerke Friedrich Naumanns, wie Rudolf Smend ihren ersten Entwurf genannt hat. Noch peinlicher wirken in dieser Hinsicht die Art. 155 und 156 RV., die von der Verteilung und Nutzung des Grundeigentums und von der Vergesellschaftung (Sozialisierung) wirtschaftlicher Unternehmungen und ihrem „Übergang in Gemeineigentum" reden. Dort wird der Schein gesetzlicher Regelung erweckt, während es sich in Wirklichkeit nur um Versprechungen und Vorschläge für später einmal zu beschließende Gesetze handelt. Im übrigen geht es bei dem Art. 155 RV. um ein sehr wichtiges Vorhaben sozialer Art, das seinem Ursprung nach weit in die Vorkriegszeit zurücklangt, aber nach dem Umsturz von 1918 ein nicht immer bemerktes ganz anderes Vorzeichen gewann, als es in der kaiserlichen Zeit hatte. Die dort ins Auge gefaßte Siedlungsarbeit kann gesehen werden unter vaterländischen Gesichtspunkten. Darum handelte es sich bei der preußischen Rentengutsgesetzgebung von 1886 und 1890. Natürlich waren durch das Vorwalten volkstümlicher und vaterländischer Gedanken solche der Wohlfahrt des einzelnen nicht ausgeschlossen. Es ist ja ein tiefes Wort, das Abwandlungen für alle Lebensgebiete duldet: Wer sein Leben verliert, der wird's finden. Ein Volk, dessen Glieder sich anschicken, ihr Glück und Sinnen aufgehen zu lassen im Ganzen, wird mehr Brot haben als eines, daß sich nur noch als Gesellschaft (soziologisch) begreift, in der Staat und alles Gemeinschaftswesen nur der Glückseligkeit des einzelnen dienen sollen. Die preußische Rentengesetzgebung geschah mit Unterstützung der Konservativen gegen Liberalismus und Sozialismus. Das heutige soziale Bodenrecht wurde von einer breiten populären Strömung emporgetragen. Das Programm des Art. 155 RV. wurde auszuführen versucht im Reichssiedlungsgesetz vom 11. August 1919 und im Reichsheimstättengesetz vom 10. März 1920. Zu erwähnen sind auch die Erbbaurechtsverordnung vom 15. Januar 1919 und die Kleingarten- und Kleinpachtlandordnung vom 31. Juli 1919. Das Reichssiedlungsgesetz von 1919 bezweckt Landbeschaffung für die Siedlungsaufgaben durch die Landlieferungsverbände und aus dem Bestande der großen Güter (§§ 12—15). Das Reichsheimstättengesetz will deutsche Menschen durch Verleihung einer Heimstätte, die gebundenes Eigentum und nicht Privateigentum im bisherigen Sinne wird, wieder seßhaft und bodenständig machen. Dieser Gedanke reicht natürlich über bloß äußerlich begriffene Wohlfahrtszwecke weit hinaus. Wie weit es möglich war und sein wird, das Gute dieser Bestrebungen zu verwirklichen, läßt sich in einer Einführung als Forschungsaufgabe anregen, nicht aber endgültig beantworten. Die Antwort auf diese Frage erfordert gewissenhafteste Erwägung, genaueste Sachkenntnis in wirtschaftlichen Dingen und tiefes Verantwortungsgefühl. Als helfender Rechtsgedanke bietet sich auch hier der des Standes an. Vom landwirtschaftlichen Berufsstande aus müssen die Fragen der landwirtschaftlichen Siedlungsarbeit beantwortet und verantwortet werden. Wenn in die rein objektiven, dinglichen Gestaltungen des Sachenrechtes andersartige subjektive, persönliche Rechte einbrechen werden, müssen es, wenn Heilsames geschehen soll, nicht bloß einzelmenschlich subjektive, sondern ständische sein. Es ist möglich, daß das bisherige Sachenrecht bereichert wird durch das Wachsen eines besonderen Landwirtschaftsrechtes, zu dem es natürlich seit langem Ansätze gibt. Diese Ansätze sind vor allem im landwirtschaftlichen Kreditwesen da. Wo die Hohenzollernkönige Landwirtschaftshilfe gaben, geschah sie großzügig und durchgreifend. Eine denkwürdige Tat bleibt, segensreich bis in unsere Tage wirkend, die Gründung der Schlesischen Landschaft durch Friedrich den Großen 1770. Johannes Ziekursch urteilt hierüber: „Die Begründung der Schlesischen Landschaft, die in den nächsten 20 Jahren das Vorbild zur Errichtung ähnlicher Institute in den anderen östlichen Provinzen Preußens abgab, rettete den genossenschaftlichen Gedanken des Mittelalters hinüber und belebte ihn wieder im Laufe des 19. Jahrhunderts durch ihr Beispiel." (Schlesische Agrargeschichte, 2. Aufl. 1927, S. 8.)

Neue große Not der Landwirtschaft ließ die Sehnsucht nach Bewahrung des ererbten Gutes, nach Bodenständigkeit und gutem, altem Rechte neu erwachen. Wie viele Wandlungen waren über das Land gegangen! Die Stein-Hardenbergschen Reformen hatten Begeisterung erweckt, aber auch den Widerstand des zunächst betroffenen Adels wachgerufen. Der Reichsfreiherr vom Stein hat in Westfalen als Gutsherr von Cappenberg einen sehr konservativen Standpunkt eingenommen. (Darauf weist manches von mir Angeführte in meinem Beitrag zur Gedächtnisgabe für Moritz Liepmann hin: Über die beiden Wurzeln der Selbstverwaltung, im Beiheft zum Jahrgang 1930 der Monatsschrift für Kriminalpsychologie und Strafrechtsreform.) Den pommerschen Konservativen, die ihn in der Reformzeit fast als Feind empfanden, erscheint der Reichsfreiherr vom Stein damit wieder vollkommen angenähert. (Friedrich Wilhelm von Oertzen bringt hierfür in seinem Buche „Junker" als Beispiel einen schönen Brief von Adolph von Thadden.) Aus den preußischen Gesetzgebungsarbeiten der ersten Jahrzehnte nach Steins Tode ist bemerkenswert z. B. das Gesetz, betreffend Ablösung der Reallasten und die Regulierung der gutherrlichen und bäuerlichen Verhältnisse vom 2. März 1850, und das Gesetz über die Errichtung von Rentenbanken vom gleichen Tage (vgl. von älterem Schrifttum darüber etwa: J. M. Gierse, Über die Natur der Münsterschen Erbpächte, Münster, 1861).

Das langsame Wachstum des wirklichen Landwirtschaftsrechtes gilt es zu verfolgen. Gefährlich ist es, wenn sich die Demagogie der Dinge bemächtigt. Das Schlagwort vergröbert alles und verdirbt den besten Gedanken. Was die Rechtswissenschaft an nüchterner Arbeit auch in den Jahren der Demagogie und des Schlagwortes geleistet hat, muß natürlich vorurteilslos und achtungsvoll zur Kenntnis genommen und durchforscht werden. (Über die Rechtsentwicklung bis in die letzten Jahre hinein berichtet z. B.: Franz Wieäcker, Bodenrecht, 1937. Es sind auch die Arbeiten von Erich Molitor heranzuziehen. Wir sprechen im Sinne Molitors, wenn wir da weniger an das unten S. 156 Angeführte als auf sein davor erschienenes Landwirtschaftsrecht verweisen.)

Statt dem schlagwortartig Berühmt- oder Berüchtigtgewordenen wird sich der sorgsame Forschersinn dem aus wirklicher bäuerlicher Überlieferung Gewachsenen zuwenden. Bekannt ist die Wurzel der Landgüterordnung für Westfalen und des westfälischen Anerbenrechtes. Darüber schrieben die Westfalen Hermann Meyer: Die Landgüterordnung für Westfalen und die Kreise Rees, Essen, Duisburg und Mülheim a. d. Ruhr vom 30. April 1882, (Berlin 1882) und E. H. Wilhelm Meyer: Westfälisches Anerbenrecht (Gesetz vom 2. Juli 1898), Bielefeld 1931.

Nur ein organisch gewachsener und tüchtiger landwirtschaftlicher Berufsstand konnte der Krone helfen, ein gutes Landwirtschaftsrecht zu gestalten.

Wichtig und aufschlußreich ist auch die Geschichte des Familienfideikommißrechtes, das in neuester Zeit viel Abneigung und Feindschaft fand. Es ist vor allem wichtig, das Fideikommißrecht kennen zu lernen. Für die Einarbeit sei der § 94 in Martin Wolffs „Sachenrecht" empfohlen: „Das geltende Fideikommißrecht und die Fideikommißauflösung" (Sachenrecht, 8. Bearbeitung, 1929, S. 316—321).

Wer die Geschichte der Landwirtschaft erforschen will, findet als Quellenbuch nützlich: Hermann Wopfner, Urkunden zur deutschen Agrargeschichte (ausgewählte Urkunden zur deutschen Verfassungs- und Wirtschaftsgeschichte von G. von Below, F. Keutgen, P. Sander, H. Spangenberg und H. Wopfner, Bd. III), 1928.

Beim Bürgerlichen Recht tritt noch einmal mit besonderer Heftigkeit der Streit um das Römische Recht hervor. Erstaunlich nah werden manchen die folgenden Auszüge berühren

Friedrich Carl von Savigny, System des heutigen Römischen Rechts. Erster Band, Berlin (bei Veit u. Comp.) 1840. Vorrede, p. XIV f:

„Es ist oft von Gegnern behauptet worden, die Mitglieder der historischen Schule wollten die Gegenwart, ihre Selbständigkeit verkennend, unter die Herrschaft der Vergangenheit beugen; insbesondere wollten sie die Herrschaft des Römischen Rechts ungebührlich ausdehnen im Gegensatz teils des Deutschen Rechts, teils der neuen Rechtsbildung, die durch Wissenschaft und Praxis an die Stelle des reinen Römischen Rechts getreten sei. Dieser Vorwurf hat einen allgemeinen, wissenschaftlichen Charakter, und er darf nicht mit Stillschweigen übergangen werden.

Die geschichtliche Ansicht der Rechtswissenschaft wird völlig verkannt und entstellt, wenn sie häufig so aufgefaßt wird, als werde in ihr die aus der Vergangenheit hervorgegangene Rechtsbildung als ein Höchstes aufgestellt, welchem die unveränderte Herrschaft über Gegenwart und Zukunft erhalten werden müsse. Vielmehr besteht das Wesen derselben in der gleichmäßigen Anerkennung des Wertes und der Selbständigkeit jedes Zeitalters, und sie legt nur darauf das höchste Gewicht, daß der lebendige Zusammenhang erkannt werde, welcher die Gegenwart an die Vergangenheit knüpft, und ohne dessen Kenntnis wir von dem Rechtszustand der Gegenwart nur die äußere Erscheinung wahrnehmen, nicht das innere Wesen begreifen. In besonderer Anwendung auf das Römische Recht geht die geschichtliche Ansicht nicht, wie von vielen behauptet wird, darauf aus, demselben eine ungebührliche Herrschaft über uns zuzuwenden, vielmehr will sie zunächst in der ganzen Masse unseres Rechtszustandes dasjenige auffinden und feststellen, was in der Tat römischen Ursprungs ist, damit wir nicht bewußtlos davon beherrscht werden. dann aber strebt sie, in dem Umkreis dieser römischen Elemente unseres Rechtsbewußtseins dasjenige auszuscheiden, was davon in der Tat abgestorben ist, und nur durch unser Mißverständnis ein störendes Scheinleben fortführt, damit für die Entwicklung und heilsame Einwirkung der noch lebendigen Teile jener römischen Elemente um so freierer Raum gewonnen werde. Das vorliegende Werk insbesondere geht so wenig darauf aus, dem Römischen Recht eine übermäßige Herrschaft zuzuwenden, daß es vielmehr die Anwendbarkeit desselben in nicht wenigen Rechtslehren bestreitet, worin sie bisher allgemein angenommen wurde, selbst von solchen, die sich stets für Gegner der historischen Schule erklärt haben. . ."

von Savigny spricht dann von Mängeln in den theoretischen Bestrebungen seiner Gegenwart (p. XXII) Dabei gibt er gerade auch dem Anfänger in der Rechtwissenschaft unserer Zeit wie der letzten Menschenalter eine sehr beherzigenwerte Mahnung ,,Gewiß ist nichts löblicher als der Trieb, die Wissenschaft durch neue Entdeckungen zu bereichern, dennoch hat auch dieser Trieb in unserer Zeit eine oft einseitige und unheilsame Wendung genommen Man hat angefangen, einen übertriebenen Wert zu setzen auf die Erzeugung neuer Ansichten, in Vergleichung mit der treuen, liebevollen Ausbildung und befriedigenden Darstellung des schon Erforschten, obgleich auch bei dieser, wenn sie mit Ernst geschieht, das schon Vorhandene stets eine neue Gestalt annehmen und so zum wirklichen, wenn auch weniger bemerkbaren, Fortschritt der Wissenschaft führen wird. Da nun den meisten eine im großen wirkende schöpferische Kraft nicht verliehen ist, so hat jene einseitige Wertschätzung des Neuen viele dahin geführt, sich vorzugsweise in einzelnen, abgerissenen Gedanken und Meinungen zu ergehen und über dieser Zersplitterung den zusammenhängenden Besitz des Ganzen unserer Wissenschaft zu versäumen Hierin eben waren uns unsere Vorgänger überlegen, unter welchen sich verhältnismäßig eine größere Zahl von Individuen fand, die unsere Wissenschaft im ganzen auf eine würdige Weise zu repräsentieren vermochten. Wer jedoch die Sache von einem allgemeinen Standpunkt aus betrachten will, wird sich leicht überzeugen, daß diese Erscheinungen keineswegs der Rechtswissenschaft eigentümlich sind, sondern vielmehr mit dem Entwicklungsgang unserer Literatur überhaupt im Zusammenhang stehen." (p. XXII—XXIV)

Siebenter Band, Berlin 1848.

Vorrede. ,,Viele mögen glauben, daß es einer besonderen Rechtfertigung bedürfe, wenn in der gegenwärtigen Zeit ein Werk über das Römische Recht unternommen oder auch nur fortgesetzt werde Schon lange vor dem Sturm, der über Europa einhergezogen ist, war in Deutschland jenes Recht von manchen Seiten her als ein fremdes, unvaterländisches angefochten worden, und es hatte sich nicht selten dem ungünstigen Urteil über den Gegenstand auch eine Mißstimmung gegen die Anhänger und Bearbeiter unvermerkt beigemischt, indem die Bekämpfung derselben mit einer vorzugsweise vaterländischen Gesinnung, die Anhänglichkeit an dasselbe mit einer dem Vaterlande fremden oder gleichgültigen in Verbindung gedacht wurde Eine solche Auffassung mußte neue Nahrung gewinnen durch die letzten Weltbewegungen, von welchen selbst wissenschaftliche Gegensätze und Parteiungen, obgleich dem an sich stillen und friedlichen geistigen Gebiete angehörend, nicht unberührt bleiben konnten.

Da nun in jenen Bewegungen unter den treibenden Kräften die Nationalität eine der ersten Stellen einnimmt, so liegt der Gedanke sehr nahe, von jetzt an für uns Deutsche das Deutsche Recht als allein zulässig, als einzigen, der wissenschaftlichen Tätigkeit würdigen Gegenstand zu betrachten.

Indessen ist die Frage von der Stellung des Römischen Rechts zum Deutschen Recht und zum deutschen Vaterlande überhaupt nicht von heute und gestern, sie ist älter als der Sturm unserer Tage, und so habe auch ich seit länger als einem Menschenalter Gelegenheit gehabt, mich über diese Frage öfter auszusprechen. Ein gleiches ist von manchen meiner wissenschaftlichen Freunde geschehen, auch von solchen, die nicht mehr unter uns sind.

Die unbefangene Betrachtung des hier vorliegenden Gegensatzes kann nicht mehr verdunkelt werden, als durch eine ungehörige Einmischung der vaterländischen Gesinnung in die Prüfung der entgegenstehenden Meinungen, indem man denselben bald Gunst, bald Ungunst zuzuwenden versucht, je nachdem die eine oder die andere Meinung als Kennzeichen des Besitzes oder des Mangels einer solchen Gesinnung dargestellt wird. Dieses Verfahren also muß vor allem vermeiden, wer in der Erforschung der Wahrheit durch keinen falschen Schein sich stören zu lassen entschlossen ist. Ich will gerne in meiner Wissenschaft die tiefere Einsicht und die vielseitigere Auffassung anderer anerkennen, durch welche ich selbst ja nur gehoben und bereichert werden kann. Ich bin ferner bereit, es als möglich anzuerkennen, daß die großen Schicksale unserer Tage auch in den Wissenschaften neue Entwicklungen hervorrufen werden, denen vielleicht die abnehmenden Kräfte eines höheren Alters nicht mehr gewachsen sein dürften. Mögen sich denn Forscher von frischen Kräften zur Lösung dieser Aufgabe hervortun, und mögen sie sowohl selbst den Ernst der Aufgabe erkennen, als von außen, neben unbefangener Aufnahme, zugleich auch strenge Prüfung ihrer Berechtigung finden. — Aber in ernster, aufrichtiger, warmer Liebe zu meinem Vaterlande, in der Bereitschaft, ihm jedes Opfer der Selbstverleugnung zu bringen, will ich keinem nachstehen, wer es auch sei.

Wenn von mir und anderen das Römische Recht auch in Deutschland hoch gestellt, wenn es fortwährend für einen würdigen, ja unentbehrlichen Gegenstand wissenschaftlicher Tätigkeit erachtet worden ist, so ist dieses geschehen, nicht um das Fremde zu erheben auf Kosten der vaterländischen Ehre, nicht um die einheimischen Gedanken und Sitten des Rechts zu verdrängen durch die fremden, sondern damit auch auf diesem Felde das, was Gott anderen Zeiten und Völkern an geistiger Entwicklung beschieden hat, unserem Volke nicht fremd bleibe, daß es ihm vielmehr zur Erhöhung der eigenen Kraft und zur Erweiterung seines geistigen Besitzes zubereitet und dargeboten werde.

Ganz besonders aber ist es geschehen in der Überzeugung, daß für uns Deutsche, wie für viele andere Nationen, jenes ursprünglich fremde Element ohnehin seit Jahrhunderten ein Bestandteil des einheimischen Rechtslebens geworden ist, und daß es hier, großenteils unverstanden oder halbverstanden, oft verderblich wirkt, anstatt daß es, in richtigem Verständnis, nur eine Bereicherung des eigenen Rechtslebens schaffen kann. Wir haben also gar nicht zu fragen, ob wir das Römische Recht, etwa wie eine neuentdeckte Insel, auf sich beruhen lassen, oder uns aneignen wollen mit allen Vorteilen und Schwierigkeiten, die es etwa mit sich führen mag. Wir haben es einmal, unser ganzes juristisches Denken ist seit Jahrhunderten damit verwachsen, und die Frage ist nur, ob durch dasselbe unser Denken bewußtlos unterjocht oder vielmehr mit freiem Bewußtsein gestärkt und bereichert werden soll." (S. III—VII.)

Die aus der Überlieferung wachsende Lehrweise Friedrich Carl von Savigny's behält ihren Wert für jeden, der dem Rechte, besonders dem bürgerlichen Rechte, naht. Das ist hier aus keinerlei Abneigung gegen neue Wege gesagt. Dankbar sei im Gegenteile der Anregungen und Hilfen gedacht, die vor allem der mehr realistisch Vorgebildete von denen empfing, die naturwissenschaftliche und mathematische Pädagogik zum Vorbild nehmen. So hat an der Westfälischen Wilhelms-Universität in Münster Paul Krückmann eine induktive Darstellungsweise vertreten. Hervorragende Werke Paul Krückmanns sind: Institutionen des Bürgerlichen Gesetzbuchs, 5. Aufl., 1929, und seine Anschauungsmittel für den Rechtsunterricht, die unter dem Titel „Rechtsatlas" in mehreren Auflagen vorliegen. Solche Sammlungen von Aktenstücken, Formularen und dergleichen sind sehr hilfreich. Deshalb wird bei den einzelnen Rechtsgebieten noch auf derartige Werke zu verweisen sein, z. B. im Verwaltungsrechte auf Hans Helfritz, Aktenstücke, 1928. —

Noch entschiedener induktiv als Krückmann, empirisch, aber auch geradezu mathematisch-naturwissentschaftlich in seiner Lehrweise ausgerichtet war der Hammer Oberlandesgerichtsrat Bozi in seiner „Schule der Jurisprudenz, 1910."

Anmerkungen zum bürgerlichen Recht.

1. Subjektives Recht, Rechtsverhältnis, Rechtsinstitut. Nicht erst das BGB. vom 18. Aug 1896 (in Kraft getreten 1900) baut das Recht bewußt vom Einzelnen her auf. Es ist vielmehr die Art des römischen Rechtes, das als „gemeines Recht" (usus modernus pandectarum) ja von der Rezeption bis 1900 im Deutschen Reiche galt. Allerdings: den tief und geschichtlich denkenden Romanisten lag eine Übertreibung dieses individualistischen Gesichtspunktes fern. Der größte deutsche Romanist war Savigny. Er ist zugleich der Führer jener geschichtlichen Rechtsschule, die groß und mutig der geschichtsblinden Vernunft aufklärerischer Gesetzesmacherei (Zeit der Napoleonischen Codes!) entgegentrat. Das Reich des deutschen Mittelalters, das Bonaparte aufgelöst hatte, und das Recht dieses Sacrum Imperium lag allen Forschern der geschichtlichen Rechtsschule am Herzen. Die Germanisten (z. B. Brüder Grimm) zeigten auf, was in dieser Zeit deutscher Weltgröße aus germanischen Wurzeln gewachsen war. Die Romanisten, an ihrer Spitze Savigny, verfolgten das Weiterwachsen des römischen Rechtes während des ganzen Mittelalters. Savigny steht natürlich im Banne der römischen ratio. Aber anders als die Rationalisten des 14.—17. Jahrhunderts und anders als die Aufklärungsdenker um Voltaire und Rousseau betonte er immer wieder die übereinzelmenschliche Gewalt und das organische Wesen des Rechtes. So geht er zwar von der Person aus, ordnet

sie und ihre Rechte aber sogleich ein in einen überpersönlichen Zusammenhang, den er Rechtsverhältnis nennt. In der hier wiedergegebenen bedeutsamen Stelle bestimmt er meisterlich drei Begriffe, mit denen wir fortwährend arbeiten „Betrachten wir den Rechtszustand, so wie er uns im wirklichen Leben von allen Seiten umgibt und durchdringt, so erscheint uns darin zunächst die der einzelnen Person zustehende Macht ein Gebiet, worin ihr Wille herrscht, und mit unserer Einstimmung herrscht Diese Macht nennen wir ein Recht dieser Person, gleichbedeutend mit Befugnis Manche nennen es das Recht im subjektiven Sinne Ein solches Recht erscheint vorzugsweise in sichtbarer Gestalt, wenn es bezweifelt oder bestritten und nun das Dasein und der Umfang desselben durch ein richterliches Urteil anerkannt wird. Allein die genauere Betrachtung überzeugt uns, daß diese Logik in Form eines Urteils nur durch das zufällige Bedürfnis hervorgerufen ist, und daß sie das Wesen der Sache nicht erschöpft, sondern selbst einer tieferen Grundlage bedarf Diese nun finden wir in dem R e c h t s v e r h ä l t n i s, von welchem jedes einzelne Recht nur eine besondere, durch Abstraktion ausgeschiedene Seite darstellt, so daß selbst das Urteil über das einzelne Recht nur insofern wahr und überzeugend sein kann, als es von der Gesamtanschauung des Rechtsverhältnisses ausgeht Das Rechtsverhältnis aber hat eine organische Natur, und diese offenbart sich teils in dem Zusammenhang seiner sich gegenseitig tragenden und bedingenden Bestandteile, teils in der fortschreitenden Entwicklung, die wir in demselben wahrnehmen, in der Art seines Entstehens und Vergehens. Diese lebendige Konstruktion des Rechtsverhältnisses in jedem gegebenen Fall ist das geistige Element der juristischen Praxis und unterscheidet ihren edlen Beruf von dem bloßen Mechanismus, den so viele Unkundige darin sehen." (Savigny, System des römischen Rechts I, S 7 [1840]. Vgl. aber auch Bd. 1, S 331 f und Bd III, S 1 ff)

Bezeichnenderweise gibt Savigny als ein Beispiel, durch das der ganze Reichtum dieser Sätze zur Anschauung kommen soll, einen Fall, der dem Juristen zeigt, daß die Rechte zweier Brüder in einem Rechtsstreit nur erkannt werden können aus der Familiengebundenheit, in der sie beide zum Vater und zueinander stehen. Zunächst scheint es eine einfache Darlehensstreitigkeit zu sein Durch den Tod des Vaters und die Beerbung treten aber neue Elemente hinzu sie zeigen, daß nicht alles Privatrecht vom Einzelnen, seinem Willen und seiner Tat her begriffen werden kann, sondern daß der einzelne, schon in seinen „rein privaten Beziehungen", in Verhältnissen ungemachter und manchmal sogar ungewollter, eben in solchen natürlicher und organischer Art steht

Das Rechtsverhältnis ist aber immer noch subjektiver Herkunft, insofern, als es die Beziehung zeigt, in der verschiedene Rechtssubjekte und infolgedessen ihre subjektiven Rechte zueinander stehen. Zwei Menschen schließen einen Vertrag und stehen nun in einem neuen Rechtsverhältnis Darüber hinaus stehen sie in dem noch weiteren und tieferen Rechtsverhältnis der Familie Wir können uns diese Verhältnisse vorstellen, indem wir von den beteiligten Personen, den Subjekten her, denken. (Also „subjektiv" in diesem bestimmten Sinne) Wir können aber auch vom Rechte selber her die Sache ansehen Daß zwei Menschen etwas beredet haben, kann eine unbeachtliche Tatsache sein. Erst dadurch, daß sich ihre Verabredung in die rechtliche Form des Vertrages einfügt, wird sie wesentlich. Daß sich Menschen durch Liebe, ja durch Geschlechtsgemeinschaft, zusammengehörig fühlen, ist unter Umständen eine rechtlich gar nicht bedeutsame Angelegenheit Erst wenn ihr Zusammenleben den Rechtsbegriff der Familie erfüllt, ist das tatsächliche menschliche Verhältnis zum Rechtsverhältnis geworden. Das somit Versachlichte, vom einzelnen Rechtsträger (Rechtssubjekt, subjektivem Recht) Abgelöste, Objektivierte (objektives Recht) nennt man das R e c h t s i n s t i t u t (des Kaufvertrages, der Familie, des Eigentums, des Besitzes usw). Auch hierzu vgl die klassische Definition Savignys, System des heutigen römischen Rechts I, S. 9 (1840). In dem Vorstehenden haben wir drei wichtige Grundbegriffe gefunden S u b j e k t i v e s R e c h t, R e c h t s v e r h h ä l t n i s, R e c h t s i n s t i t u t

Zum Teil abweichend neuere Schriftsteller, auch geschichtlich eingestellte wie G i e r k e, Deutsches Privatrecht I, S. 251 ff (1895).

Einen teilweise grundsätzlich anderen Aufbau als den hier vorgeschlagenen gibt die bedeutendste dogmatische Darstellung der allgemeinen Grundlagen des BGB Andreas v o n T u h r, Der allgemeine Teil des deutschen bürgerlichen Rechts, Bd. 1—3 (1914). v. Tuhr geht nicht von der Persönlichkeit aus, sondern von den „rechtserheblichen Tatsachen", von Tatbestand und Rechtsfolge. Vom Gesetz geht er also aus. Gewiß ist auch nach unserer Auffassung dem einzelnen seine Rechtsschöpfermacht von der Rechtsordnung verliehen. Aber diese Rechtsordnung ist nicht das Gesetz mit seinen Tatbeständen allein. Bei aller Ablehnung des Individualismus, soweit er die Autoritäten des Gemeinschaftslebens anrührt, behaupten wir doch als Kennzeichen des P r i v a t r e c h t e s die u r s p r ü n g l i c h e Willensmacht der Privatperson. Von seinem grundsätzlich anderen Standpunkt kommt v o n T u h r zu folgender Begriffsbestimmung für das Rechtsverhältnis (A. von Tuhr, Der allgemeine Teil des deutschen bürgerlichen Rechts, Bd. I [1910]) S 123/124:

„Durch die Vorschriften der Rechtsordnung werden die Lebensverhältnisse der Menschen geregelt, jedem ein Machtbereich zugeteilt, in welchem sein Wille maßgebend ist Rechte verliehen und auf der anderen Seite Pflichten begründet. Dadurch werden rechtliche Beziehungen geschaffen, respektive Beziehungen, die auch abgesehen von der Rechtsordnung bestehen, mit rechtlicher Bedeutung ausgestattet. Die rechtlichen Folgen einer solchen Beziehung nennen wir Rechtsverhältnis.

Der Ausdruck Rechtsverhältnis kann in zwei Bedeutungen gebraucht werden·

1. Jedes subjektive Recht enthält eine Beziehung des Subjekts zu einer Sache oder zu einer anderen Person. Daher kann jedes subjektive Recht als Rechtsverhältnis bezeichnet werden. Dann

besteht zwischen beiden Ausdrücken nur der sprachpsychologische Unterschied, daß man beim Worte Recht in erster Linie an die herrschende Stellung des Subjekts denkt, während Rechtsverhältnis zugleich die passive Seite des Rechts, das Unterworfensein der Sache, die Verpflichtung des Schuldners bezeichnet. Ein obligatorisches Rechtsverhältnis nennt der Gläubiger seine Forderung, der Schuldner seine Schuld.

2. Der Begriff des Rechtsverhältnisses kann aber auch weiter gezogen werden als der des Rechts: dann bedeutet Rechtsverhältnis die Gesamtheit der Rechtsfolgen aus einer Beziehung einer Person zu einer anderen oder zu einer Sache, ob nun diese Rechtsfolgen in einem subjektiven Recht bestehen oder in der Möglichkeit der Entstehung eines solchen, oder in sonstigen Rechtswirkungen. Eine Bezeichnung für diese Gesamtheit von Rechtswirkungen im Gegensatz zu einzelnen Rechten ist systematisch unentbehrlich; ich werde daher im folgenden den Ausdruck Rechtsverhältnis in diesem Sinne gebrauchen. So kann man von einem Eigentumsverhältnis sprechen, wenn man außer an das dingliche Recht auch an die weiteren Rechte und Pflichten (z. B. aus § 999) denkt, die aus ihm erwachsen können. So ist der Besitz, ob man ihn nun zu den Rechten zählt oder nicht, jedenfalls als Rechtsverhältnis zu bezeichnen, insofern bei ihm als verbotener Eigenmacht die Besitzansprüche, bei Zeitablauf unter gewissen Voraussetzungen Eigentum, unter Umständen (§ 836) eine Haftung entstehen kann."

Sehr einfach stellt sich Robert von Hippel den Begriff des Rechtsverhältnisses dar „Rechtsverhältnis ist jede durch das Recht geregelte Beziehung zwischen zwei oder mehreren Beteiligten" — Der Deutsche Strafprozeß 1941, S 8.

2. Gierke, Deutsches Privatrecht I, S 267 (1895) „Menschen also sind die einzigen Rechtssubjekte." Dazu S. 265 und 266 über Heilige und Tiere

3. Sind diese Sätze öffentliches Recht oder Privatrecht? Die Frage wird praktisch wichtig z. B. im Strafrecht (Reichsstrafgesetzbuch § 110).

4. l. 1 D XII, 7 De condictione sine causa (d. h. lex 1 Digestorum XII, 7).

l. 4 D XII, 7,

Ulpianus libro quadragensimo tertio ad Sabinum. Est et haec species condictionis, si quis sine causa promiserit vel si solverit quis indebitum. Qui autem promisit sine causa, condicere quantitatem non potest quam non dedit, sed ipsam obligationem. Sed et si ob causam promisit, causa tamen secuta non est, dicendum est condictionem locum habere. Sive ab initio sine causa promissum est, sive fuit causa promittendi quae finita est vel secuta non est, dicendum est condictioni locum fore. Constat id demum posse condici alicui, quod vel non ex iusta causa ad eum pervenit vel redit ad non iustam causam.

Africanus libro octavo quaestionum. Nihil refert, utrumne ab initio sine causa quid datum sit an causa, propter quam datum sid, secuta non sit.

Hierzu ist zu vgl.· BGB §§ 812 ff

Die innere, allgemeine Begründung der Römer für die Kondiktion findet sich:

l. 14 D. de condictione indebiti 12. 6 (Pomponius ad Sabinum). Nam hoc natura aequum est neminem cum alterius detrimento fieri locupletiorem.

l 206 D. de diversis regulis juris antiqui 50. 17 (Pomponius ex variis lectionibus): Iure naturae aequum est, neminem cum alterius detrimento et injuria fieri locupletiorem. (Den Hinweis auf diese beiden Stellen verdanke ich H A Fischer.)

5. Quasikontrakte nennen es die Romanisten· nachzulesen etwa Sohm, Institutionen § 72.

6. Wenn man genau hinsieht, wird auch hier das Rechtsverhältnis nicht ohne Willen begründet, es ist vielmehr der Deliktswille, der hier hervortritt.

7 Sohm, Institutionen § 73.

8. Über Fiktion s. H A Fischer, ArchZivPrax. 117, 144.

9. Als ein Beispiel der Offenkundigkeit aller Besitzverschiebungen nehmen wir eine Rechtsregel aus der altenglischen Gemeinde Die angelsächsischen Zeugnisse sind überhaupt aufschlußreich für die germanische Rechtsentwicklung. Wir zitieren hier nach Liebermann, Gesetze der Angelsachsen, S 203, 211 ff Bd. 1 (1903) Aus König Eadgars Urkunde, wie er beriet, was zur Besserung dienen könnte bei dem plötzlichem Sterben, welches sein Volk sehr quälte und verminderte weithin über sein Gebiet (IV Eadgar AET Wihtbordessterne 962/3).

„3, 1 Und zu jeder Stadt und zu jeder Hundertschaft werde Zeugenschaft eingesetzt

6 Und jedermann kaufe und verkaufe unter ihrer Zeugenschaft jedes der Kaufgeschäfte, das er kauft oder verkauft, entweder in Stadt oder in Wapentake

7 Und wer auf irgenwelchen Kauf fortreist, melde seinem Nachbarn, wonach er reisen will, und sobald er heimkommt, melde er auch, unter wessen Zeugenschaft er die Ware gekauft hat

8 Wenn er jedoch auf irgendwelcher Reise draußen unverhofft ein Kaufgeschäft ausführt, melde er es — es sei denn, er hätte es vorher, da er fortreiste, gemeldet —, sobald er heimkommt, und wenn es lebendes Vieh ist, bringe er es auf Gemeindeweide unter Mitwissen seiner Dorfschaft usw "

10. von Savigny, Das Recht des Besitzes, 1 Aufl., 1803, hier zitiert nach der 7 Aufl., 1865, vgl mit der 4 Aufl von 1822 (deren Seitenzahlen in Klammern beigefügt sind) „Es finden sich im ganzen römischen Recht nur zwei Folgen, welche dem Besitz an sich, abgesondert von allem Eigentum, zugeschrieben werden können Usukapion und Interdikt " S 28 (S 5) S. 48 begreift Savigny den Besitz als Obligationenrecht.

11. Gierke, Deutsches Privatrecht I, S. 355/56 (1895). Stammler, Die Lehre von dem richtigen Rechte, 2. Aufl., 1926, bes. S. 148 ff.; 1. Aufl., 1902, S. 208 ff.

12. Martin Wolff, „Bau auf fremdem Boden, S. 72 ff. (1900).

13. Martin Wolff, a. a. O. S. 72 f.

14. Roscher, Geschichte der Nationalökonomik in Deutschland, 1874, S. 16.

15. Aus Gierke, Deutsches Privatrecht (Sachenrecht) II, S 189/190: „Da die Gewere im deutschen Recht eine ähnliche Rolle spielt, wie im römischen Recht die possessio, mag man sie auch den deutschen Besitzesbegriff nennen. Aber mit dem römischen und auch mit dem modernen Besitzesbegriff deckt sie sich nicht. Vielmehr reicht sie vermöge gesteigerter Abhebung des Rechtlichen vom Tatsächlichen weit über ihn hinaus. Sie hat daher auch eine viel umfassendere Bedeutung. Mit den Funktionen, die sie mit dem Besitze teilt, verbindet sie die Funktion eines allgemeinen sachenrechtlichen Legitimationsmittels, das nicht bloß der Behauptung und Geltendmachung des in ihr erscheinenden materiellen Rechtes dient, sondern auch für jedermann eine vom materiellen Recht unabhängige formelle Rechtslage herstellt, der man im Verkehr trauen kann. Gerade darum trug sie die Kraft in sich, das ganze Sachenrecht durchdringend zu gestalten, den Gegensaz von Liegenschafts- und Fahrnisrecht zu sichtbarem Ausdruck zu bringen und den Ausbau der einzelnen dinglichen Rechte von der formalen Seite her zu leiten."

16. Benno Erdmann führt in seiner Logik (1. Bd.: Logische Elementarlehre, 1892) über den Analogieschluß aus (S. 615 f): „Er ist, und das ist der einzige Punkt, in dem die Ansichten der Logiker übereinstimmen, ein mittelbarer Schluß. Den Gedanken, der sein Verfahren ausdrückt, finden wir, wenn wir beachten, daß er in dem ähnlichen Besonderen die gleichen Bedingungen voraussetzt, die in dem gegebenen Gegenstande zu dem Prädikat führen, das wir von diesem aussagen. Denn nicht auf das, in dem ähnlichen Besonderen, weil es nur ähnlich sein soll, von dem gegebenen Besonderen verschieden ist, geht der Schluß, sondern auf das, was sie gemeinsam haben, also auf das, was in beiden gleich ist Wir können daher nach Analogie nur soweit schließen, als wir voraussetzen dürfen, daß die gleichen Ursachen in dem ähnlichen Besonderen gegeben seien, und daß diesen die gleichen Wirkungen entsprechen werden. Und diese Voraussetzung ist als die Bedingung, die das Verfahren zu einem Denken mit notwendig gefordertem, obgleich in sich selbst nur problematischen Ergebnis macht, der Grundgedanke des Analogieschlusses. Dieser Grundgedanke ist aber kein anderer als der Grundgedanke der Induktion .

Trotz der somit gesicherten prinzipiellen Gleichartigkeit von Analogie- und Induktionsschluß ist es übrigens unerlässlich, den Analogieschluß aus dem letzteren insofen als eine selbständige Schlußweise herauszuheben, als wir nicht überall, wo wir vom Besonderen aufs Besondere schließen, nur einen Durchgang zum Allgemeinen suchen. Auf dem Analogiebeschluß ruht, logisch genommen, die Tierpsychologie, ja alle Psychologie, sofern sie der Bestätigung und der Kontrolle der Selbstbeobachtung, durch die man Analogie der fremden Organisation vorauszusetzende Selbstbeobachtung anderer Menschen bedarf Auf den Analogieschluß gleichartiger Beseelung der Menschen früherer Perioden mit den gegenwärtigen gründet sich alle Geschichte im engeren Sinne Auf demselben und dem Schluß auf analoge Beseelung der in ihrer Kultur Tieferstehenden basiert die Ethnologie Auf Schlüsse eben dieser Art stützen sich zuletzt alle Geisteswissenschaften und das ganze praktische Leben In ähnlich tausendfacher Anwendung durchziehen sie die wissenschaftliche Erkenntnis der Natur wie die praktische Verwertung ihrer Ergebnisse. Sie leben für die logische Betrachtung in den Bedingungen der Sprachenentwicklung. Sie formen unsere wissenchaftliche Einbildung, wo immer sich ein Bild einstellt, einen Gedanken zu bezeichnen. Sie sind vom gleichen Standpunkt aus das treibende Element in dem gestaltenden Schaffen der freien Künste."

2. Hauptstück.

Das Recht vom Stande her.

A. Vom Familienstande.

Ließ sich in den ersten drei Büchern des BGB. im großen und ganzen von dem Gedanken ausgehen: die Rechtsschöpfermacht der Privatperson gestalte das Privatrecht, so zeigt das Familienrecht starke und ohne letzte Gewaltsamkeit nicht zu beseitigende gesamtheitliche (überindividualistische) Grundlagen. Zwar beginnt auch hier das BGB. (seiner Grundstimmung gemäß) so, als entstünde die Familie durch den Willen zweier Menschen, als sei die letzte Grundlage das auf diesem Willen beruhende Verlöbnis.

Verlöbnis und Ehe haben, äußerlich gesehen, zunächst einige Ähnlichkeiten mit den Vertragsverhältnissen, deren Wesen uns das Studium des 2. Buches des BGB. offenbart. Aber bereits bei dem, was ähnlich liegt, sind wesentliche Verschiedenheiten wahrzunehmen. So ist zwar auch die Willenserklärung, durch die der eine Gatte zum Zustandekommen der Ehe mitgewirkt hat, anfechtbar nach §§ 1330 ff.; und die Anfechtungsgründe erinnern an die §§ 119 und 123 BGB. Aber während ein Kaufvertrag angefochten wird durch einfache formlose Erklärung, kann die Eheanfechtung (ebenso wie übrigens das Geltendmachen der Nichtigkeit nach §§ 1324 bis 1329) nur im Klagewege geschehen.

Doch hier liegen noch nicht die wesentlichen Unterschiede: von ganz wo anders her wird das überpersönliche Wesen der Familie dargetan durch die Bestimmungen über die Ehescheidung §§ 1564 ff. Sie zeigen das Gebundensein der Gatten gegen ihren Willen. Den Grund für dieses Gebundensein kann nur ein gläubiges und für Gottes Walten verständiges Gemüt erkennen. Ihn verkennen heißt: die Familie und damit die Grundlage unseres christlichen Gemeinwesens auflösen. Wir stoßen hier im Familienrecht auf etwas, das weder vom Menschen noch vom Staate her restlos erklärt und begriffen werden kann. Die letzten Grundlagen davon werden uns noch einmal im Kirchenrecht beschäftigen. Aber die überpersönliche Gebundenheit in der Ehe und in der Familie überhaupt lassen sich bereits vor dem und ohne das Recht der christlichen Kirche erklären. Die bürgerliche Ehe, die Zivilehe (eingeführt durch Personenstandsgesetz vom 6. Februar 1875) des BGB. ist ja gar nicht notwendig zugleich auch christliche Ehe und dennoch unauflösbar (abgesehen von den gesetzlichen Ehescheidungsgründen). Auch hier erklärt der Gedanke des Standes, des Familienstandes, was der einzelmenschliche Gesichtspunkt nicht einsehen läßt. Aber das Volkstümliche und Volkserhaltende dieses unentbehrlichen Rechtsgedankens ist auf das gefährlichste bedroht. Nicht bloß die grellen Bücher eines Lindsey und die Praktiken von Sowjetrußland untergraben die Familie, den Familienstand. Nicht ganz mit Unrecht ist manchen Strömungen in der idealistischen deutschen Philosophie vorgeworfen worden, daß sie die Ehe zum Liebesverhältnis erniedrigt haben. Am wenigsten hat Hegel diesen Vorwurf verdient, er betont immerhin das Versagen der Vernunft vor der durchaus überpersönlichen Gemeinschaft der Ehe.

Wohl ist die Ehe schon durch natürliches Recht eine unauflösbare Ordnung. Aber erst in der Gnadenordnung der Sakramente hat sie ihre eigentliche Würde und Heiligkeit. Kraft der Taufgnade spenden Mann und Frau einander in der ehelichen Vereinigung dieses Sakrament. Die Ehe zwischen Getauften (gleich welcher Konfession) entfaltet also eine sakramentale Wirkung, die allein von Christus her unter Christen begriffen werden kann, nicht vom bloßen Menschentum. So sagt can. 1012 des Codex Juris Canonici: „§ 1. Christus Dominus ad sacramenti dignitatem evexit ipsum contractum matriomonialem inter baptizatos. — § 2. Quare inter baptizatos nequit matrimonialis contractus validus consistere, quin sit eo ipso sacramentum."

Die eingehende Regelung der Ehe im kanonischen Recht muß im Familienrecht zunächst studiert werden. Sie ist das Bleibende in der stürmischen Veränderlichkeit des zeitlichen Rechtes. Aus reicher kirchenrechtlicher Erfahrung bietet sich dem tätigen Juristen ein zuverlässiger Führer an in: Franz Triebs, Praktisches Handbuch des geltenden kanonischen Eherechts in Vergleichung mit dem deutschen staatlichen Eherecht für Theologen und Juristen I, 1927; Gesamtausgabe Teil I bis IV, 1933.

Die Zeichen der Entchristlichung, durch welche die Ehe so furchtbar bedroht ist, sind nicht immer gleich genügend klar erkannt worden. Sie waren im vorigen Jahrhundert z. B. bereits da, wenn auch der Staat damals leugnete, Unchristliches im Schilde zu führen. Manche haben allerdings ihr unzweideutiges und ernst entschiedenes Nein zu den ersten Anzeichen einer entchristlichenden Gesetzgebung im vorigen Jahrhundert gesagt. Die Katholiken konnten es in ihrer Gesamtheit tun: ihre Bischöfe und Erzbischöfe gingen eher ins Gefängnis, als daß sie an der Heiligkeit der Ehe rütteln ließen. Aber auch unter den Protestanten waren sich die wahrhaft und kraftvoll rechtgläubig Seinwollenden klar darüber, wohin die neue Ehegesetzgebung letztlich führen mußte. In Preußen scheint mir da allen voranzustehen Ernst Ludwig von Gerlach, der eine der vier berühmten Brüder, die arg verkannt und verzeichnet worden sind. Friedrich Meinecke, der Sohn, hält sie für die Überwundenen — nicht so indessen Meinecke, der Vater, der kein Gelehrter, aber tieferen Geistes war (wie der aufmerksame Leser aus den Lebenserinnerungen des Sohnes erkennen wird). Meinecke, der Vater, kannte Ludwig von Gerlach, stand diesem Appellationsgerichtspräsidenten, der gegen den mächtigsten Mann im Staate mit seiner Schrift über „Die Zivilehe und der Reichskanzler" hervortrat und lieber sein Amt verlor als im blinden Bismarckgefolge Christus untreu werden wollte, menschlich nahe. Man lasse einmal das christliche Ringen wieder vor dem Geiste lebendig werden, das im alten Preußen noch da war. Man lese nicht immer nur die abfälligen Bemerkungen über die Gebrüder von Gerlach, sondern diese selbst. Ludwig von Gerlach, der Jurist, hat in Reden und Schriften einen mutigen Kampf gekämpft gegen jede unchristliche Gesetzgebung. Und sein Leben spricht unmittelbar zu einem aus „Ernst Ludwig von Gerlach, Aufzeichnungen aus seinem Leben und Wirken 1795—1877, hrsg. von Jakob von Gerlach". (In Bd. II, 1903, S. 376—385 über „Die Zivilehe und der Reichskanzler" und seinen Abschied.) Schon an diesem Buche hat Ludwig von Gerlachs Großnichte Bertha von Kröcher starken Anteil. Persönlichstes aus dem Leben des innigen Jesusjüngers und mutigen Juristen gibt später Bertha von Kröchers eigenes Buch „Die alte Generation".

In dem von Friedrich Thimme herausgegebenen Sammelwerke „Vom inneren Frieden des deutschen Volkes, ein Buch gegenseitigen Verstehens und Vertrauens", das in vieler Hinsicht rührend ist mit seinen ehrlichen und edlen Zeugnissen des Willens zum Einanderverstehen, würdigt Julius Bachem (S. 399 ff.) die bekannte Tatsache, daß Ludwig von Gerlach, der Führer der Konservativen, wegen der antikirchlichen Gesetzgebung Hospitant der Zentrumspartei wurde. Heute kann kein Zweifel sein, daß die Unrecht hatten, die sich bei der Gesetzgebung beruhigten, gegen die Ludwig von Gerlach so entschieden Stellung nahm, daß er sein Amt verlor. Rudolf Sohm vor allem erfand die verlockendsten Sprüche der Beruhigung, die süßesten Schlummerreime. Er flüchtete mit seinem Christentume in jene angebliche Innerlichkeit, wo doch in Wahrheit alles so schrecklich harmlos und schale Limonade wird. Das Recht verstand Sohm (der unbestreitbar glänzende Lehrer) denkbar äußerlich und brutal als Zwangsordnung. Und da war ihm natürlich die Kirche zu schade für eine solche furchtbare Welt. Auf diese Weise kam er zu seiner an späterer Stelle zu erwähnenden Verneinung des Kirchenrechtes. Aber allenthalben wollte er das Christentum aus der wirklichen Welt herausweisen. Dabei mußte es werden zu einem Christentum der Sofaecke, wie es treffend von Otto Dibelius, einem führenden Protestanten, in seinem „Jahrhundert der Kirche" gekennzeichnet worden ist. Wer heute Sohms „Bürgerliches Recht" liest, diesen seinen Beitrag zu der von Stammler 1906 herausgegebenen „Systematischen Rechtswissenschaft" (besonders S. 66 ff.), wird kaum mehr das Gefährliche eines solchen süßen Zaubersanges verkennen können.

Es ist ein Verhängnis sondergleichen, daß die heilige Ordnung der Familie sich auflöst. Die eben angedeuteten christlichen Grundlagen sind furchtbar vielen Menschen scheinbar fremd geworden (in Wahrheit ist es doch wohl so, daß sie sich dagegen auflehnen). Aber auch der Familiengedanke und seine Bindung vom Stande her wird nicht mehr begriffen. Dabei konnte hier schon mancherlei helfen die Besinnung auf deutschrechtliche, auf germanische Grundlagen, für die doch angeblich so große Begeisterung besteht. In Wahrheit hat die innerlich tief begründete Germanistik im vorigen Jahrhundert geblüht. Da wird die wissenschaftliche Arbeit viel Hilfe finden in den großen germanistischen Werken über einzelne Teile des Familienrechtes (Kraut, Die Vormundschaft nach den Grundsätzen des deutschen Rechts, 1835—1859; Wackernagel, Familienrecht und Familienleben der Germanen, Kleinere Schriften I, 1872, S. 1; Fehr, Die Altersvormundschaft in den Weistümern, Festgabe der Juristenfakultät Jena für Thon, S. 197 ff.; Die Rechtsstellung der Frau und der Kinder in den Weistümern, 1912). Besonders auf die umfassenden Forschungen von Kraut zur Vormundschaft und auf Friedrich Rives „Geschichte der deutschen Vormundschaft" (I. Bd.: Die Vormundschaft im Rechte der Germanen, 1862, II. Bd. 1. Abt.: Die Vormundschaft im deutschen Recht des Mittelalters) sei hingewiesen.

Nicht bloß die Ehe muß vom Stande her begriffen werden, sondern alle familienrechtlichen Verhältnisse verlangen diese Betrachtung.

Mit dem Familienrechte hängt zusammen das Erbrecht. Auf seine Regelung im einzelnen einzugehen erübrigt sich für unseren Zweck. Sein ursprünglicher Bestand setzt sich zusammen aus den Bestimmungen über die gesetzliche Erbfolge. Sie hängen unmittelbar zusammen mit dem Familienstande, der Familiengebundenheit des Menschen. Und mancher allzu moderne Mensch erstaunt, wenn er sieht, einen wie weiten Kreis von Verwandten das gesetzliche Erbfolgerecht erfaßt. Aber auch das römischrechtliche Element, das der Persönlichkeit und ihrer Ver-

trags- und Willensfreiheit, fehlt dem Erbrechte nicht. Auch das Erbrecht kennt Willenserklärungen, Rechtsgeschäfte, nämlich letztwillige Verfügungen von Todes wegen (hauptsächlich Testament und Vermächtnis). Aber der letzte Wille findet seine Schranke an der Familienpflicht, am Pflichtteilsrechte der nächsten Angehörigen.

Allgemeine Bemerkungen zum 2. Hauptstück Das Recht vom Stande her.

Obwohl deutschrechtliches Denken im Vordergrunde dieser Einführung stehen soll, haben wir mit dem römischrechtlichen Ausgangspunkt begonnen der Persönlichkeit Das ist kein Widerspruch. Wer vermöchte zu leugnen, daß die Römer Unvergängliches in dieser Hinsicht geleistet haben? Unsere Arbeit gilt dem positiven Recht. Und da darf keine Deutung das Gewicht der römischen und gemeinrechtlichen Gedanken vermindern (sowenig sie uns etwa beim Arbeitsrecht des BGB. geholfen haben, die „soziale Frage" zu lösen).

Im Familienrecht beginnen aber die tiefen und bleibenden Ordnungen unseres Gemeinlebens Und die müssen deutschrechtlich verstanden werden, wenn sie volkstümlich sein sollen Und sie müssen aus dem christlichen Glauben begründet werden, wenn sie vor Gott bestehen möchten

Daß wir hier von den Römern nichts Heilsames zu lernen haben, hat mit unübertrefflicher Entschiedenheit schon H e g e l dargetan (Grundlinien der Philosophie des Rechts, 1821, § 357) Das Römische Reich „In diesem Reiche vollbringt sich die Unterscheidung zur unendlichen Zerreißung des sittlichen Lebens in die Extreme p e r s ö n l i c h e n privaten Selbstbewußtseins und a b s t r a k t e r A l l g e m e i n h e i t Die Entgegensetzung, ausgegangen von der substantiellen Anschauung einer Aristokratie gegen das Prinzip freier Persönlichkeit in demokratischer Form, entwickelt sich nach jener Seite zum Aberglauben und zur Behauptung kalter, habsüchtiger Gewalt, nach dieser zur Verdorbenheit eines Pöbels, und die Auflösung des Ganzen endigt sich in das allgemeine Unglück und den Tod des sittlichen Lebens, worin die Völkerindividualitäten in der Einheit eines Pantheons ersterben, alle Einzelne zu Privatpersonen und zu G l e i c h e n mit formellem Rechte herabsinken, welche hiermit nur eine abstrakte, ins Ungeheure sich treibende Willkür zusammenhält."

Zu den Gefahren, die uns schon lange umgeben, hat, wie mir scheint, D Magdalene v o n T i l i n g, kurz und entschieden, sehr Bemerkenswertes gesagt S vor allem Was sollen wir tun? Christliche Antworten auf politische Fragen. Heft 2 Ehe und Familie Gnadauer Verlag, Bethel bei Bielefeld, 1930.

D Magdalene von Tiling macht sich ihre christlich-konservative Arbeit nicht leicht und erniedrigt sie nicht zum bequemen Schlagwort. Mit erbarmungsloser Ehrlichkeit gibt sie einen Aufriß der gegenwärtigen tatsächlichen Lage in Familie und Ehe „Nirgendwo hat die Auflösung der Ordnungen unseres Lebens so verheerend sich ausgewirkt, nirgendwo ist sie so verhängnisvoll für die Zukunft unseres Volkes als hier Es ist ja nicht bloß ein Kampf der Worte, der Ideen, der in Büchern und Vorträgen gegen die Ehe als Dauerverbindung eines Mannes und einer Frau, also gegen die Einehe in dem bisher in den christlichen Völkern geltenden Sinne geführt wird Nein, wir erleben es ja, daß die Ehe und die Familie selbst in der Wirklichkeit des Lebens tatsächlich in der Auflösung begriffen sind . . . Und das ist nicht nur in Deutschland so es ist, als ob die Völker, vor allem in Frankreich, in Amerika und in Rußland sich verbündet hätten, um gegen die Ehe zu kämpfen. Am weitesten ist man in Rußland vorgeschritten. Das Ehegesetz in Rußland kennt zwei Formen der Ehe Man hat dort durch Gesetz die freien Verhältnisse den sog. „registrierten" (eingetragenen) Ehen fast ganz gleichgestellt. Aber auch die registrierte Ehe ist keine Ehe in unserem Sinne, denn sie kann durch einfache Erklärung des einen Teils . . gelöst werden. In Frankreich wirbt man für den Gedanken, dem Verhältnis eines Mannes zu einer zweiten Frau neben seiner Ehefrau vor dem Gesetz seine Berechtigung zu geben . . . In Amerika ist der ernstgemeinte Vorschlag gemacht worden, neben der Ehe und als Vorstufe für sie die sog. ‚Kameradschaftsehe' einzuführen (kinderlose Ehe und Pflicht des Staates, die ‚Ehegatten' über die besten wissenschaftlichen Methoden der Empfängnisverhütung zu instruieren Lindsey).

In Deutschland aber ist ebenso allen Ernstes vorgeschlagen worden, neben der Dauerehe die sog ‚Zeitehe' gesetzlich anzuerkennen. Mann und Frau sollen in eine Ehe eingehen, die fünf Jahre nicht geschieden werden kann, die nach diesen fünf Jahren aber ohne weiteres aufhört, wenn innerhalb dieser Zeit den Ehegatten ein Kind geboren wird, so verlängert sich die ‚Zeitehe' von selbst auf weitere acht Jahre. Auch in Deutschland drängt man außerdem auf gesetzliche Maßnahmen, durch die die Einehe als Dauerehe gefährdet, unterhöhlt, der Ausschließlichkeit ihrer Anerkennung beraubt wird.

Der schlimmste Feind der Ehe als Ein- und Dauerehe aber ist der Anspruch beider Geschlechter — man darf beinahe sagen — jedes Alters auf den freien sexuellen Verkehr " (S 5/6.)

D. von Tiling lehnt einen sonderbaren Idealismus ab, in den wir verfallen sind: Wir sprechen vom Eheideal, dem wir nacheifern sollen — und mit dem Ideale, das es nirgends gibt, trösten wir uns über unsere schalste Wirklichkeit hinweg. Und was früher Sünde war, ist heute ein unvermeidliches Zurückbleiben hinter dem Ideal. Das ‚Sein', das Tatsächliche, das Naturhafte: wird es nicht gerade in unserer Zeit gering geachtet? Wird nicht der Stand der Ehe durch das körperliche Beisammensein begründet? Die zwei werden ein Fleisch sein! Wo aber werden die einfachsten Zeichen der Gebundenheit und Ehre des Ehestandes noch genügend ernst genommen? Das Körperliche und seine uralte Scheu und Scham: das wird allenthalben preisgegeben — dem Vergnügen, der ‚Entfaltung', der Vernunft, der Gesundheit und dem Gemeinwohl, wie es im gottlosen Staat verstanden wird. Und die alles preisgegeben haben, täuschen sich über ihre Armut hinweg, indem sie behaupten, sie hätten ‚vergeistigt', was sie in Wirklichkeit vergeudet haben.

Papst Pius XI. hat am 31 Dezember 1930 der Christenheit seine große Enzyklika „Über die christliche Ehe" gegeben. Amtliche deutsche Übersetzung von Joseph Schmitz, Münster, Regensbergsche Verlagsbuchhandlung, 1946. — Durch den neuen Krieg ist eine furchtbare Not über die Familie gekommen vgl. dazu den Hirtenbrief der in Fulda versammelten Bischöfe Deutschlands vom 20. August 1946.

Zu dem Kampfe um das Eherecht im vorigen Jahrhundert vgl. besonders Friedrich Carl von Savigny · Darstellung der in den Preußischen Gesetzen über die Ehescheidung unternommenen Reform, zuerst ohne Namen des Verfassers 1844 bei Veit u. Co. in Berlin erschienen, später in Vermischte Schriften Bd. V (1850), S 222—414.

B. Vom Adelsstande.

Wer aus ganz schlichten Verhältnissen kommt, hat den Kampf um die Adelsrechte wohl weniger miterlebt als die Stände und Klassen, die durch Amt, Ansehen und Reichtum äußerlich so nahe an die höchsten Stellungen in Staat und Gesellschaft herankamen, daß sie zur Eifersucht oder gar zum Neide gegen den Adel gereizt wurden. Manchem reichen Bürger fällt es mitunter schwer, sich vorzustellen, daß jemand mehr sein könne als er. Er kann keinen über sich stehen sehen, wohl aber (ob er sich dessen nun bewußt wird oder nicht) ist es ihm bei aller Aufgeklärtheit immer noch möglich, auf andere als unter ihm stehend herabzuschauen. Es gibt indessen in allen Ständen und Schichten des Volkes noch Menschen genug, die eine unbefangene Stellung zum Adel haben; ohne Begehren und Neid und fern von aller romantischen Verherrlichung oder kitschigen Liebedienerei scheuen sie sich nicht, zu ihm aufzuschauen, wie die Vorfahren es jahrhundertelang getan haben. Zufrieden in ihrem eigenen Stande, geben sie allen anderen Ständen die ihnen gebührende Ehre.

Die menschliche Grundhaltung ist manchmal vielleicht nicht ohne Einfluß geblieben auf die rechtswissenschaftliche Erforschung und staatliche Einschätzung des Adels. Wir tun aber gut, davon zunächst abzusehen, bei anderen wie bei uns selber, und in rein wissenschaftlicher Haltung den Fragen zu nahen, die mit dem Adelsstande im Rechte verbunden sind.

Da ist zuerst den zahlreichen rechtsgeschichtlichen Arbeiten über den Adel nachzugehen. Auch hier finden wir wieder allem voran den umfassenden, ruhigen und tiefen Geist Friedrich Carl von Savignys: Beitrag zur Rechtsgeschichte des Adels im neueren Europa. Vermischte Schriften Bd. IV (1850, S. 1—73). Daran schloß sich lebhafter Streit.

Die Fragen nach der geschichtlichen Herkunft des Adels waren, damals wie heute, mannigfaltig und heiß umkämpft. Die Stellung des hohen Adels mag weithin geklärt sein durch Julius Fickers Werk über den Reichsfürstenstand. (Vom Reichsfürstenstande. Forschungen zur Geschichte der Reichsverfassung zunächst im 12. und 13. Jahrhunderte, I, 1861; später herausgegeben und bearbeitet von Paul Puntschart: II 1, 1911; II 2, 1921; II 3, 1923.) Über den niederen Adel ist bis in die letzten Jahre viel geschrieben und gestritten worden. Ulrich Stutz hat sich mit diesem Schrifttum auseinandergesetzt und Stellung genommen „Zum Ursprung und Wesen des niederen Adels" (Sitzungsberichte der Preußischen Akademie der Wissenschaften, Phil.-hist. Klasse 1937 XXVII). Wir werden wohl manche seiner Bedenken gegen Viktor Ernst (Die Entstehung des niederen Adels, 1916) und gegen Otto anerkennen müssen. Innige Forschergemeinschaft verband Stutz mit Aloys Schulte, in dessen Buche „Der Adel und die deutsche Kirche im Mittelalter" (2. Aufl. 1922) wir manches packende und unvergeßliche Bild finden. Wie weit es dem Schrifttume nach Savigny (im Gegensatz teilweise zum Meister) gelungen ist, ein Gesamtbild des Adelsstandes in uns lebendig werden zu lassen, bleibe dahingestellt. Vielleicht liegt hier noch ein Arbeitsfeld für einen wirklich unbefangenen jungen Forscher. Das Schrifttum bietet allerdings schon viele Untersuchungen dar: Philipp Heck: Beiträge zur Geschichte der Stände im Mittelalter. I: Die Gemeinfreien der Karolingischen Volksrechte, 1900; II: Der Sachsenspiegel und die Stände der Freien, 1905. Die Genealogie des sächsischen Uradels, Zeitschrift des historischen Vereins für Niedersachsen, Jahrgang 1906. Der Ursprung der sächsischen Dienstmannschaft, Vierteljahresschrift für Sozial- und Wirtschaftszentrale, Bd. V, 1907. Untersuchungen zur altsächsischen Standesgliederung, 1936. Drei Studien zur Ständegeschichte (Hofleute, Häuptlinge, fränkische Gemeinfreiheit), 1939. Rudolf His: Zur Rechtsgeschichte des thüringischen Adels, Zeitschrift des Vereins für thüringische Geschichte und Altertum, Jahrgang 1903. Ernst Mayer, Friesische Standesverhältnisse, 1910. Erich Molitor, Der Stand der Ministerialen, Breslau 1912. Eberhard F. Otto, Adel und Freiheit im deutschen Staat des frühen Mittelalters, 1937.

Mit der rein gelehrten, notwendig ganz nüchternen rechtsgeschichtlichen Forschung dürfte die wertvollste Grundlage für alles Weitere gewonnen sein. Der Schritt zu unmittelbarer Stellungnahme zum Adelsstande im Rechts- und Staatsleben ist damit noch nicht getan. Man hüte sich davor, das alles etwa als überholt und erledigt zu betrachten. Auch und gerade in Deutschland gibt es noch eine geschichtliche und gegenwärtige Wirklichkeit des Adels. Wohl schien schon das Bürgerliche Gesetzbuch dem Adel keinen entscheidenden Raum mehr im Rechte zu gönnen. Das Einführungsgesetz hat aber doch im Art. 58 dem hohen und dem diesem gleichgestellten Adel eine weitgehende Autonomie bewahrt und die landesherrlichen Familien überhaupt von der gewöhnlichen Geltung des bürgerlichen Gesetzes ausgenommen.

Eine alte Streitfrage des bürgerlichen Rechtes war, ob das Wort „von" Namensbestandteil ist. Viele und wichtige Entscheidungen und Schriften sind vorhanden über den Unterschied von Namensbestandteil und Standesbezeichnung (RG. in Seufferts Archiv Bd. 59 Nr. 175; 64 Nr. 22 S. 49; Jurist. Wochenschrift — J. W. — 1904 S. 53). In innerem Zusammenhang mit den Bestimmungen über den Adelsstand steht Art. 59 des Einführungsgesetzes zum Bürgerlichen Gesetzbuch (BGB.): „Unberührt bleiben die landesgesetzlichen Vorschriften über Familienfideikommisse und Lehen, mit Einschluß der allodifizierten Lehen, sowie über Stammgüter". Hierzu vergl. man den oben S. 121 gegebenen Hinweis auf Landwirtschaftsrecht und Fideikommisse.

Mancher wird einwenden: auch das alles sei ja entweder schon verschwunden oder mindestens im Verschwinden. Dem ist entgegenzuhalten: Wichtiger als die Rolle, die der Adel im Familien- und Güterrechte spielt, ist seine Stellung im Staate. Und die ist ihm in einem großen Reiche gewährt, das alte Überlieferungen machtvoll in den heutigen Tagen fortwirken läßt: im britischen Reiche, in England. Benjamin Disraeli, der Earl of Beaconsfield, hat der alten Wahrheit eine oft wundersam einleuchtende Fassung für den neuen Tag gegeben. Es scheint vielversprechend und fruchtbar, seinen Reden und Werken nachzugehen, etwa in seiner „Vindication of the British Constitution" und seinem „Life of George Bentinck', vielleicht auch manchem seiner Romane aus der ersten Zeit seines konservativen Kampfes. Er hatte einen scharfen Blick für eine nicht mehr am König hängende, sondern nach Eigenmacht strebende Aristokratie, die er als Whigherrschaft und Liberalismus ablehnte. Vom wahren Thron und wahren Adel aber stellte er die in ihrer Kühnheit das Herz des Volkes gewinnende Behauptung auf, daß sie die wahre Demokratie verkörpern. Und das House of Lords, das Herrenhaus, erschien ihm vor allem wichtig als Hort des Bauerntums von England.

Milde, ruhig und versöhnend hat Goethe über Adelsstand und Bürgerstand geschrieben. Man muß einmal nachlesen, was er in Dichtung und Wahrheit über jene Zeit wundervoller Ausgeglichenheit darbietet, die er gerade am Ende des alten Reiches noch erlebte. Da fand jeder seinen Raum und hatte jeder sein gutes altes Recht und seinen Platz vom Höchsten bis zum Niedersten. Wer diese Schilderung des alten Reiches und seines Ständewesens liest, erkennt zugleich, daß Goethe auch ein großer Jurist gewesen ist. Nur jemand, der wie er durch seinen Vater fast von Kindheit an in rechtlichem Denken geschult wurde und der das Corpus Juris Civilis, schon ehe er die Universität bezog, besser als der heutige Referendar kannte, vermochte so selbstverständlich sicher und natürlich in die Welt hineinzuwachsen, die ein ungemein feingliedriges Rechtsgefüge war. Nur wer wie Goethe ebenso vornehm wie bescheiden, ebenso anmutig wie zurückhaltend war, konnte den befreienden und beglückenden Ton für seine adligen Freunde finden. Er konnte warten. Ihm war es unmöglich, sich etwa vorzudrängen. Und er war vor allem frei von Neid. Ein Dichter, der auf seine Fürsprache nach Weimar kommen durfte, hatte dort nichts Eiligeres zu tun, als sich in eine gesellschaftliche Veranstaltung zu drängen, die nur für Adlige bestimmt war. Dabei war dieser arme junge Dichter einer, der sich nicht genug tun konnte im Ausdruck der Abneigung gegen den Adel. Man kann da eigentlich erst recht nicht verstehen, weshalb er sich denen aufzwingen wollte, die er doch nicht liebte. Goethe kam es, ehe er in den Adelsstand erhoben war, nicht in den Sinn, da Zutritt zu suchen, wo andere, zu denen er nicht gehörte, unter sich sein wollten. Er kam gar nicht auf den Gedanken, ihnen dieses Recht zu bestreiten. Er, der Adelsfreund, war die Zurückhaltung und Bescheidenheit selbst, während jener Adelsfeind beinahe gewaltsam einbrach in die Vergnügungen, die sich eine adlige Gesellschaft vorbehalten wollte und die man ihr besonders neidlos überlassen konnte, da sie keineswegs zu den wirklichen edlen Vorrechten des Adels gehörten.

Mag sein, daß manche Grund haben, sich über aristokratischen Hochmut zu beklagen. Andere, die friedlicher Beziehungen zum Adel froh sind, werden die Erfahrung gemacht haben, daß den christlichen Edelleuten Tugenden der Demut und des Gehorsams eigen sind, die nicht verschwinden dürfen, wenn wir nicht verarmen und verrohen wollen. Edel darf und soll jeder sein. Und über der Rangordnung der Stände, über der Hoheit des Adels steht die Rangordnung der Heiligkeit. Es sind Rangordnungen auf verschiedenen Ebenen. Es gibt solche verschiedenen Rangordnungen: Genie, Adel, Heiligkeit. Und es lohnt sich, über die Verschiedenheit der Wertung nachzudenken. Eine feinsinnige Forscherarbeit könnte manches Wissenswerte zutage bringen über die Grundsätze etwa, die den englischen König leiten, wenn er in den Adel stand erhebt oder hohe Adelstitel verleiht. Obgleich das oft im Zusammenhang steht mit staatsmännischen Verdiensten des Erhobenen, so ist es doch eine andere Art der Wertung und Abwägung als etwa die politische.

Adel ist ein Stand, den man nicht begehren darf. Die großen adelsbejahenden Konservativen haben das wohl auch gewußt. Stahl und Jarcke sind nicht geadelt worden. Und sie werden das auch kaum als irgendwelche Zurücksetzung empfunden haben, obwohl sie doch nicht übersehen konnten, daß traditionsfeindliche Liberale in großer Zahl in einen Stand erhoben wurden, dem ihre antikonservativen modernen

Theorien eigentlich das Lebensrecht bestritten. Eine Fülle führender liberaler Gelehrter und Politiker ist geadelt worden. Und wer etwa einmal gesehen hat, wie scheinbar überlegen lächelnd und doch wie selbstgefällig Sir John Simon die äußeren Ehrungen, den Glanz der Titel und Orden hinnahm und zur Schau stellte, der muß nun selber lächeln (und an Dickens' Martin Chuzzlewitt und seine Erfahrungen in Amerika denken), wenn er die modernen adelsfeindlichen Theorien hört. Gestritten aber soll hier nicht werden mit den anders als konservativ Eingestellten. Im Gegenteil freuen wir uns über die versöhnende Kraft von Krone und Adel, die gerade darin zum Ausdruck kommt, daß z. B. in England ohne Unterschied der Partei Anhänger der Konservativen, der Labour Party und der Liberalen geadelt werden.

C. Vom Berufs- und Wirtschaftsstande.

Erste Abteilung.

Handelsstand und Handelsrecht.

Das Handelsrecht ist ein Standesrecht, das Recht des Kaufmannsstandes. Das ist verwunderlich. Denn es ist auf die Schaffung eines Allgemeinen Deutschen Handelsgesetzbuches zu einer Zeit Wert gelegt worden, die sonst dem Ständewesen nicht gerade freundlich war, sondern im Gegenteile die Gleichheit aller Bürger vor dem Gesetze betonte. Mit Recht stellt Karl Wieland gleich am Anfange seines Handelsrechtes (I. Bd.: Das kaufmännische Unternehmen und die Handelsgesellschaft, 1921; II. Bd.: Die Kapitalgesellschaft, 1931) diesen Sachverhalt fest: „Die Gesetzgebung des Revolutionszeitalters, im Zeichen der Rechtsgleichheit und Gewerbefreiheit stehend, hat die letzten Spuren ständischer Vorrechte und ständischer Abgeschlossenheit beseitigt. Nur das Sonderrecht eines Berufsstandes hat sie nicht anzutasten gewagt, das Recht der Kaufleute."

Es war eben eine kommerzielle und industrielle Zeit. Und so ist es erklärlich, daß sie das Recht des Kaufmanns schon vor dem bürgerlichen Recht für ganz Deutschland vereinheitlichte und kodifizierte. Das geschah noch zur Zeit des Deutschen Bundes. Der hatte allerdings keine Gesetzgebungsgewalt und konnte daher (31. Mai 1861) nur den deutschen Einzelstaaten die Annahme des Entwurfs empfehlen. Dieses Allgemeine Deutsche Handelsgesetzbuch wurde 1869 Gesetz des Norddeutschen Bundes und später des Deutschen Reiches. Als am 18. August 1896 das Bürgerliche Gesetzbuch zustande kam, war es nötig, das Handelsrecht mit diesem in Einklang zu bringen. Das geschah durch das heute geltende Handelsgesetzbuch für das Deutsche Reich (HGB.) vom 10. Mai 1897. — Auch dieses deutsche Gesetzgebungswerk hat einen französischen Vorläufer: den Code de Commerce vom 15. September 1807, das erste eigentliche Handelsgesetzbuch. Aber dieses unmittelbar aus dem Revolutionsgeist geborene Gesetz streicht den ständischen Gedanken. Nicht vom Handelsstand geht es aus, wie unser HGB. §§ 1 ff., sondern vom Handelsgeschäft. Es steht also der Gedanke im Vordergrunde, daß gewisse Geschäfte einer besonderen rechtlichen Behandlung bedürfen, sei es der größeren Leichtigkeit oder härteren Formenstrenge.

Das deutsche Handelsrecht knüpft dagegen an die mittelalterliche ständische Entwicklung an, und zwar im HGB. von 1897 mehr noch als in dem dem Code näheren A.D.HGB. von 1861. (Es wird daher an deutschen Universitäten meist von Germanisten gelehrt.) In den Gilden des Kaufmannsstandes begann es. Und man darf hier nicht bloß an Italien denken, wo in den Städten seit dem 9. Jahrhundert Handelsrecht wuchs. Die uns am nächsten stehende Entwicklung ist die der Deutschen Hanse. Sie erreichte wirtschaftlich schon im 14. Jahrhundert den Höhepunkt und hielt die Herrschaft bis in das 16. Jahrhundert. Der Außenhandel Englands lag in der Hand der Hanse (deren führende Stadt damals Lübeck war). Die Carta Mercatoria von 1303 gab ihr in London eine bevorrechtete Stellung (Stahlhof). Die Verschiebung des Seehandelsschwerpunktes durch die Entdeckung Amerikas und, davor schon, das Aufkommen eines eigenen Kaufmannsstandes in England, der auf Herausdrängen der Ausländer und Aufhebung des Stahlhofes hinwirkte, schwächten die Hanse. Dietrich Schäfer hält allerdings andere Gründe für entscheidender. Der Verfasser dieser Einführung ist darauf in seiner „Geschichte des Völkerechts" (1936) näher eingegangen. In der Handelsrechtsgestaltung ging die Führung schon im 17. Jahrhundert auf Frankreich über, unter Ludwig XIV. (Ordonnance du commerce, nach einem maßgebenden Kaufmann auch manchmal Code Savary genannt: 1673; Ordonnance de la marine von Colbert: 1681).

Unser Handelsgesetzbuch beginnt mit dem echt deutschrechtlichen Gedanken des Handelsstandes. Es ist nun merkwürdig und kennzeichnend, wie die Regeln über den Kaufmannsstand sich in einer Zeit ausnehmen, aus deren Recht beinahe alle anderen ständischen Gebilde verdrängt sind.

Der Kaufmann ist, selbst in kaufmännischer und industrialisierter Zeit, nicht der einzige Wirtschaftsstand, wenn er auch im Gesetzesbestande des Deutschen Reiches der am reichlichsten bedachte ist. Neben ihm steht der Landwirt und Forstwirt. Außerdem ist der Handwerker da. Der Land- und Forstwirt ist als solcher niemals Kaufmann, mag er wer weiß wie viele Büroangestellte im Rechnungsamte seines Großgutes haben. Er steht außerhalb des Handelsrechtes. Anders und schlechter hat das BGB. von 1897 den Handwerker behandelt. Es hat ihn teilweise einbezogen in das Handelsrecht, statt ihn in dem Standesrechte zu belassen, das der Handwerkerstand seit vielen Jahrhunderten in Zünften und Innungen entwickelt hat. Aber im Handelsrechte gibt das HGB. dem Handwerker niemals die Rechtsstellung des Vollkaufmanns, sondern stets nur die des Minderkaufmanns; d. h. es schließt ihn aus von der kaufmännischen Standesvertretung und vom Handelsrichtertum. Allerdings ist es auch zu seinen Gunsten gedacht, daß er nicht als Vollkaufmann gilt: er soll nicht der ganzen Handelsstrenge der §§ 348—350 HGB. (mündliche Bürgschaft: § 350) verfallen. Von allen Sondervorschriften über Handelsgeschäfte ist er aber keineswegs ausgeschlossen (z. B. Zinsen).

Man darf, scheint mir, sehr wohl de lege ferenda dem HGB. gegenüber den Standpunkt vertreten, daß man den Handwerker ebenso wie den Bauern und Gutsherrn außerhalb des Handelsrechtes lassen soll.

Das HGB. sieht wohl, daß der Handwerker seinen eigenen Stand hat: es will darum auch den Groß handwerker nicht in den Kaufmannsstand einbeziehen, sondern ihn seiner Innung lasen. Aber daß man ihn in einzelnen Beziehungen doch nach Handelsrecht und dann eben auf jeden Fall als Minderkaufmann behandelt, kann nur als Geringschätzung des Handwerkerstandes angesehen werden. Das entspricht einer Entwicklungslinie, die auch im neuzeitlichsten Arbeitsrechte sichtbar wird, wo nur noch von den „Klassen“ der Arbeitgeber und Arbeitnehmer die Rede ist. Nach Handwerksrecht sind dagegen Meister, Geselle und Lehrling zum selben Stande verbunden. Bis in die hohe Zeit des Mittelalters geht dieser Rechtsgedanke zurück. Ja, sogar lehnsrechtliche Gedanken sind im Rechte der Handwerkerzünfte wirksam: der Kaiser oder Fürst belehnt die Stadt mit den Gewerben, die Stadtobrigkeit verleiht die Gewerbegerechtigkeit an die Zunft und diese gibt jedem Meister seine Stelle.[2] Diese Ordnung ist im Anfang des 19. Jahrhunderts verdrängt worden durch die neu eingeführte Gewerbefreiheit. Zu dieser bekennt sich die Gewerbeordnung von 1869.

Schon seit der Rezeption des römischen Rechtes wurde das Handwerk zugunsten des Handels und der Industrie zurückgedrängt. Die Rezeption brachte in wirtschaftlicher Hinsicht: Geldwirtschaft, Verkehrsfreiheit, Mobilisierung unbeweglicher Güter, Gegensatz von Eigentum und Forderung, dinglichem und persönlichem Rechte. Lehnszeit und Ständewesen beruhten auf der Wirtschaftsordnung des Zinsverbotes. Religiös sittliche Aufgaben lagen bei den Zünften, nicht bloß wirtschaftliche. Aber die privatrechtliche, einzelmenschlich-vernünftlerische und eigennützige Auffassung drang auch in diese Genossenschaften ein. Und das war das schlimmste, weil es der Schade war, den die Zunftmeister an ihrer Seele nahmen. Sie wurden aus dienenden Gliedern des Volkes zu hartnäckigen Hütern privatwirtschaftlich mißverstandener Privilegien. Schmoller spottet, daß der Geselle schließlich nur noch an der Hand einer verwelkten Meisterswitwe, die geheiratet sein wollte, in den Kreis der Meister gelangen konnte.[3]

Diesen Mißbräuchen stellten sich die preußischen Könige und schließlich der Freiherr vom Stein entgegen. Der aber wollte mit dem berühmten Oktoberedikt von 1807 ebensowenig eine schrankenlose Gewerbefreiheit einführen, wie er durch „Freiheit" und Freizügigkeit die Bauern von der Scholle und der heilsamen Verbindung mit dem Adel losreißen wollte.

Heute ist die Gewerbefreiheit da und eine zunehmend handwerksfeindliche Entwicklung. Wir haben zwar in der Gewerbeordnung und der eigenen Rechtsschöpfung (Gewohnheit und Satzung) der Innungen auch noch Handwerksrecht. Aber es tritt hinter dem Handelsrechte an Umfang und Anwendbarkeit zurück. Konservative Staatsgestaltung muß das mit Sorge sehen und auf Stützung dieses durchaus konservativen Standes bedacht sein. Daß dies erst recht für den Stand des Landwirtes gilt, der sich um mancher Augenblicksvorteile willen nicht vom Handelsstande einfangen lassen möge, versteht sich von selbst. Handel und Landwirtschaft sind so verschiedene Bereiche, daß nicht in dem einen das richtige Recht für den andern wachsen kann.

Überblicken wir die §§ 1—6 HGB., so ergibt sich, daß zum Handelsstande gehören, also Kaufmann sind:

1. Kaufleute kraft bestimmten Gewerbes. — § 1 zählt 9 solcher Gruppen von Grundhandelsgeschäften auf, deren Betrieb ohne weiteres zum Kaufmann macht. Gleich die erste Ziffer, „Anschaffen und Weiterveräußerung von beweglichen Sachen (Waren)", begreift viele Handwerker und andererseits die Fabrikanten ein, indem sie ausdrücklich vorsieht, daß das Umsatzgeschäft Grundhandelsgeschäft bleibt, auch wenn die Waren vor der Weiterveräußerung be- oder verarbeitet werden. Aber während der Fabrikant Vollkaufmann ist, bleibt, wie ausgeführt, der Handwerker (auch der Großhandwerker) Minderkaufmann. § 1 Ziffer 2 schließt übrigens den Lohnhandwerker vom Handelsrechte aus, während die Lohnindustrie einbezogen ist. Das, was den „Warenhandwerker" (den, der die Rohstoffe selber kauft) in den Augen des HGB. zum Kaufmann macht, ist also sein Kapital.

Typische Grundhandelsgeschäfte sind natürlich die des Bankiers und Geldwechslers.

Außer diesen durch ihre Tätigkeit zum Kaufmann Gestempelten sind zu merken

2. die Kaufleute kraft Eintragung (§ 2). — Das sind Personen, die zwar ein anderes Gewerbe als eines von den 9 Gruppen des § 1 betreiben, die aber doch einen Gewerbebetrieb größeren Stils, mit kaufmännischem Personal usw. haben. Sie sollen sich eintragen lassen (Sollkaufmann). Die Eintragung erfolgt in das Handelsregister, das über die Rechtsverhältnisse der Angehörigen des Handelsstandes Auskunft gibt, wie das Grundbuch über die Rechte an Grundstücken. Der Vergleich ist allerdings mit Vorsicht aufzunehmen: das Grundbuch hat einen größeren öffentlichen Glauben.

Die Eintragung in das Handelsregister wirkt beim Sollkaufmann des § 2 konstitutiv (rechtsgestaltend), d. h. sie stellt die Kaufmannseigenschaft erst her. Dagegen wirkt sie beim sog. Mußkaufmann des § 1 bloß deklaratorisch, d. h. sie bestätigt lediglich, was schon vorhanden ist.

3. „Kannkaufleute". — § 3 sieht vor, daß Land- und Forstwirte, die neben Land- und Forstwirtschaft einen damit verbundenen, doch aber selbständigen Nebenbetrieb haben, sich als Kaufleute eintragen lassen können (nicht: müssen!). Also der Gutsherr, der nebenbei eine Zuckerfabrik (Sägemühle, Branntweinbrennerei usw.) betreibt, kann als Fabrikant Kaufmann werden, wenn er will. Als Landwirt ist er aber auch dann kein Kaufmann: diese beiden Stände schließen einander aus.

Mit diesen Bemerkungen ist die Lehre vom Handelsstande natürlich nur angedeutet.

Im Rahmen dieser Einführung ist es jedoch am Platze, nunmehr zum zweiten Teile des Handelsrechtes überzugehen, das sind die Bestimmungen über Körperschaften und Gesellschaften des Handelsrechtes.

Hier ist zunächst der Sprachgebrauch zu klären. Im BGB. ist die „Gesellschaft" nur ein Vertragsverhältnis zwischen mehreren Privatpersonen im Gegensatze zum rechtsfähigen Verein, der selbst „Person", d. h. Rechtssubjekt ist. Im HGB. heißt Gesellschaft oft, was im Sinne des BGB. Verein, d. h. juristische Persönlichkeit ist (so vor allem die Aktiengesellschaft). Und es ist ganz natürlich, daß im Handelsrecht sich eine größere Zahl von Typen der juristischen Persönlichkeit anbietet. Denn wir sahen ja gleich im Anfang unserer privatrechtlichen Betrachtung, daß die juristische Persönlichkeit eine Möglichkeit ist, die von Hause her unbeschränkte Haftung der natürlichen Privatperson für alle Schulden zu beschränken. Diese Risikobegrenzung ist zu allen Zeiten ein Bedürfnis des wirtschaftlichen Unternehmers. Ebenso ist es allerdings zu allen Zeiten Aufgabe der Allgemeinheit, darauf zu achten, daß kein Schuldner seiner Haftung entschlüpft.

Der Name gibt uns keinen Aufschluß, ob die Handels-„Gesellschaft" juristische Person ist wie der Verein oder bloß Vertragsverhältnis wie die Gesellschaft des BGB. Nach herrschender Auffassung sind bloße Gesellschaften (also nicht juristische Personen, sondern Vertragsverhältnisse zwischen unbeschränkt haftenden natürlichen Personen, d. h. Menschen):

1. die offene Handelsgesellschaft (o.HG.),
2. die Kommanditgesellschaft (KG.),
3. die stille Gesellschaft.

Juristische Personen dagegen sind:

1. die Aktiengesellschaft (A.G.),
2. die Kommanditgesellschaft auf Aktien (KGaA.),
3. die Gesellschaft mit beschränkter Haftung (G. m. b. H.) — Gesetz vom 20. April 1892, in der neuen Fassung vom 20. Mai 1898 (GmbHG.),
4. die eingetragenen Genossenschaften (e. G.) — Gesetz vom 1. Mai 1889, in der neuen Fassung vom 20. Mai 1898 (GenG.),
5. Versicherungsvereine auf Gegenseitigkeit (VaG.) — Gesetz, betr. die Versicherungsunternehmungen, vom 12. Mai 1901 (VUG.).

Ob offene Handelsgesellschaft oder Kommanditgesellschaft wirklich nur Gesellschaften und keine juristischen Personen sind, ist übrigens bestritten (vor allem von Josef Kohler). Eigenartig ist die wohl aus der Renaissancezeit und Italien stammende Kommanditgesellschaft. Sie ist ein Übergang, eine Verbindung von unbeschränkt persönlicher und auf bestimmtes Kapital beschränkter Haftung. Man ist versucht, bei ihr an ein Gespräch zu denken, wie es wohl im 14. und 15. Jahrhundert in manchen der italienischen Stadtstaaten möglich war. Ein Mann, der weiter nichts hat als kühnen Mut, starke Muskeln und guten Stahl, kommt zu einem reichen Kaufmann und malt dessen Einbildungskraft abenteuerlich gewinnreiche Geschäfte vor, die er vorhat und für die er Geld braucht. „Aber wenn es schief geht?" wendet der Kaufherr ein, der die Gefahren vor dem möglichen Gewinne sieht. „Dann, Herr," antwortet der kühne Unternehmungslustige, „endet mein Leben im Schuldturm oder gar durch Henkershand. Ihr aber riskiert nichts weiter als ein paar Pfund Gold." Das ist das Wesen der Kommanditgesellschaft: einer mindestens muß persönlich haften (persönlich haftender Gesellschafter), die anderen setzen nur das eingelegte Kapital aufs Spiel (Kommanditist).

Durch die Praxis und Auslegungsfreiheiten ist die Klarheit dieses Gedankens etwas beeinträchtigt worden. Man hat eigenartige Kommanditgesellschaften gegründet. Da war der persönlich haftende Gesellschafter eine G. m. b. H., also eine juristische Person, also: X. . . G. m. b. H. & Co., Kommanditgesellschaft. Hier haftet gar kein Mensch persönlich, ist gar keine Unternehmerpersönlichkeit da, die Haut und Haar verpfändet: denn die Gesellschafter der G. m. b. H. haften nur mit ihrem Geschäftsanteil und die anderen Beteiligten sind Kommanditisten. Ist hier nicht die persönliche Haftung, die bei der Kommanditgesellschaft doch nicht verschwinden darf, „ersetzt" durch eine Kapitalhaftung?

Das Reichsgericht hat die Frage verneint und die Zulässigkeit einer solchen Gründung anerkannt (RGZ. 105, 101 ff.). Dafür spricht die Erwägung, daß ja die juristische Person nicht bloß eine Kapitalsumme, sondern eben Person, Gesamtpersönlichkeit sei. Juristische Person und natürliche Person sind eben in vieler Hinsicht rechtlich gleichgestellt. Daraus folgt aber, daß die Körperschaften nach Handelsrecht auch wirklich Persönlichkeiten sein müssen, Verbandspersönlichkeiten im deutschrechtlichen Sinne und nicht bloß (romanistisch gedacht) Fiktionen, hinter denen nicht die Wirklichkeit einer Gemeinschaft, sondern lediglich die eines personifizierten Kapitals steht. Von einer solchen bloßen personifizierten Kapitalsumme muß indessen überall da gesprochen werden, wo z. B. ein Gesellschafter der G. m. b. H. alle übrigen Geschäftsanteile an sich gebracht hat, so daß er jetzt der einzige Gesellschafter ist, der aber nicht persönlich haftet. Die Rechtsprechung am Ende der alten rechtsstaatlichen Zeit vor 1933 hat alle solche Entpersönlichung leider als möglich anerkannt. Die neueste nicht mehr rechtsstaatliche und vielfach ungültige Gesetzgebung hat daran nichts zu ändern vermocht, so sehr diese „Gesetzgeber" sonst den „Romanismus" geißelten. (Zum Problem der Einmanngesellschaft haben sich bei ihrer Mühe, neueste, staatsrechtlich fragwürdige Gesetzgebung zu erläutern und mit den alten Gesetzen des Rechtsstaates in Einklang zu bringen, geäußert: Friedrich Klausing, Reichsgesetz, betreffend die Gesellschaften mit beschränkter Haftung sowie die wichtigsten die G. m. b. H. berührenden Nebengesetze und Verordnungen, 3. Aufl. 1936 S. 31 f., 48, 56 f., 61, und Adolf Baumbach in den verschiedenen Auflagen seiner Ausgaben des Gesetzes, betreffend die Gesellschaften mit beschränkter Haftung, und des „Aktiengesetzes vom 30. Januar 1937").

Bei den Erwerbs- und Wirtschaftsgenossenschaften nach dem GenG. von 1898 betont das Rechtsleben wohl in Übereinstimmung mit der Rechtsform das Verbandsmäßige, das Genossenschaftliche. Aber bei der Aktiengesellschaft und den anderen Formen, der juristischen Person nach HGB. und GmbHG. tritt mehr ihr Wesen als Kapitalgesellschaft hervor. Wir haben da den für zulässig erachteten Fall der Einmanngesellschaft (in der z. B. eine G. m. b. H. nur zum Scheine gegründet wird und der seine Haftung künstlich beschränken wollende Kaufmann gleich nach der Gründung die Geschäftsanteile seiner Gesellschafter erwirbt, diese also hinausdrängt). Es fehlt die Gemeinschaft; statt der Verbandspersönlichkeit ist eine personifizierte Geldsumme da.

Man hat die Aktiengesellschaft schroff kapitalistisch genannt. Gewiß steht bei ihr die Kapitalanhäufung im ganzen und die Risikobeschränkung für den einzelnen Aktionär im Vordergrunde. Sie ermöglicht die größten — und die gewagtesten Geschäfte. In Zeiten jäh erwachender Unternehmungslust, wie etwa in den „Gründerjahren" nach 1871, kann sie ins Schwindelhafte verführen. Die deutsche

Aktiennovelle von 1884 suchte dem Leichtsinn und Gründungsschwindel vorzubeugen. Auch die ausländischen Rechte üben eine strenge Aufsicht über die Aktiengesellschaft aus (englisch heißt sie joint stock company, Company limited by shares, zuerst grundlegend geregelt im Companies Act von 1862, heute zusammengefaßt im Companies Act von 1928; französisch: Société anonyme, Gesetz von 1867 mit späteren Novellen).

Es wurde eine Reform des Aktienrechtes versucht. (Vgl. Entwurf eines Gesetzes über Aktiengesellschaften usw. 1930.)

Die eine Reformpartei geht von dem Gedanken der Gemeinschaft aller Aktionäre, auch der kleinen, aus und verurteilt das Anhäufen aller Macht und Entscheidung (durch bloße Stimmrechtsaktien) in den Händen einiger weniger. Andere (z. B. Müller-Erzbach) wollen die Kleinaktionäre zurückdrängen und die Aktiengesellschaft bewußt aufbauen auf Verantwortungspflicht und Verantwortungsfreudigkeit der Großaktionäre. Und schließlich versucht man, über dem Gegensatz von Großaktionär und Kleinaktionär eine neue rein sachliche Gemeinsamkeit zu finden: das Unternehmen. Dieses versachlichende Denken liegt etwas im Zuge der Zeit (das „Werk", der Kulturwert als Objektivität und — angebliche! — Überwindung des Individualismus). Ob es für das Aktienrecht und das Recht der anderen juristischen Personen des Handelsrechtes fruchtbarer sein kann als für das allgemeine Rechtsdenken: das zu beurteilen, muß ich den Fachvertretern des Handelsrechtes überlassen. Wer sich über diese Zeitfragen unterrichten will, lese zuerst die Denkschrift zum Entwurf eines Gesetzes über Aktiengesellschaften und Kommanditgesellschaften auf Aktien von 1930 und dann etwa die Schriften von Solmssen, Haußmann, Netter, Müller-Erzbach und die Veröffentlichungen des Kölner (34.) Juristentages.[4]

Der ruhige Fortgang von Beratung und Gesetzgebung wurde durch staatliche Umwälzung und Unrecht unterbrochen. Was neu entstanden ist, wird von der Frage erschüttert, ob es staatsrechtlich gültig sei. Nach Umsturz, Staatsstreich, in Legalität gehüllte Revolution, gemischt mit Betrug, Überschreitung einer gesetzlichen Ermächtigung, wie sie in dieser Weise kaum je einem Kabinett gegeben wurde, ist mehr als ein Grund zu solcher Frage. Wird sie nicht viel zu leicht genommen? Ist nicht auch bei den Gegnern der Männer von Gestern der Glaube an die Macht mechanischen Gesetzmachertums erschreckend groß? Sind wir nicht allzu weit von Savigny abgekommen? Staatsrechtliche Besinnung wird uns helfen müssen, auf solche Fragen zu antworten. Wer den mit so schwerer staatsrechtlicher Fragwürdigkeit belasteten Inhalt der neuen Handelsgesetze kennen lernen will, sei verwiesen an: Julius von Gierke: Handelsrecht und Schiffahrtsrecht, 5. Aufl. I. 1938, II. 1941.

Hans Würdinger: Gesellschaften, I. Teil: Recht der Personalgesellschaften, 1937; II. Teil: Recht der Kapitalgesellschaften, 1943. Hans Schumann: Gesellschaften (1940). Ernst Heymann: Handelsrecht mit Wertpapier- und Seerecht (1944).

Im Aufbau des Handelsrechtes hat dem Handelsstande und Gesellschaftsrechte die Lehre von den Handelsgeschäften und ihre Verschiedenheit von anderen Rechtsgeschäften (§§ 343 ff. HGB.) und das Schifffahrtsrecht (§§ 474 ff. HGB.) zu folgen.

Das Seehandels- und Schiffahrtsrecht des 4. Buches (§§ 474 ff.) ist ein eigenes großes Gebiet, dessen Quellen schon im ausgehenden Mittelalter fließen. Dieses private Seerecht ist scharf zu unterscheiden vom öffentlichen Seerecht, das ein Teil des Völkerrechtes ist. Von deutschen Rechtsgelehrten hat vor allem Hans Wüstendörfer in Hamburg seine Lebensarbeit dem Seerechte gewidmet. Sein großes Werk ist jetzt (1947) endlich erschienen.

Anmerkungen zum Handelsrecht

1 Julius von Gierke, Die deutsche Hanse, 1918. (Maximilian von Hagen, Bismarcks Kolonialpolitik, 1923, S. 1 „ . . der Hanse, die mit ihrem Netz von Handelsfaktoreien die erste Grundlage zu einer tatkräftigen Kolonialpolitik gelegt hatte L. Goldschmidt, Handbuch des Handelsrechts, I, 1868; Universalgeschichte des Handelsrechts, I, 1891.

2. Roscher, Geschichte der Nationalökonomik in Deutschland, 1874, S. 16.

3 Schmoller, Das brandenburgisch-preußische Innungswesen, Forschungen Bd. 1. Umrisse und Untersuchungen zur Verfassungs-, Verwaltungs- und Wirtschaftsgeschichte, 1898. S auch Klaus Thiede, Betrachtungen über Steins Stellung zur Wirtschaftsordnung, Nationalwirtschaft, Jahrg. 2, 1928.

4 Solmssen, Probleme des Aktienrechts, 1928; Haußmann, Vom Aktienwesen und Aktienrecht, 1927; Netter, Probleme des lebenden Aktienrechts, 1929; Müller-Erzbach, Umgestaltung der A.G zur Kerngesellschaft verantwortungsvoller Großaktionäre, Gesellsch.-Abh Herausgegeben von Nußbaum, Heft 11, 1929; Druckschriften des Deutschen Anwaltvereins Nr 20 und 22, 1929

5 Vom Schrifttum des Handelsrechtes seien genannt die großen Lehrbücher von Cosack und Müller-Erzbach. Ein Grundriß, der aber vollkommen die Dienste eines Lehrbuches erfüllt, ist der von Julius von Gierke, 3. Aufl., 1929 (de Gruyter) Von den älteren Schriftwerken dürfte unerreicht geblieben sein die Universalgeschichte des Handelsrechts von Ludwig Goldschmidt (1891). Das große von Ehrenberg herausgegebene Handbuch des Handelsrechts dient mit seiner Fülle von Monographien dem Fortgeschrittenen zur Vertiefung. — Zur Einführung auch Lehmann-Hoeniger in Sammlung Göschen. Eugen Locher, Handels-, Wechsel- und Seerecht, 5 Aufl., I, 1938, II, 1941. (In Stammler, Das gesamte deutsche Recht in systematischer Darstellung, I, 1931) — Eine wichtige Einzeluntersuchung Walter Erman Personalgesellschaften auf mangelhafter Vertragsgrundlage 1947.

Zweite Abteilung.

Arbeitsrecht.

Dieses Gebiet ist nach der Revolution ungemein angeschwollen. Aber wie andere neue „Rechtsgebiete“ (z. B. Wirtschaftsrecht, Jugendrecht) ist es mit dem Zweifel behaftet: ob es wirklich etwas systematisch in sich Geschlossenes, ob es ein einheitliches Rechtsgebiet sei. Seine Normen knüpfen zum Teil an das Privatrecht an, zum Teil nähern sie sich dem Staats- und Verwaltungsrechte, und dann wieder handelt es sich um Gerichtsverfassung und Prozeßrecht. Also in beinahe allen

Rechtsgebieten finden sich Teile des Arbeitsrechtes. Läßt es sich aus der Verstreuung sammeln und nach einheitlichem Plane von einem großen ordnenden Gesichtspunkte her aufbauen?

Wir wollen es vom Stande her sehen. Das wird vielleicht, soweit das geltende Recht in Frage steht, ein Versuch bleiben, der nicht recht glücken kann. Denn der Sozialismus, der das neue Arbeitsrecht hauptsächlich geschaffen hat, ist ständischem Denken geradeso feindlich, wie es der Napoleonische Code de Commerce von 1808 war, der das Handelsrecht nicht vom Handelsstande, sondern vom Handelsgeschäfte her aufbaute. Aber das deutsche Handelsrecht hat dann schließlich doch den deutschrechtlichen Ausgangspunkt des Standes gewählt. Und so ist die Hoffnung nicht unbegründet, daß in Arbeitsrecht und Arbeitsrechtswissenschaft gesundes ständisches Denken einkehrt. Mit Othmar Spann, August Winnig und vielen anderen sehe ich in der Standwerdung des Arbeiters die einzige Möglichkeit, jene Frage zu lösen, die man mit undeutschem Namen und Begriff die „soziale" nennt. Aber das Wort Stand wird vorläufig zumeist noch in einem unklaren Sinne gebraucht. Es gilt, in der Gestaltung des Rechtslebens den Unterschied von Stand und Klasse zu betonen. Die Bindung und Bildung des Standes, wie sie im Wirtschaftsleben etwa in der mittelalterlichen Zunft hervortrat, verhindert den Klassenkampf. Der erste Hauptteil des heutigen Arbeitsrechtes hingegen ist aus Klassenkampf und daraus folgender Auflehnung gegen die Autorität des Staates entstanden, kurz nach dem 9. November 1918, in der Verordnung der Volksbeauftragten vom 23. Dezember 1918, auf der das Tarifvertragsrecht lange beruhte. Aber nicht das allein genügt, daß man den Unterschied von Stand und Klasse erkennt. Wie man die guten ständischen Vorbilder der Geschichte beachten soll (sie sind übrigens nicht im Ständewesen des verfallenden Reiches, sondern in dessen Blütezeit zu suchen), so muß man den ewigen Sinn des Standes in der göttlichen Schöpfungsordnung erforschen; ihn aus der Art, wie in ihr Ungleiches (z. B. Mann und Frau) verbunden sind, entnehmen. Es ist ein alter Wahn, daß es der Welt, dem Menschen gelingen könne, die gottgewollte Ordnung zu überwältigen. Nur der, der lediglich das Äußere und Naturhafte, nicht aber das Seelische in der Schöpfung sieht, kann solchem Wahn verfallen. Heute hat sich im ernsten wissenschaftlichen Denken die Einsicht in das wahre Wesen des Standes, in das wirklich von Gott her Bestimmte wieder geltend gemacht. Hier ist in erster Linie zu denken an das, was E. von Kleist-Schmenzin aus preußisch-konservativer Haltung geschrieben hat.

Scheinbar entfernen wir uns weit vom wirklichen Arbeitsrechte, wenn wir zum Ausgangspunkt den Stand nehmen und ihm diesen Sinn und unseren Gedanken solche Richtung geben. Und doch ist sicher, daß das neue Arbeitsrecht sich dadurch vom Privatrecht im Sinne des BGB., das in den §§ 611 ff. doch auch ein Recht des Arbeitsvertrages enthält, scharf unterscheidet, daß es nicht die Person, nicht den Einzelmenschen zum Ausgangspunkt erwählt, sondern die Gemeinschaft. Vielleicht eine letztlich doch wieder einzelmenschlich (individualistisch) verstandene Gemeinschaft, aber doch eben den Verband und nicht den Einzelnen.

Im BGB. ist der einzelne Arbeitnehmer Vertragspartei, Dienst- oder Werkpflichtiger. Im neuen Arbeitsrecht ist auf der Arbeitnehmerseite nur der Berufsverband tariffähig, d. h. fähig, durch Gesamtarbeitsvereinbarung die eigentümlichen Normen des Arbeitsrechtes zu schaffen. Also nicht der Persönlichkeitswille in den Schranken von Gesetz und Gewohnheit, sondern ein Gesamtwille ist hier Rechtsquelle. Die erste und im Vordergrunde stehende Gesamtheit ist der Berufsverband. Aber sie ist nicht die einzige. Und das schafft eine Schwierigkeit, vielleicht einen Zwiespalt im Arbeitsrecht. Zuerst in beinahe bolschewistischen, dann in gemäßigten Formen wurde in der Nachkriegsgesetzgebung das Betriebsrätewesen geschaffen. Die Betriebsgemeinschaft also ist die zweite Art der Gesamtheit. Über beiden aber, über Berufsverband und Betriebsgemeinschaft, wölbt sich der Staat als Schlichter und Richter, als Arbeitsvermittler und Fürsorger. So ergeben sich drei Hauptteile dieses neuen Arbeitsrechtes:

1. das Gesamtvereinbarungsrecht (Tarifvertragsrecht) der Berufsverbände,
2. das Betriebsräterecht,
3. Arbeiterschutzrecht, Schlichtungswesen, Arbeitsgerichtsbarkeit, Arbeitsvermittlung, Arbeitslosenversicherung, (Sozialversicherung), internationale Organisation der Arbeit.

Nach allen Erschütterungen und neuen Versuchen ist es noch immer nützlich, sich diese drei Punkte des Arbeitsrechtes, wie es sich 1918—1933 gebildet hat, klarzumachen.

1. Das Recht der Gesamtvereinbarung (Tarifvertragsrecht).

Es ist behauptet worden, das Arbeitsrecht beginne erst im 19. Jahrhundert. Zur Begründung hierfür dient der an sich richtige Satz, daß das Arbeitsrecht den Arbeiter als Rechtssubjekt und das Arbeitsverhältnis als freie Arbeit voraussetzt. Damit mag wohl die Antike, soweit sie Arbeiter nur als Rechtsobjekte, als Sklaven kannte, ausscheiden.

Im Mittelalter lagen die Dinge schon wesentlich anders. Industriearbeiter gab es noch nicht. Aber man kannte sehr wohl durch Handarbeit begründete Rechtsverhältnisse. Sie fügten sich ein in das Recht des Handarbeiterstandes. Geselle und Lehrling unterstanden dem Meister, dieser gliederte sich der Zunft ein. Nur allein vom Einzelnen ausgehendes Denken kann dieser Bindung wegen von „Unfreiheit“ sprechen. Es war eine Ordnung, die im Mittelalter den „sozialen Frieden“ aufrechterhielt. In der Verfallzeit des Mittelalters, in der Renaissance vermochte sie, innerlich geschwächt durch den Umsturz des christlich gebundenen Rechtes und Wirtschaftslebens, nicht mehr ihre Befriedungsaufgabe zu erfüllen. In den Unruhen der Webergesellen von Speyer (1341, 1362) haben wir die ersten Streiks — und die ersten Tarifverträge. Mit der Macht der Zünfte verfiel die Ordnungs- und Zuchtgewalt der Meister. Aber aus ständischer Gebundenheit entschlüpfte der neuzeitliche Mensch nicht gleich in ungebundene Freiheit. Die Polizei des Landesherrn trat an die Stelle der zünftigen Zucht, (In England schob sich Gemeinde und Friedensrichter ein und verband besser Individuen und Staat.) Deshalb behaupten viele, daß auch am Ende des 18. Jahrhunderts in Preußen die Arbeit noch nicht frei gewesen sei: denn das Preußische Landrecht von 1794 habe immer noch Zwang gegen Gesellen gekannt, die sich von der Arbeit, zu der sie sich verpflichtet hatten, drückten. Wir dürften heute aber nicht mehr geneigt sein, darin schon drückende Knechtschaft zu sehen, daß die Polizei den jungen Mann hinderte, einen blauen Montag zu machen. Allerdings haben wir in allerletzter Zeit auch wieder ein tiefes Verständnis für die Besorgnis bekommen, daß behördlicher Arbeitszwang die Freiheit vernichten könne. Das Arbeitsamt hat eigenartige Macht über den Menschen erhalten. Das 19. Jahrhundert führte die Freiheit und Unantastbarkeit der Person ein, so daß fortan der Arbeiter ebensowenig zwangsweise zur Arbeit geführt, wie irgendein anderer Schuldner in Schuldhaft geworfen werden durfte. Die Achtung vor der Persönlichkeit in dem christlich begründeten Sinne, aus dem der Freiherr vom Stein die Bauernbefreiung wollte, ist gut. Die formale Freiheit der Person, durch Verträge ihre Arbeitskraft gleich einer Ware zu verkaufen, ist gerade vom Sozialismus heftig verurteilt worden (manchmal ungerecht und blind gegen die idealistischen Züge dieser liberalen Bürgerkultur). Das Arbeitsrecht des BGB. beruht auf dieser Vertragsfreiheit und Gleichheit der Vertragspartner vor dem Gesetze (nur wenige Tropfen sog. sozialen Öls sind darüber ausgegossen). Die Wünsche der Berufsverbände, also hauptsächlich der Gewerkschaften, wendeten sich gegen eine Freiheit und Gleichheit, der sie vorwarfen, daß sie nur auf dem Papier stehe, nur formal sei. Sozialisten und Gewerkschaften wiesen darauf hin, daß wirtschaftlich der Arbeiter dem „Unternehmer", dem Fabrikanten, dem „Eigentümer der Produktionsmittel", nicht gleich sei, sondern der Schwächere. Und weil er als Schwächerer sich dem wirtschaftlichen Machthaber beugen müsse, sei er trotz oder gerade wegen der formalen Vertragsfreiheit nicht frei. Denn was rechtlich als Vertrags-, als Lohnangebot des „Kapitalisten" erscheine, sei wirtschaftlich und in der Lebenswirklichkeit ein Diktat.

Die Gewerkschaften gehen zunächst darauf aus, die wahre Gleichheit wiederherzustellen. Sie begründen den Zusammenschluß der Arbeiter damit, daß der „Unternehmer", der „Kapitalist", wirtschaftlich gewertet, eben nicht ein einzelner sei wie irgendeiner seiner Arbeitsvertragskontrahenten, irgendeiner seiner Arbeiter. Seine Kraft gleicht der der vielen (aber wievielen?) Einzelmenschen auf der Arbeitnehmerseite. Indem sich diese vielen zusammenballen und als Gewerkschaft dem Arbeitgeber entgegentreten, sei erst das richtige Kräfteverhältnis wiederhergestellt. Aus diesem Gedanken entspringt das leidenschaftliche Verlangen nach Vereinigungsfreiheit, Koalitionsfreiheit. Die Weimarer Verfassung vom 11. August 1919 zählt sie unter den „Grundrechten" auf (Art. 118, 124, 159). Gewerkschaften waren aber auch schon lange vor dem Kriege da. Sie schlossen auch Tarifverträge. Ursprünglich stand ihnen der marxistische Sozialismus gar nicht freundlich gegenüber. Denn sie wollten ja ein gewisses mechanisches Gleichgewicht zwischen Unternehmer und Arbeitern herstellen. Bedeutete das nicht faulen Frieden, während Entscheidungskampf nötig war? Aber es stellte sich heraus, daß Gewerkschaft und Tarifvertrag nicht Frieden brachten, sondern nur Waffenstillstand. Und das versöhnte die Kampflustigen und Radikalen.

Während des Waffenstillstandes sahen sich die Parteien nach neuen Kampfmitteln um. Wer auf Unternehmerseite unter den vielleicht mit Ausstand (Streik) abgezwungenen Bedingungen litt, suchte „unorganisierte" Arbeiter zu finden, die frei und willig waren, ihre Arbeit zu anderen Bedingungen anzubieten als die organisierten. Die Gewerkschaften aber strebten naturgemäß danach, alle in Betracht kommenden Arbeitskräfte durch ihre Organisation zu erfassen. Der Staat vor 1918 gebot Frieden in diesem Kampfe, indem er den Privatleuten und Privatvereinigungen (denn allein als solche kamen Arbeitgeber- und Arbeitnehmerverbände in Betracht) verbot, Zwangsmittel gegen den Einzelmenschen anzuwenden. Denn auf der Freiheit der menschlichen Persönlichkeit sollte das Wirtschaftsleben beruhen.

Dieser Grundsatz mußte zerbrochen werden, damit das neue Arbeitsrecht emporkommen konnte. Der Berufsverband wurde aus einer Privatvereinigung zu einem Faktor des öffentlichen Lebens, des staatlichen Gemeinwesens: als solchen erkennt ihn die Weimarer Verfassung Art. 163 an. Der Arbeitnehmerverband schließt mit dem einzelnen Arbeitgeber oder Arbeitgeberverband die Gesamtarbeitsvereinbarung (Tarifvertrag) und schafft damit eine Norm, in die sich alle Einzelarbeitsverträge einzufügen haben. Für die Einzelarbeitsverträge gilt nach wie vor das BGB. Aber die dort gewährte Vertragsfreiheit ist dem Einzelnen durch das Vereinbarungsrecht der Berufsverbände beschnitten. Die Norm des Tarifvertrages gilt wie eine gesetzliche oder gewohnheitsrechtliche Norm. Sie kommt aus Gesamtwillen, aus öffentlicher Gewalt (?) und ist unabdingbar, d. h. vom Einzelwillen (zuungunsten des Arbeitnehmers) nicht veränderlich.

Diese Normierungsgewalt des Verbandes gilt zunächst nur für seine Mitglieder. Damit aber die Tarifvertragspartei nicht etwa die unberührt gebliebene Vertragsfreiheit der von der Gesamtvereinbarung nicht erfaßten Privatpersonen ausnütze, damit nun also der Arbeitgeber nicht etwa nach billigeren unorganisierten Arbeitskräften fahnde, ist vorgesehen, daß der Tarifvertrag für allgemeinverbindlich erklärt werden kann. Hier greift die Obrigkeit (oder wie man eine „Regierung“ sonst zu nennen beliebt) ein, die „Reichsarbeitsverwaltung“. Hier geht also unsere Betrachtung bereits in das öffentliche Recht, das Recht vom Staate her gesehen, das wir schon lange streiften, tief hinein. Es ist kein reines Arbeitsrecht, sondern ebenso Staats- und Verwaltungsrecht. Die Grundlagen für diese Gesamtarbeitsvereinbarung und ihre Allgemeinverbindlicherklärung finden sich in der Volksbeauftragtenverordnung vom 23. Dez. 1918. Beispiel einer Allgemeinverbindlicherklärung:

In einer Stadt hat ein Transportarbeiterverband mit einer Speditionsfirma J. einen Tarifvertrag geschlossen. Dieser wird allgemeinverbindlich erklärt. Jetzt kann der Spediteur X., der nicht am Vertrage beteiligt war, auch nur noch zu Tarifbedingungen Arbeiter beschäftigen, gleich ob diese organisiert oder nichtorganisiert sind; während er vor der Allgemeinverbindlicherklärung neueingestellte Arbeiter zu tarifwidrigen Bedingungen beschäftigen konnte, sogar organisierte Arbeiter: denn zunächst schafft auch der Tarifvertrag nur Recht zwischen den Tarifvertragsparteien (jus inter partes). Er kann aber für eine ganze Stadt oder ein noch größeres Gebiet allgemeinverbindlich werden durch jene Erklärung, die ein Staatshoheitsakt ist — so wie die Wirtschaftsregulierungen im Polizeistaat oder die Festsetzungen des englischen Friedensrichters Staatsakte waren.

Allgemeinverbindlich wird dann aber immer nur ein Teil der Gesamtarbeitsvereinbarung, der sog. normative Teil. Er enthält die allgemeinen Arbeitsbedingungen, während der andere Teil, der sog.

schuldrechtliche (obligatorische), die privaten Verpflichtungen der Vertragschließenden gegeneinander festsetzt (z. B., daß die Kosten des Vertragsabschlusses anteilig getragen werden sollen, wie lange er gilt usw.)

Der normative Teil des Arbeitsvertrages ist die Hauptsache. Er ist ein örtliches Arbeitsgesetz. Er kann mehr enthalten als nackte Lohnfestsetzungen. Aber die meisten Tarifverträge zeigen, daß das Arbeitsverhältnis als nichts anderes denn ein Lohnverhältnis betrachtet wird. Um den Lohn, nur um ihn, wird erbittert gerungen. Nicht immer kommt es zur freiwilligen Vereinbarung. Aber der Wirtschaftsfriede verlangt die Lohnfestsetzung.

Wenn daher die Parteien sich nicht einigen können, sondern in Streik und Aussperrung zu zerfallen drohen, greift das staatliche Schlichtungswesen ein (Verordnung vom 23. Oktober 1923 und Notverordnung vom 9. Januar 1931) und zwingt die Parteien zur Vereinbarung durch Verbindlichkeitserklärung eines Schiedsspruches (wohl zu unterscheiden von der obenbehandelten Allgemeinverbindlicherklärung eines Tarifvertrages).

Hier und in der Arbeitsgerichtsbarkeit haben wir aber nicht mehr Recht vom Stande her, sondern Recht vom Staate her.

2. Recht der Betriebsgemeinschaft (Betriebsrätegesetz).

Ob der Berufsverband eine Standesgemeinschaft ist, blieb fraglich. Ist es die Belegschaft des Betriebes? Sie besteht aus zwei Gruppen, den Angestellten und Arbeitern. Sie wählen den Betriebsrat. Bildet dieser mit dem Arbeitgeber zusammen eine wirkliche Gemeinschaft? Ist hier die „soziale Frage" gelöst?

Wer die Eingangsstellen des Betriebsrätegesetzes liest und ihnen vertraut, könnte es glauben. Dort wird ein wahrhaft gemeinschaftliches Anteilnehmen am Betriebe von Arbeitern und Arbeitgeber gefordert.

Das ist übrigens ein Widerspruch zum ursprünglichen Gewerkschaftsgedanken. Denn in diesem ist alles auf Gegensätzlichkeit zum Arbeitgeber abgestellt. Das kommt praktisch am deutlichsten darin zum Ausdruck, daß nach der herrschenden Meinung im Arbeitsrecht als Berufsverband, der tariffähig, also fähig ist, durch Gesamtvereinbarung gesetzesgleiche Normen zu schaffen, nur die Arbeitervereinigung anerkannt wird, die ausschließlich Arbeitnehmerinteressen vertritt. Damit wären sog. „faschistisch" organisierte Verbände oder die Hugenbergschen Werkgemeinschaften von der Mitarbeit an der Arbeitsrechtsgestaltung ausgeschlossen. Ist nicht aber die Betriebsgemeinschaft, wie sie im Betriebsrätegesetz vorgesehen zu sein scheint, eine solche Werksgemeinschaft? und also hier im Betriebsräterecht ein ganz anderer Rechtsgedanke verwirklicht als im Gewerkschafts- und Tarifvertragsrecht?

Man muß sich als Jurist darüber klar sein, daß einzelne Gesetzesworte, besonders in den einleitenden, oft großwortigen Abschnitten eines Gesetzes, trügen können. Man muß stets versuchen, das Gesetz in seiner Gesamtheit vor Augen zu haben, ja darüber hinaus bestrebt sein, diese wieder in das größere Ganze der Rechtsordnung überhaupt einzustellen. Die Rechtsordnung aber kommt zum Ausdruck (von unten beginnend) in privatem Vertragswillen, Gesamtvereinbarung innerstaatlicher Verbände, staatlichem Gesetz, Rechtsprechung, Verwaltungspraxis, Gewohnheit, völkerrechtlicher Vereinbarung und göttlichem Gebot. In unserem Zusammenhang genügt es zunächst, wenn wir außer dem Gesetz die dazugehörige Rechtsprechung betrachten.

Der Arbeitnehmerberufsverband hat dafür gesorgt, daß ihm der einzelne Betrieb und seine Belegschaft nicht entgleitet. In § 47 ist ihm verbürgt, daß er zu jeder Betriebsversammlung zugezogen werden und dort mit beratender Stimme teilnehmen kann. Diese Bestimmung hat den Gerichten bereits vielfach Schwierigkeiten bereitet. Viele Streitfälle sind vorgekommen. Ein Arbeitgeber stellte Haus und Fabrik gern seinen Angestellten und Arbeitern zur Verfügung. Aber dem Gewerkschaftssekretär, in dem er seinen Feind und Beleidiger sah, hat er verboten, sein Grundstück zu betreten. Der aber fühlt sich als Beauftragter der Arbeitnehmervereinigung nach § 47 BRG. und hält sich für berechtigt, den Zutritt zur Betriebsversammlung und damit zu den Geschäftsräumen des Arbeitgebers zu erzwingen. Dieser stellt sich ihm entgegen. Wer hat recht? Das Hausrecht, geschützt in § 123 StGB., und das Recht aus § 47 BRG. stehen gegeneinander. Zwei Gesetze scheinen im Widerspruch. Aus keinem jedenfalls folgt eindeutig die Entscheidung; denn ohne weiteres ist nicht ersichtlich, daß etwa § 47 BRG. als das jüngere Gesetz das Hausrecht eingeschränkt habe. Es sagt nichts hierüber. Wie ist hier zu entscheiden?

Der Jurist hat die Frage von drei Seiten her anzusehen: 1. von der Entstehungsgeschichte des Gesetzes, 2. vom Gesetzeszwecke (ratio legis), 3. vom Werte der auf dem Spiele stehenden Rechtsgüter her, also aus dem Gesichtspunkte möglicher Güterabwägung.

Aus der Entstehungsgeschichte des alten (nebenbei: sehr schnell zustande gekommenen) Betriebsrätegesetzes folgt, so kann vielleicht gesagt werden: man wollte durch Einführung des Betriebsrates den Herrn-im-Hause-Standpunkt des Unternehmers einschränken, also darf er sich hier nicht lediglich als Privateigentümer des Fabrikgrundstückes, sondern muß sich vielmehr als Mitglied der Betriebsgemeinschaft fühlen und nicht auf sein Hausrecht pochen. Hierauf ist zu erwidern: 1. gerade wenn sich der Arbeitgeber als Mitglied der Betriebsgemeinschaft fühlt, wird er den Weisungsübermittler der zentralen Organisation, die er für hetzerisch hält, als betriebsfremd empfinden; und, vor allem, 2. das Hausrecht ist nicht lediglich als privates Rechtsgut zu betrachten wie das Eigentum. Das Strafgesetzbuch zählt den Hausfriedensbruch unter den Verbrechen und Vergehen gegen die öffentliche Ordnung auf. Die Eigenmacht, die Gewalttätigkeit des Gewerkschaftsbeamten greift eine sehr wichtige und elementare Norm an, die nämlich, welche die Selbsthilfe verbietet und Frieden gebietet. Schränkt der § 47 BRG. die Geltung dieser Norm ein? Es ist zu beachten: Ausnahmen müssen eng interpretiert, einschränkend ausgelegt werden. Nichts deutet darauf hin, daß zur Durchsetzung des Rechts aus § 47 BRG. Selbsthilfe erlaubt sein soll.

Der unmittelbare Zweck des Gesetzes ist: zu ermöglichen, daß ein Verbandsbeauftragter an einer Betriebsversammlung beratend teilnimmt. Dieser Zweck kann auch anders erreicht werden, nämlich einfach so, daß die Betriebsversammlung an einen anderen Ort verlegt wird. Etwaige Kosten für den Versammlungsraum hat dann der Arbeitgeber zu tragen (§ 36 BRG.).

Die letzte Frage ist die der Güterabwägung. Was geht vor, das Rechtsgut, das hinter § 47 BRG. steht oder das vom § 123 StGB. geschützte?

Die Mehrzahl der vorliegenden richterlichen Entscheidungen entscheidet sich für die Einschränkung des Hausrechtes, also für den Verbandsbeauftragten und gegen den Arbeitgeber. Ich urteile anders.

Aber an dieser Stelle (im System, soweit wir es bisher aufgebaut haben) läßt sich der Fall noch nicht ganz klar überblicken. Die Fragen der Güterabwägung führen uns hier zu den höchsten Fragen unserer deutschen Rechtsordnung überhaupt. Zwei Gesetze stehen äußerlich in Widerspruch. Er löst sich erst, wenn wir sie einordnen in die Gesamtverfassung des Reiches und Staates, wenn wir die Fragen des Arbeitsrechtes von der gesamten öffentlichen Ordnung her sehen. In diesen Zusammenhang gehören vor allem die rein öffentlich-rechtlichen Teile des Arbeitsrechtes: die „Selbstverwaltung der Wirtschaft" (die erst eine werden müßte) in der Reichsanstalt für Arbeitsvermittlung und Arbeitslosenversicherung (Gesetz von 1927 in der neuen Fassung vom 12. Okt. 1929), das Schlichtungswesen und die Arbeitsgerichtsbarkeit. Die „Organisation der Arbeit" langt übrigens über den Staat hinaus, da ihr von Anfang an eine internationale Richtung innewohnt. Diese Organisation und ihr Internationales Arbeitsamt in Genf gehören systematisch ins Völkerrecht.

Wir begannen mit dem Gedanken des Standes und dem Wunsche nach Standwerdung des Arbeiters. Ebendamit müssen wir schließen. Erfüllen kann sich der Wunsch erst, wenn das Arbeitsverhältnis besser und tiefer verstanden wird, denn als ein bloßes Lohnverhältnis. Der Handwerker hat in der Innung, die Meister, Geselle und Lehrling zum selben Stande vereinen kann, ein Recht, das es zu stärken und zu bewahren gilt. Nimmermehr darf es von der großstädtischen Welle allzu modernen Arbeitsrechtes weggespült werden. Vor allem darf das Lehrverhältnis nicht zum tarifmäßigen Lohnverhältnis erniedrigt werden. Von Meistern verschuldete Mißbräuche sind abzustellen, Zucht und Autorität aber müssen erhalten bleiben.

Der Handwerker soll sein Standesrecht erhalten und stärken. Das Industrievolk, Arbeitgeber und Arbeitnehmer, muß sich erst ein Standesrecht erringen, das sich in die Verfassung des Deutschen Reiches würdig einfügt und vor dem Urteil deutscher Geschichte bestehen kann.

Die Gesetze nach 1933 sind auch auf dem Gebiete des Arbeitsrechtes mit staatsrechtlicher Fragwürdigkeit belastet. Ebenso ist vieles im Schrifttum, soweit es parteilicher Art ist, gebunden an Voraussetzungen, die unwissenschaftlich, gehässig und schlecht sind. Trotzdem muß andererseits festgestellt werden: Es ist seit langem Neues im Werden. Wir können nicht einfach zufrieden sein mit dem, was vor der Umwälzung, vor dem Unrecht, das den Gewerkschaften geschah, gewesen ist. Daß das Unrecht, das gegen die Gewerkschaften wie gegen andere Menschengruppen wütete, beseitigt wird, muß erwartet werden. Aber auch die Gewerkschaften werden sich nach unserer Überzeugung zur Einsicht in die Notwendigkeit eines Standes der Industrie, der Arbeitgeber und Arbeitnehmer umfaßt, durchringen müssen.

Anzuerkennen ist in der neuesten Rechtsentwicklung, soweit sie überhaupt schon spurweise erkennbar ist, daß die Gewerkschaften ihre Überparteilichkeit betonen. Über alle die neuen, sehr schwierigen Fragen hat Papst Pius XII. tief zu Herzen gehende Worte gesprochen, welche die Welt nur zu ihrem größten Schaden unbefolgt lassen könnte. Es ist besonders hinzuweisen auf die Ansprache an Mitglieder der christlichen Arbeitervereine Italiens am 11. März 1945 und auf die Ansprache an die Arbeiter Italiens 1943. (Der Papst spricht. Ansprachen und Botschaften Papst Pius XII. aus der Kriegs- und Nachkriegszeit, herausgegeben vom Ordinariat Berlin, 1946, S. 37—46 und 51—55.)

Die Gewerkschaften müssen aber darüber hinaus auch einen gewissen Totalitätsanspruch aufgeben. Es darf nicht so kommen wie beim Handelsrecht: daß man nämlich so tut, als gäbe es außer dem im Vordergrunde der großen Städte stehenden Stande gar nichts anderes. Es darf nicht das Recht der andern Stände so unterjocht werden wie einstmals das Handwerksrecht vom Handelsrecht an die Seite gedrängt wurde. Das Arbeitsrecht der Industrie ist eine notwendige und gute Sache. Es scheint uns aber wichtig zu sein, die Rechte der anderen Stände und ihrer Arbeitsverhältnisse dagegen abzugrenzen und in ihrer Eigenart hervorzuheben. Für eine künftige Neubearbeitung des Rechtes wird es hoffentlich selbstverständlich sein, daß Landwirtschaftsrecht und Handwerksrecht gleichberechtigt neben dem Arbeitsrechte stehen.

Zu den oben beim Sachenrecht gegebenen Hinweisen auf das Landwirtschaftsrecht sei hier nachgefügt: Delius, Das preußische Rentengut, 1918. Das ist eine volkstümliche Anweisung, wie man ein Rentengut erwerben kann. Es diene hier als Beweis für die Tatsache, daß man auch vor dem Umsturz, noch in dem ersten Weltkriege schon lange an ein organisches Siedlungsrecht gedacht hatte (s. über die Rentengutsgesetzgebung oben S. 119 f). Wichtige Arbeiten siedlungsrechtlicher Art begann später Heinrich Erman (Das neue Bodenrecht. Art. 155 der Reichsverfassung. Abhandlungen aus dem Siedlungsseminar der Universität Münster. 1. Heft: Der ländliche Pachtschutz, 1923, von Joseph Deckwitz). Die Gelehrten, die in den letzten Jahren über landwirtschaftsrechtliche Dinge schrieben, werden weithin anerkennen, daß die Grundlage, von der sie ausgingen, staatsrechtlich nicht tragfähig und überhaupt zu eng ist. Ein umfassendes Landwirtschaftsrecht könnte erst auf neuer Grundlage errichtet werden, wie auch die Verfasser der folgenden Bücher wahrscheinlich zugeben werden: Erich Molitor, Deutsches Bauern- und Agrarrecht, 1936, (wichtiger das davor erschienene „Landwirtschaftrecht"), Karl Blomeyer, Deutsches Bauernrecht, 1936 ,Lutz Richter, Deutsches Bauernrecht, 1942.

Anmerkungen zum Arbeitsrecht

1 Vor dem ersten Weltkriege fand das Arbeitsrecht des BGB eine bis heute noch grundlegende Behandlung durch Lotmar Nach dem Kriege blühte eine umfangreiche Arbeitsrechtswissenschaft auf. Außer den Büchern von Kaskel, Sinzheimer, Oertmann, Jacobi u a sei vor allem genannt das heute dieses Gebiet wohl am erschöpfendsten behandelnde Werk von Hueck und Nipperdey, Arbeitsrecht, 1929/31, 2 Bde, 3—5 Aufl, 1931/32. Für eine kurze Orientierung auch über die wirtschaftlichen Fragen empfehlenswert das 38. Sonderheft zum Reichsarbeitsblatt: „Arbeitsrecht, Arbeitsmarkt und Arbeitsschutz" Darin besonders lesenswert, Walter Kaskel, Grundzüge des Arbeitsrechts S 33—42 und P Meyer, Tarifvertragswesen und Tarifvertragsrecht S 94—121 Das internationale Arbeitsamt in Genf hat ein groß angelegtes Werk über das „Recht der beruflichen Vereinigung" in allen Staaten herausgegeben. In ihm erscheint mir besonders lesenswert die Abhandlung über Großbritannien, weil in ihr auch die Geschichte zu ihrem Rechte kommt. Vgl. auch Molitor, Nipperdey, Schott, Europäisches Arbeitsvertragsrecht (Arbeiten zum Handelsgewerbe- und Landwirtschaftsrecht, herausgegeben von E Heymann, Nr 50), 1929. Erich Molitor, Deutsches Arbeitsrecht mit Einschluß der Grundzüge der Sozialversicherung, 1938. Alfred Hueck, Hans Carl Nipperdey, Rolf Dietz: Gesetz zur Ordnung der nationalen Arbeit, 1934 — Hingewiesen sei auf das letzte Werk eines begründenden und führenden Geistes Walter Kaskel, Die Arbeitsgerichtsbarkeit, Arbeitsrechtliche Seminarvorträge IV, 1929.

Kein Erforscher und Bearbeiter, der wirklich in die Tiefe gehen will, wird versäumen, Bücher wie etwa die folgenden zu befragen Oswald von Nell-Breuning, Die soziale Enzyklika, 1932; Robert Linhardt, Die Sozialprinzipien des hl Thomas von Aquin, 1933, P Edelbert Kurz, Individuum und Gemeinschaft beim hl. Thomas von Aquin, 1933, Wilhelm Schwer, Stand und Ständeordnung im Weltbild des Mittelalters, 1934 (Görres-Gesellschaft, Heft 71), Johann Baptist Schuster, Die Soziallehre nach Leo XIII und Pius XI, 1935, Johann Meßner, Die berufsständische Ordnung, 1936, Die soziale Frage, 5 Aufl 1938

Die maßgebenden kirchlichen Äußerungen sind Enzyklika Rerum Novarum vom 15 Mai 1891 von Papst Leo XIII, Enzyklika Quadragesimo Anno vom 15 Mai 1931 von Papst Pius XI (Amtliche vatikanische Übersetzung mit einer Einführung von Dr Peter Furth, Münster, Regensbergsche Verlagsbuchhandlung, 1946), Papst Pius' XII. Ansprache an die Arbeiter Italiens am 13 Juni 1943 (Der Papst spricht Ansprachen und Botschaften Papst Pius XII aus der Kriegs- und Nachkriegszeit Herausgegeben vom Bischöflichen Ordinariat Berlin, Mours Verlag, 1946, S 37—46). Ansprache an Mitglieder der christlichen Arbeitervereine Italiens am 11 März 1945 (Der Papst spricht, 1946, S 51—55).

Drei Bücher Öffentliches Recht:

Staat, Völkergemeinschaft, Kirche.

Zweites Buch.

Das Recht vom Staate her.

1. Hauptstück.

Reichs- und Staatsrecht des deutschen Volkes.

Das muß sich aus der öffentlichen Ordnung ergeben, da muß man die Verfassung zu Rate ziehen: das kann man häufig hören. Und so ungefähr war ja auch der Schluß des ersten Teiles dieser Einführung. Über den Verträgen und Vereinbarungen der Einzelnen und Verbände steht das Gesetz. Das Gesetz aber kommt aus der verfassungsmäßigen Zuständigkeit des Staates als Gesetzgeber. Über allem bisher von uns betrachteten Recht steht der Staat und seine Verfassung. Staatsrecht, Verfassungsrecht.insbesondere ist das höchse Recht für den Bürger. Wie können wir es begreifen, woraus wird es erkenntlich, wie haben wir es systematisch aufzubauen?

Vom Staats-Rechte soll hier gehandelt werden. Es geht also nicht um die sog. Allgemeine Staatslehre. Dort werden die Theorien über Arten, Ursprung und Rechtfertigunsgründe des Staates aufgezählt und gegliedert. Seit dem Naturrechtszeitalter gibt es eine Fülle solcher Erklärungsversuche.

Georg Jellinek hat wohl in neuerer Zeit die berühmteste Allgemeine Staatslehre geschrieben. Aus reicher akademischer Vorlesungserfahrung hat 1945 Rudolf von Laun seine Allgemeine Staatslehre in den Studienhilfen der Universität Hamburg dargeboten. Unsere Gedanken, die immerfort am Staats-Rechte festhalten, stehen indessen, wenn schon überhaupt ins Allgemeine gegangen werden soll, dem Allgemeinen Staatsrechte von Hans Helfritz näher.

Wir aber wollen das positive Recht, das uns Deutsche angehende Staatsrecht kennenlernen.

Das einfachste schien da früher: man nahm die Reichsverfassung und sah sich ihren Inhalt an. Aber einmal erschöpft sich das Staatsrecht nicht in dem „Reichsgrundgesetz“ und seinen unmittelbaren Nebengesetzen. In den vielen, vielen anderen Gesetzen steht unter Umständen auch Staatsrechtliches. Wie sondern wir den staatsrechtlichen Inhalt von den anderen Bestandteilen? Außerdem liegt sowohl der Weimarer Verfassung wie den sonstigen öffentlich-rechtlichen Gesetzen ein System, ein bestimmter Plan der Anordnung, zugrunde. Wie ist er? Wo kommt er her? Wir müssen ihn anscheinend kennen, um zu verstehen, was Staatsrecht ist.

Da bietet sich uns das Werk eines Mannes an, von dem es heißt, er habe die gedanklichen Grundlagen des neuzeitlichen Verfassungsstaates geschaffen: Montesquieus 1748 erschienenes Buch De l'esprit des lois. Hierauf geht in der Tat sehr Wesentliches in den neuzeitlichen „Verfassungen“ zurück, nicht bloß in der deutschen und französischen. Ja, es wird (und auch das nicht ohne Grund) behauptet, Montesquieu habe das System, die Gliederung der rechtsstaatlichen Verfassung erfunden. Dabei denkt man an die Lehre von der Gewaltenteilung. Aus drei Teilen bestehe die Staatsgewalt: Gesetzgebung, Verwaltung und Rechtsprechung (Legislative, Exekutive, Jurisdiktion). Und diese müssen getrennt und in Unabhängigkeit voneinander arbeiten. Das gebe ein heilsames Gleichgewicht und sei gute Selbstbeschränkung der Staatsgewalt (die ja der Franzose Montesquieu um 1748 in ihrer absoluten, innerlich allerdings schon längst überspannten und deshalb verfallenden Kraft und Fülle vor sich sah).[1] Zunächst erscheint Montesquieu als begeisterter Jünger des Rationalismus und bedeutendster Wegbereiter der Aufklärung; aber wie bei jedem Geistesarbeiter von klassischer Geltung ergibt näheres Zusehen, daß er mit Bedeutung und Wert nicht einfach in eine „Richtung“ einzureihen ist. Seine Gedanken sind angeglüht vom Feuer seiner Zeit, aber sie sind geschmiedet und geschaffen in einer tieferen und innerlichen Leidenschaft, deren Flamme sogar vom mittelalterlichen Lehnsrecht, Ständewesen und Föderalismus mitgenährt wird. Friedrich Meinecke hat mit Recht bemerkt: „Von dieser neu zu erschließenden Welt her hat dann schon Herder den Doppelgeist in Montesquieu gespürt und über den l'esprit des lois das klassische Urteil gefällt, daß dies edle Riesenwerk ein gotisches Gebäude im Geschmack seines philosophischen Jahrhunderts sei (1774; Werke S. 565).“ Friedrich Meinecke: Die Entstehung des Historismus, I—II, 1936, Bd. I, S. 192 u. 193 — und dort überhaupt über Montesquieu: S. 125—193.)

Montesquieu schwimmt, äußerlich gesehen, in dem Vernunftglauben der Gesetzesfreudigkeit und Gesetzmacherlust seiner Zeit. Darauf deutet die Überschrift seines Werkes (De l'esprit des lois), das scheint zum Ausdruck zu kommen in dem schönen Wort aus seiner fein gemeißelten Arbeit Grandeur des Romains et de leur décadence: „Il n'y a rien de si puissante qu'une république où l'on observe les lois, non pas par crainte, non pas par raison, mais par passion." Aber das gründlichere Erforschen von Montesquieus Gedanken führt uns zu zwei großen Überraschungen: das, was er am lautesten preist, hat er nicht aus Staatsgesetzen und auch nicht aus der Vernunft allein ablesen können; und die Verfassung, die er als Vorbild seinem Lande und der Welt vor Augen stellte, aus der er seine nun selber für Jahrhunderte und eine ganze Kulturwelt vorbildlich gewordene konstitutionelle Theorie ableitete, war alles andere als eine Verfassung im modernen Sinne. De la constitution d'Angleterre hat er das berühmte Kapitel überschrieben, in dem er die Gewaltenteilungslehre entwickelt. Aber im ganzen englischen Schrifttum seiner wie unserer Zeit werden wir uns vergeblich nach dieser Verfassung umsehen; denn sie ist ungeschrieben. Aus einem seltsamen Wurzelgeflecht angelsächsischer und normannisch-fränkischer Rechtsgedanken wächst sie hervor. Einzelne Grundsätze sind in Gesetzen niedergelegt, die über mehr als ein Jahrtausend verstreut liegen. Manche davon, besonders die, welche Bürgerfreiheit gewährleisten wollen, haben große Berühmtheit erlangt, wie die Magna Charta von 1215 und die Habeaskorpusakte. Aber die Hauptregeln über die Verteilung und das Tätigwerden der öffentlichen Gewalt müssen ungeschriebener Gewohnheit entnommen werden, einer lebendigen Gewohnheit, die sich täglich weiterbildet. Diese Art des Lebens kommt aus germanischer Wurzel. Und die Bewunderung, die Montesquieu für das hieraus Wachsende hatte, verbindet ihn mehr unserem Denken als etwa Rousseau, der grelleren Rationalismus, Individualismus und auch schon Kollektivismus gab. Wir haben allerdings unser gemeines Recht leider verloren, während die ganze angelsächsische Welt im Common Law ihr ungeschriebenes, ihr organisch wachsendes Gewohnheitsrecht bewahrt hat. Daraus erklärt sich viel von der Stetigkeit dort und viel von dem unsteten Wesen bei uns. Wir wähnen, ein Staatsstreich oder ein Zusammenbruch vermöchten, alles öffentliche Recht, alles Staats- und Verfassungsrecht zumindest, zu vernichten, während in Wahrheit doch Reichsherkommen und Gewohnheitsrecht in Reich und Staaten fortbestehen und gelten.

Natürlich veränderte sich das bewunderte Bild des englischen Verfassungslebens im Kopfe des französischen Denkers, formte sich gemäß der Eigenart des französischen Denkens um. Montesquieu formuliert schärfer, präziser als die Wirklichkeit war, aus der er den unmittelbaren Eindruck und Antrieb gewann. Die deutliche Dreiteilung ist doch eigentlich sein Werk. Es handelte sich ihm da nicht mehr um das wirklichkeitsgetreue Abbild des englischen Staates, sondern um die Erkenntnis des Staates überhaupt. Da ist es kein Wunder, daß er sich mit dem berührt, was viele Jahrhunderte früher bereits von anderen Denkern behauptet worden war. Er gleitet eben, von dem Versuch, englisches Staats r e c h t darzustellen, unversehens in die a l l g e m e i n e S t a a t s l e h r e. Aber von dem (heute wenigstens) ganz allgemein, ganz „abstrakt" (d. h. von aller Besonderheit einzelner Staatsrechte abgelöst) anmutenden Aristoteles unterscheidet ihn sein durchaus bestimmtes politisches Wollen. Und das arbeitete in der Tat auf den neuzeitlichen Verfassungsstaat hin. Revolutionen von Weltausmaßen (1789, 1848) haben ihn geschaffen (im „Tempo" und in der inneren Haltung sicher nicht überall nach dem Geschmack des feinen, resignierten Edelmannes). Und nachdem die einleuchtende Lehre Montesquieus da war, gelang es den modernen Verfassungen, das in deutlichen Worten und Formulierungen schriftlich festzulegen, was die scheinbar hier im Ausdruck gehemmten Engländer noch immer aus einzelnen Gesetzesbrocken und dunkler Gewohnheit mühsam zusammensuchen und ertasten müssen. Wir haben geschriebene Verfassungen (d. h. jeder Kulturstaat kann zur selben Zeit legitimerweise nur eine Verfassung haben, wie man nur mit einer Frau verheiratet sein kann usw.). Diese Verfassungen zeigen sehr deutlich die Spuren von Montesquieus Wirken, besonders die berühmte Dreiteilung der Staatsgewalt in Gesetzgebung, Verwaltung und Rechtsprechung. (Zu vgl. Reichsverfassung vom 11. Aug. 1919 Art. 6—13, 20—40, 68—77; 41—67, 78—101; 102—108. Aber auch in anderen öffentlich-rechtlichen Gesetzen, z. B. im Reichsstrafgesetzbuch vom 15. Mai 1871, finden wir deutlich die Dreiteilung: nach den Strafbestimmungen für den Angriff gegen den Staat in seinem Gesamtdasein folgen die für den Angriff auf die einzelnen Teile der Staatsgewalt: Gesetzgebung §§ 105 ff., Verwaltung §§ 110 ff., Rechtsprechung § 153 ff.)

Scheinbar hat sich durch die Kodifikation, insbesondere durch das schriftliche Festlegen der Verfassung, die als Staatsgrundgesetz gilt und schwerer abänderbar ist als andere Gesetze, die Arbeit wie die Darstellung des Staatsrechtes wesentlich vereinfacht. Aber nur äußerlich scheint es so. In Wahrheit haben wir gar keinen Grund, die Engländer zu bedauern, daß sie keine Verfassungsurkunde besitzen und daß bei ihnen selbst die Magna Charta von 1215 formell nicht mehr wert ist, d. h. ebenso leicht aufgehoben werden kann (aber nicht wird!) wie ein Gesetz über die Regelung der Müllabfuhr.

Kurz andeuten wollen wir nur eine Schwierigkeit, die den Rechtsphilosophen viel Kopfzerbrechen verursacht hat und die uns immerhin nahe angeht. Wie steht es mit den Verfassungen, die aus Revolutionen, auf der Grundlage eines Rechtsbruches entstanden sind? Wird da aus Unrecht Recht? Es dürfte dazu nichts Tieferes vorgebracht werden und zu erwarten sein als das, was Bismarck darüber aus seinem Brief wechsel mit Leopold von Gerlach in „Gedanken und Erinnerungen" abgedruckt hat. Beide Männer erschöpfen die Streitfrage. — Man hat sich eine Zeitlang gewöhnt, sich dabei zu beruhigen, daß Recht (z. B. Eigentumsrecht in dem harmloseren Privatrecht) nicht nur derivativ (nämlich abgeleitet, z.B. vom bisherigen Eigentümer gemäß § 929 BGB.), sondern auch originär (ursprünglich, z. B. beim Eigentum der Erwerb gemäß §§ 937 ff. BGB.) entstehen könne. Aber indem man zur Bezeichnung des Sachverhalts zwei lateinische Namen einführt, wiederholt man bestenfalls genauer und gelehrter seine Behauptung, liefert indessen keinen Beweis dafür, daß wirklich durch Rechtsbruch Recht entstehen könne. Dieser Beweis läßt sich nicht erbringen. Die verständigere Behauptung geht auch dahin, daß nicht die Revolution das neue Recht hervorbringe, sondern die Anerkennung — ja, aber die Anerkennung durch wen? Das Volk erkennt an, die Rechtsgenossen erkennen an, sagt man. Haben sie wirklich die freie Verfügung? Gehört ihnen der Staat, oder gehören sie dem Staat? Kann irgendein neuer Inhalt, irgendeine Form anerkannt und dadurch „Recht" werden, gleich ob das Neue der Geschichte und dem Wesen des Volkes auf das schändlichste widerspricht? Nur für geschichtsblinde Vernünftigkeit, für eine rein „logische", rein „normative" Rechtslehre ist eine solche Frage nicht weiter beängstigend. Gewissenhaft abwägende Forscher haben längst erkannt, daß sich Staatsrechtsschöpfung ebensowenig in absolutistischen Dekreten wie im Niederschreiben von Parlamentsbeschlüssen erschöpft. Im Anschluß an die Verfassungslehre von Carl Schmitt hat Viktor Bruns den einfachen und in der gegenwärtigen Lage tief erschütternden Satz hingestellt: „Aber selbst unter Zuhilfenahme einer zweiten Rechtsquelle (außer dem Gesetzesrecht), des Gewohnheitsrechtes, vermag die positivistische Doktrin nicht Herkunft und Geltung des ganzen Bestandes positiver Normen einer Rechtsgemeinschaft zu erklären. Sie übersieht, daß nicht durch eine geschriebene Verfassung die deutsche Rechtsgemeinschaft geschaffen wird, daß vielmehr umgekehrt die Rechtsnatur dieser Verfassung nur ableitbar ist aus dem Rechte der deutschen Rechtsgemeinschaft."[2]

Diese deutsche Rechtsgemeinschaft ist eine geschichtliche Größe. Also hat jede geschriebene Verfassung, jedes Gesetz, jede vom Gesetz gegebene Verordnungsgewalt, jede Gewohnheit der Volksgenossen der Geschichte gehorsam zu sein.

Diese Geschichte aber ist die Geschichte des deutschen Volkes. Völker sind von Gott gemacht. Wir wollen diesen Satz stehen lassen, ohne mit ihm die abergläubischen Gedanken vom Volkstume zu verbinden, die letzthin im Schwange waren. Es gibt auch eine rechte christliche Volkskunde. In dem wissenschaftlichen Bemühen um sie steht vornan Georg Schreiber. Von dem vielen, das hier in Betracht kommt, vergleiche man zum Beispiel: Georg Schreiber, Nationale und internationale Volkskunde (Forschungen zur Volkskunde, Heft 4/5), 1930; Volkstum und Kulturpolitik. Eine Sammlung von Aufsätzen, gewidmet Georg Schreiber zum 50. Geburtstage. Herausgegeben von H. Konen und J. P. Steffes, 1932 (darin u. a. Peter Tischleder, Die naturrechtliche Grundlage der Staats-, Kirchen-, Kolonialpolitik nach der Lehre des Franziskus von Vittoria, S. 37—52; Theodor Grentrup, Das Ethos im neuen Völkerrecht, S. 53—63); Georg Schreiber (zusammen mit Friess, Gugitz, Schaefer, Friedrich Zoepfl), Deutsche Mirakelbücher (Forschungen zur Volkskunde, Heft 31/32), 1938. Zum Volke gehören auch seine Toten. Reinhold Schneider hat das sehr ernst im Kriege betont, in seinem tollkühnen Novellenband „Die dunkle Nacht". Im „Traum des Heiligen" läßt er da den heiligen Thomas Morus zu Heinrich VIII. sprechen: „Mit uns sind die Toten. Denn ich weiß mit Bestimmtheit, sie hätten sich entschieden wie wir. Die Stunde hat eine große und trügerische Macht. Über die Toten gebot diese Stunde nicht; sie sahen die Wahrheit. Das ist aber meine innigste Sehnsucht, eins mit den Toten zu sein. Und das einzige wirklich Schreckliche, das heute geschieht, ist, daß Du Dich und Dein Volk scheidest von der Gemeinschaft mit den Toten. Möge Gott in seiner Gnade alle wieder zusammenschließen, so wie in einem Gotteshause die auseinanderstrebenden Pfeiler an der Spitze des Gewölbes vereinigt werden!"

Volk und Staat stehen in der Geschichte. Ihr Recht ist gebunden in deren Gang und Überlieferung. Wie steht es da mit der Gültigkeit der großwortigen „Gesetze" nach 1933? Es wird Streit darüber sein, an welchen Zeitpunkt, an welche Tatsachen die ernste juristische Frage nach der Gültigkeit anzuknüpfen hat. Aber es kann kaum ein Zweifel bestehen, daß die durch das „Gesetz zur Behebung der Not von Volk und Reich" vom 24. März 1933 gegebene Ermächtigung überschritten worden ist, wodurch die einzige staatsrechtlich denkbare Grundlage entfällt. Wann das geschehen ist, mag im einzelnen auch wieder strittig sein. Daß aber spätestens mit dem Austritt des Vizekanzlers Franz von Papen aus der Reichsregierung die Überschreitung vollendet und die Ermächtigung damit hinfällig war, kann kaum ein Billigdenkender in Frage ziehen. Die Ermächtigung, die das Gesetz vom 24. März 1933 gab, war von ungeheuerlicher Weite. Reichspräsident und Reichstag mußten sich da verpflichten, vorläufig untätig beiseite zu stehen. Sie ließen sich ausschalten, ohne die Möglichkeit zu haben, bei der staatsumwälzenden „Gesetzgebungsarbeit" der Reichsregierung mitzuwirken. Solches ungewöhnliche Verzichten und Ermächtigen ist einschränkend auszulegen. Mindestens sind die Sicherungen sorgfältig zu beachten, die Reichspräsident und Reichstag bemüht waren einzuschalten! Einem bestimmten Kabinett war die Ermächtigung gegeben (vgl. Art. 5). Und dieses war doch nicht rein, von einer Richtung beherrscht, sondern es waren Minister mit Anspruch auf Unabhängigkeit von der nach Allmacht strebenden Partei in dieser Reichsregierung. Freunde und Feinde wünschten, mit viel oder wenig Vertrauen, daß diese Männer im Ministerium bleiben und irgendwie doch noch eine Schranke sein, eine Sicherung bewirken sollten. Verschwand auch nur einer von ihnen, so war es nicht mehr das Kabinett, dem die Ermächtigung erteilt war. Carl Schmitt hat, glänzend wie immer in Antithesen, aber hier wie oft traurig unbegreiflich, herausgestellt, daß es sich bei dieser ganzen staatsrechtlichen Frage um das Problem der Identität der Reichsregierung handelt. Schmitts Antwort auf die Frage gehört allerdings zu dem Traurig-Unbegreiflichen jener Jahre. (Das Gesetz zur Behebung der Not von Volk und Reich. Deutsche Juristenzeitung 1933, Sp. 455 ff., bes. Sp. 457/58 zu Art. 5). Doch soll selbst hier kein persönlicher Angriff erfolgen, keine Verfolgung des armen Prof. Schmitt gutgeheißen, sondern im Gegenteil die kollegiale Verbundenheit und Hochachtung im Sinne der Vorrede zu diesem Buche gewahrt und betont werden. Sachlich ist indessen festzustellen: Mindestens seit dem Rücktritt des Vizekanzlers kann nach richtiger Auffassung von dieser Identität keine Rede mehr sein. Damit schweben wichtige „Gesetze", die seitdem ergingen, staatsrechtlich in der Luft. Wohl wissen wir, daß auch durch einen Staatsstreich (bei dem die alte Frage bleibt, die der Verfasser dieser Einführung in seiner Dissertation behandelte: ob er Hochverrat ist), daß durch all solches Unrecht das Rechtsleben nicht einfach zu einem Stillstande kommt. Nicht alles, was Verwaltungsbehörden und Gerichte tun, ist nun mit einem Male nichtig. Gewohnheitsrecht wächst weiter wie Gras, Kraut und Strauchwerk mitten unter Trümmern. Aber es scheint mir, daß man es sich vielfach zu leicht macht, das Gelten der „Gesetze" seit 1933 zu begründen. Im Strafrecht scheint mir mancher einfach nach seinem persönlichen Geschmack vorzugehen: was ihm gefällt, versucht er als gültig hinzustellen, was ihm weniger liegt, als ungültig. Wer außer seinem subjektiven Belieben noch einen besonderen Grund hinzufügen will, sucht vielleicht eine ähnlich lautende Bestimmung eines ausländischen Gesetzes oder Entwurfes heraus. Mit dem Hinweis auf dieses „neutrale Gut" meint er dann, die staatsrechtlich fragwürdige

Sache gerettet zu haben. Es ist aber noch lange nicht ausreichend, dargetan zu haben, daß ein früherer deutscher Entwurf oder ein ausländisches Gesetz auch so etwas Ähnliches enthielt wie die von unseren rechtlosen Machthabern erlassene Bestimmung und daß die Sache also an sich diskutabel sei. Wir wissen ja, wie schwer es war, in normaler Zeit ein Gesetz durchzubringen. Die Geschichte der Strafrechtsreform ist vielleicht das beste Beispiel dafür. Die Schwierigkeiten waren nicht zufällig und nicht ohne Grund. Es lebt gerade in der Praxis noch sehr viel vom Geiste Savignys, der sich, wie zeitgenössische Zeugnisse zeigen, immer so heftig gegen die Gesetzesmacherei, wie er es nannte, aussprach. (Ernst Ludwig von Gerlach, Aufzeichnungen, I, S. 40). Es ist eben wichtig, daß jene angeblich vorbildlichen Entwürfe mit allen ihren neuen Bestimmungen im Rechtsstaate nicht vermocht haben, Gesetz zu werden. Weil die rechtsstaatliche Möglichkeit der Gesetzgebung seit 1933 zerstört ist, fehlt uns jeder Maßstab dafür, ob eine Reformforderung, sei sie sachlich begründet oder nicht, im verfassungsmäßigen Wege Gesetz geworden wäre. Recht wächst weiter. Doch nur das, was in diesem Wachstum die echten Merkmale des Gewohnheitsrechtes trägt (Rechtsüberzeugung und darauf beruhende, langanhaltende Übung), kann gelten.

Gottes Wille hat Obrigkeit und Gewalt gegeben als Teil göttlicher Schöpferordnung. Von da her kommt der Staat, nicht von Verträgen oder Vereinbarungen unter den Menschen.

Damit steht der Staat unter dem Recht, ist Rechtsstaat; aber nicht im liberalen oder aufklärerischen Sinne, sondern im Sinne des Sachsenspiegels und des christlichen Glaubens.

Allzuoft werden die tief christlichen und konservativen Kämpfer für den Rechtsstaat vergessen. Auch hier müssen die Gebrüder von Gerlach erwähnt werden, besonders die beiden großen Juristen unter ihnen: Wilhelm und Ludwig von Gerlach. Beide waren hohe Richter. Beide haben Amt und Stellung aufs Spiel gesetzt, um dem Rechtsstaatsgedanken in der Praxis wie im Schrifttum treu zu bleiben. Ludwig von Gerlach war bis in sein hohes Alter eine der geistig führenden Gestalten. Der Blick in alte Nachschlagewerke gibt immerhin einen schwachen Eindruck von seiner Wirksamkeit und Wirkung. Er stand mit seinen Brüdern einer feindseligen, auf vielen Fronten siegreich vordringenden modernen Masse und Macht entgegen. Seine Feinde freuten sich, feststellen zu können, daß Bismarck, mit dem die Gerlachs erst verbündet waren und dem sie später entgegentraten, den alten konservativen Führer „vernichtend erledigt“ habe. Der früher verstorbene Wilhelm von Gerlach stand nicht so lange und vielleicht niemals so sehr wie sein Bruder Ludwig im grellen Lichte der Öffentlichkeit. Er besaß wohl in besonderem Maße die Tugenden des hohen preußischen Richters (der übrigens der Gefahr unchristlicher Entartung des heimatlichen preußischen Rechtes pflichttreu entgegentrat: denn nicht Verherrlichung des Preußentums haben die echten Preußen gewollt, sondern verantwortungsbewußtes Bewahren und Beharren im Gehorsam gegen den König der Könige). Wie Wilhelm von Gerlach für das hohe Gut des Rechtsstaates kämpfte und seine Treue im harten Tage bewährte, zeigt der folgende von seinem Bruder Ludwig mitgeteilte Fall:

„Im September 1821 geriet Wilhelm in eine Verwicklung, die sich ähnlich am Ende seines Lebens wiederholte und dann vielleicht seinen frühen Tod veranlaßt hat. Er war nun Kammergerichtsrat. Es war eine „Ministerial-Untersuchungskommission" zur Ermittlung der Verzweigungen der „demagogischen Umtriebe" niedergesetzt und Wilhelm zusammen mit einem Polizeirat, von jener Kommission mit Vernehmungen zu diesem Zweck beauftragt worden, mit der Weisung durch Kabinettsordre, den Befehlen der Ministerialkommission unbedingt Folge zu leisten. Wilhelm hielt eine solche Stellung für unvereinbar mit seinem Richteramt und weigerte sich inbesondere zusammen mit einem Polizeirat den schleiermacherisch-liberalen Buchhändler Reimer, was eben vorlag, zu vernehmen. Wilhelms Remonstrationen wurden nacheinander von dem Justizminister von Kircheisen, dem Staatskanzler Fürst Hardenberg und dem Könige zurückgewiesen, und ihm endlich durch eine an ihn gerichtete Kabinettsordre aufgegeben, die Aufträge der Kommission auszuführen, namentlich binnen drei Tagen den Reimer zu vernehmen, oder gänzlich aus dem königlichen Dienst auszuscheiden. Die Vernehmung des Reimer war materiell unverfänglich, es war keine Rede von einer Untersuchung gegen Reimer und das Ende war, daß Wilhelm diese Vernehmung, wie er dem Kammergerichtspräsidio anzeigte, auf Spezialbefehl des Königs zwar vornahm, aber zugleich seine Entbindung von diesen Kommissionsgeschäften beantragte, deren Ende überdies entweder damit schon eintrat oder in ganz naher Aussicht stand. Soweit nachzugeben hatten ihm Voß und Leopold geraten. Die erwähnte Kabinettsordre erhielt er zwei Tage vor der am 28. Oktober erfolgten schweren Geburt seines erstens Sohnes Leopold. Er hat viele Freunde um Rat gefragt, ich habe seine Bedenken immer für gerechtfertigt gehalten. Leopold und ich haben uns nach seinem Tode und nach 1848 oft vorgehalten, daß er 1821 und 1834 Zeugnis abgelegt und gelitten für den Rechtsstaat und gegen den Absolutismus, was ihm die Liberalen, deren entschiedener Gegner er mehr als ich war, niemals gedankt haben". (Ernst Ludwig von Gerlach, Aufzeichnungen aus seinem Leben 1795—1872, herausgegeben von Jakob von Gerlach, I, 1903, S. 133/134.) Über die verhängnisschwere Wiederholung schreibt Ludwig von Gerlach (a. a. O. S. 219 f.): „Im Juli 1834 wiederholte sich der Konflikt, den Wilhelm schon 1821 zu bestehen hatte, an dessen Folgen sich nun seine letzte Krankheit und sein Tod anschloß. Er weigerte sich als Präsident des Kriminalsenats in Frankfurt, einen angeblich demagogischen Auskultator auf die Requisition eines Subdelegierten der schon erwähnten Ministerialkommission zu arretieren, weil er deren Legitimation zu solchen vor die ordentlichen Gerichte gehörigen Prozeduren nicht anerkannte, da ihre Kompetenz nicht in gehöriger Form festgestellt und publiziert war.“ Die Aufregungen über diese Sache führten zu Krankheit und frühen Tode des aus tiefstem, liebevollem Herzen königstreuen Mannes. Es lohnt sich, die Erinnerungen seiner Brüder Ludwig und Leopold zu lesen. Aus Ludwig von Gerlachs Aufzeichnungen sind in diesem Zusammenhange noch die folgenden Sätze über den Rechtsstaat besonders wichtig: „In dem Politischen Wochenblatte vom 23. August, dem Begräbnistage Wilhelms, steht ein vor seiner Erkrankung geschriebener Artikel von mir „Über Formen der Gesetzgebung“, in welchem ich „gehörige Form“ (Staatsrat ec.) fordere, im Gegensatz zu dem damaligen sehr üblen Mißbrauch der Gesetzgebung durch Kabinettsordre, die so oft von einzelnen Ministern ohne weitere Beratung extrahiert wurden. Dieser Gegensatz ist zwar nicht individuell hervorgehoben aus Furcht vor der Zensur, aber es sind als Gegensatz und Muster die Beratungen in Parlamenten und Kammern, welche die Gründlichkeit der Gesetzgebung sicher zu stellen geeignet sind, dargestellt und gewarnt, daß man mit dem Absolutismus des liberalen Konstitutionalismus nicht Herr werden würde, da der Konstitutionalismus mächtige Wahrheiten enthalte, — wie ich dies damals und bis jetzt immer behauptet habe. Radowitz nannte dies damals „liberale Nachtschweiße“, aber 1849 plumpte er selbst kopfüber hinein in den Liberalismus vulgaris“ (I, 222/223). Auf S. 234 klagt Ludwig von Gerlach, wie er in seinem Kampfe für den Rechtsstaat und gegen den Absolutismus in Kirche und Staat, gegen die Verfolgungen von Predigern, die Gott und ihrem Gewissen gehorchten, allein gelassen wurde: „In dieser und ähnlicher auf solide Legalität dringenden Tendenz ließ der gesamte Liberalismus uns — respektive mich — im Stich. Recht — ewiges und geschichtliches — in Kirche und Staat im Gegensatz zu Willkür aller Art. — Recht von Oben im Gegensatz zu dem von unten und zum Absolutismus, das war damals meiner Brüder und meine kämpfende Tendenz.“ Am 26. Februar schrieb Ludwig von Gerlach in sein Tagebuch: „Es wurde mir immer klarer, wie viel Recht der Liberalismus hat, wenn er gegen den Absolutismus der Fürsten germanische Freiheiten geltend macht und wie diese doch zum Teil in den konstitutionellen Staaten realisiert sind.“ Und in den „Aufzeichnungen“ (I, S. 236) fügt er hinzu:

„Nicht bloß germanische, auch christliche und allgemein menschliche Freiheiten macht der Liberalismus mit Recht geltend.“ Tagebuch, 10. November 1839: „Ich dachte viel nach über die Reaktion gegen Merkantilismus nud Materialismus, die in der erhabenen Idee der Menschenrechte liegt, welche die Grundlage des Liberalismus ist. Wie verkehrt, dagegen eine bloß negative Stellung einzunehmen, was wir so lange getan haben! Auch altgermanische Rechtsbegriffe haben sich, freilich unter verzerrten Formen, im Liberalismus Raum verschafft: Teilung der Gewalten, Repräsentation, pouvoir judiciaire, Nachahmungen der englischen Verfassung in allen konstitutionellen Staaten. Wohin geraten wir mit unserm immer geistloser und starrer werdenden Absolutismus und seinen Religions- und Geistesverfolgungen! Mich stößt die tägliche Praxis auf solche Gedanken. Was haben wir, was nicht jeden Tag eine Kabinettsordre ganz leicht aufheben könnte!“ Die Aufzeichnungen (I, S. 260) fügen hinzu: So ist es doch jetzt, 1871, nicht mehr, — wiewohl in mancher andern Beziehung viel übler.“ Nach 1871 fühlte sich Ludwig von Gerlach, der konservative Führer, bekanntlich durch Bismarcks und Falks Kulturkampf und nationalliberalen Positivismus und Gesetzesabsolutismus gedrängt, als Hospitant des Zentrums zu kämpfen.

Wenn man das Leben dieser christlichen Konservativen erforscht, dieses reiche und starke Wirken von Wilhelm, Leopold, Ludwig und Otto von Gerlach und von Männern wie Hans von Kleist-Retzow, Friedrich Julius Stahl, Carl Ernst Jarcke, so wird man bei keinem von ihnen Fanatismus finden. Der Fanatismus war durchaus bei ihren Gegnern. In aller inneren Bewegtheit sind die christlichen Denker ruhig und liebevoll. Sie sahen allerdings die Gefahren des Umsturzes, die aus den Revolutionen seit 1789 kommen. Und sie hielten sich für verpflichtet, dem drohenden Unheil entgegenzutreten. Wollten sie dabei nur eigene Rechte wahren? Man wird ihnen das, so sehr sie von der Unantastbarkeit vieler überlieferter Rechte überzeugt waren, doch nicht nachsagen können. Sie dachten weniger an ihr Schicksal als an die Zukunft von Kirche und Staat überhaupt. Und nicht auf das Vaterland allein war dabei ihr Blick gewandt. Tiefes und feines Verständnis verband sie mit den geistigen Strömungen in Rom, England, Frankreich, Amerika, mit den wichtigsten Mittelpunkten in aller Welt. Es ist eine weltweite und zugleich stille und innige Geistigkeit, die jenes christliche Berlin und die „pommersche Innigkeit“, von der Ludwig von Gerlach spricht, in der Rechtsgeschichte des vorigen Jahrhunderts auszeichnet, besonders in dessen erster Hälfte.

Keinen Augenblick darf man vergessen, daß unser größter Jurist inmitten von all dem stand: Friedrich Carl von Savigny. Auch ihn kennzeichnete, daß er die Forderungen des Christentums gemütvoll bejaht. Er war auch menschlich und familiär mit diesem jungen Berliner Kreise verbunden, so auch mit dem Freiherrn Joseph von Eichendorff und anderen christlichen Dichtern wie Achim von Arnim und der innigen Konvertitin und Dichterin Luise Hensel, die eine lebenslange geistige und geistliche Beziehung zu Ludwig von Gerlach hatte. Aber die am uneingeschränktesten dem Herrn und Heiland Jesus Christus ergeben waren, gingen vielfach doch andere Wege als Friedrich Carl von Savigny. In erster Linie muß da vielleicht seine Gemahlin genannt werden, die Schwester des Dichters Clemens Brentano. (Nur der Fanatismus eines mit der Kirche verfallenen „Altkatholiken" scheint Joh. Friedrich von Schulte zu seiner eigentümlichen Verzeichnung in „Geschichte der Quellen und Literatur des kanonischen Rechtes" bewogen zu haben. Vgl. über diese persönlichen Verhältnisse u. a. auch: Rudorff, Friedrich Carl von Savigny, Erinnerung an sein Wesen und Wirken, Zeitschrift für Rechtsgeschichte 2. Bd. 1863, S. 1—68.) Kunigunde von Savigny, die Frau und Mutter, war es jedenfalls, die das innere Wesen von Savignys Sohn Karl Friedrich formte, der zum Rivalen Bismarcks wurde und dessen Sohn, Leo, ein ausgesprochen christlicher Jurist, der erste Dekan unserer Rechtswissenschaftlichen Fakultät an der Westfälischen Wilhelms-Universität zu Münster gewesen ist. Wie selbst Männer aus Friedrich Carl von Savignys Schule sich zu noch mehr christlicher Entschiedenheit und christlichem Kampfe gedrängt fühlten, sahen wir (oben S. 57) an Carl Ernst Jarcke, der ebenso wie die Gebrüder von Gerlach in allem Staatswissenschaftlichen tief von Hallers berührt war. Ein unmittelbares Zeugnis bringt uns das Ringen der damaligen Menschen wohl auch in dieser Hinsicht am nächsten: »Um diese Zeit wurde durch den Grafen Krockow († 1838 als Regierungsrat in Frankfurt) Hallers Restauration der Staatswissenschaften oder „die natürlich-gesellige Ordnung gegenüber der Chimäre der künstlich-bürgerlichen" in unseren Kreisen bekannt und elektrisierte uns, am meisten meine Brüder und mich. Leopold stellte in seiner extrem-witzigen Weise den Kanon auf, daß keiner von uns in einer Gesellschaft sein dürfte, ohne wenigstens ein Zeugnis für Haller abzulegen ... Wir stießen damit dem gesamten Liberalismus, Tugendbund wie Philistertum, vor den Kopf, aber auch der bloß historischen Lehre von Staat und Recht (Savigny und Konsorten). Diese Lehre, welche in pantheistischer Weise, wesentlich nur aus der Individualität und Geschichte der Völker, mit Hintansetzung der ewigen Quellen und der allgemein menschlichen, von Gott geschaffenen und daher immer präsenten Institutionen (Persönlichkeit, Vaterschaft) ihr System aufbaut, kann daher dem Revolutionswesen unseres Jahrhunderts die Spitze nicht bieten, das sich auf Doktrinen über die allgemeine Natur des Menschen, also auf arge aber sehr mächtige Irrlehren stützt. Und wir versenkten uns mit Liebe und Begeisterung in den heißen Kampf, gegen den Rousseauschen revolutionären Staat von unten und für den Staat aus Gott. Freilich trat uns auch entgegen, daß der damals noch rationalisierende Haller den lebendigen persönlichen Gott zurücktreten läßt hinter die von Gott geschaffene Natur und dabei in dem Begriff „privat", an den wirklicher oder scheinbarer Egoismus sich so leicht anklebt, zu sehr hängen bleibt. Gleich damals, April 1817, schrieb der römisch-katholische Adam Müller öffentlich an Haller: Warum er nicht den Herzensdurst der Liberalen mit dem Christentum und der Einheit der Kirche stille? „Warum zählt dieses herrliche Buch fast mehr nach Jahren der Welt, als nach Jahren der Erlösung und erwähnt nicht einmal die Tatsache der Offenbarung?" — Leopold rügte dies auch und ich verteidigte Haller ganz ungenügend: „Alles könne man nicht von einem verlangen, es sei zunächst ein weltlich-politisches Buch usw." In diesem Sinne bemerkt besonders Leopold gleich anfänglich mit Recht, daß Haller den Begriff „Nation" nicht entwickle, der doch eine schöne Blüte des ewigen Königtums Gottes und des Menschen ist. Als Haller 1854 starb, habe ich meine nun gereifte Ansicht von ihm in der Johannis-Rundschau dieses Jahres niedergelegt. Vollendet wird die reine Lehre von Recht und Staat erst durch die bei Haller sehr mangelhafte Gotteslehre von der Kirche. Aber nach dieser streckten wir 1817, auch so weit wir Christen waren, uns kaum erst aus in den ersten tappenden Regungen. Dennoch habe ich mein ganzes Leben hindurch Haller viel zu verdanken gehabt, so namentlich nach den Begebenheiten von 1848 und 1866, wo ich tröstlich festhalten konnte, daß aus Gottes Urschöpfungen Recht und Staat immer wieder hervorgehen muß, auch nach den ärgsten Umstürzen.« (Ernst Ludwig von Gerlach, Aufzeichnungen I, S. 101—103.)

Man darf sich aber durch den einen oder andern sonderbaren Ausdruck nicht darüber täuschen lassen, daß der Berliner Kreis dennoch stets in Savigny den größten Juristen liebte und verehrte und andererseits von dem bewunderten Haller christlich nie ganz befriedigt war. (Vgl. Ludwig von Gerlach, Aufzeichnungen, I S. 493). Wenn es sich darum handelt, die folgerichtigen Vertreter des christlichen Staatsgedankens aufzuzählen, so wird man Ludwig von Gerlach selbst in erster Linie nennen müssen. Neben ihn stehen Friedrich Julius Stahl, Hans von Kleist-Retzow, und — am entschiedensten und reinsten vielleicht — Carl Ernst Jarcke.

Die Not unserer Zeit drängt zu diesen letzten Fragen. Sie führen aber nicht nur zu den Höhen hin, die wir mit Worten eben anzudeuten wagen, sondern mitten hinein in das Reichs- und Staatsrecht des deutschen Volkes.

Es ist ein Reichsrecht, nicht bloß Staatsrecht. Deshalb kann der Versuch niemals gelingen, es mit den Theorien vom konstitutionellen Staat begreifen zu wollen. Selbst die unbestreitbare edle Größe des Montesquieu ist unserer Aufgabe nicht gemäß, hat nichts mit Fragen des Reichsrechtes zu tun.

Die deutschen Stämme sind zu einem Reiche vereint, seit über tausend Jahren. Das Reich ist kein Bund. Wir nennen das norddeutsche Reich seit Bismarck einen Bundesstaat und setzen manchmal Bundesstaatsrecht, Bundesstaatsverfassung gleich Reichsrecht. Aber niemals erschöpfen wir damit die öffentlich-rechtliche Wirklichkeit des Reiches, sondern verwirren manchmal unsere Begriffe davon. Eher helfen uns da schon völkerrechtliche Besinnungen und Vergleiche.

Zwei Besinnungen sind wichtig: eine auf das alte Reich und eine auf die Landeshoheit, den neuzeitlichen Staat.

Das alte Reich war immer ein Rechtswesen, in einem tiefen und genauen Sinne, der seither vielleicht nicht wieder erreicht worden ist. Das deutsche Königstum war ein Staat: das sollte nach G. von Belows Buch „Der deutsche Staat des Mittelalters“ (1914) nicht mehr in Frage gezogen werden. Aber es war verschieden von dem neuzeitlichen Staatsbegriffe, wie ihn Jean Bodin, der Begründer der Souveränitätslehre, aufgestellt hat. Jean Bodin bemerkte, beinahe mitleidig spottend, daß Karl V. in keinem Teile seiner weitläufigen Länder wirklich souverän gewesen sei. Dafür aber, so darf Bodin entgegengehalten werden, ist der Kaiser des alten Reiches auch niemals ein absoluter Herrscher gewesen. Zwischen dem König des neuzeitlichen Absolutismus und dem mittelalterlichen König ist ein gewaltiger Unterschied. Frederick William Maitland hat das auf seine geistvolle Art dargetan. Man schlage dazu die nach seinem Tode 1936 herausgegebenen Selected Essays auf, etwa The Crown as Corporation. Maitland zeigt uns, wie dem absolutistischen Herrscher abgöttisch beinahe die Glorie der Trinität gegeben wurde. Der mittelalterliche König dagegen war, wie Maitland sagt, jeder Zoll ein König, aber auch jeder Zoll ein Mensch.

Man unterrichte sich auch einmal über den tatsächlichen Rechtszustand im alten Reich, etwa mit Hilfe von Carl Friedrich Gerstlachers Handbuch der teutschen Reichsgesetze, dessen 1. Band 1786 erschienen ist. Man wird sich da des Eindrucks nicht erwehren können, daß alles Tätigwerden der Reichsgewalt rechtlich streng geregelt war. Und man begreift, daß in späterer Zeit das alte Reich und sein gutes altes Recht ein Ziel der Sehnsucht wird. Der Absolutismus war inzwischen die Modernität von gestern geworden, deren man müde war.

Dieser Absolutismus, den man, dumpf oder stürmisch bewußt, als die Verwirklichung der Staatsraison empfunden hatte, wurde als Unrecht verhaßt und verschrien. Nun nahm man wieder seine Zuflucht zum alten Reiche. Man sehnte sich ehrlich zurück, oder man spielte die Reichsidee manchmal vielleicht schon demagogisch gegen den absoluten Landesherrn aus. Der Romantiker, der das Mittelalter verherrlichende Edelmann und der den Kaisertraum für Straße und Gasse modelnde Volksredner gingen ein seltsames Bündnis ein, das zur peinlichen Überraschung von manchem dieser merkwürdigen Verbündeten in die Revolution mündete.

Der Kaiser des alten Reiches war in keinem seiner Gebiete souverän. Mit diesem Satze verband Bodinus zugleich die Feststellung, daß das mittelalterliche Reich eine Aristokratie gewesen ist. Demgegenüber lehrte er die Monarchie und die Souveränität. Obgleich man sich nun zwei Jahrhunderte nach Bodinus gegen den Absolutismus, der daraus gewachsen war, auflehnte, wollte man gerade in der Revolution doch eben nationale Souveränität und nicht etwa Aristokratie. Das aus keinerlei Überspanntheit, sondern aus nüchterner christlicher Demut kommende Gottesgnadentum griff man an und verhöhnte man. Die exaltiertesten Ansprüche von Kaisertraum und nationalem Königtum aber verherrlichte man. Es ist alles voller Widersprüche. Man kann es nicht mit einer einzigen großen Linie zeichnen.

Das mittelalterliche Königtum war seinem Wesen nach ein Rechtsstaat. Deshalb haben z. B. die Brüder Wilhelm, Leopold, Ludwig und Otto von Gerlach wie schon ihr Vater mit Liebe und Ehrfurcht davon gesprochen. Aber es hat im alten Reiche auch schon die Versuchung des Absolutismus gegeben. Und gerade die berühmten Herrscher sind ihr erlegen. Es ist seltsam, daß der Kaisertraum, der sich bei uns vielfach mit der Auflehnung gegen den Absolutismus verband, gerade um Friedrich Barbarossa rankte. Wollte man zum eigentlichen mittelalterlichen Wesen zurück, so hätte Heinrich II., der Heilige, näher gelegen, vielleicht auch Heinrich III. oder Heinrich I. Deren schlichtes (und starkes) König- und Kaisertum wollte man aber gerade nicht. Man wollte den Glanz und die Macht (die übrigens in der geschichtlichen Wirklichkeit nicht bei den vergötzten Herrschern, sondern bei dem heiligen Kaiser und bei Heinrich III. am größten war). Man war mißtrauisch gegen Milde, Recht und Frömmigkeit. Man glaubte an die gewaltsamen Gestalten.

Da aber gingen Männer wie die Brüder von Gerlach, die den echten Rechtsstaat des Mittelalters liebten, nicht mehr mit. Hier lag es ihnen näher, die Erfüllung dann schon lieber in ihrem heimatlichen preußischen Königtume zu sehen, dem sie natürlich auch sowieso von Herzen treu waren, bei allem Kampfe gegen absolutistische Entartung des preußischen Rechtes. Was auch in Preußen Absolutismus war, empfanden Edelleute und hohe Beamte von der Art der Gerlachs als ein despotisches Wesen, das ihnen nicht zusagte, im Gegensatz zu der deutschen Reichsidee, an der sie hingen. (Leopold von Gerlachs Worte auf S. 15 in „Ernst Ludwig von Gerlach" I, 1903.) Der König als schlichter Amtmann Gottes, ohne Abgötterei und ohne Gewaltsamkeit gegen Beamte und Stände, war indessen ganz nach ihrem Sinn. Aber das war nicht der Sinn der Straße. Die hörte auf, den König zu lieben, wie man seinen Vater liebt. Dafür begann sie, ihm zu schmeicheln, und ihn zu verherrlichen. „Erst seit den Freiheitskriegen nahm König und Hof seine jetzige 'begeisternde' Stellung ein." (Ernst Ludwig von Gerlach, hrsg. von Jakob von Gerlach, I, 1903, S. 15). Wenn etwas gar zu grell betont wird, ist meist die Höhe des Lebens schon überschritten und vielleicht das Ende entsetzlich nahe. Laute Verherrlichung ist selten ein Zeichen der Herzenstreue. Das wirkliche geistige Leben des vorigen Jahrhunderts sah ganz anders aus als der Geist der Königstreue. Schon Bismarck erzählt am Anfange seiner Gedanken und Erinnerungen, was er über Gott und König mitbekam, als er die Schule als ein normales Produkt des preußischen Unterrichtswesens verließ. Und wir, die wir in dem von ihm gegründeten Reiche aufwuchsen, haben es noch viel mehr erfahren, was es heißt, wenn wichtigste Dinge ganz in das persönliche Belieben gestellt zu sein scheinen. Uns wurde von der Theokratie, über Monarchie, Oligarchie, Aristokratie, Ochlokratie, Republik, Demokratie, Sozialismus und Kommunismus bis zur Anarchie alles als eine mehr oder minder interessante Möglichkeit im Reiche der Gedanken angeboten. Man brauchte sich bloß auszusuchen, was einem am besten lag. Genialer schien es allerdings, etwas Neues zu erfinden. Darin hätte erst der rechte Reiz gelegen. Aber man gestand sich ein, daß bei der Fülle des bereits Gebotenen nur ein ganz besonderes Sonntagskind noch etwas wirklich Neues würde machen können.

Das war natürlich nicht der Sinn der Einsicht in die Vielfalt von Staatsformen. Der Staat, in dem man lebt, ist geschichtlich geworden. Wer einmal in der Tiefe erkannt hat, was das nach Gottes Willen für ihn bedeutet, sieht, daß er nicht verfügen kann, sondern daß über ihn verfügt ist. Man soll das aber sicher nicht so beinahe sachenrechtlich sagen und empfinden. Man darf es z. B. immer tiefer als ein Glück erkennen, daß man in das Königtum hereingeboren wurde, in welchem im viel geschmähten wilhelminischen Zeitalter ein so liebevoller und warmherziger Herr regierte wie der Kaiser und König Wilhelm II. Werner Bergengruen hat in seiner Erzählung „Am Himmel wie auf Erden" in Schicksalen der Mark Brandenburg aus viel früherer Zeit einzelne Gestalten lebendig werden lassen, die den rechten, schlichten Geist der Hingabe verkörpern.

Wer so Gefühl und Überlieferung der Väter erlebt und darin seinen König selber wie seinen Vater liebt, wird keinen Drang zur Diskussion über Staatsformen spüren. Er fühlt nicht einmal die Notwendigkeit, die Monarchie, das Königtum als die beste aller Staatsformen zu erweisen. So wie der Anfang des Königtums in der Geschichte des Gottesvolks geschildert ist, tritt uns die Entstehung und das Wesen nüchtern genug entgegen. Wohl befahl Gott dem Seher und Richter Samuel, das Volksverlangen nach dem Königtume zu erfüllen. Aber er tröstete den über Undankbarkeit und Untreue Traurigen: „Nicht dich haben sie verlassen, sondern Mich, daß Ich nicht mehr über sie herrschen solle." Mag sein, daß das Volk die weite Freiheit der Richterzeit, dieser Theokratie in priesterlichen oder gar annähernd republikanischen Formen nicht recht zu sehen und zu nützen vermochte. Es scheint da manches zeitweise verwildert zu sein. Jos. Knabenbauer bietet indessen die vollkommen harmonisierende Auslegung an: „Wie aber Gottes Königtum in Israel die den Richtern, Hohenpriestern, Propheten gegebene menschliche Vermittlung nicht ausschließt, sondern sich in ihr verwirklicht und betätigt, so tritt auch das irdische Königtum in Israel durchaus nicht in einen Gegensatz zur Idee der Theokratie." 1. Sam. 8, 7 versteht Knabenbauer so, daß Gottes Mißbilligung nur gelte „von der Gesinnung und der Art, in der das Volk einen König heischt, nicht vom Königtum als solchem. Denn daß Könige erstehen sollen, war bereits den Patriarchen verheißen (1. Mos. 17, 6. 16; 35, 11), und das Königsgesetz war schon in der Urkunde des Pentateuchs niedergelegt (5. Mos. 17, 14 f.). Ja weit entfernt, daß das irdische Königtum der Idee der Theokratie hindernd entgegenträte, sollte gerade im irdischen Königtum Israels das Königtum Jahwes um so nachdrücklicher und eindringlicher dem Volksbewußtsein nahe gebracht werden." (Staatslexikon der Görres-Gesellschaft, 1. Aufl. 1897, Bd. V, Sp. 698; s. aber auch den Aufsatz von Franz Keller in der 5. Aufl. 1932, Bd. V, Sp. 330—333). Modernistische Schriftauslegung hat allerdings die Einheitlichkeit der Bücher Samuel zerrissen und seltsamste Theorien auch über die Einfügung dieser Stellen über Entstehung des Königtums ersonnen. Wir lassen den Bericht der Bibel unverändert stehen. Es wird sich auch hier im Laufe der Zeit herausstellen, daß er in seiner Schlichtheit und Größe das wahrere und echtere Geschichtsbild gibt. (Alfons Schulz: Die Bücher Samuel, Exeget. Handbuch von Joh. Nikel, 8. Bd., I, 1919, S. 112 ff.: Samuel und das Königtum, besonders S. 121 ff. zu 1. Sam. 8, 1—9. II (1920), S. 324 ff. gibt Schulz eine launige Kritik der modernistischen Arbeitsweise, indem er deren Methoden auf Cervantes Don

Quichote anwendet, wodurch sich auch dessen Uneinheitlichkeit „beweisen“ ließe. Karl A. Leimbach: Die Bücher Samuel, 1936, S. 42 ff. Zur modernen Quellenkritik seit J. G. Eichhorn über O. Thenius, K. Budde, H. Greßmann, O. Eißfeld, C. Steuernagel u. a. vgl. S. 4 f.). Eine Frage gegenüber dem Königtum kann man kaum im 1. Sam. Kap. 8 ganz überhören. „Das Königtum als solches bedeutete in gewissem Sinne eine Beeinträchtigung der Herrschaft Jahwes (1. Sam. 8, 7; 12, 17 ff.) und eine Verweltlichung der Theokratie, deren geborene Vertreter Gottesmänner, Priester und Propheten waren, und es kam alles darauf an, Rechte und Interessen der drei Faktoren: Gott, König und Volk genau abzugrenzen, in Einklang zu bringen und zu erhalten.“ (Friedrich Nötscher, Biblische Altertumskunde, 1940, S. 108). Und wenn man dazu das Lob römischer republikanischer Einrichtungen im 1. Makkabäerbuche nimmt, so wird man vor jedem Wahne blinder Überschätzung bewahrt, der monarchischen Staatsformen eine alleinige und ausschließliche Berechtigung sichern möchte. (Vgl. 1. Makkabäerbuch 8, 4—16. Hugo Bévenot, Die beiden Makkabäerbücher, 1931. S. 103: Muß man nicht vielleicht sogar weniger kritisch sein als hier Bévenot? In der rein rechtshistorischen Frage z. B. scheint mir Vers 16 durchaus das Richtige zu treffen: Wohl wurden zwei Konsuln gewählt. Aber wenn hier nur einer erwähnt ist, so steht das im Einklang mit dem, was Theodor Mommsen in seinem Römischen Staatsrecht über die Einheit des Imperiums sagt. Vgl. dazu auch vom Verfasser dieser Einführung: Geschichte des Völkerrechtes, 1936.) Was Gott in der weiten Welt zuläßt, bestimmen nicht wir. Aber wir dürfen lieben und treu sein. Manche der sogenannten Staatsformen brauchen in der Tat nicht als sich ausschließende Gegensätze gesehen zu werden. So darf man nicht vergessen, daß Benjamin Disraeli, der Earl of Beaconsfield, durch den wahren Thron gerade die Demokratie gewährleistet sah. (Vgl. von ihm The Vindication of the British Constitution, The Life of Lord George Bentinck und vieles in seinen Reden und Romanen.) In den heute bestehenden europäischen Monarchien zeigt sich auch gerade, wie das Königtum vermocht hat, die Gegensätze der Parteien auszugleichen. Ohne das Königtum wäre in England der Sozialist nicht so selbstverständlich salonfähig. Dieser Ausdruck ist natürlich sehr oberflächlich. In der Tiefe soll mit solcher Besinnung gezeigt sein, daß das Hereinwachsen auch der Arbeitervertreter in Adel und Ehrenamt, in House of Lords und Friedensrichtertum organisches Wachstum des Staatsrechtes bedeutet. Und was für das Arbeiten der Verfassung das Vorhandensein von loyaler Oppostion und rücksichtsvoller Regierung ist, kann auch gerade der Blick auf die englischen Verhältnisse lehren.

Vom Altertum bis in die neueste Zeit lassen sich Gedanken aufweisen, die in der Wirklichkeit scheinbare Gegensätze vereinigen. Wir sahen es hier an den Begriffen: Theokratie, Monarchie, Demokratie. Man braucht nicht immer alles so heftig gegeneinander auszuspielen. Es gibt ein bescheideneres und versöhnenderes Dienen in der Wirklichkeit.

Falsch indessen ist eine andere Auffassung, die in unseren Tagen verbreitet zu sein scheint. Sie bringt es fertig, vom „nationalen Königtum" mit scheinbar netter, freundlicher Anerkennung zu sprechen. Soweit da Deutschland in Frage steht, kommen die Hohenzollern gar nicht schlecht weg. Und Friedrich der Große erhält eine beinahe tadelfreie Zensur, so allerdings, als kämen neben ihm und vielleicht noch seinem Vater die anderen Könige kaum in Betracht und als sei das, was sie vielleicht als harte Zweifelsfragen über den großen Friedrich empfanden, gerade seine Herrlichkeit und Tugend. Aber alle diese Lobeserhebungen sind unverbindlich. Soll der Lober persönliche Folgerungen gegenüber dem Königshause ziehen, so zuckt er höchstens die Achseln über eine solche Zumutung. Das alles ist ja Geschichte! Das verpflichtet zu nichts. Heute sind wir da. Die alten Könige haben für uns gelebt und vorgearbeitet, damit wir es so herrlich weit bringen konnten. Die Gegenwart gehört natürlich uns. Darüber verfügen wir allein.

Diese hochmütige Einstellung ähnelt in mancher Hinsicht der, welche die Modernisten milderer Art dem Christentume und der Kirche gegenüber haben. Im Gegensatz zu ihren gröberen Brüdern gestehen sie zu, daß die Sache gar nicht so schlimm gewesen sei. Sie wissen mit wundervollen Worten sogar von manchem Sittigenden und Festigenden und vielleicht sogar von einer Bedeutung der christlichen Kirche für die Nation zu reden. Ein süddeutscher Journalist, der uns Christen etwas Nettes sagen wollte, setzte sich in Positur, legte das Gesicht in bedeutende Falten und brachte mit wichtigem und pathetischem Tone heraus: „Das Christentum gehört zur Landschaft". Man meint da, sehr pietätvoll zu sein, wenn man im Gegensatz zu den Eiferern im eigenen Lager sogar die Kreuze stehen lassen will. Aber Pietät ist auch alles. Die Gegenwart gehört uns. Und damit können wir machen, was wir wollen.

So ist der Wahn der Zeit.

Er war vorhanden, als nicht Gefahr und Verfall, sondern herrlicher und jäher Aufstieg zu sein schien. Schon in der ersten Auflage dieser Einführung stand das Wort vom gewillkürten Bundesstaat (I, 1931, S. 50, s. oben S. 54). Es ist ein Kennzeichen, das die Neugründung sowohl vom alten Reiche wie von den großen, alten Landesherrschaften unterscheidet. Selbst die bedeutendsten „Dynastien“ (ein Wort, das man, scheints, oft herabsetzend. brauchte), Habsburg und Hohenzollern, waren organischer, weniger gemacht als gewachsen und entstanden. Das Vorbild des Bundesstaates war doch wohl Amerika. Mit Recht sagt William Bennett Munro: “And the government of the United States has been the progenitor and pattern of federalism. All federal governments established during the past hundred years have been indebted, often in considerable measure, to the constitution of the United States.“ (The government of the United States, National, State and Local. Revised edition, New-York, 1925, p. 1.)

Aber das Wort vom gewillkürten Bundesstaat war kaum Kritik, sondern mehr ein zaghaftes Fragen. Wir waren glücklich in dem Staate und Reiche, in dem wir aufwuchsen. Und über dem ehrlichen Bündnis, das zwischen Deutschland und Österreich geworden war, zwischen Habsburg und Hohenzollern, durfte manche Not der Vergangenheit vergessen werden, manche Not auch aus den heiß bewegten Jahren der Reichsgründung. Im Ernste wurde kaum etwas ausgesetzt an dem gewillkürten Bundesstaat von 1866 und 1871. In zwei Grundtiefen allerdings gab es einen den harmlosen Patrioten zunächst vielleicht unerklärlichen Kampf: der Kirche wegen Kulturkampf und der Arbeiterschaft wegen Kampf um die soziale Frage. In beiden hat kaum jemand so sehnsuchtsvoll für Befriedung gearbeitet wie Kaiser Wilhelm II.

Die Verfassung des gewillkürten Bundesstaates, Bismarcks Verfassung, war ein Meisterwerk, knapp, klar und phrasenlos. Das ältere Geschlecht hat die scharfsinnige Meisterschaft erlebt, mit der Paul Laband sie auslegte. Wer den Meister so anerkennt, braucht natürlich noch lange nicht jeden seiner Wege mitzugehen. Um nur ein Beispiel zu nennen: man wird bei aller Zustimmung zur Trauer über „die Zerstörung des Reiches, diesen tiefsten Stand der staatlichen Zusammenfassung der deutschen Nation“, nicht geneigt sein, Labands Behauptung anzuerkennen: „Aber die Vernichtung des Reiches beseitigte zugleich zwei der größten Übelstände, nämlich die geistlichen Fürstentümer mit ihrer unerträglichen Mißwirtschaft und die Zersplitterung des Reiches in unzählige kleine Territorien ...“. Diese Zersplitterung ist allgemein beklagt worden. Die segensreiche und milde Regierung in geistlichen Fürstentümern ist aber gegen Laband von unvoreingenommenen Beobachtern hervorgehoben worden. Mit seinem ungerechten Worte über die „reaktionäre Romantik der historischen Schule“ schwamm Laband im breiten Strome seiner Zeit. (Die beiden Anführungen sind aus Paul Laband, Staatsrecht, in Stammler: Systematische Rechtswissenschaft, 1906, S. 294 u. 295. Das große Lebenswerk Labands ist sein „Staatsrecht des Deutschen Reiches“, Tübingen

1876 ff.; 4. Aufl. 4 Bde. 1901.) Die Jüngeren, die Laband nicht mehr erlebten, kennen Heinrich Triepels Art, mit durchdringendem Scharfsinn, genau passenden Begriffen und dogmatischer Gründlichkeit die Verfassung des Deutschen Reiches darzustellen.

Die umstrittene Verfassung von Weimar, die nach dem Umsturz und seiner teilweisen friedlichen Überwindung kam, war wortreicher und programmatischer. Auch die, welche ihr freundlich gegenüberstehen, betonen oft, daß sie manchen Verfassungsgedanken der Neuzeit zuspitzte und übertrieb. Das Verhältniswahlrecht z. B. wollte den Gedanken der Volksvertretung genau und gründlich durchführen. Hat es aber nicht zugleich zur Zersplitterung in viel zu viele Parteien beigetragen? Wer die Frage aufwirft, wird keineswegs die ungeheure Wichtigkeit eines gerechten Maßes der Volksvertretung zu jeder Zeit bestreiten wollen. Über das Verhältniswahlrecht selbst hat Rudolf Smend sofort nach dessen Einführung eine Untersuchung dargeboten in seinem Beitrage zur Festgabe für Karl Bergbohm (1919, S. 278—287): „Die Verschiebung der konstitutionellen Ordnung durch die Verhältniswahl." In den letzten Jahren des ordnungsmäßigen Arbeitens auf Grund der Weimarer Verfassung hat Leibholz sein Buch über die Repräsentation veröffentlicht. Sehr bedeutsame Forschungen, die hoffentlich in ihrem ganzen Zusammenhang noch veröffentlicht werden, hat der englische Historiker R. C. K. Ensor angestellt und auch in Vorträgen darüber berichtet. Im Gegensatz etwa zu Joseph King, der nach 1918 das neue deutsche Vorbild in seinem englischen Vaterlande zur Nachahmung empfahl, sieht Ensor im englischen Wahlrecht, das keine Verhältniswahl kennt, ein sehr bewährtes und unentbehrliches Mittel, Radikalisierung und doktrinäre Zuspitzung der Gegensätze zu vermeiden. Das englische Wahlrecht und nicht den englischen Volkscharakter macht er verantwortlich für das mit Recht gerühmte maßvolle und bewahrende Wesen des Inselstaats. Seit dem Mittelalter, so behauptet er, ist es dasselbe geblieben. Auf dem Festlande aber ist es seit 1789 anders geworden, hier hat sich allmählich von Frankreich über Belgien und Holland bis zu den akademisch folgerechten Formulierungen der Weimarer Verfassung das Verhältniswahlrecht ausgebildet, das die Entstehung vieler radikaler und doktrinärer Parteien begünstigt und klare absolute Mehrheiten und Verantwortlichkeiten der Regierung oftmals verhindert.

Die Landeshoheit war weder durch das Reich von 1871 noch durch die Weimarer Verfassung verschwunden.

Über den Staaten (nach der Weimarer Verfassung, Länder genannt) Preußen, Bayern, Sachsen, Württemberg usw. wölbt sich wohl Gewalt des Bundes, die wir Staatsgewalt nennen; aber sie war keine Staatsgewalt, von der die Landesobrigkeiten nur abgeleitet, beauftragt, delegiert wären, sondern eher umgekehrt. Das zeigte sich an sehr elementaren Dingen. Wohl trat das Deutsche Reich nach außen hin, den Staaten der Welt gegenüber, als Einheit auf. Die völkerrechtliche Vertretung lag in den Händen des Reichspräsidenten (RV. 45), die Außenpolitik hauptsächlich in denen des Reichsministers des Auswärtigen (RV. 56).

Aber ist nicht z. B. das Verhandeln und Vertragschließen mit dem Papst in Rom auch so etwas wie auswärtige Politik und völkerrechtliches Handeln? Und doch hat hier das preußische Staatsministerium 1929 einen Vertrag (eine sog. Solemnis Conventio, nicht, wie oftmals fälschlich angeführt, Konkordat!) mit der römischen Kurie geschlossen, ganz selbständig, ohne sich um Reichspräsident, Reichskanzler, Reichsminister des Auswärtigen oder Reichstag zu kümmern.[3] Es hat sich dabei auf Art. 78 Abs. 2 gestützt, sagen die einen, um dieses selbständige Vorgehen zu begründen. Das ist insofern eine nicht ganz richtige Begründung, als es eigentlich heißen müßte: Preußen hat sich auf sein ursprüngliches Recht als Staat gestützt, das ihm erlaubt, in völkerrechtlichen Formen mit anderen Mächten, die völkerrechtlich auftreten, zu verhandeln und Verträge abzuschließen. Auf dieses Recht hat Preußen in der Reichsverfassung Verzicht geleistet, soweit es sich um Vertragsschlüsse mit auswärtigen Staaten handelt. Frei ist es geblieben in bezug auf nichtstaatliche Mächte, die Völkerrechtssubjekt sind, das ergibt sich aus Artikel 78.

Der frühverstorbene Staats- und Völkerrechtslehrer Heinrich Pohl schlug als eine der Fragen in einer mit mir zusammen herausgegebenen Sammlung von Fällen und Fragen des Völkerrechtes vor: Gibt es zwischen den Ländern des Deutschen Reiches Beziehungen, die nach Völkerrecht zu beurteilen sind? Wir setzten die Frage an die Spitze unseres Büchleins und waren einig in ihrer Bejahung. Es gab Gesandtschaften von Land zu Land. Vor allem aber wurden wichtige Verwaltungsfragen oft im Wege der Ländervereinbarung geregelt. Das alles zeigt, daß das von der Reichsverfassung, der Bismarckischen wie der Weimarer, an den Anfang gestellte Verhältnis von Reich und Ländern sich mit staatsrechtlichen Begriffen aus den Schulen des Aufklärungsdenkens nicht meistern läßt.

Ebenso zeigt sich immer mehr, daß wir nicht einfach die in der Dreiteilung der Staatsgewalt (wie sie nach Montesquieu erst vergröbert worden ist) liegende Wertordnung übernehmen können, wenn wir die Wirklichkeit von deutschem Reichs- und Staatsrecht darstellen wollen,

Es zeigt sich uns ein zunächst einleuchtendes Bild:

Gesetzgebung (Legislative)

Verwaltung (Gesetzesausführung, Exekutive)

Rechtsprechung (Gesetzesanwendung Jurisdiktion).

Aber dieses Bild ist doch nicht richtig.

Hauptträger der Legislative soll nach der Weimarer Verfassung der Reichstag sein (RV. 20—40, s. ferner 68 ff.). Ist er demgemäß oberstes Organ, höchste Reichsgewalt? In der reichsrechtlichen Wirklichkeit seit 1919 hat sich manchmal das Schwergewicht der Reichsgewalt erheblich nach der Seite von Reichspräsident und Reichsregierung hin (RV. 41—59) verschoben.

Die Weimarer Verfassung selber bestimmt in Art. 1 Abs. 2: „Die Staatsgewalt geht vom Volke aus." Können wir uns über den eben angedeuteten Zwiespalt von Reichstag und Reichspräsident, über unsere Ratlosigkeit, wer von beiden Inhaber der höchsten Reichsgewalt sei, mit dem Satze hinwegtrösten: daß diese höchste Gewalt eben beim Volke ruhe? Bismarck hat einmal gesagt: „Zum Volke gehören wir alle, ich habe auch Volksrechte; zum Volke gehört auch Seine Majestät der Kaiser; wir alle sind das Volk" (Stammler, Bismarcks Staatsauffassung, in: Ges. Aufsätze und Vorträge, 1929, S. 61).

Wenn wir es (in einem tieferen Sinne, in dem des geschichtlichen Volkes) durchaus anerkennen, daß die höchste Gewalt beim Volke liegt, so müssen wir bei den praktischen Dingen des öffentlichen Rechtes doch eben nach den Organen dieses Volkes fragen.

Die Weimarer Verfassung hat da zwei höchste Organe nebeneinandergestellt: Reichspräsident und Reichstag. Beide sind unmittelbar vom ganzen Volke gewählt, keines braucht sich dem andern zu beugen (RV. 22, 20, 21; 41, 43, 73, 74). Vom französischen (parlamentarischen) wie vom amerikanischen (mittelbar plebiszitären) Präsidenten war die Stellung des Reichspräsidenten scharf unterschieden, und zwar nicht bloß in der Weise, daß er ein unmittelbar plebiszitärer Präsident und nicht, wie die anderen, auf die Verwaltung beschränkt war. Das Tätigwerden nach Art. 48 RV. hat immer mehr der Reichspräsidentengewalt das Gepräge gegeben. Auf keinem anderen Gebiete wohl hat sich so deutlich wie hier gezeigt, daß es auch ungeschriebenes Verfassungsrecht gibt. Carl Schmitt, der eigentlich von jeher der Theoretiker der Diktatur war, hat dargetan, daß es vielerlei Möglichkeiten gibt, daß sich der Rahmen der Reichsverfassung vom Rechtsleben in ganz verschiedener Weise ausfüllen läßt. Und die Praxis des schnell berühmt gewordenen Artikels 48 der Weimarer Verfassung zeigt auf das deutlichste, welche bedeutende Rolle Gewohnheitsrecht und Geschichtsgebundenheit auch und gerade im öffentlichen Recht spielen.

Man hat diese Verfassungsstelle den Diktaturparagraphen genannt. Vielleicht läßt sich ihr Wesen noch besser erfassen, wenn man in ihr den Versuch sieht, die Wunde wieder gutzumachen, die der 9. November 1918 dem Reiche Bismarckischer Verfassung geschlagen hatte. Da war das Reichshaupt abgeschlagen, die höchste Reichsgewalt beseitigt worden. Es war nicht der Kaiser. Denn der hatte keine unmittelbare Staatsgewalt über das ganze Reich. Es war vielmehr der Bundesrat. Diese Versammlung der Vertreter von Preußen, Bayern, Sachsen, Württemberg und aller anderen Bundesstaaten (Länder) war als „Reichsrat" (RV. 60—67) zwar auch in der Weimarer Verfassung erhalten geblieben, sollte aber nach ihrem Willen ein verhältnismäßig machtloses Organ sein. In der Zeit ununterbrochener Anwendung des Art. 48 hat Reichskanzler Brüning einmal davon gesprochen, daß man die Stellung des Reichsrats stärken müsse. War das ein Eingeständnis, daß die geschichtlich gewordene höchste Reichsgewalt unentbehrlich ist, nämlich die geeinte Gewalt von Reichshaupt und Ländervertretern (Bundesstaatshäuptern)? Die alte Bundesratsgewalt war rechtlich gebundener und gemäßigter als die Diktaturgewalt des Reichspräsidenten.

Das erste, woran Art. 48 RV. denkt, ist übrigens nicht das berühmte Notverordnungsrecht (Abs. 2), sondern (daher in Abs. 1) das Verhältnis von Reichsgewalt und Ländern: „Wenn ein Land die ihm nach der Reichsverfassung oder den Reichsgesetzen obliegenden Pflichten nicht erfüllt, kann der Reichspräsident es dazu mit Hilfe der bewaffneten Macht anhalten."

Das Verhältnis von Reich und Ländern steht an der Spitze des ganzen deutschen öffentlichen Rechtes (Reichsrecht). Danach erst kommt jenes Staatsrecht, zu dem wir an Hand der Gedanken von Montesquieu gelangten. Das Reichsrecht ist allein aus dem Gesamtzusammenhange der deutschen Geschichte ersichtlich.

Anmerkungen zum Staatsrecht.

An der Spitze der folgenden Lesestücke stehe die hier ganz besondrs dringende Mahnung, das Studium des Staatsrechts nicht etwa ungeschichtlich zu beginnen. — Für das Einarbeiten in die Hauptquellen ist unentbehrlich · Zeumer, Quellensammlung zur Geschichte der deutschen Reichsverfassung, Bd. 1 u. 2, 2. Aufl., 1913.

1. Aus Montesquieu, De L'Esprit des Lois, livre XI Chap VI.

De la constitution d'Angleterre.

Il y a dans chaque état trois sortes de pouvoirs la puissance législative, la puissance exécutive des choses qui dépendent du droit des gens, et la puissance exécutive de celles qui dépendent du droit civil.

Par la première, le prince ou le magistrat fait des lois pour un temps ou pour toujours, et corrige ou abroge celles qui sont faites. Par la seconde, il fait la paix ou la guerre, envoie ou reçoit des ambassades, établit la sûreté, prévient les invasions. Par la troisième, il punit les crimes ou juge les différends des particuliers. On appellera cette dernière la puissance de juger; et l'autre, simplement la puissance exécutrice de l'état.

La liberté politique, dans un citoyen, est cette tranquillité d'ésprit qui provient de l'opinion que chacun a de sa sûreté; et, pour qu'on ait cette liberté, il faut que le gouvernement soit tel qu'un citoyen ne puisse pas craindre un autre citoyen.

Lorsque dans la même personne ou dans le même corps de magistrature la puissance législative est réunie à la puissance exécutrice, il n'y a point de liberté, parce qu'on peut craindre que le même monarque ou le même sénat ne fasse des lois tyranniques pour les exécuter tyranniquement

Il n'y a point encore de liberté si la puissance de juger n'est pas séparée de la puissance législative et de l'exécutrice Si elle était jointe à la puissance législative, le pouvoir sur la vie et la liberté des citoyens serait arbitraire; car le juge serait législateur Si elle était jointe à la puissance exécutrice, le juge pourrait avoir la force d'un oppresseur

Tout serait perdu si le même homme, ou le même corps des principaux, ou des nobles, ou du peuple, exerçaient ces trois pouvoirs celui de faire des lois, celui d'exécuter les résolutions publiques, et celui de juger les crimes ou les différends des particuliers.

Dans la plupart des royaumes de l'Europe, le gouvernement est modéré, parceque le prince, qui a les deux premiers pouvoirs, laisse à ses sujets l'exercise du troisième Chez les Turcs, où ces trois pouvoirs sont réunis sur la tête du sultan, il règne un affreux despotisme

In anderer, aber nicht minder großartiger, ja viel gewaltigerer Art ist der Gedanke des Rechtsstaates begründet im Sachsenspiegel, 3 Buch, Art 78 § 1

„Der küng unde îclich Richter mûz wol richten uber hals unde uber hant unde uber erbe iecliches sînes mannes unde mâges, und en tût dar an wider sîne trûwe nicht § 2. Der man mûz ouch wol sîme kunge und sîme richtêre unrechtes widerstên und sân helfe weren zu aller wîs, al sî her sîn mâg oder sîn herre, und en tût dar an wider sine trûwe nicht § 3. Der man mûz ouch volgen sîme herren, und der herre deme manne, und der mâg deme mâge, unde sân helfen bestêtigen von gerichtes halben umb ungerichte, dâ her mit dem gerûchte zû geladen wirt an einer hanthaften tât, und en tût wider sînen trûwen nicht § 4 Der man mûz ouch volgen vor sines herren hûs, und der herre vor des mannes, unde der mâg vor des mâges, dâ her umb ungerichte mit gerûchte vor geladen wirt, unde mûz ez sân wol helfen brechen, ab man ez mit rechte nicht entredet, und en tût wider sînen trûwen nicht. § 5 Ieclich man mûz mit helfe weren stete, burge unde lant unde lîb sînes herren unde mâges unde mannes, unde sân sînes vrûndes, wider herren unde mâge unde mânne, die sie gewaldeclîchen sûchen, unde mûz wol uff sie strîten, unde en tût wider sinen trûwen nicht, deste her selbe ires selbes habe nicht en neme § 6. Wundet ouch ein man sînen herren oder slêt her in tôt an nôtwere, oder der herre den man, her en tût wider sînen trûwen nicht, ab die nôt ûf in mit rechte volbrâcht wirt "

Hierzu vgl etwa Binding, Lehrbuch des Strafrechts, besonderer Teil, 2 Bd., 2. Abt, 1905, S 751 „Nach alter deutscher Rechtsauffassung, die durch die Jahrhunderte festgehalten und nur vorübergehend verdunkelt wurde, bindet das Recht wie das Staatsvolk so den Staat selbst und alle seine Organe, vom höchsten bis zum niedersten Nach dem Sachsenspiegel, III, 78, § 1, darf der Mann seinem Könige und Richter um Unrecht widerstehen, und das Kaiserrecht, Buch II, Kap 117, behauptet, es stehe in des Reiches Recht der keiser ist dem minsten gleich, tut er unrecht, und anderswo der keiser soll keiser sein, dieweile er recht tut. Alle unsere neueren Verfassungsgesetze stehen grundsätzlich auf dem gleichen Boden "

2 V Bruns, Völkerrecht als Rechtsordnung, Zeitschrift für ausländisches öffentliches Recht und Völkerrecht, I, 1929

3 Vgl Preuß. Landtag, Drucksachen Nr 27, 32, 273—275, 318—319, 569, 2141—2179, Berichte über die Sitzungen 29, 72—74, 82, 92—93, 96—97, des Jahres 1929

4. Die Staatsrechtslehre nach der Weimarer Verfassung faßt zusammen das von Anschütz und Thoma herausgegebene „Handbuch des deutschen Staatsrechts", 1931 (vgl. dort etwa die Beiträge von Bühler, Freiherr von Marschall, Pohl, Perels usw) Zum Staatsrecht davor Paul Laband, Das Staatsrecht des Deutschen Reiches, I—IV, 4 Aufl. 1901 Ludwig von Rönne, Das Staatsrecht der Preußischen Monarchie, in 5. Aufl. neubearbeitet von Philipp Zorn, I—II, 1899—1906.

2. Hauptstück.

Verwaltungsrecht.

Reichs- und Staatsrecht ordnen die höchste Gewalt und ihre Beziehungen zu den einzelnen Volksgenossen. Sie erschöpfen sich nicht im Verfassungsrecht des Reiches und der Länder, aber naturgemäß steht dieses im Vordergrund.

Das Verwaltungsrecht ist erst im 19. Jahrhundert, ja, in seiner modernen juristischen Gestalt erst in dessen zweiter Hälfte gewachsen. Das gilt, wenn man unter juristischer Betrachtung die vom Richter her, die Zergliederung eines Streitfalles zwischen zwei Parteien versteht. In dieser Hinsicht ist das Kernstück des Verwaltungsrechtes die Verwaltungsgerichtsbarkeit, die sich erst im Bismarckischen Reich durchgesetzt hat. Eine solche Auffassung wäre in der Lage, das Verwaltungsrecht einigermaßen klar gegen das Staatsrecht abzugrenzen. Es wäre ein Verhältnis wie zwischen Bürgerlichem Recht und Zivilprozeß, Strafrecht und Strafprozeß: das eine Gebiet enthält die Grundlagen des subjektiven Rechtes, der Ansprüche (zu fordern, zu strafen) sowie die vielberufenen subjektiven öffentlichen Rechte, das andere die Formen der Durchsetzung, der Verwirklichung; das eine ist materielles Recht, das andere, das Prozeßrecht, dagegen formelles. So betrachtet, wäre das Verwaltungsrecht formelles Staatsrecht. Das käme aber auf eine beträchtliche Verengung des Gebietes hinaus. Wer das Verwaltungsrecht so sähe, übertriebe die Bedeutung des einen liberalen Gesichtspunktes in ihm, den des Rechtsschutzbedürfnisses des Einzelnen gegen die staatliche Verwaltung.

Das führende Lehrbuch, die „Institutionen des deutschen Verwaltungsrechtes" von Fleiner, faßt den Begriff (teilweise im Anschluß an Otto Mayer, den Begründer dieser neuen rechtswissenschaftlichen Disziplin) richtigerweise viel weiter: „Verwaltungsrecht ist das auf die Bedürfnisse der öffentlichen Verwaltung zugeschnittene öffentliche Recht." (a. a. O. § 4.)

Hiermit ist ein weites und lebensvolles Gebiet gegeben, seine Abgrenzung gegen das Staatsrecht allerdings schwieriger geworden: denn dies Einrichten und Inganghalten der Verwaltung ist schließlich ebenso dessen Aufgabe. Aber die Abgrenzung ist weniger wichtig als das Erfassen des Wesentlichen. Und da steht für uns nicht der Mensch und sein Rechtsschutzbedürfnis im Mittelpunkte des Verwaltungsrechtes, sondern Volk und Staat, oder, für unseren Zweck sachlich und begrenzt ausgedrückt:

1. Die Verwaltung.

Sie ist das alltägliche Leben des Staates, die Praxis seiner Organe. Und ihr Gesicht ist bestimmt durch die herrschend gewordene Vorstellung vom Staatsorgan. Sieht man als solches nur an den Beamten und Soldaten, so kommt man zu einer straff zusammengefaßten, von einem Mittelpunkte her geleiteten (zentralistischen) Staatsgewalt und zu einer von der Beamtenschaft, von ihrer büromäßigen Organisation (Bürokratie) getragenen Verwaltung. Sie ist von der Praxis des neuzeitlichen französischen Königtums geschaffen worden. Schon seit Philipp dem Schönen (also dem 14. Jahrhundert), ja spurweise bereits bei Ludwig dem Heiligen (also im 13. Jahrhundert) begonnen, hat sie über Ludwig XI., den ersten König, der aus dem Königtume ein richtiges métier, eine Art Berufsbeamtentum machte, notwendig zum Souveränitätsbegriffe des Jean Bodin (1576) geführt. Bonaparte hat diese Praxis nur weiterzuführen versucht und ins Übergroße verzerrt, über die Ordnung des Staates hinauslangend, um Weltorganisator zu werden.

Die Verwaltungsrechtsgeschichte der Deutschen ist anders, entgegengesetzt. Denn das Deutsche Reich war ein Volksstaat in dem Sinne, in dem Volkswesen das Gegenteil von Demagogie und Masse ist. Besonders niedersächsisches und westfälisches Volkstum hat sich der Vorstellung stets abgeneigt erwiesen, daß Staatsorgan nur der Beamte sei. Das in Gemeinden und Stände gegliederte Volk (das gegliederte und organische, nicht die Masse!) sollte die Verwaltung tragen. So ist aus dem Angelsachsentum, auch noch nach dem Normanneneinbruch von 1066, die englische Selbstverwaltung gewachsen, das Selfgovernment. So hat der Erneuerer der alten deutschen städtischen und gemeindlichen Selbstverwaltung, der Reichsfreiherr vom Stein, ihr Wesen verstanden. Er war durch Geburt Angehöriger eines Reichsstandes, Reichsritter. Er war durch Blut und Überlieferung noch verbunden mit dem mittelalterlichen Reiche, dem des Lehnsrechtes wie dem des Ständewesens. Als Minister Preußens hat er nur einen Teil seiner Gedanken verwirklichen können, in der Städteordnung von 1808, die im einzelnen zudem nicht in jedem Punkte sein Werk, sondern das seiner Untergebenen und Mitarbeiter ist.[1] Im Alter hat er, als Führer der provinziellen und ständischen Selbstverwaltung Westfalens, noch deutlicher gezeigt, was ihm diese echt deutsche Rechtseinrichtung bedeutete.

Man nennt sein Werk von 1807/8 zumeist nicht mit seinem Namen allein, sondern mit dem eines anderen führenden Staatsmannes damaliger Zeit zusammen und spricht von der Stein-Hardenbergschen Reform. Hans Helfritz hat ihre Bedeutung in der Geschichte des öffentlichen Rechts klar und scharf herausgestellt, u. a. auch in seinen in Anm. 3 auf S. . . . angeführten Büchern. In der Rechtswissenschaft wie in der Geschichtsforschung besteht kein Zweifel, daß Ziele und Werke der beiden Männer, des Reichsfreiherrn vom Stein und des Fürsten Hardenberg, völlig verschieden waren, ebenso wie ihr menschliches Wesen. Hardenberg war liberal, Stein im tiefsten Sinne konservativ. Der Liberalismus sieht die Selbstverwaltung vom Individuum her, die reichsständisch-konservative Gesinnung Steins begriff sie von Reich, Stand und Gemeinde aus. Hardenberg war liberal, aber sein Liberalismus hinderte ihn nicht, sich nach 1813 als „despotischer Bürokrat" zu gebärden.[2] Stein blieb ein Führer aller wahrhaft freiheitlich Gesonnenen. Allerdings war er ein Feind der „Freiheit", von der man nach seinem Tode (1831) um 1848 herum in der Paulskirche schwärmte; das beweist sein Briefwechsel mit Gagern. Die Gebrüder von Gerlach meinten allerdings, daß Stein dem Liberalismus nicht gewachsen gewesen sei. Doch wir wollen weder darauf noch auf dem Gegensatz von konservativ und liberal als Partei weiter verweilen. Es gibt seltsam Versöhnendes und Überbrückendes. So hat R. von Gneist mit vielen seiner Gedanken bei den Konservativen mehr Anklang gefunden als bei seinen liberalen politischen Freunden. Die richtig verstandene Selbstverwaltung hätte, ganz und kraftvoll durchgeführt, befriedigend, befreiend und versöhnend wirken können. Friedrich Wilhelm IV. forderte von seinen Ministern, daß sie den Leuten reelle Freiheit, self government geben sollten. Ja, das ist wirklich mehr Freiheit als eine papierne Verfassung! Doch Leopold von Gerlach setzt den Bericht über die Äußerung des Königs wohl mit Recht so fort: „Das geht aber so nicht, denn die Menschen haben für die wahre Freiheit keinen Sinn, sondern trachten nach der falschen mit blindem Enthusiasmus." (Denkwürdigkeiten I, 1891, S. 249.) Selbstverwaltung ist Freiheit der wirklich gestaltenden Tat. Das andere ist oft bloß Freiheit unpraktischer Reden.

Das Selbstverwaltungswerk Steins ist zu großem Teile erhalten geblieben, auch über die Revolution hinweg. „Verfassungsrecht vergeht, Verwaltungsrecht besteht", sagt Otto Mayer einmal. Zur Zeit ist es allerdings bedroht wie kaum zuvor. Das liegt am Umsichgreifen großstädtischen „Geistes" und an selbstverwaltungsfeindlicher Demokratie.

Vorläufig ergibt sich aus den im vorigen Jahrhundert beschlossenen, bis vor kurzem gültig gebliebenen Verwaltungsgesetzen in Preußen[3] (das Verwaltungsrecht ist zumeist Landesrecht, nicht Reichsrecht, RV. 14, 15; das Gebiet der unmittelbaren Reichsverwaltung umschreibt RV. 78—101) das Bild einer doppelten Kraftlinie der Staatsgewalt: die eine läuft vom Staatsministerium, das dem Landtag verantwortlich ist, zum Oberpräsidenten, von da zum Regierungspräsidenten, von da zum Landrat. Die andere beginnt in der Land- oder Stadt-Gemeinde, erweitert sich zum Land- (oder Stadt-) Kreise (wo sie sich mit der ersten Linie, der Zentralverwaltung, berührt, beim Landrat nämlich, der politischer Regierungsbeamter und Vorsitzender der Selbstverwaltung, des Kreisausschusses in einer Person ist). Die Selbstverwaltung steigt weiter auf zur Provinz (Landeshauptmann, Provinziallandtag) und reicht mit den im Staatsrat vereinigten Provinzvertretern bis in die Zentrale, bis nach Berlin, ja über Preußen hinaus bis in den Reichsrat hinein.

Die Selbstverwaltung, soweit sie bedeutet Ausführung der eigenen, d. h. der Gemeindeangelegenheiten (Gegensatz: übertragene Aufgaben, wie vor allem Polizeigewalt des Bürgermeisters dort, wo kein „Polizeipräsident" bestellt ist), kann nicht als von der zentralen Staatsstelle verliehene, von ihr abgeleitete, sondern muß als ursprüngliche Gewalt, allerdings als Gliedgewalt angesehen werden.[4]

Der Staat schafft Recht durch Gesetz, der Selbstverwaltungskörper (Gemeinde, Kreis, Provinz) durch Satzung (Statut, Ortsstatut). Auf diesen beiden Hauptquellen des geschriebenen öffentlichen Rechtes im Staate beruht die Verordnungsgewalt, aus der bei der Rechtsverordnung (Gegensatz: Verwaltungsordnung) ebenfalls Rechtssätze geschaffen werden.

Mit Gesetz, Satzung und Verordnung sehen manche den Kreis der Quellen des öffentlichen Rechtes im Staate geschlossen. Wir müssen nach dem beim Arbeitsrechte Ausgeführten zunächst die „Vereinbarung" ständischer oder genossenschaftlicher Art hinzufügen. Aber mit alledem ist nur geschriebenes Recht in Betracht gezogen. Gibt es nicht auch ungeschriebenes öffentliches Recht?[5] Liberalismus, Demokratie, aber auch Sozialismus verneinen vielfach die Frage. Sie bekennen sich damit zu enger Gesetzgebundenheit der Verwaltung, leugnen, daß deren Praxis, leugnen aber vor allem, daß das in Gemeinden und Ständen (sie sind da, auch wo das Gesetz sie nicht oder kaum beachtet) organisch und genossenschaftlich gegliederte Volk durch lebendige Rechtsüberzeugung, gebunden an Glauben und Geschichte, Recht schaffen kann. Wir behaupten dagegen, daß das Gewohnheitsrecht auch im öffentlichen Recht des Staates gleich starke Rechtsquelle ist, neben Gesetz, Satzung und Vereinbarung.

Die Gliederung des Volkes in Gemeinden und Stände (Selbstverwaltung) und die Anerkennung, zwar nicht der Volkssouveränität (die ein Wahn ist), wohl aber die Anerkennung des Volkes als eines lebendigen Volkskörpers, die Achtung der rechtsschöpferischen Arbeit eines jeden Gliedes für seinen Bereich: das ist wahrhaft konservativer Staatsauffassung stets eigen gewesen.

Auf dieses Lebendige kamen wir durch die Notwendigkeit, das (eigene) Recht der Selbstverwaltung (ein Selbstverwaltungskörper ist übrigens auch die Universität!) neben der natürlich nicht zu schmälernden Einsicht in die Unentbehrlichkeit starker, zentraler Regierung zu betonen. Selbstverwaltung im konservativen Sinne, bei dem nicht an den einzelnen Menschen, den einzelnen Blutstropfen, sondern an den ganzen lebendigen Volkskörper gedacht wird, kann allein den wahren Volksstaat gewährleisten; alles andere läuft auf Gesetzesabsolutismus hinaus, sei es des staatlichen oder des von Medizinern verwalteten naturwissenschaftlichen oder des mathematisch-technischen Gesetzes. Es ist keine Frage organisatorischer Dezentralisation oder Zentralisation (wer die Dinge so sieht, verkennt das Wesentliche), sondern eben die Frage der Anerkennung des deutschrechtlichen organischen Gedankens, des gegliederten Volkes, um die es sich hier handelt. Es geht um das Wesen dieser höchst lebendigen Körperschaften des öffentlichen Rechtes.

Der Kritiker der Selbstverwaltung wird darauf hinweisen, daß sie in den großen Städten unmöglich geworden sei und schon vor dem Kriege verfiel.

„Im Laufe des seither verflossenen Jahrhunderts haben sich gewaltige Veränderungen im äußeren und inneren Leben der Städte vollzogen. Die Städteordnung von 1808 gilt nicht mehr. Dabei ist nicht nur einzelnes geändert. Die Grundlage des städtischen Gemeinwesens ist im Zusammenhange mit der Durchführung der Gewerbefreiheit, der Freiheit des Bodenerwerbes und der Freizügigkeit verschoben ... An Stelle der geschlossenen Bürgergemeinde ist die offene Einwohnergemeinde getreten. Unverkennbar türmen sich ... vor allem in den modernen Großstädten mit ihrer riesenhaft angewachsenen fluktuierenden Bevölkerung der kommunalen Selbstverwaltung Schwierigkeiten entgegen, von denen vor hundert Jahren niemand etwas ahnen konnte . . . Die Verwaltung aber dieser großen Gemeinwesen ist streng zentralisiert. In ihrer Gliederung ist man über die schon in der Städteordnung von 1808 vorgesehene geographische Zerlegung in Stadtbezirke mit ihren von den städtischen Zentralorganen bestellten Bezirksvorstehern nicht hinausgekommen. Da wird die lebendige Teilnahme aller Bürger am Gemeinleben nur allzuleicht zur Fiktion. Die erzieherische Wirkung der Selbstverwaltung kann nicht ins Breite dringen. Eine Fülle von Gemeinschaftskräften liegt brach. Wer wollte leugnen, daß mehr und mehr eine städtische Bürokratie emporgediehen ist, die sich von der staatlichen Bürokratie nur in der Farbe unterscheidet?"

(Gierke, Die Steinsche Städteordnung. Rede am 27. Januar 1909.)

Der Wert eines Rechtsgedankens kann nicht dadurch widerlegt werden, daß gegen ihn gesündigt wird. Die Mißstände, von denen Otto von Gierke mit großem Rechte spricht, werden vermehrt durch eine Politik (deren Gebiet wir streifen, um es gleich wieder zu verlassen), die auf Freizügigkeit und Fluktuation der Massen abgestellt ist. Sie können vermindert werden durch sinnvolle Anstrengung, den Städter wieder zu verwurzeln und den Landmann vor Entwurzelung zu bewahren.

Nach dem Kriege geschah übrigens auf diesem Gebiete der Verwaltung eine höchst merkwürdige Entwicklung. Auf der einen Seite waren die selbstverwaltungsfeindlichen Kräfte am Werk, die wir eben andeuteten. Sie steigerten sich bis zu den amtlichen Vorschlägen, den preußischen Entwürfen, die das Westlich-Französische nach dem Osten bringen und durch eine Bürgermeistereiverfassung auch auf dem Lande den Gemeindegedanken vernichten wollen. Auf der anderen Seite sind Selbstverwaltungsgedanken von größtem Ausmaße gerade in der Nachkriegszeit geboren worden. Die Sorge um die deutsche Jugend führte im Reichsjugendwohlfahrtsgesetz von 1922 (in Kraft getreten 1924) zu dem berühmten Netz von Jugendämtern, das über das ganze Reich gebreitet werden sollte. Diese Ämter sollten nicht bürokratisch, zentralistisch organisiert werden.[6] Sondern organisch sollten sie hervorwachsen aus der schon vorhandenen freiwilligen Arbeit (es hat sich übrigens gezeigt, zum Erstaunen der sozialistischen wie der liberalen Kritiker der Kirchen, daß trotz so vielfach christentumsfeindlicher Strömungen die wirklich menschliche Hauptarbeit der Jugendhilfe außerhalb der Familie kirchlich geblieben ist). Ein großer Selbstverwaltungskörper schien da zu erstehen, angegliedert an die Gemeinden, aber in ihnen selbständige, reichsgesetzliche Befugnisse wahrnehmend und mit eigenem Recht gegen die vielfach demokratisierte Stadtobrigkeit (Magistrat) vertretend. Das örtliche Jugendamt der Gemeinde (oder des Kreises) ist die unterste Stufe. Über sie hinaus führt das Landesjugendamt und schließlich das Reichsjugendamt, als Haupt des Ganzen. Dieses Haupt schlug man allerdings, als es sich darum handelte, das Reichsjugendwohlfahrtsgesetz in Kraft treten zu lassen, einfach ab. Und was übrigblieb, war doch wohl kein lebendiger Selbstverwaltungskörper. Ein organisches Zusammenarbeiten der bisherigen freien Arbeit, der Verbände im Jugendamte ist (vielfach wenigstens) nur formal vorhanden, also in Wirklichkeit nicht. Da gewinnt der „Fachmann", der doch stets nur dienen soll (Volksdienst ist Ehre!) leicht die Herrschaft. Und es geht dann nur der Streit, ob der liberale „Sozialpädagoge" oder der amerikanische „moderne" „Jurist" (Lindsey!) oder der in Psychologie und Pädagogik dilettierende Arzt dieser „Fachmann" sein soll, der Fachmann der Erziehung, Fürsorge und Nächstenliebe. Gewiß hat es tüchtige Fachleute gegeben, die Leiter von Jugendämtern wurden. Aber das Jugendamt soll nicht der Direktor und sein Stab sein, wie es vielfach in Wirklichkeit wurde, während die eigentlichen Träger (§ 9 des Gesetzes) zum kaum beachteten Ausschuß herabsanken. Der „Direktor" und seine Hilfskräfte sind nur Angestellte. Die Willensbildung sollte auch hier durch die ehrenamtlichen Träger echter Selbstverwaltung erfolgen. Aber diese echte Selbstverwaltung wird immer seltener.

1927 wurde einem weit umfassenden Selbstverwaltungskörper Leben gegeben, der nun wirklich ein Reichs-Selbstverwaltungskörper war: der Reichsanstalt für Arbeitsvermittlung und Arbeitslosenversicherung, die sich aufbaut aus den Arbeitsämtern und Landesarbeitsämtern. Arbeitgeber und Arbeitnehmer sollen mit Rat, Tat und geldlichem Beitrag diese Selbstverwaltung tragen. Aber da Arbeitgeber und Arbeitnehmer, wenigstens soweit sie liberale Kapitalisten und sozialistische Marxisten sind, (nach einem Wort von Goetz Briefs) [7] zwei ganz verschiedene Nationalökonomien (bei im übrigen vielfach gemeinsamer menschlicher, seelischer Grundhaltung) haben, kommen sie zu keiner Gemeinsamkeit. Deshalb scheint auch diese Selbstverwaltungsgemeinschaft nur auf dem Papier zu stehen und entscheidend zu sein ein Beamtenheer. Die Männer, die als Führer und Ausführende dieses Beamtenheer bilden, sind natürlich höchst verantwortungsvolle, sehr sachkundige Leute —

aber durch die Tatsache dieses Apparates wird eben etwas, das Selbstverwaltung heißt, zur Bürokratie. Das ist kein Schimpfwort; denn in Regierungshand straff zusammengefaßte Beamtenheere sind unbedingte Staatsnotwendigkeit. Aber da, wo Selbstverwaltung sein soll, sind sie nicht am Platze.

Wäre das Industrievolk (worunter ich Fabrikherrn und Fabrikarbeiter, Kapitalist und Nichtkapitalist gleichermaßen verstehe) wirklich Stand geworden, so könnte man bei der damals 1927 vom Reichstag ziemlich einmütig geschaffenen „Selbstverwaltung" an ein reichs ständisches Gebilde im guten Sinne, so wie es der Freiherr vom Stein verstand, denken. So aber besteht die vielgerühmte Selbstverwaltung der Wirtschaft kaum. — Nicht Selbstverwaltung und Selbsthilfe beherrscht das Feld, sondern verschleiertes oder unverhülltes Fürsorgewesen. Über das neue Fürsorgerecht unterrichten: Muthesius, Fürsorgerecht, 1928. L. Schaletzki, Das Recht der wirtschaftlichen Fürsorge. Ein Lehrbuch, 1931.

In einer Einführung in die Rechtswissenschaft können diese werdenswichtigen Fragen natürlich nur angedeutet werden. Mehr Hinweise gebe ich in folgenden Aufsätzen:

„Über die beiden Wurzeln der Selbstverwaltung", in Beiheft 3 zur Monatsschrift für Kriminalpsychologie und Strafrechtsreform, Heidelberg 1930, S. 42-76. „Die Selbstverwaltung im Sozialrecht", in Breslauer Wohlfahrt, Märzheft 1930. Daselbst auch Hinweise auf Glums Arbeiten zur Selbstverwaltung der Wirtschaft. Selbstbericht über mein „Jugendrecht", in Jahrbuch des Jugendrechts, S. 1-3 S. a. Tatarin-Tarnheyden, Recht der Berufsverbände und Wirtschaftsdemokratie, in Nipperdey, Grundrechte III, 1930.

2. Die Verwaltungsgerichtsbarkeit.

„Der Rechtsstaat ist in Deutschland dadurch entstanden, daß die Justizeinrichtungen auf die Verwaltung übertragen worden sind", diese höchst wichtige Behauptung stellt Fleiner auf in seinen „Institutionen" (§ 15), die wegen des Aufzeigens klarer und großer Grundlinien das für den Studenten unentbehrliche Lehrbuch bleiben (neben dem allerdings das durch glänzend umfassende Stoffbearbeitung ausgezeichnete Werk von Walter Jellinek nicht unerwähnt bleiben darf).

Weshalb wurde unter der Losung „Rechtsstaat" für die Einrichtung der Verwaltungsgerichtsbarkeit gekämpft und was ist ihr Wesen?

Im Mittelalter war die Staatsgewalt dem Rechte unterworfen, und es gab eine Klage gegen den König; ja, um Unrechtes willen durfte der gemeine Mann seinem König und Richter Widerstand leisten. Das zeigte uns (unter anderem) die oben (S. 182) wiedergegebene Stelle aus dem Sachsenspiegel von 1225. In der Neuzeit wurde die Staatsgewalt absolut. Zwar versuchte das Reich noch einmal, den Rechtsgedanken aufzurichten.

Das Reichskammergericht (1495) sollte ihm dienen. Aber die Rezeption verdarb den alten deutschen Gedanken der öffentlichen Gewalt und löste diese auf in lauter Privatrechtstitel. Staatsgefühl, aus den Antrieben der Renaissance kommend, naturrechtliche Staatsräson lebte nur noch in den neuen Territorialstaaten, in die das Reich zerfiel. Diese Staatsgewalten aber setzten sich absolut. Sie beanspruchten die letzte Zusammenfassung irdischer Zweckverfolgung zu sein, keinem Gerichte, des Kaisers oder Papstes, unterworfen. Jeder Landesherr war sein eigener Notpapst und Notkaiser. Nur als unsichtbares Nebelgebilde ließ man die überstaatliche Kirche und Völkergemeinschaft noch gelten. Staatsrechtlich bedeutete das: suprema potestas, Souveränität. Für das Gebiet der Verwaltung besagte es: was die Obrigkeit dem Untertanen an Freud und Leid zufügte, beruhte auf einer nur ihr zustehenden Zweckentscheidung, gegen die es keine Berufung, kein Rechtsmittel an irgendeine andere Stelle gab. Die Landesfürsten ertrotzten vom Kaiser das Privileg, daß gegen sie keine Klage ihrer Untertanen vor das Reichskammergericht gebracht werden durfte (privilegium de non appellando, de non evocando, für Preußen endgültig 1746). Über die allmähliche Entwicklung dahin: Conrad Bornhak, Preußische Staats- und Rechtsgeschichte, 1903, S. 78 f., 129, 185 f., 237. Besonders aber Kurt Perels, Die allgemeinen Appellationsprivilegien für Brandenburg-Preußen (Zeumers Quellen und Studien III 1, 1908). Die Fürsten wollten unbedingt die höchste und letzte Instanz in ihrem Lande sein. Gewiß wollten sie nicht ihre Untertanen der Willkür untergeordneter Beamten anheimgeben. Gegen das Staatsorgan gab es immer die Beschwerde, die ging an den Vorgesetzten, ja, sie konnte bis zum Landesfürsten gelangen. Stehen nicht aber Vorgesetzte ihren Untergebenen näher als dem Privatmann? Werden sie nicht immer geneigt sein, die schneidige Beamtentat, durch die sich der Untertan bedrückt fühlt, zu decken? Befinden sich nicht alle Beamte, vom höchsten bis zum niedersten, im Banne einer „Staatsräson", vor deren Glanz der „kleine Mann aus dem Volke" allzusehr verschwindet und von deren Strahlen jeder Staatsdiener all seine eigenen menschlichen, vielleicht sogar ganz privaten Handlungen verkläret wähnt?

Auf solche besorgten Fragen und Zweifel am „Absolutismus" sind zwei Antworten gegeben worden, eine vom absoluten Fürstentum selber und eine von der gegen es gerichteten Revolution von 1789.

Selbstverständlich (so verteidigte sich der absolute Staatsgedanke) darf die Staatsräson nie zu privater Zweckverfolgung gemißbraucht werden. Salus publica suprema lex esto. Öffentliches Recht und Privatrecht sollten streng geschieden werden. Lieh der König Geld vom Privatmanne (statt es sich einfach mit Steuerhoheitsgewalt zu nehmen), kaufte die Militärverwaltung Hafer vom Bauern, so hatten sie sich auf die Ebene des Privatrechtes hinab begeben, auf eine Ebene also mit den anderen Privatrechtssubjekten. Nicht der Staat selber in seiner gewaltigen Hoheit kann sich soweit herablassen, sondern nur die Staatskasse, der fiscus, der nicht der Staat, sondern (nach dieser Auffassung) selber nur Untertan ist. Den Fiskus[7a] kann man verklagen wegen Darlehnszinsen, gegen ihn gibt es den Rechtsweg vor den ordentlichen Gerichten für die Geltendmachung der Kaufpreisforderung für den der Militärverwaltung überlassenen Hafer. Aber keinen Rechtsweg gibt es gegen die Staatsgewalt. Sie hat sich geäußert da, wo angeordnet wird, daß Bauernwiesen und Pferde für Kriegs- und Manöverzwecke gebraucht werden sollen. Sie äußert sich (um ein heutiges Beispiel zu nehmen) alle Tage, wenn einem Gastwirt von der Polizei die Schankkonzession erteilt oder versagt wird. Und da kann der Bürger nicht zum Richter laufen und den Staat auf Leistung oder Unterlassung verklagen. Das geht (wenn wir an den Amtsrichter, Landrichter, Oberlandesgerichtsrat und Reichsgerichtsrat dabei denken) auch heute nicht, und das war erst recht unmöglich im Polizeistaat und absoluten Staat. Gerät der Bürger mit der Staatsgewalt in Streit, so ist das kein Zivilprozeß, d.h. kein Streit mit einer gleichgeordneten Person, wie Gläubiger oder Schuldner, sondern der Staat befiehlt, und der Untertan hat zu gehorchen.

Gegen diese unbedingte Befehlsgewalt trat die französische Revolution von 1789 auf den Plan. Man wollte die Dinge menschlich sehen, auch Königs- und Beamtengewalt. Und man wollte nicht mehr Menschen über Menschen herrschen lassen, sondern das Gesetz. Noch am Anfang unseres Jahrhunderts hat dieser Idealismus bei dem Holländer Ludwig Krabbe in einem Buche Ausdruck gefunden, das in der ersten Auflage „Rechtssouveränität", später (1919) „Die moderne Staatsidee" überschrieben ist: „Wir leben jetzt nicht mehr unter der Herrschaft von Personen, seien es natürliche oder konstruierte (Rechts-) Personen, sondern unter der Herrschaft von Normen, von geistigen Kräften." Souveränität, suprema postetas, ist geblieben: aber aus unbeschränkter Fürstengewalt ist Gesetzesabsolutismus geworden. Beides verdankt dem Schutz- und Sicherheitsgedanken sein Dasein. Einst war der Fürst des kleinen Mannes Schützer, nun das Gesetz. Einst kam die Beamtenbefugnis aus Königswillen, jetzt aus Gesetzeswillen. Das Gesetz weist dem Staatsdiener seine Stellung an und begrenzt genau seine Befugnis. Als Staatsorgan handeln heißt hiernach: gesetzliche Befugnisse wahrnehmen. Überschreitet der Beamte die Befugnis, so steht er nicht als Vertreter der Staatsgewalt vor dem Bürger, sondern als Privatmann neben dem Privatmann. Für jede Schädigung, die er auf diese Weise unbefugt dem anderen zufügt, haftet er mit Hab und Gut, Hals und Hand, nach bürgerlichem Strafrecht und Zivilrecht. Zu diesem Grundsatz bekennt sich z. B. das BGB. ausdrücklich in § 839. Nun weiß der Bürger, daß nicht Beamtenwillkür über ihn regiert, sondern die unpersönliche Norm des Contrat social (Rousseau). Aber wir brauchen nicht Rousseau. Die tiefere Begründung steht im Sachsenspiegel. Auch der englische Grundsatz, The King can do no wrong, hat, recht verstanden, diesen Sinn. Er hilft so, die rule of law herzustellen. Er stellt Beamtenunrecht als Privatwillkür heraus, ähnlich wie unser § 839 BGB.

Verdunkelt worden ist dieser Gedanke des § 839 BGB. in der neueren Gesetzgebung, vor allem in Art. 131 der Weimarer Verfassung. Dort soll der Staat an Stelle des Beamten treten. Richtigerweise dürfte man, scheint mir, hierin bloß ein Eintreten der Staats k a s s e aus Billigkeitsgründen sehen, durch welches das Unrecht in keiner Weise den Beamten ab und auf den Staat genommen werden soll. Das Reichsgericht ist anscheinend anderer Ansicht: es folgert aus Art. 131 RV., daß nur noch der Staat, nicht mehr der Beamte verklagt werden dürfe (RGZ. 102, 168; 106, 31 ff.). Der Rechtsstaatsgedanke des § 839 BGB. erscheint mir größer als die Meinung heutiger Zeit. Dabei will und soll nicht verkannt werden, daß ein dringendes Bedürfnis für den Staatsbürger besteht, den ihm zugefügten Schaden wirklich ersetzt zu bekommen, besonders auch dann, wenn der unrecht handelnde Beamte zahlungsunfähig ist. Edwin M. B o r c h a r d hat einen überaus beträchtlichen Teil seiner Lebensarbeit darauf verwendet, in den Vereinigten Staaten von Amerika Entschädigungsgesetze zustandezubringen. Das Sammelwerk Governmental liability in tort, das die Duke University 1942 herausgab, berichtet darüber. Das deutsche Recht gerade in dem heute vielfach so hochmütig herabgestzten Wilhelminischen Zeitalter (z. B. Gesetz vom 20. Mai 1898 „betreffend die Entschädigung der im W i e d e r a u f n a h m e v e r f a h r e n freigesprochenen Personen") hat Edwin B o r c h a r d 1932 in seinem Buche Convicting the Innocent als vorbildlich erkannt.

Aber zwei Bedenken, die innig zusammenhängen, ergaben sich im 19. und 20. Jahrhundert. Das erste Bedenken kommt vom Staate, von der Verwaltung selber her. Muß nicht der Beamte wegen der genauen und engen Umgrenzung der gesetzlichen Befugnisse bei jedem scharfen, schneidigen Vorgehen fürchten, sich einer Überschreitung schuldig zu machen und schlimmer Schadensersatzpflicht oder gar Strafe zu verfallen? Wird da nicht mancher im Staatsinteresse notwendige entschlossene Zugriff aus allzu begründeter Furcht unterbleiben? Ein Tierarzt soll nach einer Verordnung zur Seuchenbekämpfung alle krankheitsverdächtigen Tiere töten. Er hält ein wertvolles Pferd für krank; genauer nachweisen kann er es allerdings nicht. Droht ihm eine Schadensersatzpflicht in Höhe einiger tausend Mark, so wird er, wenn er an sich denkt, lieber nicht zugreifen, um das Tier zu töten. Denkt er aber, wie er soll, an die Allgemeinheit, so läuft er eben jene Gefahr. So hemmt diese gesetzliche Fessel die höchst wertvolle Verantwortungsfreudigkeit des Beamten. Diesem Bedenken hat die neuere Gesetzgebung zu begegnen versucht, indem sie die Fessel lockerte. Sie tat es durch Einführung immer größerer Ermessensfreiheit. Damit geschieht jedoch dem Gedanken der Rechtssouveränität Eintrag: denn darf der Beamte nach eigenem pflichtgemäßen Ermessen entscheiden, so kommt doch wieder etwas gesetzlich nicht ganz Erfaßtes, etwas Unkontrollierbares, Persönliches herein. Verwaltung ist dann eben doch nicht bloß Exekutive, d. h. lediglich Ausführung, Vollstreckung des Gesetzes, sondern freie menschliche Tat mit übermenschlicher (nämlich staatlicher) Vollmacht. Und der Bürger verlangt Rechtsschutz gegen die etwaige menschliche Willkür bei solcher Tat.

Das aber ist das zweite Bedenken, das im vorigen Jahrhundert immer stärker hervortrat: daß das Gesetz allein diesen Rechtsschutz noch nicht gewährt. Das sehen wir nicht nur da, wo das Gesetz auf ganz genaue, ganz objektive Umgrenzung der Befugnisse verzichtet und Ermessensfreiheit gibt. Gewiß, da wird es besonders fühlbar. Da kann der Bürger von dem Tierarzt, der das gesunde Tier tötete, das er nur irrtümlich für seuchenbehaftet hielt, dessen Tötung rein objektiv gar nicht geboten schien, nicht einmal Schadensersatz verlangen. Aber dem Bürger geht es in erster Linie gar nicht um den Schadensersatz, sondern darum, daß sein ihm liebstes Reitpferd nicht getötet wird. Der Gastwirt, der gern die Schankerlaubnis von der Polizei erhalten möchte, wünscht eben in erster Linie diese Konzession und denkt noch gar nicht an einen etwaigen Schadensersatzprozeß gegen irgendeinen Beamten, der unrechterweise die Erteilung der Konzession verhinderte.

Daß man gegen den seine Befugnis überschreitenden Beamten auf Schadensersatz vor den ordentlichen Gerichten klagen kann, ist kein Problem. Man konnte es im „absoluten Staat" so gut wie im Staat nach 1789 und 1848. Die Frage ist nur: ob der Bürger die Staatsgewalt selber vor Gericht zwingen kann, damit die Verwaltungsbehörde nunmehr die Schankkonzession erteile, die sie bis zur höchsten Instanz hinauf verweigert hatte. Nicht um Geld, sondern um eine staatliche Hoheitshandlung, ihre Vornahme oder Nichtvornahme sollte ja geklagt werden.

1864 erschien ein schnell berühmt gewordenes Buch mit der Losung „Der Rechtsstaat" als Überschrift. Der Verfasser, Otto B ä h r , forderte schlechtweg, daß fortan alle Klagen des Bürgers gegen die Staatsgewalt, alle Verwaltungsstreitigkeiten vor den ordentlichen Gerichten verhandelt werden sollten. Dieses weitgehende Verlangen ist nicht erfüllt worden. Man hat ihm entgegengehalten: das ist ja nicht bloß „Rechtsstaat", was da gefordert wird, sondern „Justizstaat". In solcher Weise kann man doch aber die Verwaltung nicht der Justiz unterwerfen (bei Montesquieu steht sie schließlich auch mit eigenem Imperium selbständig neben ihr!).

Allerdings: so ließ sich doch nicht mehr der eigene Bereich der Verwaltung behaupten, daß man einfach darauf hätte hinweisen können: die Beamten, die anordnen, die Vorgesetzten, die über Beschwerden befinden, seien doch auch sachlich entscheidende, gut vorgebildete und zuverlässige Menschen, die kein anderes Bestreben hätten als das, die Gesetze anzuwenden. Man forderte Gericht und Richter auch für die Verwaltung. Aber man sah ein, daß es nicht einfach der Amts- oder Landrichter (mit seiner rein juristischen, auf Zivil- und Strafrecht hauptsächlich abgestellten Ausbildung) sein könnte. Aus der Verwaltung selbst sollte die Verwaltungsgerichtsbarkeit hervorwachsen. Einer der größten deutschen Lehrer des öffentlichen Rechtes gewann bald die Herrschaft in der wissenschaftlichen Aussprache über diese Dinge: Rudolf von Gneist, in seinem zuerst 1872 erschienenen Buche „Der Rechtsstaat" (2. Aufl. 1879). Damit kam durch diesen Erforscher der germanischen, angelsächsischen Selbstverwaltung deutsches Rechtsdenken zur Geltung.[8] Wohl hatte auch Frankreich seine Verwaltungsgerichtsbarkeit. Aber sie wurde beherrscht von dem zentralistischen, bürokratischen Zuge des neuzeitlichen französischen Staatswesens. Gneist betonte auch bei der Verwaltungsgerichtsbarkeit das Ehrenamt, das Gemeindeamt. In diesem Ehrenamt sah Gneist das Wesen germanischer Selbstverwaltung und den archimedischen Punkt für die Rückkehr zum Rechtsstaate. Frankreich hatte den Rechtsstaat verlassen zur Zeit seines Absolutismus. Deutschland hatte ihn nie verlassen, Deutschland, von dem der Rechtsstaat ausgegangen war. „Der Rechtsstaat in England hat sich an carolingische Grundeinrichtungen angeknüpft." (Gneist, Der Rechtsstaat, 1872, S. 20.) „Der Rechtsstaat im Deutschen Reich hat vor tausend Jahren dieselben Ausgangspunkte wie in England genommen aus carolingischen Einrichtungen." (Gneist a. a. O. S. 39.) Für seine Zeit aber stellte Rudolf von Gneist rechtsstaatliche Forderungen wie diese auf: „Die vollziehende Gewalt kann ihre ausführenden Organe nicht mehr ausschließlich in einem besoldeten Berufsbeamtentum finden, sondern muß die Lokalverwaltung in Kreis- und Landgemeinde durch verantwortliche Ehrenämter in gleichem Maße führen, wie schon bisher in den Städten. Die richterliche Gewalt bedarf der organischen Verstärkung durch Schwurgerichte und Schöffen; vor allem aber läßt sich die Verwaltungsjurisdiktion nur herstellen, wenn Landräte und Regierungen, durch Ehrenämter verstärkt, für die kontentiösen Verwaltungsfragen kollegialisch formiert, in einem ‚Verwaltungsgerichtshof' ihren Abschluß finden." (Der Rechtsstaat, 1872, S. 162.) Rudolf von Gneist wollte bei alledem das Berufsbeamtentum und das beamtete Richtertum keineswegs herabsetzen. Er betonte im Gegenteile (a. a. O. S. 176): „Unter dem Absolutismus hat unser beamtetes Richtertum den Grundbau des Rechtsstaates in einer Weise aufrecht erhalten, welche das ‚Kammergericht' unter den zivilisierten Nationen sprichwörtlich gemacht hat." Aber er forderte zur vollen Verwaltung und Selbstverwaltung das Ehrenamt. Und in der echten Selbstverwaltung sah er die Möglichkeit, zum Rechtsstaate zurückzukehren. „Indem die Selbstverwaltungsbehörden den Charakter der Verwaltungsjurisdiktion wiederherstellen, kehrt der Rechtsschutz für das öffentliche Recht zurück, welches (wie früher) auf dem stetigen Ineinandergreifen der Zivil- und Strafgerichte mit der Verwaltungsjurisdiktion beruht und alle Punkte deckt, an welchen zur Zeit der Rechtsschutz fehlt." (Der Rechtsstaat, 1872, S. 174.) Vgl. ferner von Gneists Werken: Verwaltung, Justiz, Rechtsweg; Staatsverwaltung und Selbstverwaltung nach englischen und deutschen Verhältnissen mit besonderer Rücksicht auf Verwaltungsreformen und Kreisordnungen in Preußen, 1869. Zur Verwaltungsreform und Verwaltungsrechtspflege in Preußen, 1880). So waren die Forderungen Gneists. Und manches davon hat sich durchgesetzt. In Preußen wurden 1875 Verwaltungsgerichte und ein Oberverwaltungsgericht geschaffen (Gesetz, betr. die Verfassung der Verwaltungsgerichte und das Verwaltungsstreitverfahren vom 3. Juli 1875). Die Verwaltungsgerichte (z. B. Kreis- und Bezirksausschüsse in Preußen) zeigen den von Gneist geforderten Anteil des gemeindlichen Ehrenamtes. Das Oberverwaltungsgericht besteht nur aus Juristen. in Preußen nach § 17 in Titel IV. der von dem Gesetz von 1875 in Kraft geblieben ist, während dessen andere Teile durch das Gesetz über die Allgemeine Landesverwaltung (LVG.) vom 30. Juli 1883 und das Zuständigkeitsgesetz vom 1. Aug. 1883 ersetzt worden sind. Über die drei Rechtsstufen der Kreisverwaltungsgerichte und Stadtverwaltungsgerichte, der Bezirksverwaltungsgerichte und des Oberverwaltungsgerichtes und ihre neueren Abwandlungen vgl. Ludwig von Köhler, Grundlehren des deutschen Verwaltungsgerichtes, 1935, S. 264). Allerdings ist der Gesetzgeber bemüht, das oberste Verwaltungsgericht nicht einseitig mit „Justizjuristen" zu besetzen, sondern mindestens in gleichem Maße mit Verwaltungsfachmännern.[9]

Ein Reichsverwaltungsgericht über den Oberverwaltungsgerichten der Länder gibt es noch nicht, sondern nur Pläne dazu. Das Schwergewicht der Verwaltung liegt auch immer noch bei den Ländern. Das erkennt man am leichtesten, wenn man die Stellungen etwa des Reichsministers des Innern und des preußischen Ministers des Innern miteinander vergleicht. Der preußische Innenminister befehligt ein ungeheures Beamtenheer. Und als Polizeiminister greift er ein in das Leben vieler großer und kleiner Städte, Landkreise, Amtsbezirke, Dörfer. Der Reichsinnenminister hat im wesentlichen den Bereich seiner unmittelbaren Befehlsgewalt überschritten, wenn er das Gebäude verläßt, in dem die Amtsstuben seines Ministeriums untergebracht sind. Die Versuche der jüngsten Zeit gingen darauf hinaus, mehr Reichsbehörden zu schaffen, auch ein Reichsverwaltungsgericht. Dem folgte größeres Unglück als je zuvor.

Ein Hauptgebiet des Verwaltungsrechtes wird stets das Polizeirecht sein. Polizei ist Staatsaufgabe, auch wenn ihre Handhabung den Gemeinden aufgetragen ist. Über das Amt der Polizei hatte das Preußische Allgemeine Landrecht von 1794 einen Satz aufgestellt, der im Wege des Gewohnheitsrechts zur tragenden Grundlage weit über sein ursprüngliches Geltungsgebiet hinaus geworden ist. Er steht im zweiten Teile, im 17. Titel („Von den Rechten und Pflichten des Staates zum besonderen Schutze seiner Untertanen"), in § 10 (gewöhnlich zitiert: § 10 II 17 ALR): „Die nötigen Anstalten zur Erhaltung der öffentlichen Ruhe, Sicherheit und Ordnung und zur Abwendung der dem Publiko, oder einzelnen Mitgliedern derselben, bevorstehenden Gefahr zur treffen, ist das Amt der Polizei."

In der preußischen Gesetzgebung ist an die Stelle dieses § 10 II 17 ALR inzwischen der § 14 des Polizeiverwaltungsgesetzes vom 1. Juni 1931 getreten. Dieser lautet: „Die Polizeibehörden haben im Rahmen der geltenden Gesetze die nach pflichtmäßigem Ermessen notwendigen Maßnahmen zu treffen, um von der Allgemeinheit oder den einzelnen Gefahren abzuwehren, durch die die öffentliche Sicherheit oder Ordnung bedroht wird.

Daneben haben die Polizeibehörden diejenigen Aufgaben zu erfüllen, die ihnen durch Gesetz besonders übertragen sind." Eine sehr wesentliche Würdigung des neuen Gesetzes gab Hermann von Mangoldt in seiner Königsberger Antrittsvorlesung am 2. November 1931: „Die preußische Polizeirechtsreform" (Sonderdruck aus Fischers Zeitschrift für Verwaltungsrecht Bd. 68, Heft 7/8). Bis in neuere Zeit hat Christian Kerstiens das Polizeirecht in Abhandlungen und Büchern dargestellt (vgl. z. B. Kerstiens: Polizeiverwaltungsgesetz nebst Ausführungsbestimmungen, 1934; Das Polizeirecht der Gegenwart, 1936). Eine eingehende Erläuterung ist das Werk von B. Drews, G. Lassar, A. Brecht, C. Falck: Allgemeine und politische Polizei. Sonderausgabe von M. von Brauchitsch, Verwaltungsgesetze für Preußen, Bd. II, 1. Halbband, 1932.

Anmerkungen zum Verwaltungsrecht.

Man vergleiche aber auch: Die Reorganisation des Preußischen Staates unter Stein und Hardenberg. Publikationen aus den Preußischen Staatsarchiven 93 Bd. Neue Folge. I. Teil Allgemeine

Verwaltungs- und Behördenreform (Bd. I, 1931, von G. Winter); Teil II (über das Heer, herausgegeben von Vaupel) 1938.

1. Die Gedanken, die ihn zur Städteordnung von 1808 führten, hat Stein niedergelegt in der berühmten Nassauer Denkschrift von 1807:

„In die aus besoldeten Beamten bestehenden Landeskollegia drängt sich leicht und gewöhnlich ein Mietlingsgeist ein, ein Leben in Formen und Dienstmechanismen, eine Unkunde des Bezirks, den man verwaltet, eine Gleichgültigkeit, oft eine lächerliche Abneigung gegen denselben, eine Furcht vor Veränderungen und Neuerungen, die die Arbeit vermehren, womit die besseren Mitglieder überladen sind und der die geringhaltigeren sich entziehen.

Ist der Eigentümer von aller Teilnahme an der Provinzialverwaltung ausgeschlossen, so bleibt das Band, das ihn an sein Vaterland bindet, unbenutzt, die Kenntnisse, welche ihm seine Verhältnisse zu seinen Gütern und Mitbürgern verschaffen, unfruchtbar; seine Wünsche um Verbesserungen, die er einsieht, um Abstellung von Mißbräuchen, die ihn drücken, verhallen oder werden unterdrückt, und seine Muße und Kräfte, die er dem Staat unter gewissen Bestimmungen gern widmen würde, werden auf Genüsse aller Art verwandt oder in Müßiggang aufgerieben. Es ist wirklich ungereimt zu sehen, daß der Besitzer eines Grundeigentums oder anderen Eigentums von mehreren Tonnen Goldes eines Einflusses auf Angelegenheiten seiner Provinz beraubt ist, die ein fremder, des Landes unkundiger, durch nichts mit ihm in Verbindung stehender Beamter ohnbenutzt besitzt.

Man tötet also, indem man den Eigentümer von aller Teilnahme an der Verwaltung entfernt, den Gemeingeist und den Geist der Monarchie, man nährt den Unwillen gegen die Regierung, man vervielfältigt die Beamtenstellen und verteuert die Kosten der Verwaltung, weil man nun die Gehälter den Bedürfnissen und dem Stand der Beamten, die allein von der Besoldung leben wollen, angemessen bestimmen muß. Die Erfahrung beweist die Richtigkeit dieser Bemerkung, und wollte man z. B. die wichtigen Verrichtungen der Landräte besoldeten Offizianten aus der Klasse der Nichteigentümer übertragen, so würde gewiß der den Landräten anvertraute Verwaltungszweig verteuert." (Heute ist der Landrat zugleich besoldeter Staatsbeamter und Vorsitzender der Selbstverwaltungsorgane Kreisausschuß und Kreistag).

Eine vorzügliche Sammlung von Steins „Ausgewählten Schriften" gibt Klaus Thiede (1930 in der von Spann herausgegebenen Schriftenreihe „Die Herdflamme" erschienen). S. ferner von Klaus Thiede, Betrachtungen über Steins Stellung zur Wirtschaftsordnung, Nationalwirtschaft, Jahrg. 2, Heft 2 (1928) Weitere Hinweise auf Schrifttum gebe ich in meiner Abhandlung „Über die beiden Wurzeln der Selbstverwaltung" in Beiheft 3 der Monatsschrift für Kriminalpsychologie und Strafrechtsreform, Heidelberg, 1930. Seitdem neu: Gerhard Ritter, Stein, Eine politische Biographie, Bd. 2, 1931. Franz Schnabel, Freiherr vom Stein (Teubner), 1931. Das Hauptquellenwerk ist immer noch Pertz, Leben des Ministers Frhr. vom Stein, 6 Bde., 1855.

2. Hierüber s. meine Abhandlung „Über die beiden Wurzeln der Selbstverwaltung" a. a. O. 42 Anm. 1. Dort auch weiteres Schrifttum über den Reichsfreiherrn vom Stein.

3. Die grundlegenden Verwaltungsgesetze für Preußen sind heute: Gesetz über die allgemeine Landesverwaltung vom 30. Juli 1883 (LVG.). Gesetz über die Zuständigkeit der Verwaltungs- und Verwaltungsgerichtsbehörden vom 1. Aug. 1883 (Zuständigkeitsgesetz). Ältere, näher an Stein anschließende Grundlagen sind die Städte-, Landgemeinde-, Kreis- und Provinzialordnungen (die im einzelnen allerdings vielfach von dem abweichen, was der große Reichsfreiherr geschaffen und geplant hat Friedrich Carl von Savigny, Die Preußische Städteordnung, Erste Ausgabe in Rankes Historisch-politischer Zeitschrift, Bd I, 1832, S. 389—414; aufgenommen in Vermischte Schriften Bd. V, 1850, S. 183—221. Gebräuchlichste Sammlung der späteren Gesetze Stier-Somlo, Sammlung preußischer Gesetze staats- und verwaltungsrechtlichen Inhalts, letzte Aufl. 1931 S. auch Maull, Die Städteordnungen Preußens 1927, von demselben Verfasser. Die Landgemeindeordnungen Preußens. Von Lehrbüchern des Kommunalrechtes: Helfritz, Grundriß des preußischen Kommunalrechtes, 2. Aufl. 1927. Von Kommentaren: M. von Brauchitsch, Verwaltungsgesetze für Preußen, neu herausgegeben von

B. Drews und G. Lassar, Bd. 1—8, 24. Aufl. 1930. Der 7 Band dieses Kommentars ist von Hans Helfritz und handelt vom Rechte der Selbstverwaltung, Kommunalrecht, Recht der Gemeinden und Gemeindeverbände. Auf S. 4 — wie auch sonst in diesem und anderen Werken — sind die Bemerkungen von Helfritz über den Freiherrn vom Stein zu beachten. — S. 2 ff. Geschichte der Kreise.

Einen vorzüglichen Einblick in das *Leben der ländlichen Selbstverwaltung* im ganzen Reich gibt das große Sammelwerk von Constantin und Stein. Die deutschen Landkreise, Bd. 1—2, 1926.

4. Hans Fehr faßt in seiner Abhandlung „Die Staatsauffassung Eikes von Repkow" (Savigny Zeitschrift Germ. Abt. Bd. 37 S. 232) die Gedanken des Sachsenspiegelverfassers zum Gemeindewesen so zusammen Der Gemeindeverband erscheint . *als ein Verband mit eigenen Herrschaftsrechten.* Die Gemeinde hat eigene, von der Staatsgewalt nicht abgeleitete Gewalt . . *Das Satzungsrecht der Gemeinde ist nicht delegiertes Satzungsrecht* . . . *Ja,* auch die *richterliche Gewalt der Gemeinde scheint als ursprüngliche Gewalt aufgefaßt worden zu sein.*" (Dafür verweise auf Landrecht, 1 Buch, Art. 2 §§ 2—4, Art 58, § 2 und 3 Buch Art. 64, § 11 Gemeindegerichte gibt es übrigens heute nur noch in sehr beschränktem Umfange, in Baden und Württemberg, s. Kisch, Deutsches Zivilprozeßrecht, Sammlung Göschen, 4 Aufl. I, S 46) Es erscheint aber „trotz aller Selbständigkeit *der Gemeindeverband als eingegliedert in den Staatsverband.* Trotz des Vorhandenseins eigener Herrschaftsrechte ist die Gemeinde kein vom Staat unabhängiger, kein den Staatszwecken entfremdeter Verband. *Eike sieht in ihr einen Überrest der Volksgewalt,* einer Gewalt, die von Königsgewalt und Herrengewalt noch nicht absorbiert worden war Und mit großer Energie tritt er ein für die Erhaltung dieses Zustandes." (Fehr a. a. O S 234)

5. Fleiner, Institutionen des deutschen Verwaltungsrechts, 8. Aufl. 1928, S 83, lehnt im Anschluß an Otto Mayer Gewohnheitsrecht (wenigstens neues Gewohnheitsrecht) als ebenbürtige Quelle neben dem Gesetzesrecht ab. „Der moderne Verfassungsstaat ist ein Staat des gesetzten Rechts." Dieser Auffassung vermag ich mich nicht anzuschließen. Deutschrechtlichem Denken entspricht die *unbedingte Bejahung des Gewohnheitsrechtes.*

6. S. hierzu mein „Jugendrecht, ein Lehrbuch zur Einführung," 1929, und meinen Selbstbericht hierüber in dem von Webler, Hagemann, Kantorowicz, Perels und mir herausgegebenen „Jahrbuch des Jugendrechts," Bd. 1—2, S. 1—3.

7. S. meinen Aufsatz „Die Selbstverwaltung im Sozialrecht", Breslauer Wohlfahrt, 1930 (Märzheft).

7a. Das englische Recht scheint nicht bis zur Abstraktion eines allgemeinen Fiskusbegriffes gekommen zu sein. An Stelle unseres Postfiskus scheint z. B der Postmaster General zu stehen. Einzelne Menschen werden da als juristische Personen behandelt, ja sind juristiche Person corporation sole. In solchen Menschen sind dann eigentlich zwei Personen zu unterscheiden ihre natürliche und ihre juristische Person Sehr geistvoll hat Frederic William Maitland davon gehandelt, vor allem in „The Corporation sole" und „The Crown as corporation", beide Arbeiten sind aufgenommen in den nach Maitlands Tode herausgegebenen Sammelband Selected Essays. (1936).

8. Die Lebensarbeit von Gneists ist nach Weite und Tiefe einzigartig, zu vergleichen etwa nur mit der Otto von Gierkes. Von Gneists Hauptwerken zählen wir auf zunächst die drei Bearbeitungen des einen großen Gegenstands Das heutige englische Verfassungs- und Verwaltungsrecht. Bd. 1 Geschichte und heutige Gestalt der Ämter in England, 1857 Bd. 2 Die heutige englische Kommunalverfassung und Kommunalverwaltung oder das System des Selfgovernment in seiner heutigen Gestalt, 1860. Geschichte und heutige Gestalt der englischen Kommunalverfassung oder das Selfgovernment. Bd. 1—2, 2., völlig umgearbeitete Auflage, 1863. Das englische Verwaltungsrecht der Gegenwart, in Vergleichung mit den deutschen Verwaltungssystemen. Bd. 1—3. Dritte, nach deutscher Systematik umgearbeitete Auflage, 1883. Englische Verfassungsgeschichte, 1882. Das englische Parlament, 1886. Ein kurzes Lebensbild von Rudolf von Gneist bietet Eugen Schiffer (1929 in der Schriftenreihe „Meister des Rechts" erschienen). Die englische Selbstverwaltung ist seit der Mitte des vorigen Jahrhunderts teilweise der Gefahr der großen Städte erlegen. Eine Verteidigung des Neuen versucht Fritz Morstein Marx, Bemerkungen zur Reform der englischen Lokalverwaltung, Zeitschrift für öffentliches Recht, 1930, S. 583 ff. Gegen Gneist wirkt dieses ungeschichtliche Denken wenig überzeugend.

9. Eine ausführliche Vergleichung von Verwaltungsstreitverfahren und anderem Prozeß bietet Karl Friedrichs, Streitverfahren, 1929. Über das preußische Oberverwaltungsgericht s. das Bändchen „Reden bei der Gedenkfeier anläßlich des fünfzigjährigen Bestehens des Preußischen Oberverwaltungsgerichts am 20. November 1925. Ein wichtiges Hilfsmittel für das Studium des Verwaltungsrechtes ist Hans Helfritz: Aktenstücke des Verwaltungsrechtes, 1927.

Wenn im Vorstehenden viel von der Selbstverwaltung und vom Ehrenamte die Rede war, so soll doch auf der andern Seite auch der ehrenvolle Anteil wohl hervorgehoben werden, den das Berufenbeamtentum an der Verwaltung hat. Vgl. hierzu vor allem S. Isaacsohn, Geschichte des preußischen Beamtentums vom Anfang des 15. Jahrhunderts bis auf die Gegenwart: Bd I, 1874 (1415—1604); Bd. II 1878 (17. Jahrhundert); Bd. III, 1884 (Friedrich Wilhelm I., Friedrich der Große).

3. Hauptstück.

Gerichtsverfassungsrecht.

Das Gerichtsverfassungsrecht ist eigentlich ein Teil des Staatsrechtes. Seine Einzelheiten allerdings lernt man gewöhnlich im Zusammenhange mit dem Prozeßrecht. Dabei darf gleich vorausgeschickt werden, daß sich das Gerichtswesen nicht in Zivil- und Strafprozeß erschöpft. Die beiden Prozesse bilden das Gebiet der streitigen Gerichtsbarkeit.[1] Wird der Grundbuchrichter angegangen, damit er die Eigentumsveränderung an einem Grundstück eintrage, so ist gar kein Streit, kein Prozeß da — und doch entfaltet sich auch hier Gerichtsbarkeit: es ist die sog. freiwillige Gerichtsbarkeit.[2] Ganz „freiwillig" geht es übrigens bei dieser keineswegs immer zu. Denn zur „freiwilligen Gerichtsbarkeit" gehört unter anderem auch das Tätigwerden des Vormundschaftsrichters. Der aber trifft Entscheidungen von tiefer einschneidender Art als der Prozeßrichter, der einen Streit über Geld und Gut erledigt. Der Vormundschaftsrichter beschließt (die freiwillige Gerichtsbarkeit arbeitet mit Beschlüssen, nicht mit Urteilen), ob den Eltern die Kinder belassen oder wegen Mißbrauchs der elterlichen Gewalt (§ 1666 BGB.) weggenommen werden sollen. Der Gedanke der Obervormundschaft des Staates ist da lebendig, dieser Gedanke, den in der Neuzeit besonders der Polizeistaat (seit dem 16., ja schon seit dem 15. Jahrhundert) so stark betonte. Und da ist das Verfahren formfreier, familiärer, patriarchalischer, wenn man will, als in der streitigen Gerichtsbarkeit. Im Prozeß herrschen strenge Grundsätze über die Art der Beweiserhebung, der Prozeß ist öffentlich, ein Kampf um das Recht, ein Zweikampf zwischen Staat und Staatsbürger (Strafverfahren) oder zwischen Privatperson und Privatperson (Zivilprozeß). Das Verfahren der freiwilligen Gerichtsbarkeit ist nicht öffentlich, die Beweisaufnahme ist zwangloser. In der letzten Zeit ist die Tätigkeit der freiwilligen Gerichtsbarkeit gerade nach der sozusagen familiären Seite hin angeschwollen: Schon immer war sie für Jugendsachen zuständig, aber durch die Personalunion von Jugendstrafrichter und Vormundschaftsrichter ist das Band enger geknüpft, durch die Nichtöffentlichkeit des Jugendstrafverfahrens seit 1923 ist dieses etwas dem Verfahren der freiwilligen Gerichtsbarkeit angenähert, wenn auch durch Strafprozeßformen noch immer von ihr unterschieden. Manche wollen den Jugendstrafprozeß und manchen anderen Teil der streitigen Gerichtsbarkeit in der freiwilligen aufgehen lassen. Man spricht im Hinblick hierauf nicht ohne Grund von neuen polizeistaatlichen Tendenzen unserer Zeit. Dabei darf allerdings nicht übersehen werden, daß die Rechtsstaatsgrundlage der freiwilligen Gerichtsbarkeit durchaus vorhanden ist. Von aller Polizei, d. h. von aller Verwaltung ist sie scharf getrennt. Der Amtsrichter, der Aufgaben der freiwilligen Gerichtsbarkeit erledigt, ist derselbe von der Regierung unabhängige, nur dem Gesetz unterworfene Richter wie der, der in Zivil- und Strafprozeß zu Gerichte sitzt. Das folgt aus der Gewaltenteilung. Es ist daher nicht allein im Gerichtsverfassungsgesetz § 1 festgelegt, sondern auch in der Reichsverfassung. Das gehört zum eisernen Bestande der Rechtsstaatsregelung, mindestens seit Montesquieu, ja viel früher schon: denn, wie wir sahen, wollte Montesquieu nichts Neues erfinden, sondern der Wirklichkeit seiner Tage das beste Staatsrecht ablauschen. „Die Richter sind unabhängig und nur dem Gesetz unterworfen", verkündet Art. 102 RV. Und in Art. 104 ist deutlicher noch gesagt, daß sie wegen des Inhaltes ihrer Urteile von keiner politischen Stelle zur Rechenschaft gezogen werden können. Weder das Ministerium noch das Parlament kann einen Richter maßregeln.

Nach dem Umsturz von 1918 ist die Forderung erhoben worden, diese in Art. 104 gewährleistete Unabsetzbarkeit wenigstens zeitweise zu beseitigen, um republikgetreuere Richter zu bekommen. Alle besonnenen, alle verantwortungsbewußten Juristen (auch auf der „Linken") widersprachen diesem Verlangen. Man braucht kein unbedingter Bewunderer der Gewaltenteilungslehre zu sein (der Engländer Pollard nennt sie, besonders im Hinblick auf die Vereinigten Staaten von Amerika, wo sie ganz streng durchgeführt ist, eine organisierte Anarchie) — aber man muß doch zugeben, daß gerade durch die mutige Beharrlichkeit der Richter des von der Revolution erschütterten Staates viel Unheil verhindert worden ist. Die Art. 102—105 RV. enthalten rechtsstaatliche Regeln, die man nicht ohne Not über Bord werfen darf. Auch wenn man, als geschichtlich und konservativ Denkender, manches Liberale in diesen Bestimmungen überholt findet, wird man sich zu erinnern haben, daß es außer der westlichen Rechtsstaatsidee einen älteren und tieferen Gedanken der rechtlich gebundenen Reichs- und Landesgewalt gibt: das ist die Gerichtsunterworfenheit von König und Obrigkeit im Sachsenspiegel.

Die deutsche Justiz wird nicht nur gelobt (was stets mit bestem Recht geschehen kann). Erst waren es die Vorwürfe der Klassenjustiz. Dann, als der auf lange Zeit doch nicht (trotz RV.) auszuschaltende Druck der politischen Gewalt die Richtung der Justiz zu verändern begann, kamen harte Klagen über Fehlurteile gegen Männer, die aus vaterländischen Beweggründen oder aus der Not ihres Standes Verzweiflungsvolles getan hatten. Diese Klagen (von beiden Seiten) gaben Anlaß, darüber nachzudenken, ob die Rechtseinrichtung unserer Justiz vollkommen in Ordnung ist.

Hier kann der Gang einer Fragestellung nach dieser Seite hin nur gerade angedeutet werden.

Wir haben ein hochstehendes Berufsrichtertum. Gewöhnlich entscheidet sich schon der junge Assessor, ob er Richter, Verwaltungsbeamter oder Rechtsanwalt werden will. Wird er Richter, so wächst er früh in ein strenges Beamtenethos herein und wird in vorbildlicher Berufserziehung für seinen Lebensberuf gebildet. Notwendigerweise muß hier von Anfang an auf Begabung gesehen werden, damit sich nicht etwa die Bequemen hereindrücken, die nur an Versorgung denken und sich im freien Anwaltsberufe dem Wettkampf nicht gewachsen fühlen.

Ein anderes System der Richterauswahl hat England. Man hat vor dem Kriege oft englisches Gerichtswesen gerühmt. Nicht ohne Grund hat man Vergleiche mit Rom gefunden: der Lordkanzler, der, wie einst der Prätor, aus Vernunft und Billigkeit (Equity) das Recht fortbilden darf, das Fehlen großer Kodifikationen, das gleichzeitige Vorhandensein von Formenstrenge und Freiheit, Gebundensein an Präjudizien und freiem Billigkeitsrechte u. a. m. erinnert an römische Rechtsvernunft. Und doch hat England keine Rezeption des römischen Rechtes in unserem Sinne gehabt. Wer den Genius eines anderen, stammfremden Volkes rezipieren will, wird den des eigenen verlieren, ohne den neuen wirklich zu gewinnen. Wer aber im eigenen Volksgeiste beharrt, wird Werte hervorbringen helfen, die von keinem anderen Genius übertroffen werden. Das gilt natürlich auch für unsere hier gegebene Anregung zu rechtsvergleichender Arbeit. Allerdings ist beim englischen Rechte zu beachten, daß es mit unserem deutschen vielfach gemeinsame Wurzeln hat. Und die gehen uns natürlich etwas an.

Der hohe englische Juristenstand ist in der Bar of England vereint. Es sind die Barristers-at-law, die allein das Recht haben, als Anwälte vor Gericht aufzutreten. Die Solicitors haben dieses Recht nicht; sie sind Notare und Geschäftsleute, die den Verkehr zwischen Barrister und Publikum vermitteln: denn der Barrister darf nicht unmittelbar mit dem Publikum verkehren. Jeder, der die hohe Juristenlaufbahn einschlagen will, wird zunächst Barrister-at-law. Aus dieser Standesgenossenschaft werden die Richter erwählt, d. h. nur die Richter der zentralen Gerichtsbarkeit, die hohen Richter in London. Die amtsrichterliche Tätigkeit wird wahrgenommen von einem ehrenamtlichen Laien (justice of the peace, Friedensrichter, magistrate) und seinem juristisch ausgebildeten Geschäftsführer (clerk). — Ein einheitlicher hoher Juristenstand, der die hohen Richter aus sich selber erwählt, keine Schranke zwischen Anwaltsstand und Richter, ferner eine ehrenamtliche Laiengerichtsbarkeit, die auf dem Lande noch immer aus der Gemeindeverfassung hervorwachsen kann: das sind einige Merkmale der englischen Gerichtsverfassung.

Wir haben keinen schlechten Juristenstand. Standesmäßig zusammengeschlossen ist auch unser Anwaltsstand,[3] allerdings schärfer geschieden vom Richterstand, der wiederum verschieden ist von der Berufsgruppe (kaum wohl „Stand“ zu nennen) der Staatsanwälte, die es in England nicht gibt. Wir haben nicht die Art der Laiengerichtsbarkeit, die in England zu Hause ist. Unsere Großstadtschöffen und Geschworenen erinnern manchmal an die Leute, die ein Schaubudenbesitzer aus einer zusammengelaufenen Menschenmenge auf die Ringkampfbühne ruft, damit sie sich im Namen des ganzen Publikums überzeugen, daß alles reell zugeht. Das ist kein Amt in ernstem Sinne, kein Ehrenamt. Dieses läßt sich nur halten, wo Gemeinde ist. Deshalb zerfällt es auch in England überall da, wo Großstadtgeist die Gemeinde vernichtet. Dort tritt der stipendary magistrate, der Polizeirichter, ein bezahlter Richter ohne den hohen Rang der Juristen, von deren Richterkönigtum man auf dem Festland manchmal schwärmt, an die Stelle des Great Unpaid, des großen Unbezahlten, des Friedensrichters.

Gemeinde und Stand (ohne eigennütziges ständisches Unwesen) gegen großstädtischen Zersetzungsgeist erhalten, heißt, für ein volkstümliches Gerichtswesen eintreten: Der Freiherr vom Stein fand (in der Nassauer Denkschrift von 1807) „die schlesische Verfassung der Schulzen und Gerichte, denen man Dorf- und Feldpolizei, Ausführung der landesherrlichen Befehle und gewisse Zweige der unteren Gerichtsbarkeit beigelegt hat, . . . für ländliche Kommunen sehr zweckmäßig.“

Ist der Arbeiterstand wahrhaft Stand geworden, so wird es möglich sein, ihm auch seine Stelle im Gerichtswesen zu geben.[4] Dann verschwindet die Klage über Klassenjustiz. Gleichheit vor dem Rechte soll bestehen, vertieft werden. Aber zwei Gerechtigkeitsgedanken kämpfen seit Aristoteles oftmals miteinander um die Vorherrschaft: Allen das Gleiche, und: Jedem das Seine.

Standesgerichtsbarkeit kann zur unheilvollen ständischen Zersplitterung der beginnenden Neuzeit führen. Sie kann aber auch die Glieder eines Volkes in guter Zucht halten und dazu beitragen, daß die Stände gegeneinander und für das Ganze ihre Pflicht erfüllen. Noch sind die neuen Gebilde wie die (durch das Arbeitsgerichtsgesetz von 1926 eingeführte) Arbeitsgerichtsbarkeit keine ständischen im guten Sinne. Aber wollen sie bestehen, so müssen sie es werden. Ständische und alle andere besondere Gerichtsbarkeit darf aber nie das gewöhnliche und allgemeine Gerichtswesen aushöhlen. Man darf den Amtsgerichten und Landgerichten nicht die wichtigsten und ihrer Zeit bedeutendsten Sachen wegnehmen, um sie entweder Standesvertretern oder Spezialisten als Richtern zu geben.

Verhängnisvoll und unbedingt abzulehnen sind jene Sondergerichte, die in Wirklichkeit Ausnahmegerichte sind oder diesen irgendwie nahekommen. Wenn man dem altangesehenen höchsten Gerichtshof des Landes seine Zuständigkeit nimmt, um sie einem „Volksgerichtshofe" oder dergleichen anzuvertrauen, so beweist man nur, daß man nicht mehr den festen Willen zu unparteilicher Gerichtsbarkeit hat. In solchen Ausnahmegerichten und Sondergerichten wird es noch immer, nach der rein persönlichen Seite hin, Richter mit gutem Willen und sogar auch Können geben. Es werden unter Umständen sogar achtbare Richter alter Schule darunter sein, die sich bemühen werden, ihr Bestes zu tun, um Schlimmes zu verhüten. Aber die Sache selbst ist grundschlecht und diese ganze Gerichtsbarkeit ein Verbrechen. Es ist ein hoher und unantastbarer Grundsatz, daß niemand seinem gesetzlichen Richter entzogen werden soll. Daß jeder seinen gesetzlichen Richter hat, ist eine der größten Wohltaten des Rechtsstaates. — Über dieses Gebiet lese man: Eduard Kern, Der gesetzliche Richter, 1927.

Gerichtsverfassungsrecht.

1. Gerichtsverfassungsgesetz von 1877, in völlig neuer Fassung vom 22. März 1924. Streitige Gerichtsbarkeit a) Strafprozeßordnung vom 1 Febr 1877, neue Fassung vom 22 März 1924 Jugendgerichtsgesetz vom 16. Febr. 1923. b) Zivilprozeßordnung vom 20. Jan. 1877. Neufassung vom 13 Mai 1924 Stein-Juncker, Grundriß des Zivilprozeß- und Konkursrechtes, 2 Auen 1924 Über die neuesten Fassungsversuche· Adolf Schönke, Zivilprozeßrecht, 3. u. 4 Aufl., 1947, S. 12.

2. Reichsgesetz über die Angelegenheiten der freiwilligen Gerichtsbarkeit vom 20. Mai 1898. Franz Schlegelberger· Die Gesetze über die Angelegenheiten der Freiwilligen Gerichtsbarkeit für das Reich und Preußen, 3 Aufl. des Kommenntars von Schultze-Görlitz und Oberneck, 1927, 4 Aufl 1934/35 Lent, Grundriß der freiwilligen Gerichtsbarkeit, 1922 Als Einführungsbuch war bemerkenswert Eugen Josef, Die freiwillige Gerichtsbarkeit, 1913. Einführung in das lebende Recht als Fortsetzung der Schule der Jurisprudenz, Heft 5/7 (vgl. oben S. über Bozi)

3. Rechtsanwaltsordnung von 1878. Anwaltskammer. Standesgerichtsbarkeit in Berufsdingen.

4 S meine Arbeit „Über die beiden Wurzeln der Selbstverwaltung und ihren Wert für die Strafrechtspflege", Monatsschrift für Kriminalpsychologie und Strafrechtsreform, 1930, Beiheft 3. — Zu den englischen Verhältnissen in Staatsrecht und Gerichtsverfassung Dicey, Introduction to the Study of the Law of the Constitution, 8 th ed., 1915. Gerland, Die englische Gerichtsverfassung, 1910. Derselbe, Die Beziehungen zwischen Parlament und Gerichten in England, 1928. Immer noch wichtig für das gesamte englische Rechtsgefüge Sir William Blackstone, Commentaries on the Laws of England in four books, 1765. 12th ed. by Edward Christians, London, 1793

Zu unseren heimatlichen Verhältnissen aber vergleiche man· Adolf Stölzel, Brandenburg-Preußens Rechtsverwaltung und Rechtsverfassung, I—II, 1888 derselbe Fünfzehn Vorträge aus der Brandenburgisch-Preußischen Rechts- und Staatsgeschichte, 1889 Friedrich Holtze, Geschichte des Kammergerichts in Brandenburg-Preußen, I, 1890; II, 1891, III, 1901; IV, 1904. Max Springer, Die Coccejische Justizreform, 1914.

4. Hauptstück.

Strafrecht.

Der junge Student hat meist ein unverdorbenes Gefühl dafür, worum es im Strafrechte geht. Ihn packt das Menschliche wie das Übermenschliche, die Tragödie des Einzelnen und die Notwendigkeit des Staates, das Geheimnis von Schuld und Sühne. Später wird leider das Fühlen des Juristen in dieser Hinsicht manchmal etwas verdorben. Es gibt dann juristische Fächer, die ihm anziehender oder gar vornehmer erscheinen. Man muß nicht allzu streng mit dieser Untreue gegen das, was doch vielleicht die erste Liebe war, ins Gericht gehen. Aber wie sehr man jede Liebe zu anderen Zweigen unserer herrlichen Rechtswissenschaft verstehen kann, in einem Punkte bin ich ganz und gar Kriminalist und verteidige den hohen Rang unserer Wissenschaft so leidenschaftlich wie nur irgend wer. Der Kriminalist mag nicht dulden, daß mancher Zivilist sein Fach, sein Zivilrecht, als etwas rühmt, das juristischer und wichtiger sei. Gibt es einen Richter, der mehr und unmittelbarer über Menschenschicksal entscheidet als der Strafrichter?

Die tiefsten und schwersten Fragen verbinden das Strafrecht mit anderen Wissenschaften. Wer Schuld und Sühne in ihrem edelsten Gehalte erkennt, sieht die innige und unlösbare Verbindung mit der christlichen Theologie. Sie ist in vielen Jahrhunderten bejaht und gepflegt worden. Es hat allerdings auch nicht gefehlt an mehr oder minder heftigem Aufbegehren gegen das betont Theologische und die theologische Führung. Manches davon brach in Renaissance und Rezeption hervor, in diesen gewaltigen Bewegungen des Geistes, von denen so vieles in unserer Neuzeit seine Gestalt empfing. Denn waren nicht jene Jahrhunderte der beginnenden Neuzeit Wiedergeburt und Aufnahme eines weithin vorchristlichen Rechtes, dessen Wissenschaft von der christlichen Theologie unabhängig war?

Die Frage mag vorläufig stehen bleiben, jedoch nicht ohne zwei Feststellungen, die nötig sind, um nur allzu geläufige Irrtümer auszuschalten. Dietrich Schäfer, der Bremische Arbeitersohn und größte Geschichtsschreiber der deutschen Hanse, hat uns gelehrt, daß die Neuzeit trotz des trügerischen Scheines der Renaissance nicht auf der Antike, sondern auf dem Mittelalter beruht. Und die andere Feststellung, die wir treffen müssen, ist diese: daß auch nach Renaissance und Rezeption die enge Verbindung mit der christlichen Theologie gepflegt wurde. Der einflußreichste Kriminalist des 17. Jahrhunderts, Benedikt Carpzov, hat das durchaus getan. Allerdings wird mancher meinen und beklagen, daß er dabei gerade dem Irrtum, ja dem Aberglauben gewisser Kreise verfiel, die eine falsche Auffassung vom Glauben hatten.

Die Trennung, die Emanzipation des ganz modernen kriminalistischen Denkens von der Theologie ist erst viel später, vielleicht erst eigentlich im vorigen Jahrhundert, erfolgt.

Die eben skizzierte Linie der Gedankenentwicklung zeigt, wie auch die Strafrechtswissenschaft aus der Geschichte wächst. Wir können gerade das Strafrecht nicht ohne die Strafrechtsgeschichte verstehen. Geschichtsforschung und Rechtswissenschaft sind eng verbunden. So müssen wir geschichtlich das römische Strafrecht erforschen, über das uns kein Geringerer als Theodor Mommsen ein herrliches Buch geschenkt hat. Theodor Mommsen war in Breslau in der juristischen Fakultät der überlieferungsreichen Schlesischen Friedrich-Wilhelms-Universität Professor der Rechte, ehe er später in Berlin der gefeierte Lehrer der alten Geschichte wurde.

Wir müssen natürlich besonders sorgfältig im Strafrechte des christlichen Mittelalters forschen. Es ist weithin germanisches Strafrecht. Strafrecht vermochte nur in dem Maße an die Stelle der triebhaften Rache von Sippen und Stämmen zu treten, in dem sich eine starke Staatsgewalt bildete. Strafrecht hängt enger, als viele ahnen, mit der Geburt des Staates zusammen. Die Zeit Karls des Großen ist lehrreich hierfür. Die Überwindung der Blutrache, das allmähliche Bezwingen der Rache durch das Recht geschah kraft christlichen Geistes und Willens. Auch und gerade dieses gehört zur germanischen Strafrechtsgeschichte.

Es ist eigentlich nicht gut denkbar, daß jemand die Geschichte des Strafrechtes trocken findet. Römisches Strafrecht und mittelalterliches Strafrecht müssen einen jeden gesunden Geist gewaltig packen und ergreifen. Das gilt von dem rein Juristischen darin. Und es ist offensichtlich bei der Tragödie von Schuld und Sühne, die überall im Mittelpunkte steht. Die großen Tragiker aller Zeiten haben sie darzustellen versucht. Bei Aischylos und Sophokles überwältigt uns die Gleichsetzung von Schuld und Schicksal, diese bloß objektive Auffassung der Schuld, die wir Heutigen kaum noch begreifen (oder in jüngster Zeit vielleicht auch plötzlich wieder zu grob und darum verkehrt begreifen wollten). Euripides dagegen psychologisierte in einer Weise, die wohl besonders die jüngst vergangenen Menschenalter als abermals ganz modern empfanden. (Vgl. über diese Dinge näher des Verfassers Beiträge Schuld, Vorsatz, Fahrlässigkeit, Irrtum zum Handwörterbuch der Rechtswissenschaft, besonders eingehend aber die Rezensionsabhandlung „Über die Rechtsgedanken in der griechischen Bildungsgeschichte. Bemerkungen zu Werner Jaegers Paideia". Archiv für Rechts- und Sozialphilosophie, Bd. XXXI, 1937/38, S. 498/515.) Euripides ist aber trotz alles „Modernen" doch noch immer der griechische Klassiker geblieben. Den Schritt zum neuzeitlichen Schuldbegriffe hat auch hier wohl erst der Römer getan: Seneca, wenn wir die ihm zugeschriebenen Tragödien wirklich für sein Werk halten dürfen (mit Leopold von Ranke, der über die Tragödien des Seneca eine sehr reizvolle Abhandlung schrieb).

Was die Dichter gestalteten, haben die großen Philosophen begrifflich gegliedert. Aristoteles hat in der Nikomachischen Ethik die feinsten Unterscheidungen der Schuldlehre geschaffen, die von den römischen Rechtsgelehrten dann in klassisch-juristischer Form geprägt wurden. (Vgl. Bernhard Kübler, Der Einfluß der griechischen Philosophie auf die Entwicklung der Lehre von den Verschuldensgraden im römischen Recht, in: Festgabe für Binder, „Rechtsidee und Staatsgedanke", herausgegeben von Karl Larenz, 1930, S. 63/76.)

Neben den Begriffen aber ist stets die glutvoll gewaltige und packende Tragödie geblieben. In seinem „Shakespeare vor dem Forum der Jurisprudenz" zeigt uns Josef Kohler, wie der Zwiespalt zweier Zeiten, an dem ein Mensch zerbricht, im Mittelpunkt der Hamlet-Tragödie steht. Denn Hamlet ist kein Schwächling und keine problematische Natur des vorigen oder dieses Jahrhunderts. Er ist ein Held, der, wäre er zum Throne gelangt, sich höchst königlich betragen haben würde. Aber er zerbricht daran, daß die Grabesstimme der alten Zeit zur Butrache ruft, während doch schon der christliche Morgen tagt, der den Racheschrei der Geister und Gespenster bannt.

Gemessener, gemilderter haben Dichter wie Calderon, Corneille, Goethe und Eichendorff die Tragödie von Schuld und Sühne gestaltet. Die dunkelsten Tiefen hat dann aber wieder Friedrich Hebbel wühlend und wuchtig aufgegrübelt. Wir dürfen uns indessen nicht zu sehr von dem packen lassen, was jenseits unserer Wissenschaft liegt, auch im Geschichtlichen nicht. Unseres Faches ist es, das zu betrachten, was die juristische Arbeit der Römer aus den großen, vielen und feinen philosophischen Anregungen des Aristoteles machte. Der Grieche war Philosoph. Der Römer aber war Jurist und schenkte uns seine juristische Schuldlehre, die weithin bis heute als klassisch gilt.

Im Mittelalter haben wir nach dem Einflusse der neuen christlichen Gedanken auf die Schuldlehre wie auf alle Gedanken über Verbrechen und Strafe, über Schuld und Sühne zu forschen. In jüngster Zeit hat uns Stephan Kuttner ein reiches und bedeutsames Werk geschenkt, das in einer bestimmten Hinsicht wesentlich hilft: Kanonistische Schuldlehre von Gratian bis auf die Dekretalen Gregors IX., Citta del Vaticano, 1935.

Am Beginn der Neuzeit steht das viel behandelte und viel gepriesene erste Reichsstrafgesetzbuch (wie Radbruch es nennt), die Peinliche Gerichtsordnung Kaiser Karls V. von 1532, die Constitutio Criminalis Carolina. Biederkeit, Brauchbarkeit und ein sehr beachtliches Maß von juristischem Scharfsinn ist darin. Aber vielleicht wird das Denken von da an ein bißchen zu bieder und dann auch wieder zu spießig hart. Nicht das Mittelalter, sondern diese beginnende Neuzeit hat die vielen Scheiterhaufen für Zauberer und Hexen angezündet. Und ein großer Jurist, der bedeutendste Kriminalist, der ein Jahrhundert nach der Carolina wirkte, ist unverkennbar und besonders verantwortlich für diesen grausamen Wahn: Benedikt Carpzov. Weder sein gründliches, scharfsinniges und übrigens von Modernsten gerade ganz richtig als fortschrittlich gewertetes Juristentum, noch sein ehrliches lutherisch-christliches Bemühen haben ihn vor den in Volk und Pöbel herrschenden Irrtümern seiner Zeit bewahrt.

Als wie fortschrittlich bei alledem Benedikt Carpzov gelten muß, sieht man z. B. daraus, daß ein ausgesprochen moderner Geist, der einer der berühmtesten Kriminalisten aller Zeiten und Länder ist, vielfach an ihn anknüpft und aus ihm schöpft: Anselm von Feuerbach.

Anselm von Feuerbach ist der Vater des Philosophen Ludwig Feuerbach und der Großvater des Malers Anselm von Feuerbach. Ein großer Jurist und Kriminalist unserer Tage, der lange in Kiel den einst dort von Feuerbach innegehabten strafrechtlichen Lehrstuhl verwaltete, hat seine Lebensarbeit daran gewandt, ein Lebensbild dieses überaus glänzenden Vertreters der Strafrechtswissenschaft zu gestalten: Gustav Radbruch. Schon bevor er seine große Lebensbeschreibung veröffentlichte, hatte Radbruch in den vielen Auflagen seiner „Einführung in die Rechtswissenschaft" sehr nachdrücklich auf Anselm von Feuerbach hingewiesen. Mit Recht sieht er ihn zusammen mit seinem Antipoden Friedrich Carl von Savigny. Sie beide wandeln auf der Menschheit Höhen. Mit der Wortgewalt von Dichtern und der Gedankenfülle des Gelehrten stehen sie würdig neben den Fürsten im Reiche der Kunst und spiegeln deren Geist und Gegensatz wider. Radbruch sieht, richtig und geistvoll vergleichend, Goethe, Mozart und Savigny als Olympier den Titanen Beethoven, Schiller und Feuerbach gegenüberstehen.

Wir sind dabei, die Beziehungen unserer Wissenschaft zu den anderen Fakultäten aufzuzeigen. Und da erkennen wir bei Feuerbach vor allem die enge Verbindung mit der Philosophie. Feuerbach hat manches von dem hohen und herben Idealismus Immanuel Kants. Darin wirkt er hinreißend. Aber es scheint, daß etwas Äußerliches und sogar Materialistisches seinem Werke anhaftet, und daß vielleicht gerade dieses im Mittelpunkte steht und Feuerbachs Modernität ausmacht. Die Veräußerlichung des Rechtsbegriffes, die in den Wahn münden kann, recht sei, was erzwingbar ist, zeigt sich überall da, wo der Zwang als Begriffsmerkmal hereingenommen wird. Damit soll nicht behauptet sein, daß dies bei Feuerbach ebenso geschehen sei wie bei dem Engländer Austin oder den deutschen Positivisten Gerber, Laband und Windscheid. Aber seine Forderung von „Zwangsanstalten" (Lehrbuch des gemeinen in Deutschland geltenden peinlichen Rechtes von Dr. Anselm von Feuerbach, 13. Originalausgabe von C. J. A. Mittermeier, 1840, § 9, S. 36), „wodurch Rechtsverletzungen überhaupt unmöglich gemacht werden“, liegt, mindestens zum Teil, doch wohl auf dem bedenklichen Wege.

Wer etwas Erfahrung hat, weiß indessen, daß man dem jungen Studenten keinen Dienst erweist, wenn man an den großen Männern unserer Wissenschaft herummäkelt. So wollen wir, zunächst wenigstens, rein beim Lobe Feuerbachs verweilen. Wir können dies um so unbedenklicher tun, als er vor der uns lieben Rechtsauffassung überall mindestens Höflichkeitsverbeugungen macht. So sagt er in seinem Lehrbuche in der Anmerkung zu dem § 10 von den Zwangsanstalten: „daß sittliche Anstalten (Erziehung, Unterricht, Religion) nicht ausgeschlossen sind, sogar die letzte Grundlage aller Zwangsanstalten bilden und deren Wirksamkeit bedingen. Sed de his non hic locus.“

Anselm von Feuerbach hat die damals neue Philosophie an das Strafrecht herangebracht. Er hat außerdem die Brücke geschlagen zu den rasch und mit grellem Glanze aufschießenden Wissenschaften der Psychologie und Psychiatrie.

Hieraus erwuchs vielleicht, einige Jahrzehnte später, eine gewisse Gefahr. Gut ist das Brückenschlagen zu den anderen Wissenschaften nämlich nur dann, wenn ein feines Gefühl der unbedingten Achtung vor den Grenzen und dem unantastbaren Eigentum innerhalb der fremden Grenzen die Geister leitet und bewahrt. 1878, also wenige Jahre nach dem Inkrafttreten unseres Reichsstrafgesetzbuches von 1871, erschien das Buch des italienischen Arztes Cesare Lombroso: „L'uomo delinquente“ (der verbrecherische Mensch). Damit ist die kriminalanthropologische Schule begründet worden. Lombrosos Schüler, unter den Juristen vor allem Enrico Ferri, der allerdings das Soziologische betont, haben sich dann gern auch Scuola Positiva genannt. So trat seit dem letzten Viertel des vorigen Jahrhunderts dem juristischen Positivismus ein naturwissenschaftlich ausgerichteter zur Seite. Dahm hat das Nebeneinandersein solcher verschiedener Positivismen auf derselben geistigen Grundlage erkannt und ganz zutreffend dargestellt. Ob seine abermals modernste Richtung dann, die in vielem überhaupt nicht zu erörtern ist, mehr in die Höhe und Tiefe ging, muß allerdings sehr bezweifelt werden. Jedoch ist die gegenwärtige Not nicht der rechte Zeitpunkt zur Auseinandersetzung, sondern eher zur achtungsvollen Verbeugung vor dem, was in dem Werke des Gegners wirklich wissenschaftlich ist. Die veräußerlichte Einseitigkeit der Scuola Positiva war noch nicht damit überwunden, daß der kriminalanthropologischen Richtung sehr bald eine kriminalsoziologische entgegentrat (um sich oft auch mit ihr zu verbünden). Man nennt manchmal auch einen der großen modernen Kriminalisten, nämlich Franz von Liszt, den Begründer einer kriminalsoziologischen Schule. Das trifft aber nur zum Teil das Richtige. Franz von Liszt ist doch in der Hauptsache stets der rechtsstaatliche Jurist geblieben und eigentlich nur nebenbei der sicher sachverständige Forscher in der Kriminalsoziologie und allen Hilfswissenschaften gewesen. So sind auch seine Schüler Eduard Kohlrausch und Eberhard Schmidt in erster Linie Juristen, historisch und dogmatisch forschend und lehrend. Nur in diesem Sinne betonen sie in von allen beherzigenswerter Weise, daß außerdem sämtliche für das Verbrechen und die Erkenntnis der Verbrecherwirklichkeit wichtigen Disziplinen heranzuziehen sind. So lehren sie die gesamte Strafrechtswissenschaft.

Noch entschiedener für das rein Juristische und gegen die Verschiebung der Gesichtspunkte ist der andere große Kriminalist der Wende vom 19. zum 20. Jahrhundert aufgetreten: Karl Binding. Er war Liszts Antipode und vielleicht unser größter strafrechtlicher Dogmatiker. Er ist aber doch eigentlich nicht konservativer gewesen als Franz von Liszt. Mochte er tausendmal den Modernismus des glänzenden Berliner Kollegen von seinem altberühmten Leipzig aus bekämpfen: auch Binding war durch seine Eigenwilligkeit der Moderne des 19. Jahrhunderts verhaftet. Will man zu den wahrhaft konservativen juristischen Denkern zurückfinden, so muß man etwa zu unserem größten Juristen überhaupt gehen: zu Friedrich Carl von Savigny. Der Anteil seiner Ministerarbeit läßt sich — trotz des Zurückgedrängtwerdens und Sturzes im Jahre 1848 — nicht wegdenken vom preußischen Strafgesetzbuch von 1851, dessen überaus ähnliches Kind das Reichsstrafgesetzbuch von 1871 ist. Und ein leidenschaftlicher und sehr tiefer Konservativer unter den preußischen Kriminalisten war Carl Ernst Jarcke, der 1852 starb, nachdem er während der letzten Jahre seines Lebens fast nur als großer Schriftsteller über die bewegendsten Tagesfragen seiner Zeit gewirkt hatte. Der Anteil von Männern wie Friedrich Carl von Savigny und Carl Ernst Jarcke an der Geistesgeschichte unseres Strafrechtes scheint mir sehr vernachlässigt und oft ganz außer Betracht geblieben zu sein.

Aber wir wollen die großen Männer nicht gegeneinander ausspielen und die Gegensätze nicht übertreiben. Mit dem Besten, was sie schufen, sind die beiden bedeutendsten Strafrechtslehrer der letzten Menschenalter, Karl Binding und Franz von Liszt, große Konservative wider Willen gewesen, große Bewahrer: denn jede redlich treue Arbeit wirkt bewahrend. —

Die Arbeit, die wir nun beginnen, wird vor allem eine juristische sein, streng wissenschaftlich, historisch und dogmatisch. Aber wir dürfen nie vergessen, daß wir in geistigen Grundlagen und Grundfragen fortwährend die anderen Fakultäten brauchen: die theologische, die medizinische (davon besonders natürlich die Psychiatrie) und die philosophische.

Unsere juristische Arbeit packen wir vielleicht sehr zweckmäßig mit einer ganz einfachen Frage an:

Wie weist der rechtsstaatliche Gesetzgeber seine Richter an, mit Verbrechen und Verbrecher fertig zu werden?

Bevor wir uns der Frage praktisch nahen, seien in Kürze einige ganz wichtige begriffliche Vorfragen geklärt. Eduard Kohlrausch gibt vom Strafrechte diese Begriffsbestimmung: „Strafrecht ist, juristisch definiert, die Summe derjenigen Rechtsnormen, durch die das Verbrechen als Tatbestand mit der Strafe als Rechtsfolge verknüpft wird" („Strafrecht" in: Handwörterbuch der Rechtswissenschaft V, 1928, S. 756).

Das Strafgesetzbuch hat nur die Tatbestände ausgeprägt. Die Normen aber, aus denen diese leben, sind das tiefer und zugrunde liegende ungeschriebene Recht. Diese Normen übertritt der Verbrecher, das Gesetz, den gesetzlichen Tatbestand dagegen erfüllt er. Das ist in dem großen dogmatischen Werke Karl Bindings dargetan: Die Normen und ihre Übertretung, Bd. 1—4, 1872/1919. Wesentlich ist die Bemerkung, die Reinhard von Frank dazu in seinem führenden Kommentar gemacht hat (Strafgesetzbuch, 17. Auflage, 1926, S. 3): „Ist die Rechtswidrigkeitserklärung ein besonderer Rechtssatz neben der Strafdrohung, so fragt es sich, von wem sie ausgeht. Hierauf erhält man von Binding und seinen Nachfolgern keine bestimmte Antwort."

Daß diese Antwort ausbleibt, dürfte daran liegen, daß jene Denker, trotz alles Strebens in die Tiefe der Fragen, davor zurückschrecken, an Gott, Schöpfung und Volksgeist (im Sinne Savignys), an göttliches natürliches und menschliches Recht im christlichen Sinne zu denken. Letzten Endes sind die Normen so einfache Sätze wie die des Dekalogs: Du sollst nicht töten, du sollst nicht ehebrechen, du sollst nicht stehlen usw.

Arbeitsweise nach rechtsstaatlichem Strafrecht.

Mit dem Strafrecht verbindet der Laie zuweilen den pikanten Geschmack von Skandalprozessen; der sog. Gebildete denkt an Lombrosos geborenen Verbrecher und an schlimme soziale Verhältnisse, aus denen angeblich mit Notwendigkeit die Kriminalität erwachse, also an Kriminal-Anthropologie und -Soziologie. Wir aber müssen uns klar machen, daß wir als Juristen in erster Linie auch und gerade auf dem Gebiete des Strafrechtes eine juristische Aufgabe zu bewältigen haben. Sie ist übrigens mindestens ebenso interessant wie das vorhin angedeutete sensationeller Aussehende. Diese juristische Aufgabe, die wir hier zunächst ins Auge zu fassen haben, läßt sich einfach und scheinbar naiv in einem kurzen Fragesatze zusammenfassen: Wie weist der Staat seine

Richter an, mit Verbrechern und Verbrechen rechtlich fertig zu werden? Diese Fragestellung wird sogleich verständlicher werden, wenn man sich klar macht, daß dem Strafgesetzgeber zwei gänzlich verschiedene Wege offenstehen, mit der Straftat fertig zu werden, zwei ganz verschiedene Methoden, nach denen er seine Richter anweisen könnte, Taten mit Strafe zu belegen.

Wenn jemand beschuldigt wird, etwas gestohlen zu haben oder gar der Mörder seines Nächsten zu sein oder auch irgendeine politische Untat verübt zu haben, so wird an vielen Stammtischen gefragt: Ist er es gewesen? Hat er unrecht getan? Ist er schuld? Wenn ich recht sehe, versucht man die Antwort auf diese Fragen, indem man lediglich mit drei sehr allgemeinen Begriffen hantiert, nämlich mit den folgenden drei:

1. Verursachung (Kausalzusammenhang zwischen menschlichem Verhalten und einem Ereignis);
2. Rechtswidrigkeit;
3. Schuld.

Man bemüht sich nachzuweisen, daß jemand überhaupt etwas verursacht, daß er damit Unrecht getan habe und daß ihn dafür ein Schuldvorwurf treffe. So glaubt man eine Grundlage für die Bestrafung zu finden. Was ist nun darauf zu sagen? Zunächst ist die Frage aufzuwerfen, W i e soll denn ein auf Grund solcher allgemeinen Feststellungen Verurteilter bestraft werden? Die folgerecht im Allzuallgemeinen Weiterdenkenden müßten antworten (und haben geantwortet): nach freiem Ermessen wird die Strafe festgesetzt. Man merkt sofort, daß hier ein ungeheuerlicher Strafanspruch erhoben wird. Immerhin läßt er sich zunächst mit einigen juristischen Argumenten verfechten, allerdings nur mit Scheingründen und Spiegelfechtereien. Man hat darauf hingewiesen, daß ja hier vor der Straffestsetzung immerhin die drei Grundelemente des Verbrechens festgestellt werden, also von Willkür keine Rede sein könne. Und in der Tat kommt in diesem seltsamen Verfahren immerhin das Bestreben zum Ausdruck, drei Voraussetzungen der Straftat zu klären, nämlich diese als eine schuldhafte rechtswidrige Handlung zu begreifen. Und man könnte darauf hinweisen, daß es im positiven, im kodifizierten Recht sogar derartig allgemeine Deliktsbegriffe gebe. Man braucht bloß an das Deliktsrecht der §§ 823 ff. BGB. zu denken. Und schrankenloser noch als dieses ist das völkerrechtliche Deliktsrecht, der dort gewöhnlich angenommene allgemeine und wenig fest umgrenzte Begriff der unrechten Tat. Aber diese Verweise gehen alle an der Hauptfrage unseres Falles vorbei. Im bürgerlichen Recht wird jemand für eine im wesentlichen nur allgemein gekennzeichnete unerlaubte Handlung schadensersatzpflichtig gemacht, im Völkerrecht Genugtuung verlangt von Staat zu Staat.

Aber im Strafrechte handelt es sich um die schicksalsschwere Bestrafung eines einzelnen Menschen wegen einer bestimmten Tat. Jedoch die Art, wie eben eine Straftat festgestellt werden sollte, war ein Arbeiten mit drei allzu allgemeinen Begriffen, dieses Operieren lediglich mit den drei Straftatbestandteilen Verursachung, Unrecht und Schuld verführt nur dazu, mit der Stange im Nebel herumzufahren. Es ist keine strafrechtliche Arbeit im Sinne jenes Kulturstrafrechtes, an dem die Franzosen durch Montesquieu und seine Nachfolger guten Anteil haben. Dieses Strafrecht schreibt eine ganz andere Arbeitsweise vor.

Aber ehe wir uns auf die grundsätzliche Arbeitsweise des rechtsstaatlichen und hier des deutschen rechtsstaatlichen Strafrechtes besinnen, muß im Zuge des vorhin angedeuteten Denkens eine angefangene Linie zu Ende geführt werden. So wie die erste Möglichkeit strafrechtlicher Arbeit von uns bisher gekennzeichnet worden ist, gleicht sie allzusehr jenem Witze, der in Bilderblättern zu Beginn der Strafrechtsreformbewegung erschien. Er fordert die Ersetzung des Strafgesetzbuches durch folgende einfache Bestimmung: Wer etwas tut, was er nicht soll, wird wegen groben Unfugs bestraft; die Strafe bestimmt das Gericht nach freiem Ermessen. Solches Strafrecht schiene in der Zeit des Rechtsstaates selber grober Unfug. In so nackter Art ist es wohl geschichtlich noch nie dagewesen, wenn auch immerhin in Zeiten unbeschränkter Sippenzucht, Gemeinde- und Obrigkeitsgewalt Anklänge daran vorhanden sein mögen. Im Rechtsstaat aber wird der Begriff des Verbrechens fertig erst mit der Erfüllung eines vierten Merkmales: dem Verstoß gegen eine bestimmte Strafdrohung. Ja, das ist das eigentlich kennzeichnende Merkmal, daß diese Strafdrohung da und anwendbar ist. Wir dürfen, genau genommen, wenn wir vom Objekt des Strafrechtes reden, gar nicht den Begriff Verbrechen, sondern müssen den weiteren Begriff Straftat gebrauchen. Denn Verbrechen ist nur eine Art der Straftat, die schlimmste und elementarste, das Gröbste und dem natürlichen Gefühl sofort Einleuchtende. Die beiden anderen minder schweren Arten sind (nach § 1 Reichsstrafgesetzbuches) Vergehen und Übertretungen. Alle drei Arten werden aber unter dem Allgemeinbegriff der Straftat zusammengefaßt. Vier Merkmale also setzen diesen Begriff zusammen:

1. Verursachung;
2. Unrecht;
3. Schuld;
4. Strafdrohung.

Straftat ist also das mit Strafe bedrohte schuldhaft verursachte Unrecht. Und ehe die Strafdrohung feststeht, ist es von Anfang an ein Unsinn, von der strafrechtlichen Verantwortlichkeit zu reden.

Die gesetzliche Strafdrohung, die Tatsache, daß ein Paragraph da ist, stellt sich uns als ein grundsätzliches Erfordernis des Rechtsstaates dar. Deshalb steht der dieses festlegende Rechtssatz auch nicht bloß im Reichsstrafgesetzbuch, sondern (wenigstens in seinem wesentlichsten Gehalt) in der Reichsverfassung (Art. 116). Seine Tragweite in einigen praktischen Alltagsfällen sich klar machen: das scheint durchaus nützlich für eine Einführung in das Verständnis des Strafrechtes. Vorher aber wollen wir einen Blick auf die große geschichtliche und rechtspolitische Bedeutung dieses Grundsatzes werfen, der allen Kulturrechten gemeinsam ist (vor allem gemeinsam geworden ist auch durch französische Arbeit unter Führung von Montesquieu) und der oft lateinisch zitiert wird: nullum crimen sine lege, nulla poena sine lege. So ist er im Wesentlichen von Anselm von Feuerbach in das deutsche Strafrecht eingeführt worden.

Dieser Grundsatz hat sich auch und gerade da zu bewähren, wo heftiges Stammtischgerede oder gar das gehässige Geschrei der Straße einen Beschuldigten bedroht. Da liegt eine der Gefahren vor, zu deren Abwendung dieser Grundsatz des Rechtsstaates geschaffen wurde. Rache läßt sich immer nur durch Recht und Gerechtigkeit besiegen. Dem Racheschrei muß die Frage entgegengestellt werden: Welches Recht habt ihr denn, Bestrafung zu verlangen? Und nach welchem Recht wollt ihr strafen? Wo wild aufschäumender Wut des Augenblicks freie Bahn gelassen wird, da ist Willkür und Lynchjustiz, aber kein Recht.

Über dem subjektiven Strafverlangen muß die Strafrechtsordnung, über dem Strafübel die Autorität stehen. Das Mittelalter sah Rechtsordnung und Richteramt manchmal in einer und derselben höchsten Autorität persönlich verkörpert: in König, Lehnsherrn, Gemeinde. Der Sachsenspiegel von etwa 1225 zeigt allerdings, daß jede irdische Gewalt letzthin doch als rechtsunterworfen begriffen wird. In der beginnenden Neuzeit, seit der Rezeption, setzte sich vielfach praktisch der Jurist an die Stelle der alten verfallenden Autoritäten. Das Naturrechtszeitalter dagegen besann sich mit neuer Leidenschaft darauf, daß über dem Juristen und seiner Wissenschaft die Rechtsordnung steht. In notwendig widerspruchsvoller rationalistischer und individualistischer Art versuchte man die Rechtsordnung abzuleiten aus der Natur oder aus dem Staatsvertrage. Dem Denken des Revolutionszeitalters von 1789, aus dem der Grundsatz des Art. 116 RV. in seiner wesentlichen Form stammt, lag die Staatsvertragskonstruktion noch besonders nahe (Rousseaus Contrat social war 1762 erschienen): Wir Rechtsgenossen vereinbaren in einem großen Vertrage, der Verfassung, genau die Rechte und Pflichten, die wir gegeneinander und gegenüber der Gesamtheit haben. Wir vereinbaren unter anderem auch genau, unter welchen Voraussetzungen der Polizist in das

Haus des Bürgers treten und ihn festnehmen darf, damit der Richter ihn dann verhaftet und bestraft. Auch was der tun und nicht tun darf, muß alles vorher ganz genau vereinbart werden, damit man sich danach richten kann. Man muß vorher wissen, was verboten und mit Strafe bedroht und was erlaubt ist: Nullum crimen, nulla poena sine lege.

Es ist ein scharfkantiger Satz, dessen Einseitigkeit das Rechtsgefühl auch verletzen kann. Da ist ein Gauner, der seine Mitbürger übers Ohr hauen und Gemeinheiten begehen will und doch nicht mit den Gesetzen in Konflikt kommen möchte. D. h.: die Staatsgesetze fürchtet er, nicht die der Sittlichkeit, um die Legalität ist's ihm zu tun, nicht um die Moralität. Denn: verletzt er die Staatsgesetze, so packt ihn der Schutzmann, verletzt er das Sittengesetz, so kommt er bloß vor den Gerichtshof seines Gewissens, wo es großzügig, schlampig und ohne Rücksicht auf die sehr fern scheinende himmlische Revisionsinstanz hergeht. Der Gauner, der sich das Weltbild so zurechtlegt, kann sich dabei auf sehr namhafte Philosophen berufen. Und so wie diese hat er auch die Juristen fleißig studiert. Er hat sich vom Strafgesetzbuch eine ebenso geistvoll wie sorgsam erläuterte Ausgabe gekauft (z. B. die von Frank). Darin hat er bald entdeckt, daß man als Schuft immer noch ganz gut mit diesem Gesetz leben kann. Denn es gibt so viele Schlechtigkeiten, an die der Gesetzgeber zu denken vergaß und die darum nicht mit Strafe bedroht sind. Unser Gauner macht es sich nun darum zum Prinzip, nur solche vom Gesetz vergessenen Gemeinheiten zu begehen. Man glaube nur nicht, daß es derlei Menschenkinder nicht gibt (wenn es allerdings auch nicht so ist, daß sie sich mit jenem zurechtgelegten Weltbild wirklich bis in die letzten Tiefen der Seele hinein beruhigen können). In der akademischen Disziplinargerichtsbarkeit wehrte sich ein in Aufklärungswahn arg versunkener Student gegen die Beschuldigung, er habe sich gegen §§ 175, 176 vergangen, folgendermaßen: Er sei Jurist und wisse genau, wie weit er zu gehen habe, und wenn er auch Kindern in wollüstiger Absicht nachgestellt habe, so hätte er sich doch stets beherrscht und die Handlungen, die das Gesetz ausdrücklich unter Strafe stellt, sorgfältig vermieden. Wenn nun die Mitbürger die hier vorgebrachten feinen Distinktionen nicht verstehen, sondern, bis aufs Blut gereizt, den Sittlichkeitsverbrecher oder Gauner doch vor Gericht bringen, dann ergibt sich eine seltsame Sach- und Rechtslage. Der Gauner hat natürlich sein schön kommentiertes Strafgesetzbuch mitgebracht und beweist daraus seinen Richtern, daß er zwar stets nur mit knapper Not, doch aber auch immer sauber und korrekt zwischen den Paragraphen sich durchgeschlängelt habe und, als ein gehorsamer Staatsbürger, gerade durch die Lücken der Gesetze hindurchgeschlüpft sei, mit dem Ärmel das Zuchthaus streifend, ohne ihm weiteren Schaden zu tun. So beruft sich der Gauner auf das Strafgesetzbuch, so wird es (nach dem berühmten Worte von Franz von Liszt) zur Magna Charta des Verbrechers. (In den zum Verwaltungsrecht gehörigen Dienststrafrecht geht das übrigens nicht; da herrscht umfassendere Zuchtgewalt.)

Kann der Richter die Lücken des Gesetzes ausfüllen? Kann er, was nach dem Rechtsgefühl der Rechtsgenossen, wenn auch nicht nach den Worten des Gesetzes, Wucher oder Betrug oder Sittlichkeitsverbrechen ist, nicht doch bestrafen, vielleicht nach Analogie der Wucher- oder Betrugsstrafdrohung? Die Frage muß verneint werden. Unumstößlich stehen § 2 StGB., Art. 116 RV. im Wege. Traurige Erfahrungen, die man vor der Aufklärungszeit mit willkürlicher Justiz oder allzugroßer Freiheit des richterlichen Ermessens gemacht hatte, führten zu dem Bestreben, den Richter engstens an das Gesetz zu binden. Man hat ihn so daran gekettet, daß manchmal behauptet worden ist, diese Rechtsgestaltung habe den Richter zur Subsumptionsmaschine erniedrigt. Damit will man sagen, daß man ihm eine unwürdig kleine Aufgabe gegeben habe, die nur darin bestehe, das Gesetz aufzuschlagen, den passenden Paragraphen zu finden und unter diesen die Straftat zu subsumieren.

Man braucht aber die von der gesetzestreuen Strafrechtswissenschaft seit langem entwickelte Arbeitsweise nicht geringschätzig anzusehen. Das Verfahren, das der Strafrichter heute nach dem Willen des Gesetzgebers einschlagen soll, offenbart seine großen Vorzüge, wenn wir es mit der eingangs gekennzeichneten entgegengesetzten Art, Strafrechtsfälle zu behandeln, vergleichen. Dort sahen wir den, der mit den allgemeinen Merkmalen eines Verbrechensbegriffes an den konkreten Fall heranging, hilflos mit der Stange im Nebel herumfahren. Da mutet denn doch die Arbeitsweise des wirklichen Strafrichters juristischer, rechtswissenschaftlicher und rechtssicherer an. Wo man aber in jüngster Vergangenheit den Satz nullum crimen sine lege beseitigen wollte, geschah grause Unsicherheit, der pflichtbewußte Rechtswissenschaft wenigstens teilweise durch vorsichtige und einschränkende Auslegung der demagogischen Gesetzesänderung zu steuern suchte.

Von der Strafdrohung, von einem bestimmten Strafgesetze, einer genau anzugebenden Gesetzesstelle (des StGB. oder eines seiner vielen Nebengesetze) ist auszugehen. Nun ist es natürlich schwer, unter diesen paar hundert Paragraphen gleich die etwa in Betracht kommenden herauszufinden. Hier erleichtert uns eine Hilfsfrage die Arbeit. Diese Vorfrage lautet: Welches Rechtsgut ist verletzt? Nach den strafrechtlich geschützten Rechtsgütern nämlich ist das Strafgesetzbuch eingeteilt. In der Art, wie diese Rechtsgüter aneinandergereiht sind, offenbart sich eine geschichtlich bestimmte Wertordnung. Wir haben hierbei allerdings nur einen Teil, und zwar den zweiten, den besonderen Teil des Strafrechtes, im Auge. In rechtsstaatlicher Beziehung ist er vielleicht der wichtigere gegenüber dem allgemeinen Teil; er enthält die eigentliche Kodifikation (§§ 80 ff. StGB.). Die Wertordnung, nach der die Rechtsgüter im Reichsstrafgesetzbuch aufeinander folgen, die sog. Legalordnung, ist geschichtlich geworden und darf nicht willkürlich verändert werden. Aber hier kann man an manchen angeblichen Positivisten sein blaues Wunder erleben. Da wird kühn, was der Gesetzgeber unter die übereinzelmenschlichen, öffentlichen Güter einstellt, als reines Privatrechtsgut behandelt (vgl. z. B. das Schrifttum zu §§ 117, 123). Und man begründet das damit, daß die Systematik ja Sache der Wissenschaft sei. Davon kann höchstens im allgemeinen Teil, bei den allgemeinen Lehren geredet werden, nicht im besonderen Teil des Strafgesetzbuches, wo die einzelnen Verbrechenstatbestände stehen.

Haben wir für unseren strafrechtlichen Fall den Gesetzesabschnitt und die Gesetzesstelle gefunden, die einigermaßen zu passen scheint, so haben wir darauf mit den weiteren Fragen in einer ganz bestimmten Art und Weise, in einer ein für allemal festgelegten Reihenfolge vorzugehen. Es ist eine zunächst vielleicht schematisch und pedantisch scheinende, aber wohl begründete technische Methode, die wir anwenden.

Wir müssen von vornherein zwei ganz verschiedene Seiten der strafrechtlichen Arbeit scharf unterscheiden. Wir werden uns den Unterschied und ebenso die gelegentlichen Übergänge am besten an einem Schema klarmachen. Daß die beiden Seiten da sind, hat uns immerhin das Fragen nach den beiden Möglichkeiten, einen Strafrechtsfall anzufassen, gezeigt. Die eine Möglichkeit stellte sich für das heutige praktische Arbeiten sehr bald als eigentliche Unmöglichkeit heraus. Aber sie hatte immerhin den Vorzug, uns vier Begriffsmerkmale aufzuzeigen, die sehr dienlich sind für den Aufbau der Strafrechtslehre. Es ist diese Lehre, dieser theoretische Teil, den wir scharf unterscheiden müssen von unserer technischen Methode. Diese letztere, die Arbeitsweise bei der Behandlung eines besonderen Falles darf sich nie ohne Not in das Hantieren mit den ganz großen und allgemeinsten Begriffen verlieren. Wir ziehen also einen Trennungsstrich (wenigstens zuächst) und setzen auf die eine Seite den Aufbau der Strafrechtslehre, auf die andere die strafrechtliche Tatbestandstechnik.

Straftatlehre	Arbeitsweise bei der Fallbehandlung
Verursachung	Vorfrage: Welches Rechtsgut
Rechtswidrigkeit	ist verletzt, welche
Schuld	Gesetzesstelle kommt in Betracht?
Strafdrohung	Weiter wie unten noch zu entwickeln.

Worin besteht nun unsere technische Methode, unsere Tatbestandstechnik?

Nachdem man einen Gesetzesabschnitt und eine Gesetzesstelle gefunden hat, die ungefähr passen könnte (z. B. wenn ein Mensch getötet ist, den leicht in die Augen fallenden Mordparagraphen [§ 211], aber auch die anderen Strafdrohungen gegen die Verbrechen und Vergehen wider das Leben), hat man zu fragen, liegt vor:

1. Der äußere oder objektive Tatbestand.

Dies ist ein rein äußerer Vorgang, der auf einen Menschen zurückgeführt werden kann. Es ist der Tattyp, der Geschehenstyp, den das Gesetz aufstellt. Beim § 211 ist es z. B. die Tatsache, daß ein Mensch mit einer Wunde daliegt und tot ist und daß die Kugel in seinem Kopf aus dem von einem anderen Menschen abgefeuerten Revolver stammt. Eine solche äußere Tatsache, die scheinbar noch ohne jedes juristische Urteil, ohne jedes Werturteil festgestellt werden kann, ist eben darum der sicherste Ausgangspunkt. Allerdings zeigt sich schon hier, daß wir ohne Zuhilfenahme jener Allgemeinbegriffe von der linken Seite unseres Schemas nicht auskommen. Ein Junge ist gestorben, nachdem der Lehrer ihm eine Ohrfeige gegeben hatte, eine Kopfkrankheit dem folgte und nicht ohne Nachlässigkeit des behandelnden Arztes sogar der Tod. Hier ist es viel schwerer als bei dem vorhin erwähnten Schusse, das äußere Ereignis mit einem bestimmten Menschen zu verknüpfen. Ob diese Verknüpfung vorliegt oder nicht, soll uns die Lehre von der Verursachung beantworten. Das Schlimme bei jeder Lehre, jeder Theorie ist nur, daß sie in beinahe soviele voneinander abweichende Lehren zerspalten ist, als Lehrer da sind. Stärkeres Gewicht als die vereinzelte Meinung eines Theoretikers hat das Urteil der Rechtsprechung. Das Reichsgericht in Strafsachen hat eine sehr weitreichende Formel für den ursächlichen Zusammenhang gefunden: Er sei jedesmal dann schon anzunehmen, wenn sich das Verhalten des beschuldigten Menschen nicht wegdenken läßt, ohne daß der Erfolg (das ist jenes äußere Ereignis, von dem wir ausgingen) entfällt (conditio sine qua non, Äquivalenztheorie: alle diese Bedingungen sind gleichwertig). Dies Auffassung entspricht wohl in der Tat am besten dem Bestreben des Strafgesetzbuches, dem Richter einen ganz einfach feststellbaren, äußerlichen Ausgangspunkt vorzuschreiben. Die Wertfragen und die sittlichen Fragen sollen vorläufig noch ausgeschaltet werden. Erst gilt es, das äußerlich Feststellbare, den Geschehenstyp, die Tat zu erfassen. Man darf hier vielleicht an die Verirrungen der Zauberer- und Hexenprozesse denken, um sich klar zu machen, weshalb der Gesetzgeber zunächst eine gesicherte Basis, eine sichtbare Kausalität betont. Aber der Kreis der Verursacher ist ein unendlich weit gezogener. Fällt der Handwerker, der die Schußwaffe hergestellt, die Verkäuferin, die sie verkauft hat, nicht schon darunter? Es handelt sich hierbei in Wahrheit weder um philosophische noch naturwissenschaftliche Kausalität, sondern um einen strafrechtlichen Anknüpfungspunkt, eine bloße Arbeitshypothese. Dieses äußere Ereignis gibt uns ein Indiz der Rechtswidrigkeit, wirft einen Schein des Unrechts auf den, der zu ihm in jenem äußerlichen Verhältnis steht, das wir Verursachung nennen.

Der Schein des Unrechts kann widerlegt werden. A geht nachts die Treppe hinauf. Da kommt ihm jemand entgegen, und zwar verdächtig nahe an ihn heran. A denkt, dieser andere wolle ihm die Aktentasche entreißen. Er schießt ihn nieder. Auch hier ist der Tatbestand des § 211 objektiv, äußerlich gegeben, wenigstens in dem rein äußerlichen Sinne, den wir eben feststellten. Aber es ist dies lediglich erst ein Schein des Unrechtes, der auf den Täter fällt. Das Unrecht selber ist noch nicht festgestellt. Das Gesetz will nun aber nicht, daß wir uns bei der prakischen Fallbehandlung hier sogleich in die allgemeine Frage des Unrechtes, in das philosophische Gestrüpp der Lehre von der Rechtswidrigkeit verlieren. Daraus wird leicht etwas, das nicht viel juristischer und nicht viel rechtssicherer ist als Stammtischgerede.

Fällt der Schein des Unrechtes auf einen Rechtsgenossen, so verlangt unsere Rechtsordnung in der Regel eine genauere und greifbarere Verteidigung als das Ableugnen des Unrechtes schlechthin, als die Berufung darauf, daß sich die Tat rechtsphilosophisch irgendwie rechtfertigen lasse. Es wird vielmehr nach einer Befugnis des Täters gefragt, nach einem bestimmten Rechtfertigungsgrunde. Das Strafgesetzbuch zählt solche Rechtfertigungsgründe auf; auch in anderen Gesetzen finden sich welche (z. B. BGB. §§ 228, 904). In unserem Falle hat es der Richter leicht, einen Rechtfertigungsgrund zu finden. Er braucht nur zu dem zu greifen, mit dem wir ihre Reihe bei der Aufzählung gewöhnlich beginnen lassen: Notwehr (StGB. § 53; BGB. § 227). Aber auch wenn kein Rechtfertigungsgrund vorliegt, ist der Schuldspruch noch nicht reif. Es ist dann zwar der objektive Tatbestand der Straftat vollkommen, mit Einschluß des Unrechtes, gegeben, aber noch lange nicht die Strafbarkeit. Nehmen wir an, es stellt sich heraus, der Mann, der dem A auf der Treppe entgegenkam, wollte den A weder anfallen noch berauben, sondern nur in Rauschseligkeit die Welt in ihm umarmen. Da lag, objektiv betrachtet, kein Recht vor, den Trunkenen zu töten. Und doch ist der A kein Mörder oder Totschläger: denn er weiß ja nicht, daß er Unrecht tut. Er hat wohl objektiv den Tatbestand einer strafbaren Handlung verwirklicht. Aber er tat es ohne Wissen und Wollen. Wir alle haben objekiv schon tausendfach Straftatbestände verwirklicht. Wer bei seinem Freund versehentlich einen Füllfederhalter einsteckt und behält, der nicht ihm, sondern dem Freunde gehört, ist äußerlich, im Sinne des bisher betrachteten äußeren Tatbestandes, ein Dieb. Aber er ist es doch nicht, weil zum Diebstahl hinzugehört ein zweiter Teil, nämlich

2. Der innere oder subjektive Tatbestand.

Es ist dies der dem äußeren Tathergang entsprechende innere Vorgang, das der typischen Tat entsprechende typische psychologische Geschehen. (Wir lassen hier die Bedenken beiseite, die Ernst von Beling mehr dem Namen nach, Eberhard Schmidt aber der Sache nach — Strafrechtspraktikum, 1946 — gegen das Arbeiten mit dem „inneren Tatbestande" vorgebracht haben.) Wie die äußere Tat ein Indiz der äußeren (objektiven) Rechswidrigkeit war, so ist der innere Tatbestand ein Indiz, ein Schein der Schuld. Zwei Arten des inneren Tatbestandes kennt unsere Strafrechtsordnung: Vorsatz und Fahrlässigkeit, dolus und culpa. Es hat aber keinen Zweck, nach den Indizien, nach den psychologischen Anzeichen der Schuld zu forschen, wenn aus einem elementareren Grunde feststeht, daß wir den Täter doch nicht verantwortlich machen wollen. Das ist der Fall bei der Unzurechnungsfähigkeit nach § 51 StGB. und der unbedingten Strafunmündigkeit nach § 2 JGG. Liegt ein solcher Fall vor, so erübrigt sich das Eingehen auf Vorsatz oder Fahrlässigkeitsfragen. Die Feststellung der Zurechnungsfähigkeit schiebt sich also in unserer Arbeitsweise zwischen äußeren und inneren Tatbestand ein. (Systematisch ist es allerdings die Frage, ob der Kreis der möglichen Täter, ob Zurechnungsfähigkeit und dergleichen, nicht ganz an den Anfang gehören, vor Unrecht und Schuld, wie Hugo Meyer noch lehrte. Wir werden wohl gut tun, in Zukunft die Frage nach der Handlungsfähigkeit, wie man sie am besten und umfassendsten nennt, ganz an den Anfang zu stellen.) Aber selbst wenn wir außer der Zurechnungsfähigkeit den inneren Tatbestand, und zwar in seiner schwereren Form, der des Vorsatzes, festgestellt haben, so ist damit erst eine weitere subjektive Voraussetzung für die Zurechnung der Tat zur Schuld des Täters, ein Schein der Schuld gewonnen, wie vorhin ein Schein des Unrechtes. Zwei Menschen fahren auf einem sehr leichten Kanu die Elbe herunter. Das Fahrzeug kippt um, beide Insassen klammern sich am Rande an, der eine stößt in Todesangst den anderen weg, weil er sonst keine Handhabe mehr zum Festhalten findet. Es ist ein alter Fall, er hat seit Jahrhunderten sogar einen bestimmten Namen: Die Planke des Karneades. Dieser Philosoph Karneades wollte in sophistischer Überspitzung an diesem Fall beweisen, daß es eigentlich gar kein Recht gebe (denn was kann teufliche Schlauheit nicht alles beweisen, diese Spitzfindigkeit, die alles in Zweifel zieht, was die Welt über den Schweinestall hinaushebt).

Für unser geltendes Strafrecht ist dieser Fall der Planke des Karneades eine einfach zu entscheidende Schuldfrage. Das Unrecht der Tat ist da, ebenso Tatbewußtsein und Tatwille. Aber auch wenn der Täter weiß, was er tut, wenn rein psychologisch ein dem äußeren Geschehen entsprechendes inneres Geschehen im Sinne von Bewußtsein und Willen vorliegt, so ist damit erst ein Schein der Schuld gegeben, nicht diese selbst. Es ist ein Indiz, das widerlegt werden kann durch eine entschuldigende Situation. Nach § 54 StGB. ist der Notstand ein solcher Entschuldigungsgrund. Die Notstandssituation aber liegt hier vor.

Doch selbst dann, wenn wir die äußeren und inneren Anzeichen der Schuld nicht widerlegen können, wenn der Mensch sich nicht mehr entschuldigen kann, steht nicht in jedem Falle fest, daß er bestraft werden muß. Eine Mutter hat ihrem Sohne die goldene Uhr weggenommen. Der ganze Tatbestand des Diebstahls liegt vor, objektiv und subjektiv. Aber ein rein persönliches Moment hindert uns, gerade diese Frau zu strafen: weil sie die Mutter des Bestohlenen ist (§ 247 StGB.). Ein ebensolcher rein persönlicher Strafausschließungsgrund liegt bei dem Täter vor, der aus völkerrechtlichen Gründen nicht verfolgt werden kann, weil er als Gesandter oder Mitglied der Gesandtschaft eines anderen Staates exterritorial, d. h. rein persönlich von der Herrschaft deutschen Rechtes ausgenommen ist. Nach objektivem und subjektivem Tatbestande also werfen wir die Frage auf, ob sich die Strafdrohung, deren gesetzlichen Tatbestand wir in bezug auf irgendeinen Menschen festgestellt haben, auch gerade auf diesen vor uns stehenden Täter nach seinen persönlichen Verhältnissen anwenden lasse.

Die hier entwickelte Arbeitsweise ist in jedem strafrechtlichen Fall anzuwenden, sie erhebt die Fallbehandlung über das mit der Stange im Nebel Herumfahren zur juristischen Methode. Aber sie bringt auch, zunächst wenigstens, die Befürchtung nahe, daß der Richter angewiesen werde, immer nur an einzelnen Gesetzesstellen zu haften und so selber zur Subsumptionsmaschine erstarren muß. Soll er nicht vielmehr Versteher und Berater in lebendigen menschlichen Angelegenheiten sein? Vielleicht hat sich manchem bei dieser technischen Methode der Gedanke aufgedrängt: Das ist ja eine fürchterliche „Scholastik". Das also soll das A und O des Strafrechtes sein, daß festgestellt wird: Dieses typische Geschehen läßt sich unter § 211 (212, 222, 226) subsumieren, falls nicht § 53 entgegensteht. Der entsprechende typische Seelenvorgang läßt sich unter § 212 subsumieren, falls nicht § 212 durch § 54 ausgeschlossen wird. Folglich muß die Strafe aus § 212 erkannt werden, falls nicht der persönliche Strafausschließungsgrund der Exterritorialität o. ä. vorliegt. Und der Strafausspruch beruht, wenn man etwas vergröbern will, auf dem Gedanken: Ein Pfund gestohlenes Fleisch = eine Woche Gefängnis. Ein vorsätzlich, aber ohne Überlegung erschlagener Mann = soundsoviel Jahre Zuchthaus. Wieviel genau, das sagt allerdings das Gesetz nicht, wenigstens nicht bei Totschlag oder Diebstahl, bei denen nur ein Strafrahmen angegeben, die Strafdrohung nur relativ, nicht absolut (wie beim Mord, § 211) bestimmt ist. Aber ein von seinen metaphysischen Wurzeln zumeist losgerissener, aufklärerisch veräußerlichter Vergeltungsgedanke hält es doch für möglich, daß der Richter die Gleichung finde: Tat = Strafe. Immerhin: diese Gleichung liegt unserem geltenden Rechte zugrunde. Und der Richter hat sich der Rechtsordnung einzufügen, wenn er nicht Rebell werden will. Solches Einfügen macht ihn noch lange nicht zur Subsumptionsmaschine. Es wird auch keineswegs von ihm verlangt, blind dem Buchstaben des Gesetzes zu vertrauen und auf rechtswissenschaftliches Nachdenken zu verzichten. An zwei Fragen zeigt sich das besonders: Beim Unrecht und bei der Schuld. Es ist keineswegs so, daß wir immer dann, wenn ein Schein des Unrechts auf einen Menschen fällt, gleich eine im Gesetz aufgezeichnete rechtfertigende Situation finden, wenn wir Grund haben zu zweifeln, daß der Täter wirklich Unrecht getan habe. Ein vom liberalen Standpunkte aus die technische Methode der Unrechtsermittlung scharf verurteilender Strafrechtslehrer, Graf zu Dohna,[3] hält uns folgenden Fall entgegen: Ein Bauer stört den Gottesdienst, indem er in die Kirche eindringt und ruft: Meine Scheune brennt! Äußerlich erfüllt er den Tatbestand des § 167 StGB., der Schein des Unrechts fällt auf ihn. Wir finden keinen Rechtfertigungsgrund im Gesetz, der auf ihn paßt. Deshalb, so meint Graf Dohna, sei der Richter ganz auf sich selbst, auf seine Rechtswissenschaft und seine rechtsphilosophische Erkenntnis des richtigen Rechtes angewiesen. Dem können wir nicht zustimmen. Wir können dem Richter nicht erlauben, sich aus der Rechtsordnung herauszubegeben, um irgendwo anders mit seinen subjektiv kritischen Maßstäben zu arbeiten. Der Rechtsordnung bleibt der Richter in jedem Falle unterworfen, er ist ihr Diener. Diese Rechtsordnung allerdings erschöpft sich nicht in Gesetzesbestimmungen. Sie ist ein lebendiges, geistiges Ganzes. Wir werden den Bauer freisprechen, juristisch mit dem argumentum per analogiam aus § 904 BGB. und der Besinnung darauf, daß das Wesen des christlichen Gottesdienstes uns diese Analogie gestattet — wir werden also mit solchen durchaus der Rechtsordnung angehörigen Erwägungen arbeiten. Das Reichsgericht stellt diese Erwägungen seit Jahren bei der Schuldfrage, der Kernfrage des Strafrechtes, wie bei der Rechtswidrigkeit an. Seine Lehre vom „übergesetzlichen Notstand" stammt aus diesem Gedankenbereich.[4] Allerdings nur zum Teil: denn vielfach betätigt das Reichsgericht auch einen subjektiv philosophischen Kritizismus, ein Sich-hinwegsetzen über geschichtlich feststehende Wertungen, ein Abwägen von Rechtsgütern, die gegeneinander abzuwägen sich nur ein einzelmenschlich vernünftlerisches Denken getrauen kann.

Besonders schwierige Fragen des Unrechts und der Schuld ergeben sich dann, wenn das äußere Ereignis als Anknüpfungspunkt fehlt. Das ist der Fall, wenn der Täter die Tat nur versucht, nicht aber vollendet hat. Liberale Rechtsstaatsdoktrin will auch hier durchaus an etwas Äußeres, Objektives anknüpfen und kann sich nicht vorstellen, daß Unrecht, objektives Unrecht etwas anderes ist als die Verletzung der Rechtsobjekte, der Rechtsgüter. Es ist in Wirklichkeit das Zuwiderhandeln gegen Pflichtnormen und insofern nie etwas rein Äußeres.

Schwere Schuldfragen gibt es bei der Teilnahmelehre: Der Schuldverteilung unter mehrere Tatbeteiligte.

In einer Einführung lassen sich diese feinen dogmatischen Fragen kaum andeuten. Dagegen dürfte es möglich sein, in einem Schema die Arbeitsweise vor Augen zu stellen, die der Jurist im Regelfalle der Straftat, der nämlich, die von einem Täter bis zum Erfolge durchgeführt wird, anzuwenden hat. Wir fassen also das bisher Gesagte in umstehender Übersicht (S. 223) zusammen.

Seit den Italienern Lombroso und Ferri ist eine Strafrechtsreformbewegung da, die unter der Losung kämpft: Nicht auf die Tat sei zu sehen, sondern auf den Täter. Und Gustav Radbruch, der heute im Vordergrunde stehende deutsche Vorkämpfer der Strafrechtsreform, versucht das zu vertiefen, indem er statt des Täters den Menschen ins Auge faßt. Er ist niemals außer Betracht gelassen worden. Im mittelalterlichen Recht hat er im Mittelpunkte des Verfahrens gestanden, trotz oder wegen starker Gemeinde- und Standesgebundenheit und religiös vertiefter Vergeltungsgedanken. „Die Persönlichkeit an sich hat sich nie so nachdrücklich, so rücksichtslos zur Geltung gebracht wie im Mittelalter, trotz der zahlreichen Schranken, die durch Gesetz und Gewohnheit errichtet waren, sie im Zaume zu erhalten", so urteilt Dietrich Schaefer (Staat und Welt, 1922, S. 41). Renaissance und beginnende Neuzeit machten den Menschen zum Objekt der juristischen Kunst des Richters im Inquisitionsprozeß. Die Aufklärung befreite ihn aus der unwürdigen Lage als Objekt der staatlichen und richterlichen Gewalt.

Straftatlehre	Arbeitsweise bei der Fallbehandlung
	Welches Rechtsgut ist verletzt (§ . . .)?
Verursachung	I. Äußerer Tatbestand a) als Schein des Unrechts b) Frage, ob der Schein widerlegt ist durch eine rechtfertigende Situation StGB. § 53 BGB. § 228 BGB. § 904 usw. Nach Erschöpfung der gesetzlichen Rechtfertigungsgründe: Rechtsähnlichkeit, Gewohnheitsrecht, zuletzt allgemeine Erwägungen aus der Lehre vom)
Unrecht ←	
	Zwischenfrage: Ist der Täter zurechnungsfähig (§ 51)?
	II. Innerer Tatbestand (Vorsatz, ausnahmsweise Fahrlässigkeit: § 59) a) als Schein der Schuld b) Frage, ob der Schein der Schuld widerlegt ist durch eine entschuldigende Situation StGB. § 54 teilweise § 193 Befehl des Vorgesetzten (Militärstrafgesetzbuch § 47) usw. wenn gesetzliche Entschuldigungsgründe erschöpft, so Rechtsähnlichkeit, Gewohnheitsrecht und zuletzt allgemeine Lehre von der)
Schuld ←	
	Bei Vorliegen von innerem und äußerem Tatbestand Strafe aus § . . . ., wenn nicht persönliche Ausschließungsgründe (Exterritorialität, ferner §§ 46, 247 u. a.) von der)
Strafdrohung ←	

Sie erst beschränkte in der heute maßgebenden Weise den Richter auf die Vergeltung der einzelnen Tat. Der kirchlichen Liebesarbeit blieb es dann überlassen, im Gefängnis den Menschen aufzusuchen. An die Stelle dieser kirchlichen Arbeit, die im Preußen König Friedrich Wilhelms IV. in Johann Hinrich Wichern einen Höhepunkt erreichte, ist im vorigen säkularisierenden Jahrhundert in zunehmendem Maße der weltliche Erzieher und der Arzt und jetzt schließlich auch der soziale Organisator getreten. Werden sie es besser mit dem Menschen machen und meinen?

Was kann das Recht, was können wir Juristen zur Bekämpfung des Verbrechens tun? Das scheint mir die uns gestellte einfache und ewige Frage.

Vor dem Reichstag lag seit 1927 der Entwurf eines neuen, allgemeinen deutschen (d. h. für Deutschland und Österreich gemeinsamen) Strafgesetzbuches. Die Reihe der Vorentwürfe dafür begann bereits 1909. Die wissenschaftliche und sogar populäre Reformbewegung ist beinahe so alt wie das geltende Strafgesetzbuch von 1871. Aber es scheint so, als ob die einst so jung und feurig gegen Verkalkung, Aberglauben, Reaktion u. dgl. zu Felde ziehende „Reform" kurz vor dem Ziele aus Altersschwäche zusammenbricht. Allerdings kommt ihr aus dem Solidesten und Besten der bürgerlichen Kultur jetzt auch wieder manche beachtliche Hilfe. Der Hamburger Strafrechtslehrer Eberhard Schmidt hat im Jahre 1931, kurz bevor die erste Auflage dieser Einführung erschien, eine auch den sachlich teilweise anders Urteilenden packende Schrift über „Strafrechtsreform und Kulturkrise" veröffentlicht, in der sich eine überaus geschickte Verteidigung der Strafrechtsreform, ihrer Sozialpädagogik und ihrer Sicherungsmaßnahmen, ihrer Humanität, wie ihrer neu-sachlichen Härte findet.

Geschickt ist die Verteidigung schon deshalb, weil sie dem Gegner ganz ins Auge sieht. Gegner der Strafrechtsreform aber ist nach Eberhard Schmidt der „geschlossene Widerstand des Bolschewismus und des Faschismus". Beide erteilten dem parlamentarischen Bemühen des Seniors der Strafrechtswissenschaft, Wilhelm Kahl, „einem der letzten wirklich liberalen Menschen", wie Schmidt ihn nennt, eine ausdrückliche Absage. Ob es Eberhard Schmidt gelingt, diese Absage und ihre Begründung zu widerlegen und uns zustimmungswillig zu machen, ist allerdings eine andere Frage.

Mancher wird zunächst von einem Grunde stark ergriffen werden, den Eberhard Schmidt für die Verbesserungsbedürftigkeit des Strafgesetzbuchs von 1871 anführt. Er stellt fest: dieses Gesetzbuch ist geboren aus dem Geist der Aufklärung — und unsere Geisteshaltung löst sich heute von dem ganzen Kulturgut der Aufklärung. Sehr verschiedene Denker mochten da froh zustimmen: Ja, von diesem Geist, dem der Revolution von 1789, dem des Liberalismus und Individualismus, wollen wir los. Aber wie und wohin?

Weshalb hat das Strafgesetzbuch von 1871 nicht ausgereicht zur Bekämpfung des Verbrechens, und was können wir Besseres tun? Schmidt antwortet: „Das Strafrecht der Aufklärung und des Liberalismus war ein echtes ‚Bürger'-Strafrecht. Es mutet in der Geradlinigkeit seines Aufbaus, in der Einheitlichkeit seiner Grundidee großartig an. Leider aber setzte es einen Menschentypus voraus, der äußerst selten vorkam. Um seine praktische Brauchbarkeit mußte es daher namentlich von dem Augenblick an ungünstig bestellt sein, in welchem die Gestaltung der sozialen und wirtschaftlichen Verhältnisse in Deutschland einen Menschentypus schuf, von dem die geistige Haltung des aufgeklärten, vernunftgeleiteten Staatsbürgers überhaupt nicht erwartet werden konnte. Dieser Menschentypus entwickelte sich mit der Industrialisierung Deutschlands." Der neue Weg aber ergibt sich scheinbar leicht und selbstverständlich als Folgerung aus dieser Einsicht — und doch haben die Erfahrungen und Offenbarungen der letzten Jahre unseren Glauben an die Richtigkeit dieses Weges auf das Tiefste erschüttert.

Fürsorge für die Schwachen und Schutz, Sicherheit gegen die Gefährlichen, Erziehung der Vernachlässigten und Verwahrung, Unschädlichmachung der Unerziehbaren: eine vernünftige und notwendige Losung scheint es (vorausgesetzt, daß man an die medizinische, biologische, psychologische und soziologische Bestimmbarkeit dieser Menschengruppen glaubt). Und doch sehen wir, daß das Fürsorgewesen allenthalben zum Zusammenbruch der Gemeinschaftswerte, des Staates vor allem, führt, ohne der Menschenwürde und wahrer Menschlichkeit förderlich zu sein. Aber die Reformer verteidigen sich: Wir wollen ja gerade nicht an den einzelnen, an die Menschlichkeit, an die Freiheit, sondern an die Gesellschaft denken. Wir haben die Lehre von der défense sociale, der sozialen Notwehr gegen geborene Verbrecher und Gemeingefährliche aufgebracht — und während ihr, unsere Gegner, immer nur an die Vergeltung einzelner Taten denkt, wollen wir den ganzen verbrecherischen Menschen erfassen und unschädlich machen. Dabei denken wir nicht einmal so sehr an Besserung (also an „Spezialprävention“) als vielmehr an Abschreckung (also „Generalprävention“).

Das ist „theoretisch“ richtig. Die Achtung vor dem Menschen war im alten Staate größer, als sie in einer Gesellschaft sein kann, die sich nur von zwei Zwecken bestimmen läßt: Fürsorge und Sicherung. In dieser Gesellschaft wird der Mensch, der überhaupt mit den Funktionären der Gesamtheit in Berührung kommt, zum Objekt, sei es der Fürsorge, sei es der Sicherung. Aber funktioniert wenigstens die Sicherung? Zunächst: was soll gesichert werden? Ich fürchte, die Antwort würde, stellte man die Frage in der gegenwärtigen Geisteslage an die Verantwortlichen und Entscheidenden, beschämend materialistisch ausfallen. Denn wir haben uns in verhängnisvoller Weise gewöhnt, den Staat zur Interessentengesellschaft zu veräußerlichen und zu erniedrigen. Ein Beispiel für solche Veräußerlichung ist es für mein Rechtsgefühl, wenn der Entwurf nicht mehr unterscheidet zwischen deutschem Landesverräter und polnischem Spion, sondern sie beide als Landesverräter ansieht. Das soll sogar verschärften Schutz, erhöhte Sicherheit bedeuten: der Schade, den beide anrichten, sei doch der gleiche. Aber das ist doch ganz äußerlich gedacht. Der Treubruchgedanke, dieser deutschrechtliche Kern des Landesverratsrechtes, wird von solcher Gesetzgebung mißachtet.

Demgegenüber gilt es, gerade wieder das wahrhaft geschichtlich Volkstümliche unseres Rechtes zu betonen. Zuviel Fremdes ist eingedrungen. Wenn es darum geht, über die Vergeltung hinaus das Strafrecht als Waffe im Kampf gegen das Verbrechen zu gestalten, die Verwahrlosung, diese eine bedeutende Wurzel des Verbrechens, einzudämmen, so muß die Erkenntnis gegenwärtig sein: Verwahrlosung heißt: nicht mehr getragen sein vom Gleichmaß gesunden Volkes. Eberhard Schmidt wirft dem geltenden Strafrecht vor, daß es die Kraft des Einzelmenschen überschätzt. Und doch will er selber, wie mir scheint, all die schönen Gedanken von Volksstaat und neuer Verantwortung durch den Einzelmenschen verwirklicht sehen, will er, als Grundlage unserer Kultur einen geläuterten Liberalismus. Er fordert mit Goldschmidt: Soziales Strafrecht und liberalen Strafprozeß. Allerdings scheint in der Wirklichkeit unserer Tage das Strafverfahren ganz denselben Weg eines neuen Polizeistaates und einer neuen Inquisition zu gehen wie das Strafrecht: der Mensch wird aus einem Prozeßsubjekt zum Objekt der Gutachten von soziologischen und medizinischen Sachverständigen (wie am krassesten in Rußland, Mexiko). Demgegenüber scheint mir zu fordern nötig: Besinnung auf die tragenden übersinnlichen Geistesmächte. Auf das Volk gilt es, sich zu besinnen, mit dem Ernste der großen deutschrechtlichen Forscher, in dem Geiste Savignys, der, obwohl von Hause her Romanist, so tiefe Einsicht in das organische Wesen unseres Volkes hatte. Und nicht zuletzt handelt es sich darum, statt der gewerbsmäßigen und bürokratischen Fürsorge wieder tiefere Kraftquellen zu erschließen als Mitleid und betriebsame Vernunft sozialer Veranstaltungen. Hat unsere angeblich so soziale Zeit Männer und Werke hervorgebracht wie Bodelschwingh und Wichern (dessen bestes Wollen in der Strafrechtspflege an liberaler Gegnerschaft scheiterte)? Auf Gott, Seine Offenbarung und Seine Schöpfung muß man sich besinnen.

Weil sich Strafrecht und Strafrechtswissenschaft vielfach losgerissen haben von Christentum und Volkstum, deshalb, so scheint mir, findet ihr Reformstreben in einer Zeit verzweifelter oder vertiefter Besinnung auf die letzten Dinge von Tag zu Tag weniger Vertrauen.

Geschichtliche Besinnung.

Eine Universalgeschichte des Strafrechtes wäre von höchstem Reize. Manches ist in dieser Hinsicht schon versucht worden. Über dieses Schrifttum gibt das Lehrbuch von Franz von Liszt und Eberhard Schmidt Auskunft. Aber abgesehen von der bangen Frage, ob ein solches Unternehmen die eigene Kraft übersteigt, darf den Strafrechtsforscher ein anderer Gedanke zur Beschränkung des Arbeitsfeldes führen. Es handelt sich zunächst darum, den Wurzeln des geltenden Strafrechtes nachzugehen. Dieser Weg führte zurück zum römischen Rechte. Und wie immer es mit feinen und ferneren Verzweigungen des Wurzelgeflechtes sein mag, hier ist ein genau anzugebender Ausgangspunkt für unsere geschichtliche Forschung. Es ist oft betont worden, daß die Römer im Strafrechte lange nicht so viel geleistet haben wie im Zivilrecht. Wer aber die besten Kenner der Strafrechtsgeschichte liest, wird bald die grundlegende Bedeutung auch des römischen Strafrechtes für unsere eigene Rechtsgeschichte erkennen. Sir James Stephen hat in seiner History of the Criminal Law of England (1883) die römischen Wurzeln besonders für das festländische Strafrecht gesehen. Doch auch für seine Geschichte des englischen Strafrechts erachtete er das einleitende Hauptstück über römisches Strafrecht als unentbehrlich. Und wir Deutschen haben das Glück, daß einer unserer größten Geschichtsforscher der Welt die Darstellung des römischen Strafrechtes geschenkt hat, die als die beste und umfassendste gilt. Sie hat die älteren Werke von Rein, Geib, Zumpt u. a. nicht überflüssig gemacht, und sie wird nicht das letzte Werk sein. Aber dieses Buch von Theodor Mommsen über Römisches Strafrecht, das 1899 erschien, ist bis jetzt die Grundlage geblieben für die Darstellung in den Lehrbüchern. Franz von Liszt hat das für sein Lehrbuch des deutschen Strafrechtes selbst noch ausdrücklich anerkannt.

Der Student lerne getrost am römischen Strafrechte das rechtsgeschichtliche Forschen. Er soll sich gar nicht scheuen, sogleich die Quellen aufzuschlagen. Auch wenn er zunächst nicht viel mehr tut, als sich die Überschriften anzusehen, wird er reichen Gewinn davontragen. So sei vorgeschlagen, daß man einfach mit zwei Büchern der Digesten beginnt, mit dem 47. und dem 48. Die Digesten des Corpus Juris Civilis werden beherrscht von der Zweiteilung: Privata Delicta, beginnend mit dem Diebstahl (47. Buch), und Publica Judicia (48. Buch), beginnend mit Sakrileg und crimen majestatis (L 1 § 1 D 48, 4). In der

Kaiserzeit schwillt auf Kosten der Privatdelikte, zum Teil aus diesen ausgesondert, eine Gruppe zwischen beiden an: die crimina extraordinaria.

Ein Lehrer und Leiter sondergleichen bietet sich uns für Geschichte und Wesen des römischen Strafrechtes in Theodor Mommsen an, dessen 1899 erschienenes Buch bereits gekennzeichnet wurde. Es ist für die gesamte Wissenschaft von unvergleichlichem Nutzen gewesen, daß dieser glänzende Erforscher und Darsteller der römischen Geschichte ein Jurist war. In der Jurisprudenz lag Roms Genie. Wer sollte da berufener sein als der Jurist, über das alte Rom zu schreiben? „Das Strafrecht ruht auf dem sittlichen Pflichtbegriff, insoweit der Staat dessen Durchführung sich zur Aufgabe gemacht hat. Eine sittliche Pflicht, deren Einhaltung der Staat vorschreibt, ist ein Strafgesetz; die Nichteinhaltung einer solchen Vorschrift ist das Verbrechen; dasjenige Übel, welches der Staat dem die Vorschrift nicht Einhaltenden zufügt, ist die Strafe. Das Verbrechen wird durch die Strafe als aufgehoben betrachtet, die öffentliche Ordnung als damit beglichen. Die Anschauung der Aufhebung der Schuld durch die Strafe, in dem entwickelten Strafrecht kaum vertreten, beherrscht durchaus die Anfänge des öffentlichen wie des privaten Strafrechts: als es keine andere öffentliche Bestrafung des Lebenden gab als den Tod und jede Hinrichtung ein der verletzten Gottheit dargebrachtes Sühneopfer war; als das private Strafrecht aufging in den beiden Gedanken der Wiedervergeltung (talio) und der Lösebuße (damnum, poena), war die Auffassung des Verbrechens und der Strafe als Rechnung und Gegenrechnung, die Tilgung der Schuld durch das Leiden eine gewaltige Wirklichkeit. — In dem Strafrecht werden die sittlichen Verpflichtungen des Menschen teils gegenüber dem Staat, dem er angehört, teils gegenüber anderen Menschen einheitlich zusammengefaßt. Diese Einheit kennt die römische Rechtswissenschaft nicht, und kann sie nicht kennen; der magistratisch-comitiale Strafprozeß gehört zum öffentlichen Recht, der Deliktsprozeß vor Geschworenen zum Privatrecht. Dennoch kann die Zusammenfassung des Strafrechts nicht aufgegeben werden. Das fundamentale Moment des verletzten Sittengesetzes und der dadurch geforderten staatlichen Vergeltung schließt beide Gebiete inhaltlich zusammen und die Unterscheidung, ob diese Vergeltung im staatlichen oder privatrechtlichen Verfahren bewirkt wird, erscheint daneben als äußerlich und zufällig; wie denn auch die wissenschaftliche Behandlung des Diebstahls unmöglich davon abhängig gemacht werden kann, ob er als Peculat oder als Furtum auftritt und ob er später zur zivilen Diebstahlsklage führt oder zur magistratischen Cognition, oder wie die Injurie unmöglich sich danach scheiden läßt, ob sie vor die Comitien oder vor das große Geschworenengericht oder vor den Privatgeschworenen gebracht wird." (Mommsen, Römisches Strafrecht, 1899, S. 3—5.)

Wie aus Hauszucht und Staatszucht (magistratischer Coercition) allmählich das Strafrecht entsteht, wird uns in Mommsens Werk zunächst gezeigt. „Die römische Rechtswissenschaft faßt die Rechts- und insbesondere die Strafordnung als entwickelt aus der ursprünglichen magistratischen Machtvollkommenheit durch deren Beschränkung." (Mommsen, S. 35.)

An der Hand eines Forschers wie Theodor Mommsen können wir das rein geschichtliche Arbeiten lernen. Das römische Strafrecht muß aber ganz besonders den Dogmatiker reizen. Und stärker vielleicht als alles andere mag ihn der Zentralbegriff der Willensschuld anziehen, der Begriff des dolus, auch das Begriffspaar dolus und culpa mit seiner klaren Gegensätzlichkeit. Der bedeutendste Dogmatiker des Strafrechtes, den wir in den letzten Menschenaltern hatten, fesselt uns da sogleich durch seine eigenartige und eigenwillige Führerschaft. Wir stehen bei ihm nicht mehr auf dem Gebiete streng geschichtlicher und quellengeschichtlicher Forschung. Karl Binding ist Meister vor allem als Dogmatiker. Aber bei aller Eigenwilligkeit, die sich kaum je so einprägsam mit gründlichster Gediegenheit verband, schöpft Binding als Dogmatiker immer aus der Geschichte, die er leidenschaftlich und hingebend erforscht hat. So sind seine Begriffe eben doch keine eigenmächtigen Erklügelungen, sondern die festen Rechengrößen des Juristen, von denen Friedrich Carl von Savigny spricht. (S. des Verfassers nähere Hinweise auf Bindings Ausführungen über den dolus in „Vorsatz", Handwörterbuch der Rechtswissenschaft, VI, 745.)

Von der römischen Willensschuld führen doch einige wohl zu beachtende Linien rückwärts über das römische Recht hinaus, zurück bis zur griechischen Philosophie, zur Ethik des Aristoteles (V).

Natürlich ist für das Verständnis des geltenden Strafrechtes die germanische Rechtsgeschichte von größter Wichtigkeit. Eduard Wilda hat in seinem „Strafrecht der Germanen" (1842) den kühnen Versuch gemacht, von späteren nordischen Rechten aus rückdeutend das Verständnis früherer Zeiträume zu erschließen.

Die am meisten behandelte fränkische Zeit ist von Brunner gründlich und gediegen dargestellt worden. Wilda macht demgegenüber den Eindruck umfassenderer Bearbeitung des gesamten germanischen Strafrechtes früherer Zeit. Aber His hat doch wohl Recht, wenn er auch dieses Werk eine Darstellung der fränkischen Periode nennt.

Rudolf His selbst hat seine Lebensarbeit dem Strafrecht des Mittelalters gewidmet. Gewissenhaft und vorsichtig hat er, ruhig, stetig mitwirkend, die Vorarbeiten dazu ein Menschenalter lang verfolgt. Er konnte wägen und warten. In seinem Vorwort zum „Strafrecht der Friesen im Mittelalter“ (1901) betonte er, daß erst noch viele Einzelforschungen nötig sein würden, ehe die Gesamtdarstellung kommen könne. Der Beitrag von Stämmen, von denen er sich den friesischen für eigenes Forschen erkor, von Landschaften und Städten mußte erwogen werden. Man mag sich wundern, daß H i s noch so viel zu tun fand. Gewiß konnte er sich auf tüchtige Vorarbeiten stützen. Von der norddeutschen Landschaft her hat J o h n das Werk W i l d a s weitergeführt, vor allem an dessen vielumstrittene Lehre von dem widerrechtlichen Willen als der Grundlage der Zurechnung anknüpfend. (Richard Eduard J o h n, Das Strafrecht in Norddeutschland zur Zeit der Rechtsbücher, 1858.) Mit seiner großen und heftigen Leidenschaftlichkeit hat K a r l B i n d i n g auch in diesen Streit eingegriffen. Er sieht ebenso wie Wilda das germanische Strafrecht auf Schuldhaftung beruhen: „Für alle Rechte, worin sie gefunden wird, kann also von der berüchtigten Erfolgshaftung in dem Sinne, daß die Tat als solche die spezifischen Verbrechensfolgen ausgelöst hätte, keine Rede sein. — Mit größter Bestimmtheit ist dies von den germanischen Rechten zu behaupten; sie sagen es ja vielfach ausdrücklich. Alle Indizien aber, die überhaupt vorhanden sind, lassen den gleichen Schluß für das römische Recht zu. Der neuwissenschaftliche Mißbrauch, der mit der angeblichen Periode reiner Erfolgshaftung bei allen Kulturvölkern heute getrieben wird, erklärt sich aus einer Mischung von Unverständnis der geschichtlichen Entwicklung und tendenziösen Entstellung derselben.“ (Binding, Normen IV, Fahrlässigkeit, 1919, S. 12). — Auch die Stadtrechte wurden zunehmend gründlich durchforscht. Aber im ganzen scheint einem in der Tat das mittelalterliche Strafrecht von den Gelehrten vor H i s kärglich bedacht worden zu sein. Das gilt sogar von der gewaltigen Rechtsquelle, dem größten Rechtsbuche: dem Sachsenspiegel. Leben und Werk von Rudolf H i s, in ihrem völligen Hingegebensein an das mittelalterliche deutsche Strafrecht sind gewürdigt worden von Hubert N a e n d r u p: Rudolf His. Ein Forscherleben im Dienste der deutschen Rechtsgeschichte (1941). Eberhard S c h m i d t: Rudolf His, in: Zeitschrift der Savigny-Stiftung für Rechtsgeschichte, Germanistische Abteilung, 61. Band (1941). R u d o l f H i s: Strafrecht der Friesen im Mittelalter, 1901; Das Strafrecht des deutschen Mittelalters I. 1920; II. 1935; Geschichte des deutschen Strafrechts bis zur Karolina, 1928; Untersuchungen zu den älteren Rechtsquellen Ostfrieslands, Savigny-Z. 57 (Germ. Abt.), 1937, S. 58—137. Von den Quellen des mittelalterlichen Strafrechtes dürfen nicht vernachlässigt werden die Landfrieden. Sie enthalten Straftatbestände und wachsen sich manchmal beinahe zu kleinen Strafgesetzbüchern aus. (Vgl. unten S. 244/245, 252 Anm. 3.)

Am Ende des Mittelalters, am Beginn der Neuzeit, steht das erste deutsche Reichsstrafgesetzbuch, wie Gustav Radbruch es genannt hat. Es ist die Peinliche Gerichtsordnung (P.G.O.) Kaiser Karls V., die Constitutio Criminalis Carolina, kurz Carolina genannt (Ausgaben von Zoepfl, Kohler-Scheel, Radbruch). Der kerndeutsche Verfasser des Vorbildes, der Bambergensis von 1507, der mater Carolinae, Johann Freiherr von Schwarzenberg und Hohenlandsberg, und die kerndeutsche Sprache sind oft hervorgehoben worden. Aber wenn man genau hinsieht, entdeckt man auch viel Italienisches.

Die Carolina ist von 1532. Die Bambergische Halsgerichtsordnung von 1507 wurde davor schon, nur wenig verändert, 1516 in den brandenburgischen Fürstentümern Ansbach und Bayreuth eingeführt. Diese brandenburgische H. G. O. nennt man daher soror Carolinae.

Gründlich und anschaulich, zugleich sehr liebevoll, ist der Inhalt der Carolina von Robert von Hippel in seinem „Deutschen Strafrecht" (I, 1925, S. 159—220) dargestellt worden. Außerdem lese man vor allem auch Eberhard Schmidt „Die Carolina, ein Vortrag" (Sonderabdruck aus der Zeitschrift der Savigny-Stiftung für Rechtsgeschichte, 53. Bd. Germanistische Abteilung, 1933).

Die Carolina wurde Grundlage des gemeinen deutschen Strafrechtes. Dank der salvatorischen Klausel ließ sie aber Raum für Partikularstrafrecht. Die Clausula salvatoria sagt am Schlusse der Vorrede: Doch wollen wir durch diese gnädige Erinnerung Kurfürsten, Fürsten und Ständen an ihren alten wohlherbrachten rechtmäßigen und billigen Gebräuchen nichts benommen haben. Robert von Hippel (I, S. 173) bemerkt: „Als Gegengewicht dazu wurde an den Schluß des Gesetzes der Artikel (218) gestellt, der eine Reihe vorkommender Gebräuche ausdrücklich als Mißbräuche kennzeichnet und abschafft."

Die italienische Strafrechtswissenschaft erreichte ihren Höhepunkt in Julius Clarus († 1575) (Ernst von Moeller: Julius Clarus aus Alessandria, der Kriminalist des 16. Jahrhunderts, der Rat Philipps II., 1525—1575, Breslau 1911). Julius Clarus hat lange Zeit noch auf die deutsche Strafrechtswissenschaft sehr stark gewirkt.

In Sachsen erließ Kurfürst August am 21. April 1572 die geistig über Sachsen hinaus wirkenden kursächsischen Konstitutionen. Von den sächsischen Juristen übte der Leipziger Professor Benedikt Carpzov (1595—1666) den größten Einfluß aus: Practica nova Imperialis Saxonica rerum criminalium, 1635. Der allbeherrschende Einfluß Carpzovs wurde erst überwunden durch den Hallenser Rechtslehrer Johann Samuel Friedrich von Böhmer (über ihn das große Buch von Gottfried Boldt von 1936).

Auch in Preußen hat sich der sächsische Einfluß voll ausgewirkt. Die seit 1516 nur wenig veränderte Brandenburgische Halsgerichtsordnung ist 1582 neu publiziert worden und hat auch wohl für das Herzogtum Preußen gelten sollen. S. Vorrede und Wortlaut bei J. S. Boehmer, Mediationes in Constitutionem Criminalem Carolinam, 1770, Anhang S. 93—176. O. Stobbe, Geschichte d. deutsch. Rechtsquellen II, 1864, S. 351 f., 355 f., die Quellensammlungen von Mylius, Riedel und Eb. Schmidt in der 26. Auflage des von Lizst'schen Lehrbuchs. — Im preußischen Ordenslande galt vorwiegend Magdeburger Recht: Jus culmense. Verbesserungen und Vereinigungen führten zu den verschiedenen Landrechten. Friedrich Wilhelms I. verbessertes Landrecht von 1721 ist ein Werk Coccejis (siehe aber schon das 1620 von L. Buchius verfaßte Jus provinciale Ducatus Prussiae) und zeigt auch viel von dem Einflusse Carpzovs. Den Aberglauben Carpzovs aber hat es gänzlich überwunden: Zauberei wird ausdrücklich als Wahn erklärt. Frucht der Gesetzgebung Friedrichs des Großen ist das Preußische Allgemeine Landrecht von 1794. Das Strafrecht des ALR., das erst unter Friedrich Wilhelm II. in Kraft trat und ihm den Ehrentitel des „Gesetzgebers" eintrug, ist ein Werk von Carl Gottlieb Svarez (Adolf Stölzel: Carl Gottlieb Svarez, ein Zeitbild von der zweiten Hälfte des 18. Jahrhunderts, 1895) und Ernst Ferdinand Klein († 1810). Kleins Leben ist bereits weithin von der Auseinandersetzung mit Anselm von Feuerbach ausgefüllt. Über das preußische Strafrecht haben vor allem geschrieben: Hugo Hälschner, Geschichte des Brandenburgisch-Preußischen Strafrechtes, 1855; Eberhard Schmidt: Die Kriminalpolitik Preußens unter Friedrich Wilhelm I. und Friedrich II., 1914; Fiskalat und Strafprozeß, 1921; Rechtsentwicklung in Preußen, 2. Aufl. 1929, Einführung in die Geschichte der deutschen Strafrechtspflege, 1947 mit der wichtigen Ehrenrettung Carpzovs auf S. 133.

Paul Johann Anselm von Feuerbach (1775—1833) war 1801 Professor in Jena, 1802 in Kiel, 1804 in Landshut. Er ist der Schöpfer des bayrischen Strafgesetzbuches von 1813. Sein Leben ist fesselnd und schön erzählt worden von Gustav Radbruch. Es ist gewaltsamer und stürmischer als das seines Antipoden Friedrich Carl von Savigny, dessen Geist ruhig und tief war. Des Ministers von Savigny Tätigkeit endete durch die Revolution von 1848. Sie war immerhin sorgsam und tief eingreifend genug, um nicht weggedacht werden zu können aus der Entstehungsgeschichte des Preußischen Strafgesetzbuches, das seit dem Anfange des 19. Jahrhunderts vorbereitet wurde. Am 14. April 1851 erhielt das preußische Strafgesetzbuch die königliche Sanktion, am 1. Juli 1851 trat es in Kraft. Es ist die klassische Grundlage des geltenden Strafrechtes, die nicht leichtfertig aufgegeben werden darf. (S. des Verf.

Aufsatz in der Deutschen Juristenzeitung vom 1. Mai 1933, der dieses preußische und das darauf beruhende Reichsstrafgesetzbuch erhalten wissen will gegen die Gesetzgeberlust einer Zeit, der wahrlich, wenn irgend einer, der Beruf zur Gesetzgebung abzusprechen war und auch vorläufig noch ist: „Staatsgedanke, sozialistische Doktrin und Strafrechtsreform", DJZ. 38, Jg. 1933, Sp. 598—603.)

Im norddeutschen Bund ersuchte der Bundeskanzler am 17. Juni 1868 den preußischen Justizminister Dr. Leonhardt, die Ausarbeitung des Entwurfs eines Strafgesetzbuches zu veranlassen. Es kam das Strafgesetzbuch für den norddeutschen Bund vom 31. Mai 1870 zustande. Daraus wurde am 15. Mai 1871 das Strafgesetzbuch für das Deutsche Reich.

Überblickt man die Jahrhunderte von der Carolina von 1532 bis zum Reichsstrafgesetzbuch von 1871, so scheint es, als sei erst Reichsrecht da, das dann durch Landesrecht verdrängt wird, bis dann schließlich wieder das Reichsrecht machtvoll hervortritt, mit der Kraft, das Landrecht zu brechen und zu überwinden. So haben es auch die letzten Darsteller der Landesrechte empfunden. Hugo Hälschner wagte wohl 1855 noch, eine „Geschichte des brandenburgisch-preußischen Strafrechtes" herauszubringen. Aber beinahe wie eine schüchterne Entschuldigung setzte er darunter die zweite Überschrift des Buches: „Ein Beitrag zur Geschichte des deutschen Strafrechtes". Wer ein Landesstrafrecht darstellte, meinte sein Unternehmen höchstens dadurch rechtfertigen zu können, daß er alle die Ströme der Stämme, Städte und Länder in das neue Deutsche Reich fließen ließ, in das zweite Reichsstrafgesetzbuch, wie Radbruch es nennt.

Aber ist es wirklich ein zweites Reichsstrafgesetzbuch in diesem Sinne jemals gewesen? Man wird diese Frage wohl verneinen müssen. Der Geltungsbereich läßt sich mit dem der Carolina von 1532 nicht vergleichen. Nie ist das Reichsstrafgesetzbuch von 1871 das einzige große Strafgesetzbuch für das ganze Gebiet des alten Reiches, das 1803 und 1806 von Bonaparte zerstört und aufgelöst wurde, gewesen. Vergleicht man so, dann tritt noch einmal die Größe der Carolina, der P. G. O. Kaiser Karls V. hervor. Und man begreift die Liebe, die von den meisten deutschen Kriminalisten diesem ersten Reichsstrafgesetzbuche entgegengebracht wird. Und doch darf man sich auch weigern, so unbedingt in Gefühle der Bewunderung miteinzustimmen. Im Gefolge der Carolina sind, besonders ein Jahrhundert später, im 17. Jahrhundert also, die großen Grausamkeiten in Strafrecht und Strafverfahren zur uneingeschränkten Herrschaft gekommen: Inquisitionsprozeß, Folter, Hexenverfolgungen. Einen Carpzov hat seine scharfsinnige Gelehrsamkeit keineswegs davor bewahrt, besonders tief in den grausen Aberglauben des

Hexenwahnes zu versinken. Seine Practica nova spiegelt ihn wider. Wie wohl tut es da, das tapfere Buch zu lesen, das der Jesuit Friedrich von Spee, der innige und gewaltige Dichter von lebendigen Kirchenliedern, 1631 schrieb, lange vor dem dann später wegen desselben Kampfes berühmt gewordenen Christian Thomasius. Joachim Friedrich Ritter hat das große Verdienst, uns, leicht lesbar, dieses Werk in fesselnder Übersetzung neu nahe gebracht zu haben. Und es war auch ein besonders wagemutiges und gutes Werk, das Eberhard Schmidt tat, als er in die von ihm und Helmut von Weber herausgegebenen „Forschungen zur Geschichte des deutschen Strafrechts" als 1. Band aufnahm: Friedrich von Spee, Cautio Criminalis oder Rechtliches Bedenken wegen der Hexenprozesse (deutsche Ausgabe von Joachim-Friedrich Ritter, 1939). Damit wurde Friedrich von Spees Buch den Deutschen in einer Zeit vorgelegt, die wieder, wie in den Hexenprozessen, von Haß und hysterischem Verfolgungswahnsinn bewegt wurde, deren seelische Nachwirkungen noch immer nicht überwunden sind, sondern, äußerlich verändert, in die Breite gehen. Auch der größte katholische Dichter und Deuter unserer Zeit, Reinhold Schneider, hat mitten im Kriege, in seinem tollkühnen Novellenband „Die dunkle Nacht" von Friedrich von Spee und seinem Kampfe gegen den Hexenwahn erzählt.

Der Fortschritt lag in den Jahrhunderten der Neuzeit weithin im guten, wahrhaft aufgeklärten Landesrecht. Und allen voran steht da das preußische Strafrecht. So betrachtet, wird es einmal auch um seiner selbst willen dargestellt werden dürfen, eine Aufgabe in der Tat, welcher der Verfasser dieser Einführung sich in einem neuen Buche mit aller Kraft widmen möchte.

Übertrieben werden soll der Wert des preußischen Strafgesetzbuches, das die Grundlage des geltenden Strafrechtes ist, bei alledem nicht. Aber wenn man es mit den „Schöpfungen" der letzten Jahre vergleicht, so sieht man den weltweiten Abstand. Das Neue ist gehässig, giftgeschwollen, voll von demagogischen Redensarten und manchmal allein schon durch Namen und Überschriften gekennzeichnet. In welchem Sinne es ein Mittel geworden war, zeigt der folgende Satz aus einem Aktenstück vom 12. August 1941: „Ich schlage daher vor, daß in diesem Fall die einzigste Maßnahme, die propagandistisch und strafrechtlich ergriffen werden kann, durchgeführt wird, daß nämlich der Bischof von Münster erhängt wird". (Vgl. Heinrich Portmann, Der Bischof von Münster, 1946, S. 189). Propagandistisch und strafrechtlich! Mehr braucht eigentlich nicht gesagt zu werden, wenn man den Ungeist kennzeichnen will, der die niedrigste Stufe des Strafrechts bedeutete, die wir leider in der Geschichte des eigenen Volkes erleben mußten.

Wie ist gerade in der neuesten Zeit, nicht erst in der, welche die Menschenrechte offen verachtete, sondern schon lange davor, gegen die Menschenwürde gesündigt worden! Im Strafrechte rüttelte man an der Willensfreiheit, an der Grundlage von Schuld und Sühne. Man begann mit humanen Phrasen, die aus den Gefängnissen scheinbar Kliniken machten wollten. Und man endete mit jener Unmenschlichkeit, welche die armen Kranken in den Kliniken und dazu dann noch gewaltige Menschenscharen unschuldig Verfolgter dem Henker überlieferte. Es schien so, als wollte der Arzt den Henker verdrängen. In Wirklichkeit aber hat der entmenschte (oder allzu menschliche und untermenschliche) „Staat" Ärzte in Henker verwandelt. Viele Fragen, um die es sich da wissenschaftlich handelt, hatte Franz Walter rechtzeitig geklärt in seinem Buche: „Die Euthanasie und die Heiligkeit des Lebens", das 1935 erschien.

Doch sehen wir von dem grausigen Unrechte jener Jahre ab, beschränken wir uns einfach auf das gewöhnliche Strafrecht der Zeit davor wie unserer eigenen Tage und ihrer immer noch wachen Bewegung einer schon etwas altersschwachen Strafrechtsform. Da war man von der humanen Besserungsidee zu schrankenlosen Abschreckungs- und Vernichtungsgedanken gekommen. So rächte sich das Verlassen der Willensfreiheit, der Grundlage von Schuld und Sühne, der Menschenwürde. Prophetisch hatte es uns Alfred von Overbeck vorausgesagt: „Wesen und Zweck der Strafe sind vielmehr, bei aller Anerkennung berechtigter Reformwünsche, im Einklang mit der bisherigen Rechtsentwicklung und mit der Volksanschauung in erster Linie durch den Gedanken einer gerechten, dem schuldhaften Rechtsbruch entsprechenden, die Rechtsordnung wahrenden und bewährenden Vergeltung zu bestimmen, die nicht etwa nur vor übergroßer Milde, sondern auch vor übergroßer Strenge schützt." (Staatslexikon der Görres-Gesellschaft, V. Bd., 5. Aufl. 1932, Sp. 169). Es kommt auf das Wesentliche in Alfred von Overbecks Ausführungen an, und dieses ist der Geist heilsamen Maßhaltens, der Geist der Gerechtigkeit und der wahrhaft gesunden Tiefe. Das Wort Vergeltung braucht man nicht zu lieben. Auch Rudolf Stammler, so wenig er der modernistischen Reformbewegung nahe stand, nahm anscheinend Anstoß daran. 1902 schrieb er in seiner „Lehre von dem richtigen Rechte": „Ich sehe das Wesen der Strafe ausschließlich in der Berichtigung (nicht der Vergeltung) des geschehenen Rechtsbruches". Uns schwebt ein Wort vor, das von Alters her noch stärker an die Seele rührt: Sühne. Der Sprachforscher mag finden, daß es denselben Einwendungen offen sei wie das Wort Vergeltung. Aber es hat doch im Gefühl und Geist des Volkes wie der Dichter eine Bedeutung angenommen, die würdigen

Raum läßt für das Selbertätigwerden des zum Verbrecher gewordenen Menschen und damit für sein Subjektsein. Sühnen dürfen ist ein stolzes Menschenrecht. (In aller jugendlichen Ungeduld und Unfertigkeit versuchte der Verfasser, das in seinem 1929 erschienenen „Jugendrecht" darzutun.)

In der Sühne hat u. a. auch Josef Kohler das Wesen der Strafe gesehen. Und ein anderer großer Berliner Rechtslehrer, Eduard Kohlrausch, der herbe Skeptiker, hat daran doch nie gezweifelt, daß Schuld und Sühne die unumstößlichen und ewigen Dinge im Strafrechte sind. In schwerer Zeit hat Eduard Kohlrausch von seiner immer tiefer werdenden Einsicht in diese Geheimnisse von Schuld und Sühne mit bewegenden Worten gesprochen.

Ein anglikanischer Theologe, Moberly, hat in seinem Buche über Atonement and Personality eigentümliche Gedanken über die Versöhnungstat Christi ausgesprochen, die bedeutsam mit den Erfahrungen und Erkenntnissen des Kriminalisten übereinstimmen. Verbrechen, Sünde schwächt in der Seele die Fähigkeit zur Sühne. Nur der Sündlose vermag einzusehen und zu leisten, was Sühne ist. So ergibt sich der sonderbare Sachverhalt; der, welcher der Sühne am dringendsten bedarf, ist am weitesten von ihr weg, hat keinen Sinn dafür. Wie oft erlebt das der Kriminalist, der die Menschen im Gefängnis kennt. Der Schuldlose aber, der nicht zu sühnen braucht, sehnt sich zu ihr hin und bringt sie mit willigem Herzen dar. So ist eigentlich nur Gott fähig zu sühnen. Und deshalb mußte Gott Mensch werden, um für uns Sünder, deren Herz hart und stumpf geworden ist, zu sühnen. Moberlys Buch aus unserer Zeit ist eigentlich nichts anderes als eine Antwort auf die Frage, die der heilige Anselm von Canterbury über sein durch die Jahrhunderte gleich berühmtes Buch schrieb: Cur Deus homo?

In der Strafrechtswissenschaft haben wir uns auch Rechenschaft über die ausländischen Einflüsse zu geben. Es sei hier auf die wichtigsten hingewiesen, die auf das deutsche Strafrecht gewirkt haben:

Montesquieu: Lettres persanes (1721); De l'esprit des lois, 1748. Sein Vorbild war England.

Voltaire (1694—1778): Er stieg auf den Gipfel des Ruhmes durch die Rehabilitation von Jean Calas im Jahre 1762.

Cesare Beccaria (1738—1794): Dei delitti e delle pene, 1764 (Deutsche Übersetzung von Esselborn, Leipzig, 1905). Beccaria war wohl der erste Theoretiker der Strafrechtsreform. Wer sich für ihn begeistert, wird viel Stoff finden in dem glänzenden Werke von Coleman Phillipson: Three Criminal Law Reformers. Beccaria, Bentham, Romilly. London, Toronto, New York, 1923. Wer offen ist für die wichtigen Einwände gegen die neuen Theorien, die an den Grundlagen des

Strafrechtes rütteln, wird bewundern, was Carl Ernst Jarcke schon als Sechsundzwanzigjähriger schrieb (vgl. z. B. sein „Handbuch des Gemeinen deutschen Strafrechts", I, 1827, etwa S. 71/74). Es ist durchaus lohnend, sich mit Carl Ernst Jarcke recht eingehend zu beschäftigen: De summis princ. juris Rom. de delictis eorumque poenis, Gött. 1822; Versuch einer Darstellung des censorischen Strafrechts der Römer, 1824 Handbuch des gemeinen deutschen Strafrechts, Bd. I—III, 1827—1830. Vier Bände „Vermischte Schriften" erschienen 1839—1854, den 4. Band hat Phillips herausgegeben, der seit der gemeinsamen Berliner Professorenzeit manches Schicksal mit Jarcke geteilt hat. Außer der Lebensschrift von Philipps gibt es vom gegnerischen Standpunkt (z. B. Eisenhart in Allgemeine Deutsche Biographie XIII, 1886, S. 711 bis 721) noch eine Reihe anderer Versuche über Jarcke. Aus neuerer Zeit ist die Martin Spahn gewidmete Dissertation von Frieda Peters hervorzuheben: Karl Ernst Jarckes Staatsanschauung und ihre geistigen Quellen 1926. Mehr Hinweise auch auf weiteres Schrifttum gibt Frieda Peters-Sauerhaus in ihrem Beitrag „Jarcke" zum Staatslexikon der Görres-Gesellschaft, Bd. II (5. Aufl. 1927), Sp. 1396—1400. S. oben S. 73, 81.

In der Geschichte des Gefängniswesens ragt die Gestalt des heiligen Karl Borromäus (1538—1584) hervor. Er hat als Bischof eine wohltätige Aufsicht ausgeübt und verdient es, einer der ersten großen Verbesserer des Gefängniswesens genannt zu werden. In diesem Sinne hat auch Bohne im 2. Band (S. 239 f.) seines großen Werkes über die Geschichte des Gefängniswesens auf den heiligen Karl Borromäus hingewiesen (Gotthold Bohne: Die Freiheitsstrafe in den italienischen Stadtrechten des 12. bis 16. Jahrhunderts, Teil I. Das Aufkommen der Freiheitsstrafe, 1922, Teil II. Der Vollzug der Freiheitsstrafe, 1925.) Vgl. auch H. Julius, Vorlesungen über die Gefängniskunde, 1828, S. 21; L. von Pastor, Charakterbilder kath. Reformatoren des 16. Jahrhunderts, 1924, S. 120; Hans Christoph Heinerth, Die Heiligen und das Recht, 1939, S. 47. Bohne hält es für sehr wahrscheinlich, daß vom Wirken des heiligen Karl Borromäus ein wohltätiger Einfluß auch auf das Gefängniswesen Frankreichs in der zweiten Hälfte des 16. Jahrhunderts ausging. (Die Freiheitsstrafe in den italienischen Stadtrechten, II, 1925, S. 239 f.). Der Boden schien gut vorbereitet durch wichtige Maßnahmen Heinrichs II. (Bohne a. a. O. S. n. 27).

Ein gewaltiger Beitrag christlicher Nächstenliebe zur Geschichte des Strafvollzuges ist John Howards Leben, Werk und Sterben. John Howard (1726—1790) starb bei einer seiner aufopfernden Reisen zur Bekämpfung des Gefängniselends und der Epidemien. Sein Hauptwerk The state of prisons in England and Wales erschien 1777. Nur päpstliche, preußische und holländische Anstalten hatte er vorbildlich gefunden. In Preußen hat später eine Engländerin, die eine große Mission für das Gefängniswesen hatte, auf König Friedrich Wilhelm IV. stark mit eingewirkt: Elisabeth Fry, die von Friedrich Wilhelm IV. und Königin Elisabeth in England besucht wurde und eine wirkliche Freundin des Königspaares war. — König Friedrich Wilhelm IV. war es übrigens, der Wichern für die Gefängnisreform und den größten Juristen, Friedrich Carl von Savigny, für die Gesetzesreform berief. Die Gefängniskunde gehört natürlich in vollem Umfange zur gesamten Strafrechtswissenschaft. Wer sie erforscht, wie immer er stehe, wird die Güte und herzliche, christliche Menschenfreundlichkeit des preußischen Königs erkennen. Über Friedrich Wilhelm IV. lese man außer Leopold von Rankes biographischer Studie, die noch auf guter persönlicher Kenntnis und Begegnung beruht, vor allem auch: Reinhold Schneider: Das Schicksal Friedrich Wilhelms IV. in „Macht und Gnade", 1940, S. 18—24.

Nur wer die rechtlichen Grundlagen anerkennt, wird mit gehöriger Nüchternheit die neuzeitlichen Hilfswissenschaften des Strafrechtes pflegen. Er wird als Hauptsache die juristischen Disziplinen, besonders die historischen und dogmatischen stehen lassen, die es mit der geistigen Erscheinungsform des Verbrechens zu tun haben. Die Lehre vom Verbrechen als tatsächlicher Erscheinung wird dagegen Kriminologie genannt. Darin scheinen allmählich vereinigt zu werden: Kriminalanthropologie, Kriminalsoziologie, Kriminalbiologie, Kriminalstatistik, Kriminalätiologie. Die Kriminologie will eine genaue Kenntnis der Kriminalität vermitteln und damit eine Grundlage für die zweckmäßige Bekämpfung von Verbrechen und Verbrechern, d. i. für die Kriminalpolitik, schaffen. Diese exakt und natürlich tendenzlos zu betreibenden, wertvollen Hilfswissenschaften gehören zur gesamten Strafrechtswissenschaft im Sinne Franz von Liszts, der hierfür die Zeitschrift für die gesamte Strafrechtswissenschaft begründete. Wenn man an die italienischen Ursprünge von vielen in diesen neuesten Zweigen der Strafrechtswissenschaft denkt, darf man allerdings nicht den leidenschaftlichen Kampf vergessen, den Karl Binding gegen die ganze Richtung geführt hat. Binding ist gewiß stets eigenwillig und heiß im Hassen. Aber unbegründet sind selbst seine heftigsten Äußerungen nicht. So warnte er vor allem vor Lombroso: »Es beweist nur das Maß von Selbstüberhebung und Unterschätzung der Erfahrung von Jahrtausenden, wenn Lombroso, dieser größte, schädlichste und anmaßendste Dilettant auf dem strafrechtlichen Gebiete, der geistreiche Erfinder der „Verbrechen fleischfressender Pflanzen", den durchaus berechtigten Protest Buccellatis und Lucchinis: die anthropologische Schule verdanke nur der Intention von Leuten ihren Ursprung, die von der Rechtswissenschaft nichts verstünden, als einen Protest gegen diejenigen bezeichnet, „welche der Unsitte und Gefahr einer ohne Menschenkenntnis über die Menschen verfügenden Gesetzgebung ein Ende zu machen gesucht haben". So zu lesen bei Lombroso, Zeitschrift für Strafrechtswissenschaft, III, S. 459, 460.« (Normen II, 1, 2. Aufl. 1914, S. 10—11 und 12). Vom naturwissenschaftlichen Standpunkt aus hat bereits Charles Goring viele Behauptungen Lombroso als Phantastereien erwiesen. Der Verfasser dieser Einführung hat darauf in dem Bericht über seine erste Englandreise (1923) hingewiesen (Zeitschrift für die gesamte Strafrechtswissenschaft, Bd. 44: „Aus England").

Zur geschichtlichen Besinnung:

Außer den Volksrechten und den Rechtsbüchern müssen als Quellen des mittelalterlichen Strafrechtes vor allem auch die Landfrieden erforscht werden. „Es ist nicht leicht, eine Begriffsbestimmung zu finden, die den sämtlichen, nach Form und Inhalt stark voneinander abweichenden Arten von Landfrieden gerecht wird. Vielleicht kann man etwa so sagen: Landfriede ist eine durch weltliches Gesetz oder durch Einung bewirkte Festsetzung außerordentlicher Normen zur Bekämpfung oder Einschränkung der Ritterfehde und zur Unterdrückung von Raub und anderen Verbrechen, die als Störung der öffentlichen Sicherheit erscheinen." (His, Das Strafrecht des deutschen Mittelalters, I, 1920, S. 7—8). Paul Heilborn hat sich besondere Verdienste um die Erforschung der Landfrieden vom strafrechtlichen Standpunkte aus erworben. Er hat besonders deutlich auf die sich fast zu Strafgesetzbüchern und Polizeiordnungen auswachsenden Landfrieden hingewiesen: „Den Charakter umfassender Strafgesetze trugen vornehmlich die Provinziallandfrieden. Das lag in der Natur der Sache und den Verhältnissen der Zeit. Der Gesichtskreis war ein engerer; man sah die Einzelheiten besser und konnte hoffen, auf kleinerem Gebiete eine durchgreifende Wirkung bei jedermann zu erzielen. Neben den Bestimmungen über Fehden, Totschlag, Brand, Heimsuchungen und andere bereits erwähnte Missetaten beschäftigen sich die bayerischen Landfrieden des dreizehnten Jahrhunderts z. B. mit folgenden Gegenständen: Schutz der Wein- und Baumgärten, Wilddieberei, Verschank von Wein und anderen Getränken ohne Konzession, Wucher, Höhe der für Juden und von Juden erlaubten Zinsen, Meineid, falsches Maß und Gewicht, das Alter der zu schlachtenden Kälber, die dem Müller gebührende Quote vom gemahlenen Getreide, die Höhe des Lohnes der Handwerker, Holzdiebstahl, Messertragen; wer in den Städten nachts ohne Licht geht, ist Friedbrecher. Diese Proben mögen genügen. Wie aus ihnen ersichtlich ist, sind derartige Landfrieden nicht nur regelrechte Strafgesetzbücher. Sie enthalten zahlreiche Prozeßvorschriften, Polizei- und Steuerbestimmungen. Dementsprechend sind die Strafen abgestuft. Die allgemeinen Landfrieden, z. B. Friedrichs I. Constitutio contra incendiarios, kannten vielfach nur eine Strafe: die Acht. Über die Vollstreckung derselben ist in dem Landfrieden von 1235 und den ihm nachgebildeten bestimmt: der Friedbrecher ist mit der Acht zu belegen und ohne Willen des Klägers nicht aus derselben zu entlassen, er verliere denn die Hand. War der Landfriede aber durch Totschlag gebrochen, so solle der Täter nur mit dem Tode aus der Acht kommen, ewig ehr- und achtlos sein." Auf den ewigen Landfrieden, der auf dem Wormser Reichstag des Jahres 1495 zustande kam, weist Paul Heilborn auf S. 22 der Abhandlung hin, aus der die obenstehenden Sätze angeführt wurden: „Die geschichtliche Entwicklung des Begriffes Landfriedensbruch" (Ztschr. f. d. ges. Strafrechtswissenschaft, Bd. 18, S. 1—52). Über den bayerischen Landfrieden von 1244, auf den sich die meisten von Heilborn oben gegebenen Hinweise und Kennzeichnungen beziehen, macht auch Rudolf His (I, S. 19) diese Bemerkung: „Der Landfriede von 1244 bezeichnet als Landfriedensbruch unbefugten Weinausschank, Wucher, übertriebene Preisforderung der Handwerker, ja sogar das nächtliche Ausgehen ohne Laterne." — Die ersten Landfrieden fallen in die unruhigen Zeiten Heinrichs IV., und zwar sind die ersten Friedensordnungen von den Gegnern des Königs ausgegangen. Wir besitzen einen bayerischen Landfrieden von 1094 und einen undatierten Elsässer Landfrieden, die beide einem verloren gegangenen schwäbischen Frieden von 1093 nachgebildet sind. Bald wendet sich auch der König der Friedenstätigkeit zu. Heinrich IV. hat 1099 einen fränkischen Provinzialfrieden errichtet, der uns nicht erhalten ist, und auf dem Reichstage zu Mainz 1103 den ersten Reichslandfrieden verkündet." (His I S. 8.) S. unten S. 253 Eb. Schmidt, Gesch. d. dtsch. Strafrechtspflege, 1947, S. 38 f.

Anmerkungen zum Strafrecht

1 Ein führendes Lehrbuch des Strafrechts ist das von Franz von Liszt und Eberhard Schmidt (25. Aufl 1927 I 26. Aufl. 1932) Ebenso, als angesehenes Lehrbuch, ist das von Allfeld zu nennen Allfeld hat Hugo Meyers großes und klares Lehrbuch neu bearbeitet Robert von Hippel, Deutsches Strafrecht (mit eingehender liebevoller Behandlung der Strafrechtsgeschichte) 1925—1930 Ein meisterlicher Grundriß v Beling, Grundzüge, 11 Aufl. 1930. Heinrich B. Gerland, Deutsches Reichsstrafrecht 2 Aufl. 1932 Edmund Mezger, Strafrecht, 1931 Von neueren geistesgeschichtlichen Zusammenfassungen sei hier nur hervorgehoben Eduard Kohlrausch, Strafrecht, Handwörterbuch der Rechtswissenschaft V S 756—771 — Hellmuth von Weber, Grundriß des Deutschen Strafrechts, 1946. Adolf Schönke, Strafgesetzbuchkommentar, 3. Aufl 1947 Eberhard Schmidt, Das Strafrechtspraktikum, 1946 Karl Peters, Werdendes Jugendstrafrecht, 1947 Von Eberhard Schmidt ist eben eine Strafrechtsgeschichte erschienen unter dem viel zu bescheidenen Titel Einführung in die Geschichte der deutschen Strafrechtspflege, 1947

2. In meiner Arbeit über „Kriminelles Unrecht, Staatsunrecht und Völkerrecht" gehe ich auf diese Fragen ein. Die Arbeit ist allerdings ein Anfängerwerk und zeichnet viele falsche oder sehr unvollkommene Linien Ihr ehrliches Bemühen um Gerechtigkeit ist hoffentlich trotz allem nicht ertraglos.

3. Graf zu Dohna, Die Rechtswidrigkeit, 1905. H A. Fischer, Die Rechtswidrigkeit, 1911 Elster, „Rechtswidrigkeit", H d R., IV, 739

4. Reichsgerichtsentscheidungen in Strafsachen, Bd 61 und 62 Eberhard Schmidt, Der übergesetzliche Notstand Zeitschrift für die gesamte Strafrechtswisesnschaft, Jg 1930 Wachinger, Der übergesetzliche Notstand, Frank-Festgabe, 1930, Bd. 1

5. Hauptstück.

Strafverfahrensrecht.

In einem bösen Familienzwiste hat der Sohn den Vater niedergestochen und schwer verletzt. Heute ist, wenn das geschieht, ein öffentliches Strafverfahren selbstverständlich und unvermeidlich. Ursprüngliches Volksgefühl auf früher Stufe der Geschichte urteilte anders. Weiter war damals der Kreis der Familie gezogen und stärker ihre Gewalt. Das Familienhaupt, der Älteste und Angesehenste, richtete. Aber auch zu den Zeiten, da schon über den Familien die Gemeinde, das Volk und die Königsgewalt standen, wird ein Fall wie der einer Verletzung des eigenen Vaters nur selten vor das öffentliche Gericht gekommen sein. Gericht war nur, wo ein Kläger es verlangte. Als Kläger kam zumeist allein der Verletzte in Betracht. Schwer aber entschließt sich ein Vater, selbst nach so schmählicher Verletzung, zu öffentlicher Klage gegen den Sohn.

Der muß allerdings (das ist nach unserem kurzen, aber vielsagenden Sachverhalte zu vermuten) ein schlimmer Geselle sein. Sollte nicht die öffentliche Gewalt, wo sie irgendwie nach Begriff und Aufgabe dem entsprechen will, was wir Staat nennen, sich mit einem solchen Ereignisse von Amts wegen beschäftigen müssen? Denn es handelt sich ja nicht um einen gewöhnlichen Zwist, der in der Familie bleiben könnte, sondern um eine Freveltat, die göttliches Gebot und die Grundlagen menschlicher Gemeinschaft verletzt.

Karl der Große hat in deutschen Landen zuerst mit Nachdruck verlangt, daß arge Missetat amtlich verfolgt werde. Aber fern war der große fränkische König, so nahe ihm auch der Gedanke öffentlicher Ordnung und Gewalt stand, von Dingen wie Staatsanwaltschaft und Polizei. Sich selbst verwaltend in Gemeinden und Hundertschaften, hatten die Germanen seit je gelebt. An die Gemeinden hatte beides anzuknüpfen: Gericht und Verbrechensverfolgung. Wie Anknüpfung und Weiterbildung geschah, läßt sich kurz so darstellen:

Das ursprüngliche Strafverfahren ist Volksgericht. Das hat allerdings nichts mit Demagogie, Massenspekulation und dem Gesindel zu tun, das sich heute aus Sensationsbedürfnis um große Kriminalprozesse schart. Wir hatten es mehrfach hervorzuheben, daß über das, was Volk ist, heute Verwirrung herrscht. Und es sei hier nochmals an das Wort Bismarcks erinnert, daß zum Volk auch Seine Majestät der Kaiser gehört und Volksrechte wahrnimmt.

Da der König zuerst und zuoberst zum Volke gehört, ist es billig, mit ihm zu beginnen. Seines Amtes ist es, Gericht zu halten. Er ist Gerichtsherr und kann selbst oder durch einen Vertreter das Strafverfahren leiten.

Das Urteil aber überließ er im altdeutschen Verfahren der urteilsfähigen Gemeinde, den rachineburgii. (Näheres bei B r u n n e r I, 2. Aufl. 1906, S. 204, 209, II, 2. Aufl., von Claudius F r e i h e r r n v o n S c h w e r i n , S. 295 f, 472 f.)

Anklagen und Verteidigen war in diesem volkstümlichen Verfahren Sache der Parteien.

Karl der Große schuf zuerst einen Staat, in dem die Verbrechensverfolgung nicht mehr bloß privater, sondern öffentlicher Ankläger Sache war. Diese gewöhnliche Formulierung für den Sachverhalt ist allerdings nicht ganz zutreffend: denn mit dem Gedanken der Privatperson dürfen wir in einer Zeit, die den einzelnen nicht als Privatperson, sondern als Glied einer Gesamtheit begriff, nicht arbeiten. Aber das ist richtig, daß eine im bestimmten Mittelpunkte straff zusammengefaßte Strafgewalt und Strafgerichtsbarkeit, die eine staatliche zu heißen verdient, erst von Karl dem Großen geschaffen worden ist. Aus jeder Gemeinde ließ er zuverlässige Leute auswählen, die als Rügegeschworene zusammentraten, dem königlichen Beamten zur Verbrechensverfolgung zweckdienliche Angaben machten und auch selber gleich zu Gericht saßen. Ja, noch eine andere Rolle vereinten sie hiermit: sie waren nicht nur Ankläger und Urteiler, sondern zugleich die Hauptzeugen in dem Verfahren. Wir haben diese Rollen heute sorgfältig geschieden, weil wir nicht glauben, daß der Ankläger ein unbefangener Urteiler sein kann („Wer einen Ankläger zum Richter hat, braucht Gott zum Advokaten"). Und wir halten für gewöhnlich auch den Zeugen nicht für fähig, selber das Zeugnis zu verwerten. Die heutige, allerdings allzu stark versachlichende Art der Strafverfahrenstechnik macht ihn zum Beweismittel. Da ist er gar nicht mehr irgendwie Herr über die Beweisaufnahme, nicht Prozeßbeteiligter, nicht Subjekt des Verfahrens. Im Mittelalter war der Mensch immer Prozeßbeteiligter, nie ein bloßer Gegenstand der Beweisaufnahme.

Als Anklagejury (Grand Jury) hat sich etwas von dem Gedanken der Gemeindeanklage (unter der Autorität des Königs) bis in die Gegenwart erhalten, nicht allerdings auf deutschem Boden, sondern in England, wo das aus germanischen Wurzeln Wachsende sich vielfach länger und reiner erhalten hat. Ob man mit Brunner annimmt, diese Grand Jury sei die Nachfolgerin der von den Normannen 1066 nach England gebrachten fränkischen Rügejury oder ob man mit Gneist, Ernst Mayer und einigen Engländern hier eine allgemeine germanische Einrichtung sieht, tiefer wurzelnd und weiterreichend als das fränkisch-normannische Recht, auf jeden Fall läßt sich die Haltung Wilhelms des Eroberers so kennzeichnen:

„Ich werde euch eure Freiheit lassen und keine Schergen durchs ganze Land und in eure Dörfer und Häuser senden. Aber wer frei sein will, der gehöre zu einer Genossenschaft, einer Gemeinde, und sie muß für ihn bürgen. — Höre ich von einem Verbrechen, so will ich weiter nichts, als daß ihr englischen Gemeinden und Hundertschaften euere Pflicht tut, d. h. den Verbrecher meinem Gericht ausliefert, ihn anklagt. Ihr bürgt, ihr verwaltet das alles selbst. Allerdings, wenn ihr eure Pflicht nicht tut, oder gar den Verbrecher begünstigt, dann komme ich mit meinen Normannen in euer Dorf und schlage alles entzwei." [2]

Die englische Gemeindeverfassung, diese mittelalterliche Wurzel der Selbstverwaltung, ist der Ursprung von (erst in neuester Zeit verdrängter) Anklagejury, Friedensrichter (Justice of the peace, magistrate) und Geschworenengericht. Auf dem Festlande geschah eine andere Entwicklung des Strafverfahrens. Das Karolingische Reich mit seinen Ansätzen zu straffer, zentralistischer Staatsgewalt fiel auseinander. Ein Sachsenkönig wurde Rechtsnachfolger der Karolinger für das deutsche Gebiet: 921 hat König Karl der Einfältige von Frankreich als der legitime Erbe des Karolingischen Hauses die deutsche Herrschaft völkerrechtlich anerkannt. Im

Sachsenvolke war der Gedanke der Gemeinde und ihrer Verwaltung und Gerichtsbarkeit unter dem Herzog als Gerichtsherrn lebendig gewesen wie nirgend sonst: dabei blieb es. Zum Gemeindegerichte kam allerdings lehnsherrliche Gerichtsbarkeit hinzu.

Am Ende des Mittelalters trat eine unheilvolle Zersplitterung in allen drei Aufgabenkreisen des Strafverfahrens (Gerichthalten, Urteilen, Anklagen und Verteidigen) ein. Mit dem Verfalle des Kaisertums stieg die Zahl kleiner und großer Gerichtsherrn, die sich immer unabhängiger von der Reichsgewalt machten. Landesherrn, Gutsbesitzer als Inhaber der Patrimonialgerichtsbarkeit, Landgerichte, Stadtgerichte, Gemeindegerichte, Vemegerichte u. a. m.: es war ein buntes Durcheinander. Rudolf Stammler hat eine launige Beschreibung, ein vergnügliches Bild davon gegeben (Deutsches Rechtsleben I, 1928, S. 23 ff.).

Überlegen mußte da vielfach das Verfahren erscheinen, das die Kirche ausgebildet hatte, planmäßig etwa seit Innozenz III. Da waren gelehrte Richter, abhängig von zentraler Autorität, und da war ein von Gelehrten gepflegtes Recht, das kanonische Recht.

Aber seit der Renaissance und durch sie war die kirchliche Autorität in Frage gestellt. Nicht die Kirche gestaltete in der Welt das neue Recht und behauptete die Herrschaft, sondern der gelehrte weltliche Richter eroberte sie.

Auch das Moderne, das fremd ins Volkstümliche einbrach, hat Geschichte und erhebt den Anspruch auf Einsicht in das Notwendige in ihm. Das aus Italien kommende Juristentum hat zur Versachlichung des Verfahrens und zur Durchsetzung des Staatsgedankens beigetragen.

Es erscheint mir allerdings als arge Übertreibung, wenn gesagt wird: vor der Rezeption, vor der peinlichen Gerichtsordnung Kaiser Karls V., der sog. Karolina von 1532, vor dem Einzuge des gelehrten Richtertums und seines Inquisitionsprozesses sei die Auffassung von den Aufgaben der Verbrechensverfolgung eine privatrechtliche gewesen; es sei das Verbrechen als Eingriff in Privatgüter des Verletzten begriffen und dem verletzten Privatmanne die Verfolgung überlassen worden. Mit solcher Darstellung ist das Wesen des ursprünglichen Anklageverfahrens durchaus unvollkommen angegeben. Im Mittelalter war das Gefühl lebendig, daß Verbrechen Treubruch ist. So erschien es im Lehnsverband. Friedenseinung und Gebot des Landfriedens erweiterten ihn zum territorialen Königtum. Verbrechen ist Friedensbruch schon vor den „Landfrieden", diesen seit dem 11. Jahrhundert hervortretenden Urkunden deutscher Rechtsgeschichte.[3] In der englischen Rechtssprache ist die Bezeichnung felony bis heute bei jeder Straftat von einiger Schwere erhalten geblieben. Die vom Lehnsverband auf den landesherrlichen Territorialstaat ausgedehnte Treupflicht, der Gedanke, daß Verbrechen Treubruch ist, muß bis heute noch als wichtige Wurzel des Strafrechtes angesehen werden. Allerdings ist im Deutschen der Begriff der Verräterei leider seit langem im Verschwinden und wird in einer äußerlich eingestellten Zeit allmählich immer mehr abgeschliffen.

Das Ineinanderverschlungensein von öffentlichem und einzelmenschlichem Tätigwerden, das dem Mittelalter eigentümlich war, verschwand. In der Zerrissenheit beginnender Neuzeit war der Inquisitionsprozeß und war die mit ihm zugleich aufblühende Juristenkunst (z. B. eines Benedikt Carpzov im 17. Jahrhundert) ein Fortschritt. Die Erforschung der materiellen Wahrheit, das Vorgehen von Amtswegen bei der Verbrecherverfolgung (statt Abwartens der Anklage wie im Accusationsprozeß) und die alles beherrschende Stellung des gelehrten Richters kennzeichnen den Inquisitionsprozeß.

Die gewaltsame Zusammenballung von Ankläger-, Richter- und Verteidigerarbeit in einer Person, der des gelehrten Richters, wurde zusammen mit dem absoluten Staat beseitigt.

Der reformierte Anklageprozeß, der aus Frankreich die Staatsanwaltschaft übernahm (in Preußen 1846), trennte die inhaltlich verschiedenen Rollen wieder. Deutschrechtlich-volkstümlich war bei alledem nur der Gedanke, daß der Mensch wieder Subjekt des Prozesses, Kämpfer für sein Recht wurde.

Die neueste Zeit schwächt das jedoch ab. Der Angeklagte erscheint vielfach als Objekt wissenschaftlicher oder sozialpädagogischer Diagnosen. Der Zeuge ist Beweismittel. Ja, der Mensch kann als rein sachliches Beweismittel verwandt werden. So soll es nach Meinung des Reichsgerichts möglich sein, daß der Vater, den der Sohn verletzt hat (oder die Frau, die Opfer eines Unzuchtverbrechens wurde), zwangsweise, gegen seinen Willen untersucht wird.[4] — Für das geltende Recht ist das (wie sich aus §§ 52, 103 StPO. ergibt [5]) eine falsche Auslegung. Wohin die Zukunft steuern wird, wissen wir nicht. Bis jetzt will es fast scheinen, als wolle sie den Richter zugunsten des naturwissenschaftlichen Sachverständigen zurückdrängen (Rußland: mediko-pädagogische Kommissionen). Der Mensch würde dabei immer mehr bloßer Gegenstand von Gutachten. Aber die Zeit kann auch einen ganz anderen Weg gehen.

Schon die einfachste Kennzeichnung der Strafprozeßordnung vom 1. Februar 1877 (in Kraft seit dem 1. Oktober 1879) bleibt unverständlich, wenn die Kenntnis gewisser geschichtlicher Grundlagen fehlt. Das zeigt sich z. B. bei dem folgenden Satze aus der in erster Linie heranzuziehenden erläuterten Textausgabe von Eduard Kohlrausch (B. I, 24. Aufl., S. 4): „Sie (nämlich die Strafprozeßordnung) hat die Erfüllung eines Teiles der Wünsche gebracht, die in der ersten Hälfte des 19. Jahrhunderts vom sog. Inquisitionsprozeß des Gemeinen Rechts fort- und zu einem Akkusationsprozeß hingestrebt hatten: Öffentlichkeit! Mündlichkeit! Anklagebehörde! Geschworenengerichte!"

Die gedankliche Auseinandersetzung, soweit sie in rechtsphilosophische Tiefen führt, findet sich besonders bei Wilhelm Sauer in seinen „Grundlagen des Prozeßrechtes" (1919, 2. Aufl. mit einem Nachtrag über die Neuere Entwicklung der Allgemeinen Prozeßrechtslehre 1929). Ernst Heinrich Rosenfeld, Graf zu Dohna, Gerland, Robert von Hippel, Heinrich Henkel bringen Erklärungen in ihren Lehrbüchern. Aber unentbehrlich ist auch hier die geschichtliche Besinnung.

Im Römischen Rechte hat die Strafgewalt alter Zeit, die coercitio, etwas Schrankenloses. Sie erscheint so als das Gegenteil eines rechtlich geordneten Verfahrens. Anfänge eines wirklichen Prozesses sind dagegen: 1. Das Recht der Provokation des zur Kapitalstrafe verurteilten Bürgers an die Volksversammlung. (Dabei ist allerdings von höchster Wichtigkeit die Feststellung Mommsens, Röm. Strafrecht, 1899, S. 45/46: „Weiter hat das Provokationsrecht sich nicht erstreckt auf die Verletzung des Internationalrechts." Es lohnt sich, den Fällen nachzugehen, wo heilige Scheu vor den sakralen Ursprüngen des Völkerrechtes zur unbedingtesten Strenge gegen frevelnde Feldherren führte. Selbst wenn der zur Sühne Ausgelieferte nicht angenommen wurde, ereilte ihn die schwerste Strafe. „Befragung der Comitien, wie sie bei der verletzten Wehrpflicht zulässig ist, ist in diesen Fällen von Rechts wegen ausgeschlossen, so nahe es auch lag, diese Frevel unter den Begriff der Perduellion zu ziehen; die Abwendung des bedingten Götterfluchs darf nicht von dem Zufall der comitialen Majorität abhängig gemacht werden. Indes ist später bei der steigenden Macht der Demokratie die Provokation auch auf diesen Fall erstreckt worden." Diese Rechtsentwicklung, von Mommsen angeleitet, weiter selbständig zu erforschen: das wäre z. B. eine Doktorarbeit.) 2. Das magistratische Untersuchungsverfahren: die anquisitio. Gegen Ende der Republik finden wir die leges judiciorum publicorum.

Auf das crimen legitimum wurde fest bestimmte Strafe gesetzt: poena legitima. Durch die Gesetzgebung von Lucius Cornelius Sulla (leges Corneliae 82—80 v. Chr.), Caesar und Augustus (leges Juliae) wurde ein gesetzlich geregelter Anklageprozeß geschaffen. Anklageberechtigt war jeder Bürger (Popularklage). Gericht war das Schwurgericht der quaestio perpetua. In den Quaestionen, die aus einer größeren Zahl von Geschworenen bestanden, führte ein Praetor den Vorsitz.

Neben dem Quaestionenprozeß aber stand immer noch die coercitio (cognitio) des Magistrats. Anderseits herrschte bei den delicta privata der privatrechtliche Gesichtspunkt, also der Zivilprozeß vor. Schließlich spielte die Hauszucht, die Strafgewalt des pater familias, eine bedeutende Rolle.

In der Kaiserzeit wurde auch das Strafverfahren beherrscht vom Absolutismus des Imperators. Seit Tiberius setzte sich die Folter sogar gegen Freie durch.

Für die Geschichte des germanischen Strafverfahrens müssen die schon erwähnten großen Werke über die deutsche Rechtsgeschichte und und die Geschichte des deutschen Strafrechtes herangezogen werden. Da sei z. B. besonders hervorgehoben: Heinrich Brunner, Deutsche Rechtsgeschichte, I, 2. Aufl. 1906, S. 251 ff., II, 2. Aufl., neu bearbeitet von Claudius Freiherr von Schwerin, 1928, S. 435 ff. Eine der bedeutendsten Darstellungen aus dem vorigen Jahrhundert ist: J. W. Planck, Das deutsche Gerichtsverfahren nach dem Sachsenspiegel und den verwandten Rechtsquellen, I—II, 1879.

Das altdeutsche Verfahren war Akkusationsprozeß. Gerichthalten war Sache des Gerichtsherrn, Urteilfinden Sache der Gemeinde, Anklagen und Verteidigen Sache der Parteien und ihrer Fürsprecher (vgl. Planck, Systematische Darstellung des deutschen Strafverfahrens, 1857). Das alte Anklageverfahren war streng formal mit Eideshelfern, Gottesurteil und Zweikampf. „Der altdeutsche Rechtsgang zeichnet sich durch einen einfachen, aber großartigen Formalismus aus. Er stellt sich zugleich als ein Verfahren strengen Rechtes dar, da Formverstöße und fehlerhafte Erklärungen unheilbar waren, in ihren nachteiligen Wirkungen nicht wieder gut gemacht werden konnten. Nichts ist daher unrichtiger als die Ansicht, daß in ältester Zeit die Rechtshändel vor den öffentlichen Gerichten mit billiger Berücksichtigung des einzelnen Falles in gemütvoll patriarchalischer Weise entschieden worden seien.“ (Brunner I, S. 252.) Zur begrifflichen Klärung sei auch noch der folgende Satz Brunners wiedergegeben: „Der Begriff des Rechtsganges ist weiter als der des Gerichtsverfahrens. Er schließt jede in rechtmäßiger Form sich betätigende Geltendmachung verletzter Rechte in sich, auch jene, die den Weg erlaubter Selbsthilfe beschreiten“ (a. a. O. S. 251). Dem bloß formalen Verfahren gegenüber trat vom 13. bis 15. Jahrhundert ein starkes Streben nach Ermittlung der materiellen Wahrheit hervor (wobei man vielleicht vergaß und vergißt, daß auch jene alten schweren Formen gerade mit ihrer wuchtigen Strenge die wirkliche Wahrheit fördern wollten). Man rüttelte an dem Satze: Wo kein Kläger, da kein Richter. Zunehmend befaßte sich die Obrigkeit von Amts wegen mit der Verbrechensverfolgung und Ermittlung der materiellen Wahrheit. Eberhard Schmidt (Inquisitionsprozeß und Rezeption, 1940) sucht nachzuweisen, daß sich so in Deutschland schon vor der Rezeption ein Inquisitionsprozeß selbständig und aus dem sachlichen Bedürfnis der Zeit entwickelt habe. Man wird jedoch diese Entwicklung auch bei aller Würdigung des von Eberhard Schmidt Beigebrachten nicht ohne den das ganze Leben durchdringenden Einfluß des kanonischen Rechtes und der italienischen Rechtswissenschaft verstehen können. Was sich seit Innocenz III. (4. Laterankonzil 1215) als Inquisitionsprozeß, d. h. als von Amts wegen betriebene Untersuchung, durchsetzte, war anfänglich ein auf „gerechte Wahrheitsermittlung mit ausgiebiger Verteidigung" (Robert von Hippel) gerichtetes Verfahren, in dem Folter wie Gottesurteil verboten waren. Dieses Verbot wich später erst der Not und dem Verlangen nach wirksamerer Verbrecherverfolgung. Der Inquisitionsprozeß war das seinerzeit als fortschrittlich gerühmte Strafverfahren, dessen Wurzel vielfach im Rügeverfahren Karls des Großen gesehen wurde.

Man wollte etwas Fortschrittliches haben, etwas Wirksames gegen das Verbrechen, das durch den formalen alten Prozeß nicht genügend bekämpft schien. Es war schwer, gegen den formal gesicherten vornehmen Mann des Mittelalters ein wirksames Strafverfahren durchzusetzen. Seine ganze Sippe schwor für ihn. Man kam an die Person schwerer heran als heute. Zudem brach die alte Eigenmacht in Selbsthilfe und Fehde wieder hervor. Mit Gottesfrieden, Treuga Dei, mit Landfrieden, seit dem unten wiedergegebenen Mainzer Landfrieden bis zum Ewigen Landfrieden von 1495 versuchte man dagegen anzukommen. Auch andere zum Teil verzweifelte Mittel waren da. Der Verfolgung todeswürdiger Verbrechen sollten die westfälischen Vemegerichte dienen.

Die Geschichte der Veme bleibt, so viel auch darüber geschrieben wurde, immer noch rätselhaft. Verteidiger weisen darauf hin, daß ihre Wirklichkeit sehr verschieden war von den Spukbildern der Heimlichkeit und Grausamkeit, die auch in großen Dichtungen erscheinen. Auf die Rechtsüberlieferung und die strengen Formen der Veme ist hingewiesen worden. Bis auf Karl den Großen hat man sie zurückgeführt. Aber auch die begeisterten Verteidiger der westfälischen Freistühle und Freigrafen müssen das Unheimliche zugeben. Romantisches Sehnen nach Gerechtigkeit ist seltsam verbunden nicht bloß mit hochmütiger Eigenmacht, sondern auch, wie Lindner sagt, geradezu mit einem Raubrittertum der Justiz. Geldgier und niedrigste Beweggründe spielten mit herein. Kaiserliche Privilegien stehen neben den Ansprüchen verbrecherischen Größenwahns. Recht und Unrecht ist im „Herbst des Mittelalters" (Huizinga) seltsam gemischt.

Bei der Eigenartigkeit dieses Gegenstandes lohnt es sich, einen Blick auf das reiche Schrifttum zu werfen. Theodor Berck, Geschichte der Westphälischen Femgerichte nebst einem Rundblick auf die Vorzeit Westphalens, 1815: „Selbst Möser, jener tiefe Kenner der westfälischen Vorzeit, hat sich in seinem an lehrreichen Winken reichhaltigen Aufsatze über die Westphälischen

Freigerichte, und zwar da, wo man es am wenigsten wünschen sollte, viel zu kurz gefaßt. Erst am Abend des 18. Jahrhunderts schüttete der Minorit Kindlinger aus seinem Füllhorn die in Westphälischen Archiven gesammelten Schätze. Ein wahrer Verlust für die Wissenschaft ist es, daß, seit dem schon 1793 erschienenen 3. Bande seiner Münsterischen Beiträge, von diesem gelehrten Werke nichts weiter ins Publikum gekommen ist." (Berck, S. X.) „Schrecklich, und wenig dem ächten Gepräge des Germanischen Gerichtsverfahrens entsprechend, war mitunter ihr Verfahren; aber die mittleren Zeiten erheischten es so. Außergewöhnliche Mittel mußten angewandt werden, um zügellose Haufen im Zaume zu halten. Auf eine bewundernswürdige Weise haben sie die Femerichter ausgedacht; mit der größesten, einem besseren Zustande würdigen Konsequenz haben sie sie angewandt und den erhofften Zweck nicht selten erreicht. Möchten sie ihre hohe Bestimmung stets vor Augen behalten haben." (Berck, S. 5—6.) Johannes Voigt hat in sehr lehrreicher Weise gezeigt, wie die Eigenmacht der westfälischen Vemerichter in das Ordensland Preußen herübergriff und wie sich hier ein wirklicher und geordneter Staat gegen das hochmütige Unrecht des angemaßten Richtertumes zur Wehr setzte. Johannes Voigt, Die Westphälischen Femgerichte in Beziehung auf Preußen aus den Quellen dargestellt und durch Urkunden erläutert, 1836: „Das Ordensarchiv bot mir hierzu hinlänglichen, fast überreichen Stoff dar. Aus einer großen Zahl von Femgerichtsverhandlungen wichtigeren und minderwichtigeren Inhalts konnte eine Auslese geschehen und diese in der Absicht gegeben werden, um in dem Bilde von Plagen, Bedrängungen und Belästigungen, wie sie aus den Schranken der Freistühle für Preußen und den Deutschen Orden hervorgingen, zu zeigen, welche schreckliche Geißel für manches Land die Westphälischen Gerichte in ihrem sittlichen Verfall und ihrer zunehmenden Ausartung während des Verlaufs des 15. Jahrhunderts bereits geworden waren. Vielleicht kann kein anderes Land des damaligen Deutschen Reiches einen solchen Kampf und einen so hartnäckigen Widerstreit mit den Gesetzwidrigkeiten, Anmaßungen und Willkürlichkeiten der heimlichen Acht Westphalens aufzeigen, wie ihn der Deutsche Orden in Preußen mit seinen Gerichten länger als 10 Jahre hindurch zu bestehen hatte. Und darum schien mir eine Darstellung einer Reihe einzelner Femeprozesse, wie die gegebenen, nicht unwichtig. (Voigt, S. VIII—IX.) „Die Sprache der Femrichter ist ihr Geist; man lernt diesen nirgends besser als aus ihren oft kecken, anmaßenden und verwegenen Äußerungen kennen." (Voigt, S. X.) Carl Georg von Wächter hat in seinen „Beiträgen zur Deutschen Geschichte, insbesondere zur Geschichte des Deutschen Strafrechtes" (1845), ausführlich über die Vehmgerichte des Mittelalters gehandelt (I S. 3—38.) Lindner meint, daß damit die Forschungen seinerzeit zu einem gewissen Abschluß gebracht wurden. C. G. von Wächter selbst hat mit Recht die großen Verdienste von Karl Friedrich Eichhorn auch auf diesem Gebiete hervorgehoben. „Erst Eichhorn wies in seiner Deutschen Staats- und Rechtsgeschichte mit Hilfe seiner gründlichen historischen Studien, seines Scharfblicks und seiner genauen Kenntnis des Rechts des Mittelalters den wahren historischen Zusammenhang mehr nach und trennte die Geschichte von der Fabel und ebenso nach ihm aber unabhängig von ihm Wigand in seiner ausgezeichneten Monographie über die Vehmgerichte" (Wächter a. a. O. S. 6). Theodor Lindner selbst hat 1888 sein großes Buch veröffentlicht: Die Veme. „So vorsichtig einzelne Forscher verfuhren, sie hatten hauptsächlich das Bild der späteren Erscheinung, welche sie blendete, vor Augen, und sie schlossen entweder von ihr auf die Vorvergangenheit oder schenkten dieser zu wenig Beachtung, indem sie über die Jahrhunderte zwischen Karl dem Großen und

Kaiser Siegmund, die eigentliche Entstehungszeit, schnellen Schrittes hinwegeilten." (Lindner, S. V—VI.) Von seinen vielen literarischen Vorgängern hebt Lindner einen besonders lobend hervor: „Ich nenne hier nur Ernst Theodor Gaupp, dessen wenige Seiten in seinem Schriftchen: Vom Fehmgerichte mit besonderer Rücksicht auf Schlesien das Scharfsinnigste sind, was bisher über die Entwicklung der Gerichte geschrieben worden ist, dann Tadama, Geisberg, Spander und Duncker." (S. XIV.) — Kopp, Wigand und viele andere wichtige Schritsteller wären zu nennen. Die Reihe scheint vorläufig abgeschlossen zu sein mit Carl Wilhelm Scherer „Die westfälischen Femgerichte und die Eidgenossenschaft", Aarau 1941.

Wo Veme und dergleichen ist, wird über Laxheit in der ordentlichen Verbrechensverfolgung mit irgendwelchem Grund Klage geführt. Staatliche Rechtspflege, die ihren Namen verdient, läßt sich weder von romantischen Vemestimmungen, noch von hysterischen Anwandlungen der Lynchjustiz beeinflussen. Die ordentliche Rechtspflege darf aber nie so langsam, schwerfällig oder weichlich werden, daß eigenmächtiges Rechtsuchen sich erfolgreich Bahn bricht.

Der Wirksamkeit der Strafrechtspflege wollte der Inquisitionsprozeß, der einst so modern, so fortschrittlich schien, dienen. Seine ursprüngliche, große Vorsicht und Förmlichkeit bewahrende Art schien bald viel zu schwerfällig. Eberhard Schmidt hat eindrücklichst auf das elementare Bedürfnis hingewiesen, aus dem fast unwillkürlich die Folter entsprang.

Berck und andere Erforscher der Vemegerichtsbarkeit haben gezeigt, wie die verzweifelten Erscheinungen des späten Mittelalters den Entschluß zu einem großen Werke förderten, das die Neuzeit des Strafrechtes einleitet. Es ist dies die Carolina, die mit Recht das erste Reichsstrafgesetzbuch genannt worden ist. Und wenn man auf den ganzen Umfang des alten Reiches sieht, so ist sie sogar das einzige geblieben.

Das Recht seit der peinlichen Gerichtsordnung, der Constitutio Criminalis Carolina Kaiser Karls V. von 1532 ist das gemeine Strafrecht und der gemeine Strafprozeß. Der römische Strafprozeß ist nicht rezipiert worden, wohl aber das kanonisch-italienische Verfahren. Als „Annehmen von amptswegen" ist es in den Art. 6—10 der Carolina vor dem noch immer erhaltenen altdeutschen Anklageverfahren der Art. 11—17 umrissen. Inquisitionsprozeß und Akkusationsprozeß standen so anfänglich noch nebeneinander. Bald wurde aber der Inquisitionsprozeß das alles beherrschende Verfahren. Durch Folter und Hexenprozesse, gegen die zuerst der Jesuit Friedrich von Spee gekämpft hat, wurde er zur Geißel der Menschheit. (Friedrich von Spee: Cautio criminalis, 1631, deutsch von Joachim Friedrich Ritter in „Forschungen zur Geschichte des deutschen Strafrechtes" von Eberhard Schmidt und Helmuth von Weber, Bd. I, 1939. Vgl. auch Reinhold Schneider über Friedrich von Spee in „Die dunkle Nacht", einem im Kriege erschienenen tollkühnen Novellenband.)

Als erster Landesherr hat Friedrich der Große 1740 die Folter abgeschafft. Der Inquisitionsprozeß ist damit noch nicht verschwunden. Die gegen ihn gerichtete Bewegung arbeitete anfänglich viel mit Hinweisen auf das mittelalterliche germanische Anklageverfahren. Julius Glaser, Handbuch des Strafprozesses, I, 1883, S. 208—209, betont mit Recht:

»Bei der tatsächlichen Entwicklung des neuesten deutschen Strafprozesses waren vier Schlagworte maßgebend geworden: Anklageprozeß, Mündlichkeit, Öffentlichkeit, Geschworenengerichte. Unter diesen berührt eigentlich nur das erste eine Frage, welche für das Wesen der Sache, für den Kern der Aufgabe des Strafprozesses, für die Konstruktion des letzteren entscheidend ist; die drei anderen betreffen verhältnismäßig Äußerliches. Demnach kann man sagen, daß die Umgestaltung des Strafprozesses tatsächlich das Ergebnis großer populärer Bewegungen ist, für welches gerade jenes Äußerliche der Ausgangspunkt war und so unverkennbar im Vordergrunde stand, daß die bedeutendsten und ernstesten wissenschaftlichen und legislativen Arbeiten davon Zeugnis geben. — Es genügt wohl, darauf hinzuweisen, daß in Feuerbachs Betrachtungen über Öffentlichkeit und Mündlichkeit die Frage der Anklageschaft kaum gestreift wird und daß sie ebensowenig in Savignys amtlicher Schrift: „Die Prinzipienfrage in bezug auf eine neue Strafprozeßordnung" hervorgehoben ist. — Anselm Ritter von Feuerbach, Betrachtungen über Öffentlichkeit und Mündlichkeit der Gerechtigkeitspflege. Gießen 1821.«

Weil Anklagen und Richten unvereinbare Aufgaben sind („Wer einen Ankläger zum Richter hat, braucht Gott zum Advokaten"), wurde die Staatsanwaltschaft als Anklagebehörde eingeführt. Nach der Württembergischen Strafprozeßordnung vom 22. Juni 1843 und der (nicht in Kraft getretenen) Badischen Strafprozeßordnung vom 6. März 1845 hat Preußen, wo von Savigny Gesetzgebungsminister und von Uhden Justizminister war, den entscheidenden Schritt in dem „Gesetz, betreffend das Verfahren in den bei dem Kammergericht und dem Kriminalgericht zu Berlin zu führenden Untersuchungen", vom 17. Juli 1846 getan. (S. dazu Friedrich Carl von Savigny, Die Prinzipienfrage in bezug auf eine neue Strafprozeßordnung, 1846.) Seit der Einführung der Staatsanwaltschaft haben wir den sog. reformierten Anklageprozeß. Vorbilder der Staatsanwaltschaft sind nicht bloß der französische Procureur du roi und das ministère publique, sondern auch das brandenburgisch-preußische Fiskalat (Eberhard Schmidt, Fiskalat und Strafprozeß, 1921). — Es entwickelten sich Anklagemonopol und Anklagepflicht der Staatsanwaltschaft, das sog. Legalitätsprinzip des geltenden Rechtes: § 152 der Strafprozeßordnung vom 1. Februar 1877.

Die Revolution von 1848 unterbrach die ruhige und sachliche Arbeit. Der Minister von Savigny, der zugleich Deutschlands größter, in der ganzen Welt begeistert anerkannter Rechtsgelehrter war, wurde gestürzt. Binding urteilt: „Es ist interessant, zu beobachten, wie die Bewegung mit dem Jahre 1848 jäh ihre Richtung ändert. Bis dahin hatte man versucht, den deutschen Prozeß durch organische Fortentwicklung des bestehenden Rechtes zu reformieren, das Jahr 1848 brachte stattdessen die Rezeption des französischen Rechtes." (Karl Binding, Grundriß des deutschen Strafprozeßrechtes, § 10, 5. Aufl. 1904, S. 20—21.) S. auch Glaser, Handbuch I, S. 168: „Das Hauptergebnis der Bewegung, welche sich in den Jahren 1848 ff. vollzogen hatte, ist leicht zu bezeichnen: es war die Annahme des Grundtypus des französischen Strafprozesses, beinahe sogar aller Details und Äußerlichkeiten desselben." Dieses Vorbild hatten auch die populären Forderungen: Öffentlichkeit, Mündlichkeit, Geschworenengericht im Sinn. Die altdeutschen und englischen Gedanken traten demgegenüber zurück. Das entsprach nicht den Absichten König Friedrich Wilhelms IV. Der König hatte Ludwig von Gerlachs halbamtliche Reise nach England mitveranlaßt. Der damalige preußische Gesandte in London, von Bunsen, bezeichnete Ludwig von Gerlach in seinem Empfehlungsschreiben als „one — of our first—rate statesmen, who is one of the candidates for being minister of justice — a particular and confidential friend and companion of the King ..." Ludwig von Gerlach hat ungemein fesselnd und schön von den Eindrücken berichtet, die er in England empfing. Sie waren günstig. Das gilt besonders auch vom Strafverfahren, dem er lebhafte Aufmerksamkeit zuwandte (Ernst Ludwig von Gerlach, Aufzeichnungen aus seinem Leben, I, 1903, S. 351—411. bes. 353—357, 358, wo das englische Vorbild hoch erhoben wird über „die anstößig dürren und profanen Formen unserer und der französischen Rechtspflege!", 360 f., 394, 398, 408 f).

Vgl. den Code d instruction criminelle Napoleons von 1808. Aus dem Schrifttum: Anselm Ritter von Feuerbach, Betrachtungen über Öffentlichkeit und Mündlichkeit der Gerechtigkeitspflege, 1821. Köstlin, Der Wendepunkt des deutschen Strafverfahrens im 19. Jahrhundert, 1849. Gneist, Die Bildung der Geschworenengerichte in Deutschland, 1849. Mittermaier, Das Volksgericht in Gestalt der Schwur- und Schöffengerichte, 1866.

Das deutsche Strafverfahren beruht

1. auf dem Gerichtsverfassungsgesetz vom 27. Januar 1877.
2. auf der Strafprozeßordnung vom 1. Februar 1877.
3. für Jugendliche auf dem Jugendgerichtsgesetz vom 16. Februar 1923.

Die durch das Gerichtsverfassungsgesetz vom 27. Januar 1877 geschaffene rechtsstaatliche Grundlage wurde bereits durch die auf Grund des Ermächtigungsgesetzes vom 8. Dezember 1923 erlassene Verordnung vom 4. Januar 1924 wesentlich zerstört. Bei manchen späteren Eingriffen ist überdies staatsrechtlich zu prüfen, ob sie gültig sind.

Erhalten geblieben ist glücklicherweise durch alle Zeiten § 1 GVG (Gerichtsverfassungsgesetz): „Die richterliche Gewalt wird durch unabhängige, nur dem Gesetz unterworfene Gerichte ausgeübt."

Die deutsche Gerichtsverfassung kannte in der Strafgerichtsbarkeit gelehrte Richter und Laienrichter. Die Laienrichter waren entweder Geschworene oder Schöffen. Das Schwurgericht war gekennzeichnet durch die scharfe Scheidung von Richterbank (3 Berufsrichter) und Geschworenenbank (12 Geschworene). Die Geschworenen berieten und beschlossen getrennt, unabhängig und unbeeinflußt von den gelehrten Richtern, aber nur über die Tatfrage (Schuldfrage). Man ging wohl davon aus, daß bei den schwersten Straftaten, den Verbrechen, den Verletzungen der naturgegebenen Menschenrechte, die Schuldfrage etwas so Schlichtes und Großes sei, das am besten vom unverbildeten Volksgefühl entschieden werden könne. Die Entscheidung der Straffrage (Rechtsfrage, Anwendung des Strafgesetzes) war dagegen Sache der Berufsrichter. Beim Schöffengerichte anderseits berieten der Amtsrichter (als gelehrter Berufsrichter) und die beiden Schöffen gemeinsam Tat- und Rechtsfrage, Schuld- und Straffrage.

Die Notverordnung vom 4. Januar 1924 beseitigte die Trennung von Richterbank und Geschworenenbank (die von 12 auf 6 Geschworene herabgemindert wurde). Indem sie Richter und Geschworene gemeinsam die Gesamtheit der Tat- und Rechtsfragen beraten und entscheiden ließ, verwandelte sie das Schwurgericht in ein Schöffengericht. Nur der alte Name „Schwurgericht“ wurde beibehalten, nicht die Sache.

In Kriegs- und fortgesetzter Notzeit wurde das Laienrichtertum völlig zurückgedrängt.

Vom ausländischen Laienrichtertum ist außer den Geschworenen bemerkenswert der schweizerische Friedensrichter und der englische Justice of the Peace oder Magistrate. Diesen englischen Friedensrichter, den Great Unpaid, darf man einen ehrenamtlichen Amtsrichter nennen.

Aus dem Schrifttum: Justus Wilhelm Planck, Systematische Darstellung des deutschen Strafverfahrens auf Grundlage der neueren Strafprozeßordnungen seit 1848. Göttingen 1857, S. 13 über Geschworene, § 7 Wirkungskreis: „Neben den bisher betrachteten Staatsbeamten ist der Gemeinde durch die neueren Gesetze eine gewisse Teilnahme an der gerichtlichen Tätigkeit wieder eingeräumt. Dahin gehört das für die Aburteilung gewisser, namentlich der schweren Straffälle bestimmte Institut der Geschworenen.“ — C. J. A. Mittermaier: Das englische, schottische und nordamerikanische Strafverfahren im Zusammenhange mit den politischen, sittlichen und sozialen Zuständen und in den Einzelheiten der Rechtsübung, 1851, VII: „In keinem Lande wie in England wurzelt das Strafverfahren so tief in den politischen und sittlichen Zuständen, ist mit dem Volke und seinen Schicksalen so großgewachsen und fortgebildet, hat die reichen Erfahrungen vieler Jahrhunderte für sich, deren Zeugnisse kein verständiger Gesetzgeber unbeachtet lassen wird. In keinem Lande der Welt genießt das Strafverfahren ein solches Vertrauen als in England und Schottland und wird ebenso als das kräftigste Schutzmittel bürgerlicher Ordnung betrachtet, wie es dem Volke teuer ist, durch den Schutz, den es der Freiheit verleiht.“ — Friedrich August Biener, Das englische Geschworenengericht, 1852. Heinrich

Balthasar G e r l a n d, Die englische Gerichtsverfassung, 1910. Ders., Die Beziehungen zwischen Parlament und Gerichten in England, 1928. — Vgl. auch des Verfassers Englandberichte in der Zeitschrift für die gesamte Strafrechtswissenschaft in den Jahrgängen 1924 ff. und seine Abhandlung über die beiden Wurzeln der Selbstverwaltung und ihren Wert für die Strafrechtspflege in der Liepmann-Gedenkausgabe (2. Beiheft zur Monatsschrift für Kriminalpsychologie und Strafrechtsreform, 1930). F a u s t i n H é l i e, Traité de l'instruction criminelle. E s m e i n, Histoire de la procédure criminelle en France, Paris 1882. S t e p h e n, History of the criminal Law of England, 1883. P o l l o c k and M a i t l a n d, A History of English Law, 1895—1898. M a i t l a n d and M o n t a g u e, A Sketch of English Legal History, 1915. G n e i s t, Die Bildung der Geschworenengerichte in Deutschland, 1849. B r u n n e r, Zeugen und Inquisitionsbeweis der karolingischen Zeit, 1866. B r u n n e r, Die Entstehung der Schwurgerichte, 1872. Ernst M a y e r, Geschworenengericht und Inquisitionsprozeß, 1916. W e g n e r, Zeitschrift für die gesamte Strafrechtswissenschaft, Bd. 45, 1924, S. 166 f. — W. S. H o l d s w o r t h, A History of English Law I, 1903 (3rd ed. 1922) — IX (1926). Tables and Index by Edward Potton, 1932.

Zu den Wandlungen und Gefahren der jüngsten Zeit versäume man nicht zu lesen: Eberhard S c h m i d t, Staatsanwalt und Gericht. Betrachtungen zur Verfahrensstruktur auf Grund der Novellengesetzgebung zur Strafprozeßordnung und der Reformvorschläge, in „Festgabe für Eduard K o h l r a u s c h", 1944, S. 263—318. Eberhard Schmidt betont das hervorstechende Merkmal dieser Neuerungen, nämlich die Machtsteigerung der Staatsanwaltschaft. „Die Staatsanwaltschaft verfügt über die gerichtliche Zuständigkeit" (S. 264). „Es kann m. E. nicht zweifelhaft sein, daß mit alledem der seinem Wortlaut nach unverändert gebliebene § 16 S. 2 GVG (niemand darf seinem gesetzlichen Richter entzogen werden) einem starken Sinnwandel unterworfen worden ist ... Versteht man mit K o h l r a u s c h (StPO, 24. Aufl. 1936, S. 31) unter einem Ausnahmegericht dasjenige Gericht, das eingesetzt oder für zuständig erklärt ist, nach begangener Tat, so müßten, gemessen an dem ursprünglichen Sinn des § 16 GVG, die nunmehr durch Bestimmung des Staatsanwalts zuständig gemachten Gerichte als Ausnahmegerichte angesprochen werden."

Anmerkungen zum Strafverfahrensrecht

1 Für eine wieder zeitgemäße deutschrechtliche Trennung von Richter und Urteiler tritt B e l i n g ein, dessen „Deutsches Reichsstrafprozeßrecht" (1928) zum Studium empfohlen sei Die hier herangezogene Stelle findet sich daselbst S 59 Anm. 2 Von anderen Lehrbüchern seien genannt: G e r l a n d, Der deutsche Strafprozeß, 1927; Graf z u D o h n a, Das Strafprozeßrecht, 3 Aufl., 1930, Robert v o n H i p p e l, Der deutsche Strafprozeß, 1941, Heinrich H e n k e l, Das deutsche Strafverfahren, 1943 Ferner die Textausgabe der Strafproeßzordnung und des Gerichtsverfassungsgesetzes von K o h l r a u s c h (Sammlung Guttentag), besonders deren Einleitung

2 Näheres, vor allem auch über die angeführten Schriftsteller, in meiner Arbeit Über die beiden Wurzeln der Selbstverwaltung 2. Beiheft zur Monatsschrift für Kriminalpsychologie und Strafrechtsreform, 1930 (Liepmann-Gedenkgabe)

3 Monumenta Germaniae historica, legum IV, Constitutiones I, Nr. 74 Pax Moguntina 1103 (Jan. 6)

Anno ab incarnatione Domini millesimo CIII Heinricus imperator Mogontiae pacem sua manu firmavit et instituit, et archiepiscopi et episcopi propriis manibus firmaverunt. Filius regis iuravit et primates totius regni, duces, marchiones comites et alii quam multi Dux Welfo et dux Pertolfus et dux Fridericus iuraverunt eandem pacem usque ad pentecostem et inde per IIII annos, dico, pacem aecclesiis, clericis, monachis, laicis mercatoribus, mulieribus ne vi rapiantur, Iudais. Jarumentum tale est

Nullus alicuius domum hostiliter invadat nec incendio devastet, nullus aliquem capiat propter pecuniam, nec vulneret, nec percutiat, nec interficiat Et si quis hoc fecerit, oculos vel manum amittat Si quis eum defenderit, eandem poenam patiatur Si in castrum fugerit, per III dies obsessum a coniuratoribus disperdatur. Si quis effugerit hoc iudicium, beneficium si habet, dominus suus sibi auferat, patrimonium cognati sui illi auferant Si quis furtum fecerit valens V solidos vel plus, oculos vel manum amittat Si furtum commiserit valens minus V solidos, capillos amittat et virgis cedatur et furtum reddat, et si ter tale furtum fecerit vel rapinam tercia vice, oculos vel manum amittat Si in via occurrerit tibi inimicus tuus, si possis illi nocere, noceas, si fugerit in domum vel in curtem alicuius, illesus maneat

Hoc iuramento utuntur amici regis pro scuto, inimices vero nequaquam prodest

Siehe auch gleichlautend Karl Zeumer, Quellensammlung zur Geschichte der deutschen Reichsverfassung, 2 Aufl., 1 Teil S 2 Nr 3 Vgl zu dieser Pax Moguntina Heinrichs IV vom 6 Januar 1103 auch Paul Heilborn, Die geschichtliche Entwicklung des Begriffs Landfriedensbruch, Zeitschrift für die gesamte Strafrechtswissenschaft, Bd 18 (1898), S 6. S oben S. .

4 Näheres in meiner Arbeit „Über die beiden Wurzeln usw“, Beiheft 3, Monatsschrift f Krimpsych 1930, S 60 f

5 Näheres in dem Kommentar von E Löwe, A Hellwig und W Rosenberg zu §§ 52, 105 Zu den „Gesetzes“bestimmungen, die nach der Abschaffung des Rechtsstaates zustande kamen, vgl die von Gündel, Hartung, Lingemann und Niethammer besorgte 19 Aufl des Kommentars (1934) S 1447 f z. „81 a“

6. Hauptstück

Zivilprozeßrecht.

Das Zivilprozeßrecht in den Fingerspitzen haben: das gehört zum Richter- wie zum Anwaltsberufe. Diese Kunst des Prozesses läßt sich indessen auf der Universität schwer lehren und lernen.

Das Zivilprozeßrecht dient der Durchsetzung der Zivilrechtsansprüche. Das Zivilrecht, d. h. im wesentlichen das bürgerliche Recht, beruht auf dem Einzelwillen des Privatmannes. Zivilprozeßrecht ist öffentliches Recht, kommt vom Staate her. Man nennt das Prozeßrecht auch formelles Recht, im Gegensatz zum materiellen Rechte. Manchmal scheint sich ein Zwiespalt zweier Rechtsordnungen aufzutun: A hat ein wertvolles Buch dem B geliehen. B behält es. Auf Herausgabe verklagt (§ 985 BGB), behauptet er, das Buch von A gekauft und übereignet erhalten zu haben (§§ 433, 929 BGB). Vor Gericht behaupten also beide, A und B, das Eigentum. Behauptung steht gegen Behauptung. Aber während im Strafverfahren der Richter nun von Amts wegen Beweise sammelt und sie seiner freien Beweiswürdigung unterwirft, kennt das Zivilprozeßrecht eine fein ausgedachte Beweislastverteilung und feste Beweisregeln. A klagt. A stützt seine Klage auf § 985 BGB. Dafür muß er Beweis erbringen. Er tut es, indem er B den Eid zuschiebt. Der leistet ihn: und der Richter war nun (bis zu der neuesten Fassung der Zivilprozeßordnung, die solche Beweisregeln abschaffen will) im weiteren an die Beweisregel gebunden, daß er das eidlich Bekundete als wahr annehmen muß. Er weist die Klage ab. Noch ist sein Urteil nicht „rechtskräftig“. Nicht einen Richter und eine Instanz hat unser Recht, sondern, im Zivilprozeß wie im Strafverfahren, gewöhnlich drei Instanzen. Die Sache geht (wenn es die Parteien betreiben: denn bei ihnen liegt der ganze Prozeß: Parteibetrieb des Zivilprozesses im Gegensatze zum Vorgehen von Amts wegen im

Strafprozesse) von der ersten Instanz in die zweite, die Berufungsinstanz, und von da in die dritte, die Revisionsinstanz. Sind diese Instanzen erschöpft oder wegen Verzichts auf die Rechtsmittel, Berufung und Revision, gar nicht in Anspruch genommen, so tritt die „Rechtskraft des Urteils" ein. Bei ihr haben wir einen wichtigen Grundbegriff des Zivilprozesses vor uns, der aufschlußreich für sein Wesen ist. Er bringt uns den Zwiespalt, den Dualismus zweier Rechtsordnungen zu Gesicht. B (im oben gegebenen Falle) hat einen Meineid geleistet. Niemals hat er von A das Buch gekauft, nie hat der's ihm übereignet. Die Privatrechtsordnung lebt vom Rechtsschöpferwillen der Privatperson. In ihr hat sich nichts geändert.

Aber nun hat A seinen Prozeß gegen B verloren. Er mußte den Prozeß führen, um zu seinem Rechte zu kommen, weil den Staatsbürgern im Staate die Selbsthilfe verboten ist (abgesehen von Ausnahmen wie § 229 BGB). Hat er nun durch den Prozeß sein Eigentum verloren? Wir antworten: nein. Aber die Antwort ist umstritten. Manche denken: wenn mir eine Sache rechtskräftig abgesprochen und meinem Prozeßgegner zugesprochen ist, so habe ich sie eben nicht bloß „formell" in diesem Prozesse, sondern auch „materiell" verloren. Denn „rechtskräftiges Urteil" das heißt doch: ich kann nirgends mehr den Anspruch geltend machen, den ich im nun endgültig entschiedenen Prozeß nicht durchzusetzen vermochte. Was hat es da für einen Sinn, von einem Anspruch zu reden, der praktisch keinen Wert hat?! Die Rechtskraft wirke materiell, behauptet vor allem Pagenstecher. Demgegenüber ist darauf hinzuweisen, daß sich der Prozeßvorgang in einer ganz anderen Ebene, einem ganz anderen Rechtsgebiet abspielt als dem des materiellen Privatrechts. Sollte überhaupt in unserem Prozesse A wider B eine über den Prozeß und die Parteien hinauslangende (dieses letztere ist nicht gut denkbar!) Wirkung zustande kommen, so kann sie nur eine publizistische, eine öffentlich-rechtliche sein (Stein, Hellwig, James Goldschmidt). Im Privatrechte sind die Privatpersonen Herr. Da fällt es dem Staate nicht ein, über das Eigentum des A zugunsten des B zu verfügen (für gewöhnlich wenigstens nicht). Aber über dem Privatmanne steht der Staat als Friedenswächter. Das Privatrecht mag gut sein. Ist es unbeweisbar, so ist es im Prozesse undurchsetzbar. Das versetzt die unterliegende Partei in Aufregung. Der Staat aber verlangt Ruhe und gebietet Frieden. Bricht A in das Haus des B ein und nimmt ihm das Buch weg, so bricht er den Frieden. Aber ein Dieb ist er nicht. Michael Kohlhaas war ein arger Friedensbrecher, aber er war kein Dieb, sondern ein Eigentumsfanatiker.

Man mag den hier zutage tretenden Zwiespalt von Privatrechtsordnung und öffentlicher Friedensordnung, von materiellem und formellem Recht beklagen. Die beiden Ebenen sind da und gerade der Zivilprozeß des geltenden Rechtes beruht auf diesem Dualismus. Er kennt Urteile, die neues Recht gestalten (z. B. Ehescheidung). Die ergehen da, wo keine reine Privatrechtsordnung, wo keine Alleinherrschaft des Schöpferwillens der Privatperson in Frage kommt. Aber die Fälle rechtsgestaltender (konstitutiver) Wirkung der Rechtskraft sind die Ausnahme. Per argumentum e contrario ergibt sich, daß in der Regel die Rechtskraft das vorhandene Privatrecht lediglich zu bestätigen vermag (deklaratorische Urteile).

Alte, fast ewig scheinende Grundsätze kämpfen fortwährend im Zivilprozeß miteinander. Seine Geschichte ist gekennzeichnet durch den ständigen Wechsel von Parteiherrschaft über den Prozeß (Rechtsschöpfermacht, Privatautonomie) und Staatsherrschaft über die Parteien.

In den Menschenaltern vor der letzten tragischen Umwälzung war der Zivilprozeß ein Rechtsverhältnis der Privatparteien, herrschte überall der Parteibetrieb vor. Die Zivilprozeßwissenschaft bildete überaus feine Begriffe aus. Von dem Scharfsinnigen und Zugespitzten darin gaben die vorstehenden Seiten vielleicht schon einen gewissen Eindruck. Neue Lehren, die über die alten Theorien vom Prozeß als Rechtsverhältnis in mancher Weise hinausgingen, wurden begründet. Im Vordergrunde stand die Lehre vom Rechtsschutzanspruch, vertreten vor allem in den großen Werken von Adolf Wach und James Goldschmidt. Auf ganz anderem Boden steht das für Zivilprozeß und Strafprozeß gleich wichtige Werk von Wilhelm Sauer: Grundlagen des Prozeßrechtes (2. Aufl. 1929). Es ist dies ein rechtsphilosophisch und methodisch angelegter Versuch, eine allgemeine Prozeßrechtswissenschaft aufzubauen. Im Gegensatz zu dieser aufbauenden Kritik an der Lehre vom Rechtsschutzanspruch scheint mir Hans Otto de Boors Polemik gegen die Wach'schen und Goldschmidt'schen Lehren einigermaßen gereizt und heftig (Rechtsstreit einschließlich Zwangsvollstreckung, 1940). Hier wie so oft bei einseitiger Kritik wird man an Emanuel von Geibels Verse erinnert: Nur nicht gleich das Schwert gewetzt und das Beil geschliffen! Was ihr niemals überschätzt, das habt ihr nie begriffen.

James Goldschmidt (Zivilprozeßrecht, 2. Aufl., S. 2) sieht im Rechtsschutzanspruch enthalten

1. einen Anspruch auf günstiges Urteil („Urteilsanspruch"),
2. einen Anspruch auf Zwangsvollstreckung (Vollstreckungsanspruch).

Das fleißigste Lehrbuch der jüngsten Jahre ist übrigens von einem Schüler James Goldschmidts geschrieben, von Adolf Schönke.

Zivilprozeß und Strafprozeß bilden das Gebiet der streitigen Gerichtsbarkeit im Gegensatz zur freiwilligen Gerichtsbarkeit (s. oben S. —). „Die ordentliche streitige Gerichtsbarkeit wird durch Amtsgerichte und Landgerichte, durch Oberlandesgerichte und durch das Reichsgericht ausgeübt." So sagt § 12 des Gerichtsverfassungsgesetzes vom 27. Januar 1877. Der

Zivilprozeß ist das Verfahren in bürgerlichen Rechtsstreitigkeiten (§ 13 GVG). Er gehört dem öffentlichen Rechte an. Als Recht vom Staate her ist er gekennzeichnet durch das staatliche Friedensgebot und Ausschluß des Selbsthilferechtes. Dem Einzelnen gibt das Zivilprozeßrecht dagegen einen Rechtsschutzanspruch. Dieser Begriff wurde zuerst aufgestellt von W a c h in seinem Handbuch des deutschen Zivilprozeßrechtes (I, 1885).

Die Geschichte des römischen Zivilprozesses zeigt drei Entwicklungsstufen:

1. Legisaktionenverfahren.
2. Formularverfahren. Beide sind gekennzeichnet durch die Zweigliederung in ein Verfahren in iure und ein Verfahren in iudicio, apud iudicem.
3. Verfahren extra ordinem, sog. Kognitionsverfahren, das, ohne die Zweigliederung des ordentlichen Verfahrens, von Anfang bis zu Ende von dem zuständigen Beamten durchgeführt wird.

Diese Begriffe mögen hier nur genannt werden. Ihr geschichtliches Leben wird sich aus dem Studium der Geschichte des römischen Zivilprozesses ergeben. Es lohnt sich auch heute noch. Eine weltgeschichtliche Ähnlichkeit scheint übrigens zu bestehen zwischen der Art, wie die actio im römischen Rechte gegeben und genommen wurde (actionem dare und actionem accipere) und dem englischen Verfahren des Lordkanzlers. Das Tätigwerden des Magistrats beim Erteilen der Formel und das Richten des judex wird einigermaßen schon ersichtlich aus den Darstellungen der großen Lehrbücher von G o l d s c h m i d t und R o s e n b e r g. Man wird, um völliges Verständnis zu gewinnen, zurückgehen müssen zu den bedeutenden Darstellungen des gemeinen Zivilprozeßrechtes. Man kann dabei juristischen Genuß gewinnen etwa bei M. A. v o n B e t h m a n n - H o l l w e g : Der römische Civilprozeß, I—III, 1864—1866; Der germanisch-romanische Civilprozeß im Mittelalter, 1873/1874. In der Vorrede des ersten Bandes (1864, S. IX) bemerkt M. A. v o n B e t h m a n n - H o l l w e g mit Recht: es ist „also unrichtig, die Gerichtsverfassung eines Volkes und das gerichtliche Verfahren als etwas rein Äußerliches, etwa wie Posteinrichtungen, nur durch Zweckmäßigkeitsrücksichten Bedingtes zu betrachten. Denn auch der Rechtsstreit und das Gericht sind Rechtsbegriffe, die die Rechtsphilosophie allgemein, das positive Recht jedes Volkes volkstümlich zu entwickeln den Beruf hat". — Von Neueren wohl vor allem: Leopold W e n g e r : Institutionen des Römischen Zivilprozeßrechtes, 1925.

Im streng formalen g e r m a n i s c h e n Zivilprozeß, der denselben Grundsätzen folgte wie das Strafverfahren, hatte der den Anspruch des

Klägers anerkennende Beklagte Sühne anzugeloben, der bestreitende Beklagte mußte sich von der Klage reinigen, was er zumeist mit Eideshelfern tat.

Der italienisch-kanonische Prozeß verschmolz spätrömische mit germanischen Elementen. Die Rechtspositionen wurden klar und gründlich herausgearbeitet. Aber der Prozeß wurde schriftlich (wenn der folgende lateinische Rechtsspruch noch und hauptsächlich vielleicht einen anderen Sinn hat, so mag er doch auch hier in seinem sozusagen oberflächlichen Verstande genommen werden: quod non est in actis, non est in mundo). Das Verfahren wurde damit zugleich schwerfällig. Der italienisch-kanonische Prozeß kam durch die Rezeption nach Deutschland.

Danach entstand durch die Verschmelzung des Prozesses, der sich am Reichskammergericht (seit 1495) herausbildete, mit dem sächsischen Prozesse (Kursächsische Konstitutionen von 1572, Benedikt Carpzov Processus iuris in foro saxonico, 1657) der gemeine deutsche Zivilprozeß.

Der diesen gemeinen Zivilprozeß allmählich ablösende geschichtliche Zeitabschnitt ist durch das Erstarken der Landesherrschaft und besonders durch den Aufstieg Preußens gekennzeichnet. Die Kammergerichtsordnung in der Chur und Mark Brandenburg von 1709 hielt noch am gemeinrechtlichen Verfahren fest. König Friedrich Wilhelm I. aber strebte nach Vereinfachung und Beschleunigung der Prozesse. Cocceji arbeitete in diesem Sinne das Edikt von 1739 über das Bagatellverfahren aus. Unter Friedrich dem Großen schufen von Carmer und Carl Gottlieb Svarez das Corpus juris Fridericianum vom 26. April 1781. Es machte den Zivilprozeß zum Offizialverfahren und beseitigte die Advokatur. So drängte der obrigkeitliche Zug der Zeit die Herrschaft der Parteien zurück. Auf dem Corpus juris Fridericianum beruhte auch noch die Allgemeine Gerichtsordnung für die Preußischen Staaten vom 6. Juli 1793. Seit 1833 gab das preußische Recht aber den Parteien wieder zunehmend größeren Einfluß auf den Rechtsgang. Seit 1862 wurde an einer „Allgemeinen" deutschen Zivilprozeßordnung gearbeitet. „Allgemein" in diesem Sinne bedeutete — wie bei dem Allgemeinen deutschen Handelsgesetzbuch — ein allen Staaten des Deutschen Bundes von 1815 gemeinsames Gesetz oder vielmehr, da diese Staaten lauter voneinander unabhängige Gesetzgebungen hatten, die Summe der übereinstimmenden Gesetze in den einzelnen deutschen Staaten.

Der Bundesrat des Norddeutschen Bundes berief eine Kommission unter dem Vorsitz des preußischen Jusitzministers Leonhardt. Der erste deutsche Entwurf des neuen Bundesstaates ist von 1871. Der dritte Entwurf wurde 1874 dem Reichstage vorgelegt. Am 21. Dezember 1876 wurde die Zivilprozeßordnng in dritter Lesung im Plenum angenommen.

Sie wurde am 30. Januar 1877 mit Gesetzeskraft vom 1. Oktober 1879 ab vollzogen. Sie trat gleichzeitig mit dem Gerichtsverfassungsgesetz vom 27. Januar 1877 in Kraft. Die großen 1877—1879 entstandenen Gesetze, zu denen auch die Strafprozeßordnung gehört, nennt man Reichsjustizgesetze.

Zum preußischen Rechte vgl. Adolf Stölzel, Brandenburg-Preußens Rechtsverwaltung und Rechtsverfassung, I—II, 1888. Ferner auch Stölzels bereits mehrmals angeführte Biographie von Carl Gottlieb Svarez (1885). Eberhard Schmidt, Rechtsentwicklung in Preußen, 2. Aufl. 1929.

Die Grundsätze des Verfahrens sind umstritten, aber es sind doch die folgenden Prinzipien fest geblieben oder wiedergekehrt und haben dem Zivilprozesse seine Form gegeben:

Verhandlungsgrundsatz. Der Verhandlungsgrundsatz bedeutet, daß die Erwirkungshandlungen der Parteien den Rechtsgang bestimmen: quod non est in actis partium, non est in mundo. Das also ist die eigentlich juristisch genaue Bedeutung dieses lateinischen Rechtsspruches.

Der Richter nimmt das Unbestrittene als wahr hin: Grundsatz der formellen Wahrheit.

Das Gegenteil vom Verhandlungsgrundsatz ist der Untersuchungsgrundsatz (Inquisitions-, Offizial-, Instruktionsgrundsatz). Grundsatz der materiellen Wahrheit.

Aus dem Verhandlungsgrundsatz folgt:

Ne iudex procedat ex officio: Wo kein Kläger, da kein Richter.

Ne iudex eat ultra petita partium. §§ 308 I, 536, 559 der Zivilprozeßordnung (ZPO). Ausnahme: Kostenerstattungspflicht § 308 II ZPO.

Iudex secundum allegata et probata a partibus iudicare debet. Die Parteien haben die Behauptungs- und Beweislast.

Der Verhandlungsgrundsatz ist nicht in allen Teilen des bürgerlichen Streitverfahrens durchzuführen. Hauptsächlich im Ehe- und Familienprozeß gibt es Ausnahmen davon. Hier bricht sich die öffentlich-rechtliche Natur, die manchen Zügen dieser Rechtsverhältnisse anhaftet, siegreich Bahn. §§ 617, 618 V, 640/41 ZPO.

Erheblich eingeschränkt ist der Verhandlungsgrundsatz durch die Wahrheitspflicht des § 138 I und die richterliche Frage- und Aufklärungspflicht des § 139 ZPO.

Grundsatz der Mündlichkeit. Wie im Strafprozeß ist auch im Zivilprozeß ursprünglich dieser Grundsatz durchgesetzt worden. Aber seit 1924, seit diesem Prozeßverfall durch Einsparung von Justizeinrichtungen, wurde er erschüttert. §§ 272 a, 272 b, 137 III S. 1, 297 IV Entscheidung nach Lage der Akten (das ist eine der Neuerungen): §§ 251 a, 331 a ZPO. Die Bedeutung der Mündlichkeit ergibt sich z. B. auch aus §§ 285 II. 526 ZPO.

Mit dem Mündlichkeitsgrundsatz verwandt ist der Grundsatz der Unmittelbarkeit der Beweisaufnahme: § 355 I ZPO.

§ 286 ZPO stellt den Grundsatz der freien richterlichen Beweiswürdigung auf.

Über die grundsätzliche Öffentlichkeit des Verfahrens und die notwendigen Ausnahmen von dem Grundsatz s. GVG §§ 172, 193.

Sehr eingeschränkt wurde der Grundsatz des Parteibetriebes. Er gilt nur noch im sog. Anwaltsprozeß. (Anwaltsprozeß ist der Prozeß vor den höheren Gerichten, vom Landgericht aufwärts, in dem man als Kläger wie als Beklagter durch einen Anwalt vertreten sein muß. Kläger und Beklagter sind wohl parteifähig und prozeßfähig — wobei die Parteifähigkeit der Rechtsfähigkeit, die Prozeßfähigkeit der Handlungsfähigkeit entspricht; sie sind aber nicht postulationsfähig. „Postulationsfähigkeit ist die Fähigkeit, dem prozessualen Handeln die rechtserhebliche Erscheinungsform zu geben." Rosenberg, Lehrbuch des Zivilprozeßrechtes, 3. Aufl., S. 123. Sie kommt den Anwälten zu, soweit das Verfahren vor dem Landgericht oder höheren Gerichten in Frage steht. Daraus ergibt sich vor diesen Gerichten der Anwaltszwang, § 78 ZPO.) Im Anwaltsprozeß gilt, wie gesagt, zunächst der Grundsatz des Parteibetriebes. §§ 214, 261 III, 317 I. Aber sogar da gibt es Ausnahmen: §§ 136 III, Halbsatz 2, 218, 370 II S. 2, 340 a, 520, 555 ZPO. Im amtsgerichtlichen Verfahren herrscht seit der Novelle von 1909 der Amtsbetrieb.

Seit 1924 ist der Konzentrationsgrundsatz herrschend, nach dem der Rechtsstreit tunlichst in einer Verhandlung zu erledigen ist, §§ 272 b I, 349 II. Äußerlich manchmal ähnlich war der viel weiter gehende Eventualgrundsatz des gemeinen Rechtes, nach dem die Parteien alle Angriffs- und Verteidigungsmittel auf einmal vorzubringen hatten. Auch das wollte zur Ökonomie des Verfahrens wie zum allseitigen Durchdenken des Falles zwingen, daß man das Folgende schon immer vorsorglich — in eventum — vorbringen mußte, für den Fall nämlich, daß das Vorhergehende erfolglos bleiben sollte. Sehr launig wird das Wesen des Eventualgrundsatzes durch das auch in Goldschmidts Lehrbuch angeführte Versspiel dargetan:

Erstens gabst du mir kein Geld,
Alles ist nicht wahr.
Zweitens ward's zurückgestellt
Schon vor einem Jahr.
Drittens hast du mir erklärt,
Es sei mir geschenkt.
Viertens aber ist's verjährt —
Und der Eid, der hängt.

Dieser Eventualgrundsatz des gemeinen Rechtes gilt im heutigen Rechte nicht. Er ist abgelehnt durch §§ 264, 527 (vgl. aber Novelle vom 27. 10. 33), 274 ZPO.

Über dem Zivilprozeß wölbt sich dieselbe Gerichtsverfassung wie über dem Strafprozeß. Die Amtsgerichte, Landgerichte, Oberlandesgerichte und das Reichsgericht haben ihre Zivilrechtsprechung in den dafür bestimmten Abteilungen. Daneben bestehen die Kammern für Handelssachen (§§ 93 ff., 105 GVG, wobei davon abgesehen wird, wie weit sie in den letzten Jahren gegenstandslos gewesen). Die hochstehende Handelsgerichtsbarkeit etwa in Hamburg kommt schon in der Einrichtung der Amtsgerichte zum Ausdruck.

Da die Parteien den Zivilprozeß weithin beherrschen, spielt der Staatsanwalt in ihm natürlich keine solche Rolle wie im Strafprozeß. Der Staatsanwalt hat in der Regel mit dem Zivilprozeß nichts zu tun. Aber da, wo im Zivilprozeß der Gesichtspunkt des einzelnen Menschen und seines Kampfes um das Recht zurücktreten muß vor Stand und Staat und öffentlichem Wohl, steht auch der Staatsanwalt mit einem Male wieder da und nimmt die Herrschaft im Betreiben des Verfahrens an sich. Das geschieht in Ehe- und Familiensachen (§§ 607, 632, 634, 640 ZPO) und in Entmündigungssachen (§§ 646 II, 652, 663, 666, 675, 676 III, 678 II ZPO).

Der Zivilprozeß ist recht eigentlich das Arbeitsfeld des Rechtsanwaltes. „Aufgegeben ist die im Corpus juris Fridericianum und in der Preußischen Allgemeinen Gerichtsordnung unternommene, in Preußen bis zur Rechtsanwaltsordnung festgehaltene Organisierung der Rechtsanwälte als Beamte. Nicht übernommen ist die schon in Rom und im älteren deutschen Recht angebahnte, im italienisch-kanonischen und gemeinen Recht herausgebildete, im italienisch-französisch-englischen Recht noch heute bestehende Scheidung der Rechtsanwälte in geschäftsführende (procuratori, avoués, solicitors) und plädierende (advocati, avocats, barristers).“ So sagt, gedrängt und fein zusammenfassend, James Goldschmidt in seinem Zivilprozeßrecht (2. Aufl. 1932, § 41 a S. 125). Sehr schöne Bemerkungen zu der Geschichte der Zweiteilung des Anwaltsberufes finden sich auch in Eugen Wohlhaupters reizvoller Abhandlung „Recht und Rechtswissenschaft im Leben und literarischen Werk Ludwig Uhlands“ (in Schmollers Jahrbuch für Gesetzgebung, Verwaltung und Volkswirtschaft im Deutschen Reiche, Jg. 68, H. 2, 1944, S. 59 f.).

Das geltende Recht der Rechtsanwaltschaft ist von Goldschmidt treffend gekennzeichnet durch den Satz: „Das Grundgesetz der Rechtsanwaltschaft ist die Rechtsanwaltsordnung vom 1. Juli 1878“ (a. a. O. S. 125). Sie brachte die Freigabe der Advokatur, d. h. den Grundsatz, daß jeder, der den gesetzlichen Anforderungen (Fähigkeit zum

Richteramte) genügt, Anspruch auf die Zulassung als Anwalt hat. Das wurde nach 1933, vor allem in der Neufassung der Reichsrechtsanwaltsordnung vom 21. Februar 1936, widerrufen (vgl. Schönke, Zivilprozeßrecht, 2. Aufl. 1943, 3. u. 4. Aufl. 1947, § 22). Auch hier muß auf die staatsrechtliche Ungültigkeit der Gesetzgebungsakte seit Überschreitung und staatsstreichhafter Verletzung der Ermächtigung zur Kabinettsgesetzgebung hingewiesen werden. Vgl. oben S. ...

Selbst bei Freigabe der Advokatur ist der Berufsstand der Rechtsanwälte von staatlicher Zulassung abhängig und staatlicher Aufsicht unterworfen.

Wie schon erwähnt, müssen sich die Parteien vor dem Landgerichte und allen Gerichten höherer Instanz von einem Anwalt vertreten lassen (Anwaltsprozeß, Anwaltszwang). Nur Rechtsanwälte sind vor diesen Gerichten postulationsfähig. Postulationsfähigkeit ist die Fähigkeit, das Verlangen des Rechtsschutzes oder die Verteidigung dagegen vor einem bestimmten Gerichte mit Prozeßhandlungen durchzuführen. Goldschmidt (§ 40, S. 122): „Postulationsfähigkeit ist danach die Fähigkeit, vor einem bestimmten Gericht als Partei, Vertreter oder Beistand Prozeßhandlungen vorzunehmen." Schönke, Zivilprozeßrecht (2. Aufl., § 25, S. 88, 3. u. 4. Aufl. 1947 S. 80): „Zu scheiden von der Prozeßfähigkeit ist die Postulationsfähigkeit. Darunter ist die Fähigkeit zu verstehen, Prozeßhandlungen prozessual rechtswirksam in den Prozeß einzuführen, den prozessualen Handlungen den passenden Ausdruck zu verleihen." Rosenbergs treffende Begriffsbestimmung s. oben S. 259.

Die beiden andern großen Fähigkeiten, die im Prozeß eine so herrschende Rolle spielen wie die Rechtsfähigkeit und Geschäftsfähigkeit im materiellen Rechte, sind die Parteifähigkeit und die Prozeßfähigkeit. Ihr Verständnis erschließt sich, wenn wir das erste große Hauptstück der Lehre vom Rechtsstreit behandeln, nämlich die Parteien.

James Goldschmidt, Zivilprozeßrecht § 32 (2. Aufl., S. 101): „Subjekte der prozessualen Rechte und Lasten sind die Parteien." Dabei ist es eine Streitfrage, ob es auch Pflichten der Parteien im Prozesse gibt — echte Pflichten und nicht bloß Lasten. Die Frage ist wohl zu bejahen im Hinblick auf §§ 138 Abs. 1, 141 ZPO.

Über die Parteifähigkeit bestimmt § 50 Abs. 1 ZPO: „Parteifähig ist, wer rechtsfähig ist." Demgemäß sind parteifähig alle natürlichen Personen, also alle Menschen, und alle juristischen Personen. Über die auflösend bedingte Parteifähigkeit von Leibesfrucht und künftiger Deszendenz vgl. BGB §§ 1912, 2101, 2162, 2178, 1913, 844, 1923, 2043, RGZ 61, S. 356, Schönke § 23, 3. u. 4. Aufl. S. 76 § 50 Abs. 2 ZPO erstreckt aber die passive Parteifähigkeit, d. h. die Fähigkeit, verklagt zu werden, auf den nichtrechtsfähigen Verein, der in dem Rechtsstreite dann die Stellung eines rechtsfähigen Vereins hat. Will dagegen der nichtrechtsfähige Verein klagen, so müssen seine sämtlichen Mitglieder als Kläger auftreten, und zwar in notwendiger Streitgenossenschaft (die Lehre von der Streitgenossenschaft ist ein eigenes Gebiet der Zivilprozeßordnung). Rosenberg § 42 II 2a (3. Aufl., S. 120): „Passive Parteifähigkeit gebietet aber nicht passives Verhalten." Der verklagte nichtrechtsfähige Verein kann z. B. Widerklage erheben. RGZ 74 S. 372 bis 375.

Unter ihrer Firma vor Gericht klagen und verklagt werden können die Offene Handelsgesellschaft und die Kommanditgesellschaft (HGB §§ 124 I und 161 II). Insoweit sind diese Gesellschaften aktiv und passiv parteifähig. Schönke (Zivilprozeßrecht, 2. Aufl. S. 85, 3. u. 4. Aufl. S. 77) spricht hier von formeller Parteifähigkeit, weil er von der herrschenden Auffassung ausgeht, die Offene Handelsgesellschaft sei nicht rechtsfähig (vgl. Ernst Jaeger, Die Offene Handelsgesellschaft im Zivilprozesse, Leipziger Festgabe für Rudolf Sohm, 1915). Über Vermögensmassen s. § 17 HGB. Die Firma des Einzelkaufmanns ist nur der Name, unter dem der Kaufmann klagen und verklagt werden kann (HGB 17 II). Der Kaufmann ist Partei, nicht die Firma. Der Mangel der Parteifähigkeit ist von Amts wegen zu beachten (§ 56 I ZPO).

Der zweite begriffliche Angelpunkt ist die Prozeßfähigkeit. Wie die Parteifähigkeit der Rechtsfähigkeit, so entspricht die Prozeßfähigkeit der Handlungsfähigkeit des bürgerlichen Rechtes. (Goldschmidt, Zivilprozeßrecht, 2. Auf. S. 121 meint: der Geschäftsfähigkeit.) § 52 ZPO bestimmt: „Eine Person ist insoweit prozeßfähig, als sie sich durch Verträge verpflichten kann. — Die Prozeßfähigkeit einer Frau wird dadurch, daß sie Ehefrau ist, nicht beschränkt."

Prozeßunfähig sind danach: die Geschäftsunfähigen (BGB § 104), die beschränkt Geschäftsfähigen. Beschränkte Geschäftsfähigkeit bewirkt grundsätzlich unbeschränkte Prozeßunfähigkeit. Eine (scheinbare) Ausnahme bilden die §§ 112—114 BGB, weil dort der Minderjährige für einen bestimmten Bereich von Rechtsgeschäften unbeschränkt geschäftsfähig und somit auch prozeßfähig wird (s. mein Jugendrecht, 1929, S. 30, ebenso §§ 7 und 8 der Seemannsordnung).

Für einen bestimmten Rechtsstreit kann aber auch unter Umständen eine geschäftsfähige und also prozeßfähige Person einer nicht prozeßfähigen Person gleichstehen, nämlich dann, wenn sie durch einen Pfleger vertreten wird: § 53. Rosenberg (Lehrbuch des Zivilprozeßrechtes, 3. Aufl. 1931, S. 125): „Der Gemeinschuldner wird hinsichtlich der Masse durch den Konkursverwalter, der Erbe hinsichtlich des Nachlasses durch den Nachlaßverwalter und den verwaltenden Testamentsvollstrecker gesetzlich vertreten; daher sind sie gemäß

§ 53 in den von diesen geführten Prozessen prozeßunfähig. Da aber bei Konkurs- und Nachlaßverwaltungen die Handlungen des Gemeinschuldners und des Erben, die sich auf Masse oder Nachlaß beziehen, — auch Prozeßhandlungen — ohne Zustimmung des Verwalters unwirksam (KO § 7; BGB § 1984 I 2), und da Aktivprozesse allein von dem Testamentsvollstrecker geführt werden können (BGB § 2212), so ergibt sich, daß insoweit der Gemeinschuldner und der Erbe in Analogie von § 53 schlechtweg prozeßunfähig sind, d. h. auch für Prozesse, die nicht von diesen Verwaltern geführt werden." Das stimmt überein mit Ernst Jaegers Ansicht in seinem großen Kommentar zur Konkursordnung. Der Mangel der Prozeßfähigkeit ist ebenso wie der Mangel der Parteifähigkeit von Amts wegen zu beachten: § 56 ZPO.

In den vorstehenden Ausführungen wurde manchem Anfänger vielleicht schon zu viel zugemutet, weil sie in ein sehr geschlossenes und formenstrenges System bereits tief eindringen. Dieses System findet seine Vollendung im Zwangsvollstreckungsrechte, das verschieden ist, je nachdem es bewegliches Gut oder Liegenschaften angreift, und im Konkursrechte, über das Josef Kohler eins seiner großangelegten und genialen Lehrbücher geschrieben hat.

Wer das kunstvolle Gefüge des Zivilprozeßrechtes und das heiße Leben des bürgerlichen Rechtsstreites in Tiefe, Fülle und Wesen erfassen will, greife zu den beiden bleibend wertvollen Bänden von Adolf Stölzels „Schulung für die zivilistische Praxis". Es sind packende Vorträge, die Adolf Stölzel damals in der Berliner Universität gehalten hat. Sie haben auch durch staatsrechtlich oder sachlich fragwürdige Gesetzesänderungen kaum etwas von ihrer Brauchbarkeit und bestimmt nichts von ihrem inneren Werte und ihrer Lebendigkeit verloren. Die ursprünglichen Auflagen sind auch immer noch heranzuziehen neben den Neubearbeitungen, die Steuber bemüht war, im Geiste des Verfassers vorzunehmen.

Anmerkungen zum Zivilprozeßrecht.

Als Lehrbuch des Zivilprozeßrechts empfehle ich in erster Linie das von James Goldschmidt (1929, 2. Aufl. 1932). Es beruht auf den originalen Forschungen und Gedanken von dessen Buch „Prozeß als Rechtslage" 1925. Zu dem hier hauptsächlich herangezogenen Streitfall vgl. die feinen Arbeiten von Friedrich Stein über die bindende Kraft der richterlichen Entscheidungen, 1897, u. Voraussetzungen des Rechtsschutzes Hellwig, Rechtskraft, 1901. Als neues erfolgreiches Lehrbuch hat sich das von Rosenberg erwiesen (3. Aufl. 1931). Adolf Schönke, Zivilprozeßrecht. 3. u. 4. Aufl. 1947: Zwangsvollstreckungsrecht. 2. u. 3. Aufl. 1946 — Rechtsgeschichtlich vergleiche man zur preußischen rechtsstaatlichen Entwicklung außer den mehrfach herangezogenen Werken von Adolf Stölzel Edgar Löning · Gerichte und Verwaltungsbehörden in Brandenburg-Preußen, 1914. Dazu: Otto Hintze: Preußens Entwicklung zum Rechtsstaat, in Geist und Epochen der preußischen Geschichte, 1943, S. 105—171.

Drittes Buch

Das Recht von der Völkergemeinschaft her.

1. Hauptstück

Völkerrecht.

Der Jurist ist gewohnt, vom Genie der Römer zu reden. In Dichtung und Philosophie wird allgemein die ursprünglichere Kraft der Griechen zugegeben. Aber das Recht scheint die Leistung der Römer zu sein. Wenn auch hier viele neuere Romanisten den Wurzelboden durchforscht haben, der für so manchen juristischen Begriff ebenfalls im Bereiche der Griechen liegt, in ihrer Philosophie, besonders bei Aristoteles, so bleibt das Verdienst der brauchbaren und eigentlich juristischen Prägung doch eben den Römern. Nur für ein Rechtsgebiet wird weithin etwas anderes gelehrt. Ulrich von Wilamowitz-Möllendorff hat uns überaus knapp und geistvoll gesagt, wie er diesen ganzen Sachverhalt sieht: „Der griechische Staat ist immer zugleich Kirche gewesen: das Recht hat es erreicht, sich von der Religion zu emanzipieren; aber indem es theoretisch von dem absoluten Gerechten ausging, ist die Philosophie an die Stelle der Jurisprudenz getreten, und indem es sich praktisch von dem Willen der Gesellschaft leiten ließ, ist es mit dieser gesunken. Es ist bezeichnend, daß von den Disziplinen der modernen Rechtswissenschaft nur das Völkerrecht direkt aus griechischer Wurzel stammt." Den rechtsphilosophischen Gehalt dieser Worte von Ulrich von Wilamowitz-Möllendorff aus seiner Antwort auf Theodor Mommsens „Strafrechtliche Anfragen des Romanisten" (1905, S. 29) versuchte der Verfasser dieser Einführung darzulegen in seiner Rezensionsabhandlung „Über die Rechtsgedanken in der griechischen Bildungsgeschichte, Bemerkungen zu Werner Jaegers Paideia" (Archiv für Rechts- und Sozialphilosophie, XXXI, 1937/38, S. 498—515, besonders S. 511 f.). Für unseren Zusammenhang aber ist vor allem wichtig der Schlußsatz von Ulrich von Wilamowitz-Möllendorff: „Es ist bezeichnend, daß von den Disziplinen der modernen Rechtswissenschaft nur das Völkerrecht direkt aus griechischer Wurzel stammt."

Daß die Griechen das Völkerrecht in unserem Sinne geschaffen haben, ist die Meinung vieler Forscher. Coleman Phillipson ist in seinem großen zweibändigen Werke „The International Law and Custom of ancient Greece and Rome“ (1911) von dieser Überzeugung geleitet. Freie Staaten scheinen da in lebhaftem und dauerndem Verkehr nebeneinander zu bestehen. Freie Verträge auf dem Fuße der völligen Gleichberechtigung regeln diesen Verkehr. Ein anderer hervorragender Kenner des Altertums hebt das ebenso wie Phillipson hervor und sagt: „Greece recognized and used but one form of treaty, that of an equal treaty between free and independant states. The Greek treaties are real Foedera aequa.“ (Rostovtzeff in Walsh, The History and nature of international relations, New-York 1922, p. 47.)

Phillipson meint, so ungefähr alle Einrichtungen des neuzeitlichen Völkerrechtes schon bei den Griechen zu finden. Und wegen der Liebe, die dem griechischen Genie entgegengebracht wurde, haben auch alle Einzelheiten, wie z.B. Konsularwesen, Handelsverträge, Seerecht usw. reiche Pflege im wissenschaftlichen Schrifttum gefunden. Der Verfasser dieser Einführung darf für alles Nähere auf seine 1936 veröffentlichte „Geschichte des Völkerrechtes“ verweisen.

In diesem Werke ist allerdings zugleich dargetan, daß trotzdem von einem echten Völkerrechte bei den Griechen keine Rede sein kann. Wohl hatten sie das eine Erfordernis eines solchen Völkerrechtes verwirklicht: das Nebeneinander- und Miteinandersein selbständiger Staaten mit regelmäßigem Rechtsverkehr. Aber das andere ebenso Wesentliche fehlte: die Verschiedenheit der Völker, das eigentlich internationale Element. Nur die hellenischen Staaten brachten sich jene hohe Achtung, die auf Gleichberechtigung beruht, entgegen. Die wahrhaft völkerrechtliche Achtung des volksfremden Staates lag auch den Griechen fern. Trotz aller Heiligkeit des Gastrechtes haben Sprache und Recht des Altertums für den Fremden keinen wirklich gesicherten Raum. Auch und gerade in der Politik des Aristoteles (l. Buch I 5) sind der Fremde, der Barbar, und der Sklave von Natur aus (φύσει) dasselbe. Das kam ebenso im Kriegsrecht zum Ausdruck (vgl. dazu des Verfassers „Geschichte des Völkerrechtes“, 1936, besonders S. 36 und die dort angeführten Stellen aus dem 5. Buch von Platons Politeia). [1])

Am Ende verfiel bekanntlich die hellenische Freiheit und Gleichberechtigung. Hegemoniestreben hatte sie lange schon und fast ständig bedroht. Alexander der Große tat den entscheidenden Schritt zum Internationalen. Aber er tat ihn imperialistisch, in der eigentümlichen Weise des orientalischen Imperialismus, als er (um es scherzhaft zu sagen) bei dem Kultusminister von Athen, bei dem Verwalter des Orakels von Delphi seine Ernennung zum Gotte beantragte. (Geschichte des Völkerrechtes, 1936, S. 15.) Das Wort Hegemonie kann man heute kaum aussprechen, ohne des großen Alterswerkes von Heinrich Triepel zu gedenken.

Was den Ursprung der Weltreichsidee Alexanders des Großen anlangt, so hat Rostovtzeff richtig betont, daß er weder griechisch noch römisch ist: „This was the substitution for the Persian domination of the world-domination of Greek elements around the Mazedonian state. The world monarchy of Alexander was in no respect a new political form. Alexander preserved all the peculiarities of the Persian Empire.“ (Rostovtzeff in History and Nature of international Relations, ed. by Edmund A. Walsh, p. 57.)

Die römische Herrschaft war Imperium. Sie kannte allenthalben die Verschiedenheit der Völker. Und groß und klar schien aus dem römischen Rechte das jus gentium, das Recht der Völker hervorzuleuchten. Aber das Imperium hat keinen Raum für die Verschiedenheit selbständiger Staaten, für deren Gleichberechtigung.

So läßt sich der weltgeschichtliche Sachverhalt dahin zusammenfassen, daß in Griechenland das internationale und in Rom das unabhängig staatliche Erfordernis des wahren Völkerrechtes fehlte.

Gewiß: man darf diese Feststellung nicht vergröbern. Das Imperium war nicht gleich am Anfange da. Zu Beginn seiner Geschichte hatte auch Rom mit selbständigen Staaten zu rechnen. Und wie bei allen Völkern des Altertums gab es da einen sakralen Ursprung des Völkerrechtes. Es knüpft in Rom an das Amt der Fetialen an. Vielleicht tut man gut, nicht vom jus gentium zu sprechen, wenn man das Völkerrecht meint, sondern vom jus fetiale. So hat es A. Weiß getan in seinem Buche „Le droit fétial et les fétiaux“ (1883). Und bald danach erschien: Fusinato, Dei feziali e del diritto feziale, Contributo alla storia del diritto publico esterno di Roma (1884). Am meisterhaftesten aber hat wohl Emil Seckel das alte römische Recht in seinem Wesen erfaßt in der knappen und inhaltschweren Arbeit: „Über Krieg und Recht in Rom. Rede zur Feier des Geburtstages Seiner Majestät des Kaisers und Königs. Berlin, 27. Januar 1915.“ (Berliner Universitätsreden 1915.) Der Verfasser dieser Einführung ist darauf besonders eingegangen in seiner „Geschichte des Völkerrechtes“ (1936) auf S. 44 f. und S. 57 ff.

Wenn auch die dem griechischen und römischen „Völkerrechte“ gewidmeten wissenschaftlichen Werke umfangreich und gewichtig sind, muß doch festgestellt werden, daß unser Völkerrecht nicht aus dem Altertume, sondern aus dem Mittelalter stammt. Da erst finden wir die Völkergemeinschaft. Es ist die christliche Völkergemeinschaft. Diese Einsicht ist schon in der großen völkerrechtsgeschichtlichen Arbeit vorhanden, die Robert Ward am Ende des achtzehnten Jahrhunderts dargeboten hat: An enquiry into the foundation and history of the Law of Nations (London 1795). Sie ist manchmal verdunkelt worden. Aber es ist kaum etwas anderes so wesentlich für die richtige Stellungnahme zum Völkerrecht wie gerade diese Erkenntnis. Zum ersten Male wurden da im Mittelalter verschiedene Völker in ihren verschiedenen selbständigen Staaten zur Völkergemeinschaft verbunden. Es war die Kraft der Kirche, es war das befreiende und innerlich bezwingende Christentum, das unser Völkerrecht und unsere Völkergemeinschaft schuf. Als Erscheinung des positiven Rechtes war diese Gemeinschaft begrenzt, so weltweit, so katholisch auch die Geltung ihres Glaubens ist. Bestimmte (aber durchaus verschiedene) Völker und Staaten gehörten dazu. Es wäre verfrüht, diese Staaten souverän zu nennen. Das ist nämlich kein mittelalterlicher, sondern ein neuzeitlicher Begriff. Aber sie dürfen und müssen als selbständige Staaten begriffen werden. Lehnrechtliche Bande ändern daran grundsätzlich nichts. Das Lehnrecht des Mittelalters ist durch eine großartige Gegenseitigkeit und insoweit Gleichberechtigung ausgezeichnet. Über Lehnrecht und Völkerrecht zu arbeiten, bleibt ein sehr reizvoller Gegenstand (was der Verfasser dieser Einführung 1936 in seiner Geschichte des Völkerrechtes auf S. 84 f. vorlegte, ist eine Skizze; die Hauptkraft ist im mittelalterlichen Teile dieser Geschichte des Völkerrechtes der anderen, ganz freiheitlichen Erscheinung gewidmet, die Brücke zur Neuzeit ist: der Hanse, S. 87 ff.). — Über den mittelalterlichen Staat ist grundlegend: Georg von Below, Der Deutsche Staat des Mittelalters, 1. Aufl. 1914, 2. Aufl. 1925.

Alle Lehren des Völkerrechtes wurden auch wissenschaftlich schon im Mittelalter begründet. Für ein Gebiet ist das allgemein zugegeben, für das Seerecht. Anderes ist weniger beachtet worden. So sind — sehr zum Unsegen — im weltlichen juristischen Schrifttum beispielsweise viel zu wenig bekannt die durchaus nüchtern abwägenden Ausführungen des Hl. Thomas von Aquin über Krieg und Frieden (vgl. Summa Theologica II, II qu. 40). Das ganze scholastische Kriegsrecht hat Robert Regout zum Gegenstande seiner bedeutenden Untersuchung gemacht: La doctrine de la guerre juste de Saint Augustin à nos jours, 1935.

Ein Fortsetzer, aber auch ein kühner Umgestalter der Lehren des Hl. Thomas von Aquin war Francisco de Vitoria (1480—1546, über ihn: Geschichte des Völkerrechtes, 1936, S. 138 ff., 15[illegible] ff.). Man nennt ihn wohl mit besserem Rechte als irgendeinen anderen den Vater der neuzeitlichen Völkerrechtswissenschaft. Aus einem tätigen Anliegen des Christen, aus der Sorge um die Echtheit und Wahrhaftigkeit der christlichen Missionen unter den Heidenvölkern hat dieser Professor der Theologie in Salamanca um Grundfragen des Völkerrechtes gerungen. Die Ausbeutung, die Nichtachtung der in Amerika neu entdeckten Völkerstämme quälte ihn. Darin war er auf das Engste mit Las Casas verbunden. Reinhold Schneider hat uns 1938 ein wundervolles Buch über dieses christliche Ringen geschenkt: „Las Casas vor Karl V.“

Ernst Nys hat die für uns wichtigen Vorlesungen von Francisco de Vitoria neu herausgegeben und eingeleitet: Vitoria De Indis et de Jure Belli Relectiones, Publications of the Carnegie Endowment for International Peace, Classics of International Law, 1917. S. auch James Brown Scott, The Spanish origin of the International Law, 1934.

Francisco de Vitoria hat kühne naturrechtliche Gedanken mit dem Völkerrechte, mit den völkerrechtlichen Forderungen seiner Zeit verbunden. Er kam aus der Schule, aus der Scholastik und stand doch mitten in seiner stürmischen Zeit, die der Umbruch, der schließliche Durchbruch zur neuen Zeit war. Aber anders als sein Zeitgenosse Johann Oldendorp (1480—1567), anders auch als der ein Jahrhundert später kommende Hugo Grotius ließ sich Francisco de Vitoria doch nicht von der Woge der Reformation forttragen, sondern blieb Katholik Es ist sehr reizvoll, Wandlung wie Beharren in seinem Leben zu erkennen und in den Einzelheiten zu erforschen. Er stand durchaus in der Schule des Hl. Thomas von Aquin und verwandelte dennoch manches aus der scholastischen Begriffswelt im Geiste des neuzeitlich fragenden Naturrechtes. Auf dem Gebiete des Staatsrechtes und der allgemeinen Staatslehre ist das von Peter Tischleder dargetan worden (Ursprung und Träger der Staatsgewalt nach der Lehre des Hl. Thomas und seiner Schule, 1923; Die naturrechtliche Grundlage der Staats-, Kirchen- und Kolonialpolitik nach der Lehre des Franziskus von Vitoria, in: Volkstum und Kulturpolitik. Eine Sammlung von Aufsätzen gewidmet Georg Schreiber zum 50. Geburtstag, herausgegeben von H. Konen und J. P. Steffes, 1932). Der kühne Erneuerungswille seiner Zeit bewegte aber vor allem Francisco de Vitorias völkerrechtliches Denken. Dieses drängte indessen nirgends zum Umsturz, sondern blieb im Gehorsam.

In Überlieferung und Gehorsam, ja in den ganzen Geist des Mittelalters scheint manchmal, wenn man es rein äußerlich betrachtet, auch noch das Werk des Hugo Grotius gebunden. Der oberflächliche Leser mag meinen, daß es noch immer beherrscht sei vom christlichen Dreiklange, wie er in der Scholastik die festeste und wohl auch ausgeglichenste Form gefunden hatte, dem Dreiklange von positivem göttlichen Rechte, natürlichem göttlichen Rechte und menschlichem Rechte. Das alles kommt dem Wortlaute nach noch vor in seinem berühmten Werke von 1625: De jure belli ac pacis libri tres. Diese Darstellung des Kriegs- und Friedensrechtes, die mitten im Dreißigjährigen Kriege erschien, hat dem Hugo Grotius den Ruf eingetragen, der Vater des Naturrechtes wie des Völkerrechtes zu sein. Das ist kein gerechtes Rühmen: denn das Naturrecht ist uralt. Aber selbst wenn man an seine eigentümlich neuzeitliche Gestalt und Fragestellung denkt, so haben Johann Oldendorp und Francisco de Vitoria, die ein Jahrhundert früher waren, einen besseren Anspruch auf den Vaternamen für Naturrecht wie für Völkerrecht.

Ein Erneuerer ist Hugo Grotius dennoch gewesen. Darin ist er auch weit über Francisco de Vitoria hinausgegangen. Er war nicht mehr Katholik, sondern Protestant. Vielleicht wollte er allerdings dahin zurück, wo Francisco de Vitoria gestanden hatte. Denn ein zufriedener und selbstgenügsamer Protestant ist Hugo Grotius in seinem bewegten Leben wohl nie gewesen. Gegen die siegreichen Strömungen des Protestantismus hatte er für die Arminianer Stellung genommen. Das hatte ihm die Verurteilung zu lebenslänglicher Haft und Einziehung seiner Güter eingetragen. Nur die abenteuerlich kühne Tat seiner Frau, Maria von Reigersberg, hat ihm, in eine Bücherkiste verpackt, zur Flucht verholfen und die Freiheit wiedergeschenkt, — die Freiheit fern dem Vaterlande.

Hugo Grotius war Jurist und Diplomat (schwedischer Gesandter in Paris). Er war aber zugleich Theologe. War er ein protestantischer Scholastiker? Er beruhigte sich jedenfalls bei dem protestantischen Kirchentume nicht. In seinem sanften und sehnenden Herzen hat er die beiden großen Anliegen der neuzeitlichen Christenheit getragen: die Heidenmission und die Wiedervereinigung im Glauben. Aus Missionsgeschichte und Kirchengeschichte sollten sich die Juristen viel häufiger unterrichten über das, was Hugo Grotius auf diesen beiden Gebieten geleistet hat, vor allem auch als praktischer Christ. Daß er ein Exeget, ein Kommentator der Bibel war, pflegt schon besser bekannt zu sein.

Hugo Grotius hat eine große katholische Sehnsucht im Herzen getragen. Wie die letzten Stunden seines einsamen Sterbens waren, fern von der Heimat, das wissen wir nicht.[3] Sein sichtbares Werk hat jedenfalls den letzten Ausklang nicht gefunden. Und echt mittelalterlich ist sein Geist nicht mehr gewesen. Da ist die geläufige Redensart denn doch schon richtiger, die ihn als den Modernen feiert, der das Naturrecht wie das Völkerrecht von der Theologie „emanzipiert" habe. Und Richtiges ist wohl auch in Friedrich Meineckes Kennzeichnung: „Auf Glauben an die Menschheit, an die geselligen und altruistischen Triebe im Menschen, an die Solidarität insbesondere der christlichen Völker baute er seine Rechts- und Staatsideen auf. Die alten Überlieferungen des Corpus Christianum gingen in ihm schon über in moderne bürgerlich-liberal und sentimental angehauchte Lebensideale, wie sie die holländische Kaufmannsaristokratie jetzt entwickeln konnte." (Meinecke, Idee der Staatsräson, 1. Aufl. 1924, S. 263, 3. Aufl. 1929.)

Das Genie von Hugo Cornets de Groot (wie Grotius, der Sohn des Bürgermeisters von Delft, eigentlich hieß) ist bei alledem nicht zweifelhaft. Es brach sich schon Bahn in seiner vaterländisch kühnen Jugendschrift von 1609: Mare librum, sive de jure quod Batavis competit ad indicana commercia. »Es war eben ein großer Wurf, den er mit dem Worte von der Freiheit der Meere getan hat. Wenn auch G i d e l ebenso wie wir die Abhängigkeit des Grotius von seinen Vorgängern, besonders von Vitoria, betont (Droit international public de mer I, p. 138), so will er doch damit ebenso wenig wie wir den berechtigten Ruhm des Niederländers verringern. Er traf bis in die Fragen unserer Tage hinein. Und die Auswirkungen gehen über das Seerecht hinaus. Denn, was an Grundsätzen für die hohe See errungen wurde, das will man heutigen Tages vielfach auf die großen Binnenwasserstraßen übertragen. 1930 hat auf der 10. Jahresversammlung der Deutschen Gesellschaft für Völkerrecht in Königsberg Dr. Sebba seinen Vortag über „Das internationale Privatrecht der Binnenschiffahrt“ mit dem Satze begonnen: „Zwei Tendenzen sind es, die das heutige Schiffahrtsrecht bewegen: Die Internationalisierung einerseits, die Angleichung von See- und Binnenschiffahrtsrecht anderseits.“ (Mitteilungen der Deutschen Gesellschaft für Völkerrecht, H. 10, S. 107.) Wir haben in unserer Stellungnahme zur Internationalisierung der Ströme die schweren Bedenken gegen solche Angleichung vorgebracht. Und es ist wohl überhaupt so, daß unsere Zeit sich auf die Grenzen der Internationalisierung besinnt. Als Nachahmer der Losung des Grotius z. B. die Freiheit der Luft für den internationalen Verkehr forderten, wurde ihr Verlangen von der Rechtsentwicklung nicht erfüllt.» (Geschichte des Völkerrechtes, 1936, S. 350—351, s. a. S. 167.) — Dem mare liberum des Hugo G r o t i u s trat 1635 John S e l d e n mit seinem mare clausum entgegen (Geschichte des Völkerrechtes, 1936, S. 170, 171).

Zwischen Francisco de Vitoria und Hugo Grotius stand zeitlich Jean B o d i n (Bodinus), der Theoretiker der Souveränität. 1576 erschienen seine Six livres de la République. Diese Republik aber war zunächst die absolute Monarchie, der Bodinus das scharf geschliffene, die Neuzeit beherrschende Souveränitätsdogma gab. Nach zwei Seiten hin schlug dieses Doppelschwert: den Papst und den Kaiser, die beiden überstaatlichen Gewalten der Christenheit, wollte es treffen. (Hierbei ist nur die äußere Schlagrichtung bezeichnet; im Innern des Staates wandte sich das Schwert gegen die adligen und alle andern ständischen Gewalten.) Bei allem Kampfe gegen Papst und Kaiser aber wagten die Denker um Bodinus kaum schon, die Einheit der Christen, die christliche Völkergemeinschaft selber, zu leugnen. Zu sehr gehörte die Seele der Völker, der aus dem Mittelalter kommenden Menschen noch immer dem Unum Corpus Christianum. Nur der Personenstreit und bloß ein Kampf um die Zuständigkeit schien es zu sein, was in Renaissance und Reformation mit umstürzender Gewalt hereinbrach. Man leugnete nicht einmal grundsätzlich die doppelte Autorität der Christenheit, die bis dahin in Papst und Kaiser verkörpert war. Nur wollte jetzt jeder Landesherr sein eigener Notpapst und Notkaiser sein. Das nahm man als Übergangsrecht für eine stürmisch notvolle Zeit in Anspruch. Und die großen und groß werdenden Mächte träumten dabei schon ihren neuen, unheiligen Imperialismus.

Alfred von Verdroß und seine Schüler betonen, daß die Souveränität bei Jean Bodin keineswegs mit Leugnung des Völkerrechtes verbunden war. Souveränität war ihm (und ist für Verdroß) eine Kompetenz, eine Zuständigkeit in der Völkergemeinschaft. Daran ist sehr viel Richtiges. Aber man darf auch nicht die Eigenwilligkeit des neuzeitlichen Staates verkennen, der sich auf dieses Souveränitätsdogma gründete. Dieser Staat nahm als Polizeistaat schon die ganze revolutionäre Machtgier des von der Theologie emanzipierten Naturrechtes für seine Zwecke hin. Denn nicht überall geht das Naturrecht so vom Menschen und von der Menschheit aus wie bei Hugo Grotius. Thomas Hobbes hatte die Menschennatur und darum die Menschengemeinschaft ganz anders gesehen als Grotius. Und die Denker, die Staat, Souveränität, werdenden Absolutismus und vernünftlerisches Naturrecht verbanden, waren in Gefahr, das Völkerrecht zu leugnen.

Die preußische Staatsführung allerdings hat das nicht getan. Wie falsch handeln die, welche den Antimacchiavell Friedrichs des Großen nicht ernst genug nehmen, sondern ihn irgendwie aus seinem Leben wegdeuten wollen! Große Männer mögen hier und da irren oder, von Leidenschaft bewegt und im Drange der Ereignisse, in Schuld und Sünde fallen. Aber der sittlich empfindende Mensch, der im Machtgedränge nicht immer vermag, das hohe Bild zu verwirklichen, das in seiner Seele lebt, ist tief verschieden von dem kleinen verbissenen Machtpolitiker der neuesten Zeit. Es ist im Grunde nur der kleine Geist des Stammtisches, der sich einbildet, man könne schon groß und mächtig werden, wenn man nur genügend Verachtung für Recht und Sittlichkeit habe, wenn man „sich nichts vormachen lasse“, wenn man bloß erst „den Dreh raus habe“, wenn man den „Mut“ aufbringe, noch schlechter zu sein, als die Gegner sowieso sind. Die preußischen Könige liebten dagegen das Glockenspiel der Potsdamer Garnisonkirche mit seinen beiden Liedern: „Üb immer Treu und Redlichkeit“ und „Lobe den Herrn, den mächtigen König der Ehren“. Das gilt in höchstem Maße für Friedrich Wilhelm I., Friedrich Wilhelm IV. und Wilhelm II. Sie waren nicht ungläubig, sondern gläubig. Deshalb glaubten sie an Gott und das Recht und nicht an die vom Rechte losgerissene Gewalt. Sie sahen dabei das Recht keineswegs ohne Macht. Denn sie wußten, daß Gott allmächtig ist. (Über die selbstverständliche Bejahung des Völkerrechtes durch die preußischen Könige s. Geschichte des Völkerrechtes, 1936, S. 204 ff., 212.)

Die Leugnung des Völkerrechtes ist eigentlich immer eine saft- und kraftlose Sache gewesen. Wenn man genau hinsieht, ist es die Ohnmachtspolitik der Theoretiker der Macht, die in der harten Wirklichkeit des Tages für Macht schwärmten, bis sie ganz ohnmächtig wurden. Wie kümmerlich ist schon im Anfange z. B. die persönliche Wirkung John Austins gewesen. Weder als Anwalt noch als akademischer Lehrer hat er das natürliche und unverbildete Gefühl für sich gewinnen können. Er blieb da ganz erfolglos. Seine Schule, die sich dann allerdings doch bildete, kam über ein krampfhaftes „Philosophieren" ohne Tiefe, über ein diesseitssüchtiges naturalistisches Souveränitätsdogma nicht hinaus. Wie anders ist da der wirkliche Staatsmann, der machtvoll gehandelt hat, etwa der Empire-builder Benjamin Disraeli, der Earl of Beaconsfield. Macchiavellistisch bedeutete für ihn dasselbe wie unsittlich und abscheulich. Er brauchte es mit naiver Ehrlichkeit in seinen Briefen als ein Schimpfwort. Als Dichter, als Denker über staatliche Dinge, als Staatsmann: überall sieht er das Hohe und Geheimnisvolle, das ihn anzieht, dem er sich beugt. Er ist zwar immer wieder verdächtigt worden, indem, manchmal sehr versteckt und etwas hinterhältig, seine Ehrlichkeit bezweifelt wurde. Aber wer seine Empfänglichkeit für die überirdische und von altersher überlieferte Wahrheit in seinem Leben von Jugend auf erkennt, wird, bei aller Würdigung des Allzumenschlichen, auch diesem Staatsmanne den Glauben an Gott und Recht und die Achtung vor dem Völkerrechte zugestehen.

Von den deutschen Staatsmännern hat ein so gewaltiger Befreier wie der Reichsfreiherr vom Stein die echteste Überlieferung des Völkerrechtes, die der christlichen Völkergemeinschaft, weiter tragen und neu begründen wollen. Sein Briefwechsel nach dem Wiener Kongreß, besonders später beim Tode seines Freundes, des Zaren Alexander von Rußland, beweist das besonders. Er machte auch, bei aller Einsicht in das Unvollkommene und Ungelöste, den Spott über die Heilige Alliance nicht mit. (Der Verfasser dieser Einführung versuchte darauf schon in seinem Beitrag zur Festgabe für Paul Heilborn, 1930, „Über Anerkennung im Völkerrecht" hinzuweisen.) Das Christentum war allerdings zur Zeit des Freiheitskrieges und des Wiener Kongresses nicht mehr einheitlich und allgemein, nicht mehr katholisch. Das erklärt manchen Riß.

Einen ruhigen Standpunkt nahm Friedrich Carl von Savigny ein. Wir tun auch hier gut, diesen unseren juristischen Klassiker selber zu uns sprechen zu lassen. Der § 11 im 1. Bande seines Systems des heutigen Römischen Rechtes (1840) ist „Völkerrecht“ überschrieben und lautet (S. 32—34):

„Betrachten wir weiter das Verhältnis mehrerer nebeneinander bestehender Völker und Staaten, so erscheint uns dasselbe zunächst ähnlich dem Verhältnis einzelner Menschen, die durch Zufall zusammengeführt werden, ohne durch Volksgemeinschaft verbunden zu sein. Ist jeder derselben ein wohlgesinnter und gebildeter Mensch, so werden sie das Rechtsbewußtsein, welches jedem aus seinen früheren Verhältnissen inwohnt, auf ihre zufällige Nähe anwenden und sich so durch Willkür einen Rechtszustand einrichten, der unfehlbar mehr oder weniger ein nachgeahmter, also übertragener, sein wird. Ebenso können mehrere unabhängige Staaten das, was einem jeden als Recht inwohnt, auf ihr gegenseitiges Verhältnis willkürlich anwenden, soweit es dahin paßt, und soweit sie es als vorteilhaft finden: allein auf diesem Wege entsteht noch kein Recht. Indessen kann auch unter verschiedenen Völkern eine ähnliche Gemeinschaft des Rechtsbewußtseins entstehen, wie sie in Einem Volk das positive Recht erzeugt. Die Grundlage dieser geistigen Gemeinschaft wird teils in einer Stammesverwandtschaft bestehen, teils und vorzüglich in gemeinsamen religiösen Überzeugungen. Darauf gründet sich das Völkerrecht, welches namentlich unter den christlich-Europäischen Staaten, aber auch den alten Völkern nicht fremd war, wie es z. B. bei den Römern als jus feciale vorkommt. Auch dieses dürfen wir als positives Recht betrachten, jedoch aus zwei Gründen nur als eine unvollendete Rechtsbildung: erstlich wegen der Unvollständigkeit eines irgend sicheren Inhalts, und zweitens, weil ihm diejenige reale Grundlage fehlt, die dem Recht der einzelnen Glieder desselben Volks in der Staatsgewalt, und namentlich in dem Richteramt, gegeben ist (§ 9).

Indessen führt die fortschreitende sittliche Bildung, wie sie das Christentum begründet, jedes Volk dahin, ein Analogon jenes positiven Völkerrechts selbst auf solche völlig fremde Völker anzuwenden, von welchen diese Gesinnung nicht geteilt und dieses Verfahren nicht erwidert wird. Eine solche Anwendung aber hat einen rein sittlichen Charakter, und nicht die Natur eines positiven Rechts.“

Der Hl. Thomas von Aquin und Francisco de Vitoria würden hier allerdings, von dem gewaltigen Dreiklange der katholischen Rechtslehre aus, durchaus von Recht und nicht bloß von einem „rein sittlichen Charakter“ sprechen: sie würden es natürliches göttliches Recht und in einigen obersten Sätzen sogar positives göttliches Recht nennen.

Wer Savigny an Leidenschaft in der Bejahung des Völkerrechtes und Entschiedenheit des Christentums noch übertreffen will, mag auf dem rechten Wege sein. Nur darf er sich nie von der Besonnenheit und Klarheit des Meisters unserer Rechtswissenschaft entfernen.

Weit weg vom Geiste Friedrich Carl von Savignys aber haben sich die Völkerrechtsleugner verirrt. Ihr Werk war immer nur ein unfruchtbares Raisonnieren oder krampfhaft positivistisches „Philosophieren“. Eine gute und gründliche Darstellung ihrer Lehren hat, auf verhältnismäßig knappem Raume die wesentlichen Erscheinungen zusammenfassend,

Gustav Adolf Walz in seinem 1930 erschienenen Buche „Wesen des Völkerrechts und Kritik der Völkerrechtsleugner“ gegeben.

Die Leugnung des Völkerrechtes beruht auf einer Überspannung des Souveränitätsdogmas. Das wird einem vielleicht am klarsten, wenn man die Vorlesungen des Engländers John Austin vor Augen hat.

John Austin, The Province of Jurisprudence Determined, 2nd ed., 1869, by R. Campbell. — Lectures on Jurisprudence or the Philosophy of Positive Law. Abridged from larger Wort by Robert Campbell, 13th Impression, 1920. Auf Austin beruht die Einführung in die Rechtswissenschaft, die der Londoner Professor Hibbert in seiner National Jurisprudence von 1932 gibt.

Man spricht heute von einer Souveränitätskrise.

Nicht als ob man sich von dem Absolutismus irdischer Staaten wieder auf Gott besänne, auf den Reichsgedanken des Sachsenspiegels, — es hat die Rede vielmehr einen allzu menschlichen Sinn.

Das Wort von der angeblichen Souveränitätskrise bringt uns auf eine immer wieder erörterte Grundfrage des Völkerrechts, eine über es hinauslangende sehr schwere Frage, mit der diese Einleitung zu ihrem Ende kommen soll.

Es ist das Verhältnis von Völkergemeinschaft und Volks-, Staatsgemeinschaft. Triepel hatte (Völkerrecht und Landesrecht, 1899) mit realistischem Scharfsinn und realistischer Umsicht hier eine Zweiheit, einen Dualismus festgestellt, der für Jahre hinaus die leidige philosophische Debatte über die Möglichkeit eines Völkerrechts über oder neben dem Landesrecht beinahe verbannte und die Juristen größtenteils bewog, die beiden Normenkomplexe einfach als Gegebenheiten hinzunehmen. 1920 aber hat Hans Kelsen („Das Problem der Souveränität und die Theorie des Völkerrechts“) die Debatte wieder ganz energisch eröffnet. Er reißt die Rechtswissenschaft gänzlich aus der Geschichte heraus. Am deutlichsten erkennt man das an seinem Begriff der Rechtsquelle. Sie dürfe nichts Tatsächliches, sondern nur etwas Normatives sein; nicht Wille oder Willenseinigung, sondern der letzte Grundsatz, auf den sich alle Einzelheiten einer Rechtsordnung zurückführen lassen. Fruchtbar kann diese Besinnung Kelsens werden, wenn sie hilft, das oberflächliche und rechtsauflösende Gerede von der Normativität des Faktischen zu überwinden; denn diese Redensart ist oft die Ausflucht derer, die sich ohne Treue und ohne Glauben auf den „Boden der Tatsachen“ stellen. Aber Kelsen birgt zugleich die Gefahr rechtsfremder, formalistischer Zuspitzung. Die Frage nach den Rechtsquellen vereinfacht sich für Kelsen so, daß als mögliche Quellen nur zwei übrigbleiben: die nationalistische und die pazifistische Einführung in die Rechtswissenschaft.
nach den Rechtsquellen vereinfacht sich für Kelsen so, daß als mögliche Quellen nur zwei übrigbleiben: die nationalistische und die pazifistische
Ursprungsnorm. In der Tat gibt es nun die Antinomie: alles Recht zwischen

den Völkern hat seinen Ursprung im Willen der Völkerrechtsgemeinschaft, alles Recht zwischen den souveränen Staaten fließt aus dem Staatswillen (äußeres Staatsrecht: Zorn). Aber ist ein Übermut der Vernunft, den Gegensatz von Völkergemeinschaft und Volk als eine Alternative hinzustellen. Kelsen kämpft gegen Triepels Dualismus für einen neuen Monismus. Die Einheit des Erkenntnisstandpunktes fordere gebieterisch, daß man alles Recht, also auch Völkerrecht und Landesrecht, auf einen Ausgangspunkt zurückführe. Was aber ist diese Einheit des Erkenntnisstandpunktes? Es ist der subjektivistische, einzelmenschlich-vernünftlerische Ausgangspunkt der liberalen Philosophie, die einzelmenschliche Vernunft, von dem man auf der einen Seite zum Imperialismus und auf der anderen zum Pazifismus, in der blutigen Wirklichkeit aber überall zu den grausamsten Kriegen gekommen ist. Wo ist bewiesen, daß diese Menschenvernunft in der Lage sei, alle tatsächlich vorhandenen Gegensätze in einer höheren Einheit aufzulösen? Oder auch nur, daß sie ein Recht gebe, einseitig zu wählen und Stellung zu nehmen? Hat nicht schon Kant die Grenzen der Vernunftserkenntnis durch seine Antinomienlehre klar genug erwiesen?

In ungeheuren Spannungen besteht unser Leben; eine solche Spannung ist die zwischen den Polen Volk und Völkergemeinschaft. Wenn Politis (in seinen Haager Vorlesungen über die Krisis des Souveränitätsgedankens) behauptet, diese Gesamtheiten seien nur Fiktionen, die einzige Wirklichkeit in ihnen sei der Mensch — so ist das eine späte Frucht überwundenen atomistischen Denkens. Der Menschlichkeitsbegriff vermag die beiden Pole des politischen Lebens der Welt nicht zusammenzuhalten, ist nicht stark genug, ein Weltreich zu begründen. Der in Erkenntnis, Kunst und Technik sich noch so brüstende Mensch kann niemals die zusammenfassende Klammer vor dem, über dem Volke sein; er steht im Gegenteil darunter. Aber die Vergötzung des Volkes und Vergewaltigung des Menschen ist eine ebenso grause Gefahr wie die Vergottung des Menschen. Nur Jesus Christus der Gottmensch, nur Christus der König bringt das Licht und die Rettung aus Wirrnis. Sein allein ist das Reich, das ewige Reich.

Manchen erscheint eine Überordnung des Völkerrechts oft deshalb gegeben, weil Regeln des Völkerrechts gegenüber dem Eigenwillen eines positiven Landesrechts als lex naturalis erscheinen. Aber wenn man genau hinsieht, erkennt man, daß manchmal auch ein nationaler Staatswille gegenüber der bestehenden positiven völkerrechtlichen Vereinbarung als „Naturrecht" erscheint.

Völkerrecht und Landesrecht sind in ihrer geschichtlichen Erscheinung willensmäßig bestimmt. Es ist ein Dualismus, der erkenntniskritisch nicht weiter überbrückt und vereinigt werden kann. Andererseits darf sich der wissenschaftliche Mensch auch nicht bei der Souveränität seines einzelmenschlichen Gewissens beruhigen, das ihm gestatte, hier zu wählen. Eine Antinomie ist keine Alternative.

Zwei Kreise umspannen, höher und umfassender, Menschen- und Völkerwillen: lex naturalis und lex aeterna (divina).

Wenn mit diesem Hinweise schlechthin an Thomas von Aquino angeknüpft wird, so soll der kurze Hinweis wenigstens nicht die Betonung entbehren, daß des heiligen Thomas „natürliches Gesetz" verschieden ist von dem Standpunkte des verweltlichten Naturrechts. Dieses geht über das Natürliche nicht hinaus und bleibt darum bei der ratio als der Erkenntnisquelle dieses Natürlichen stehen. Für Thomas ist das Natürliche nur der eine von drei Erkenntnisstandpunkten; die beiden anderen sind: die lex humana, also für den praktischen Forscher: Geschichte, Kenntnis des Volkstums und organische Verbundenheit mit ihm, und die lex divina, die nur der an die göttliche Offenbarung Gebundene erkennt. Der Deutsche wird auch in dem nie gewesenen Verhängnis der Gegenwart dem wahren Völkerrechte dienen. Der sachlichen Unterrichtung hierfür will Hermann von Mangoldt mit seinem Kieler Institut Hilfsmittel schaffen. Heft 1: H. von Mangoldt: Kriegsdokumente über Bündnisgrundlagen, Kriegsziele und Friedenspolitik der Vereinten Nationen, 1946. Sehr wichtige Veröffentlichungen sind: Rudolf von Lann, Die Haager Landkriegsordnung. Textausgabe mit einer Einführung Studienbehelfe, im Selbstverlag der Universität Hamburg, 1946. (Rolf Stödter:) Die deutsche Seeschiffahrt im Friedensvertrag 1947; Holland und die deutsche Tarifhoheit, 1947. Vgl. dazu meine Geschichte des Völkerrechtes, 1936, S. 322.

Anmerkungen zum Völkerrecht.

1. Man vergleiche von neuesten Veröffentlichungen · Georg Stadtmüller: Thukydides — Das Zurücksinken des Hellenentums in die Barbarei Universitas, Jahrgang I. 1946. S 519 bis 532. Es mag wichtig sein, die Mitteilung weiterzugeben, die der Herr Verfasser den versandten Sonderdrucken beifügte »Der Verfasser legt Wert auf die Feststellung daß der vorliegende Aufsatz von der Schriftleitung aus zeitbedingten Erwägungen eigenmächtig — ohne Befragen des Verfassers — verändert wurde. So wurde der Untertitel hinzugefügt [„Eine Studie zur kulturzerstörenden Wirkung des Krieges"], die Darstellung des „Kriegsverbrecherprozesses" gegen die gefangenen Platäer stark umgestaltet und verwässert u. a. Durch diese und andere Umgestaltungen ist in der vorliegenden gedruckten Fassung das „Zurücksinken in die Barbarei" stärker als in dem Manuskript zum Ausdruck gekommen.«

2. Geschichtliche Bilder und neuere Bücher:

Wir zitieren nach den vom Frhr. vom Stein geschaffenen, von Pertz wissenschaftlich gesammelten Monumenta Germaniae historica. legum sectio IV Constitutiones I, Abs. 2—3·

Ego Karolus divina propitiante clementia rex Francorum occidentalium amodo ero huic amico meo regi orientali Heinrico amicus, sicut amicus per rectum debet esse suo amico, secundum meum scire ac posse, ea vero ratione, si ipse mihi iuraverit ipsum eundemque sacramentum et attenderit quae promiserit Sic me deus adiuvet et istae sanctae reliquiae

E contra rex Heinricus eandem promissionem sacramento eisdem prosecutus est verbis subsequenter, ut huius amicitiae firmitas inviolabiliter observaretur. (921)

Wir haben es hier mit einer regelrechten völkerrechtlichen Anerkennung zu tun. Ranke, Weltgeschichte, 6. Bd. S. 67, 6. u. 7. Aufl.: «Gewiß durfte Karl nicht hoffen, sich in Westfrancien zu behaupten, wenn der mächtige Sachsenfürst mit seinen Feinden gemeinschaftliche

Sache gemacht hätte. Aber auch für Heinrich konnte nichts erwünschter sein, als von Karl, dem unzweifelhaften Sprossen des karolingischen Geschlechts, als seinesgleichen anerkannt zu werden.

Um persönlichen Entzweiungen des Gefolges vorzubeugen, wurde, wie einst zwischen Valens und dem Richter der Goten auf der Donau, so jetzt zwischen dem legitimen Karolinger und dem emporstrebenden Sachsenfürsten eine Zusammenkunft in der Mitte des Rheins auf einem festverankerten Fahrzeug ins Werk gesetzt. Vorläufige Bestimmungen waren vorausgegangen. Die beiden Haufen behielten einen Tag lang einander im Angesicht, ohne die Waffenruhe zu stören. Es ist bemerkenswert, daß in der offiziellen Urkunde über diese Zusammenkunft von den beiden Fürsten der eine als Herr Carolus, der andere als der tapfere Heinricius bezeichnet wird. Sie fuhren jeder von seiner Stelle her auf das dritte durch Anker befestigte Fahrzeug zu, wo sie einander gegenseitig einen Eid leisteten: „Ich", schwur der ältere, Carolus, „König der westlichen Franken, werde von diesem Tage an der Freund meines Freundes, des Königs der östlichen Lande, Heinrich, sein, nach meinem Wissen und Können, jedoch unter der Bedingung, daß derselbe mir den gleichen Eid leistet und ihn beobachtet. So helfe mir Gott und diese heiligen Reliquien."

Der wesentliche Inhalt ist die Anerkennung der königlichen Würde Heinrichs durch den westfränkischen König und die Versicherung der Freundschaft für ihn, nicht gerade ein Versprechen zu gegenseitiger Hilfeleistung, aber die Zusage, daß keiner mit den Gegnern des andern gemeinschaftliche Sache machen werde. Das Aktenstück, wie es vorliegt, macht den Eindruck der andauernden Superiorität des westfränkischen Königs, die aber doch von keiner eingreifenden Bedeutung ist.»

Sehr früh bildeten sich Vertragsbeziehungen zu italienischen Herrschern aus. Die folgende Aufstellung gibt nicht die ersten, doch aber wohl die bemerkenswertesten des frühen Mittelalters: Otto I. Pactum cum Venetis. 967. Otto II. Pax cum Venetis. 983. Enthaltend: Gesta de pace cum Venetis renovenda. Pactum cum Venetis. Praeceptum Venetis datum de securo commeato. (Die Reihe der Erneuerungen setzt sich fort.) Monumenta Germaniae Historica. Legum Sectio IV: Contitutiones et Acta Publica Imperatorum et Regum, A 1 p. 30, 38—44.

Instrumentum pacis Osnabrugense (14/24. X. 1648). Articulus VIII. § 2. Gaudeant (sc. Electores, Principes et Status imperii Romani) sine contradictione iure suffragii in omnibus deliberationibus super negotiis Imperii, praesertim ubi leges ferendae vel interpretandae, bellum decernendum, tributa indicenda, delectus aut hospitationes militum instituendae, nova munimenta intra Statuum ditiones exstruenda nomine publico veterave firmanda praesidiis nec non ubi pax aut foedera facienda aliave eius modi negotia peragenda fuerint, nihil horum aut quicquam simile posthac unquam fiat vel admittatur, nisi de Comitiali liberoque omnium Imperii Statuum suffragio et consensu. *Cum primis vero ius faciendi inter se cum exteris foedera pro sua cuisque conservatione ac securitate singulis Statibus perpetuo liberum esto; ita tamen, ne eiusmodi foedera sint contra Imperatorem et Imperium pacemque eius publicam vel hanc inprimis Transactionem fiantque salvo per omnia iuramento, quo quisque Imperatori et Imperio obstrictus est.* . .

Strupp, Karl: Documents pour servir a l'histoire du droit de gens, 2. edition, Tome 1, 1923. Eine bewußt in der Neuzeit (bei Machiavelli) beginnende Urkundensammlung ist die von Lawrence, Documents Illustrative of International Law, 1914.

Heinrich Triepel, Völkerrecht und Landesrecht, 1899.

Von Lehrbüchern seien hier (der Kürze wegen nur mit dem Namen der Verfasser) genannt: von Liszt-Fleischmann, Freiherr Hold v. Ferneck, Alfred von Verdroß, Heilborn, System des Völkerrechts, 1896; Grundbegriffe des Völkerrechts, 1912; Völkerrecht, in der Enzyklopädie der Rechtswissenschaft von F. von Holtzendorff und Josef Kohler, 1914. Arthur Wegner: Paul Heilborn, in der Zeitschrift für Völkerrecht XVII (1933) S. 145—152. Heinrich Drost, Grundlagen des Völkerrechts, 1936, von Waldkirch, Strupp, Anzilotti (italienisch, deutsch übersetzt 1929), Oppenheim, Westlake, Hall, Lawrence (7. Aufl. 1929 von Winfield), Brierly (Engländer), Calvo (Argentinier, franz. geschrieben: droit int. 1887), Fauchille (Franzose), Hyde, Fenwick (Amerikaner), Ferguson (englisch schreibender Holländer, veraltet, aber interessant).

Borchard, The Kellogg Treaties sanction war, Zeitschrift für ausländisches öffentliches Recht und Völkerrecht, 1929, S. 126 f. Ernst Sauer, Grundlehre des Völkerrechts, 1947.

Zu der Rechtsprechung ist jetzt zu vergleichen das von Victor Bruns begründete Handbuch der Entscheidungen: Fontes juris gentium, 1. Bd., 1931.

3. Sophie Görres, Ist Hugo Grotius katholisch gestorben? Hist.-pol. Blätter, 154. Bd., 1914 S. 1 ff, 116 ff.

2. Hauptstück

Internationales Privat- und Strafrecht.

Es hat jemand von einem Engländer in London Waren gekauft, oder ein anderer hat einen amerikanischen Onkel beerbt. Welches Landes Recht findet hier Anwendung? Ein Franzose begeht in Deutschland eine Straftat, ein Deutscher in Frankreich. Welche Strafgewalt greift ein?

Statutenkollisionen, conflict of laws — es ist ein schwieriges Rechtsgebiet, dessen Feinheiten dem Anfänger noch nicht klargemacht werden können.

Die italienischen Juristen des 13. bis 15. Jahrhunderts haben, aus der Fülle von Statutenkollisionen der damaligen italienischen Stadtstaatenwelt heraus, die Hauptlehren sowohl des internationalen Privat- wie Strafrechtes entwickelt. Sie werden heute meist im Zusammenhange mit Privat- und Strafrecht vorgetragen, haben aber auch ihren völkerrechtlichen Bezug.

Die Wissenschaft des internationalen Privatrechtes ist in Deutschland recht eigentlich durch Savigny (System Bd. 8) begründet worden, in klassischer Klarheit. Heutige Forscher (vor allem Ernst Frankenstein, der bewußt ungeschichtlich vorgeht) weichen erheblich von ihm ab. Eine Vermittlung versucht das heute wohl grundlegende Werk von Leo Raape (1931). Diesem großen Kommentar von 1931 hat Leo Raape inzwischen sein meisterhaftes Lehrbuch folgen lassen: Deutsches Internationales Privatrecht. Anwendung fremden Rechts. I 1938; II 1939.

Über internationales Strafrecht habe ich Zeitmeinungen wie Geschichtliches zusammenzutragen versucht in meiner Abhandlung „Über den Geltungsbereich des staatlichen Strafrechts", Frank-Festgabe, 1930.

Zur Kennzeichnung des Gebietes stehe hier eine klassische Zusammenfassung Gierkes

„In der fränkischen Zeit entschied das Prinzip der Personalität alles Rechtes, so daß jede Person in allen Rechtsverhältnissen nach ihrem angeborenen Stammesrecht beurteilt wurde. Daneben brach sich jedoch für die mit dem Grundbesitz verknüpften Verhältnisse das Prinzip der Dinglichkeit Bahn, das eine immer größere Tragweite gewann, je weiter die Verdinglichung der Rechtsverhältnisse fortschritt. Im späteren Mittelalter vollzog sich der Übergang zu dem Prinzip der Territorialität des Rechtes, wobei als Herrschaftsbereich jeder Rechtsquelle ein räumlich begrenztes Gebiet erscheint, das Land und Leute zu einer organischen Einheit zusammenfaßt. Seit dem Siege des Territorialitätsprinzips gilt der Satz, daß alle Verhältnisse, die einem Gebiet angehören, auch dem Rechte dieses Gebiets unterworfen sind (quidquid est in territorio est de territorio). Die Anerkennung des fremden Rechtes aber äußert sich nun in dem weiteren Satze, daß das Recht des Gebiets, dem ein Verhältnis angehört, auch in jedem anderen Gebiete anzuwenden ist, in dem jenes Verhältnis einer rechtlichen Beurteilung unterliegt. Auf dieser Grundlage entwickelte schon die mittelalterliche Jurisprudenz eine umfassende Doktrin über die einzelnen Fälle der Statutenkollision In den folgenden Jahrhunderten wurde diese Doktrin unter eifriger Mitarbeit der Rechtsgelehrten aller Länder fort und fort erweitert und vertieft. Ihre Lehrsätze verdichteten sich in den einzelnen Ländern größtenteils zu Gewohnheitsrecht und wurden zum Teil gesetzlich fixiert. Neue Anregungen erfuhr die Lehre durch die vom Völkerrecht her eingeleiteten Bestrebungen, den gemeinsamen Besitzstand der Kulturvölker im internationalen Privatrecht festzutellen und . . . in einem . . . Weltrecht auszugleichen." (Gierke, Deutsches Privatrecht, I, 1895 S. 211.)

Das Streben nach dem Weltrecht ist indessen vielfach in tiefstem Sinne unvolkstümlich und überschreitet auch wohl die menschliche und staatliche Rechtsschöpfermacht, weil das Weltrecht in der Zuständigkeit Gottes liegt.

Viertes Buch

Das Recht von christlichem Glauben und christlicher Kirche her (Kirchenrecht).

Man ist im modernen Geistesleben gern geneigt, jedem Zeitalter, jeder „Kultur“ (sei es auch der eines Negervolkes, dem man in allem Ernst doch so unchristlich grausam die Gleichberechtigung versagt und töricht hochmütig begegnet) Sinn und Wert zuzugestehen. Das Christentum aber erscheint als ein beinahe unbegreiflicher Irrtum, die christliche Kirche gar als furchtbare Täuschung. Nicht als ob man nie auch milde und anerkennende Worte fände! Man gesteht zu, daß die „Zähmung“ der jungen „Barbarenvölker“, die dem zusammenbrechenden Römerreich nicht mehr gelang, Werk des christlichen Glaubens, der Kirche gewesen sei. Man erkennt an, daß die Lehre „des Galiläers“ die völkischen Religionen durch einen der ganzen Menschheit zukommenden Gottesglauben ersetzt habe. Manche weisen zwar darauf hin, daß die Reden „des Nazareners“ nicht so furchtbar original seien, wie man sich für gewöhnlich einbilde — aber immerhin geben auch sie wenigstens einen gewissen Fortschritt zu. Alle bedauern nur, daß sich mit einer an sich guten und entwicklungsfähigen Sache soviel Wahn, soviel blutige Unduldsamkeit vermischt habe. Aber selbst, wo man aus irgendeiner „irrationellen“ Hemmung eine solche Kritik nicht wagt, nimmt man das Christentum vielfach (trotz herkömmlicher Zugehörigkeit) nicht ernst, wissenschaftlich wenigstens nicht. Man hat das Gefühl, es habe in der Geschichte seine Mission erfüllt. Die habe darin bestanden, den Menschen zu sich selber zu bringen, damit er nun, um ein Goethewort zu brauchen, ohne Furcht und Hoffnung lebe. Soweit sei man jetzt glücklich — was nicht ausschließe, daß man die schönen christlichen Legenden und Sprüche (aber nur die wirklich schönen) bei der Jugenderziehung mit verwende. Kinder müssen Religion haben, später verliere sich das von selber.

Es gibt aber auch fromme Christen, die das Christentum nicht ernst nehmen und dabei glauben, es ernster, weil ehrlicher, aufzufassen als irgendwer. Den christlichen Glauben ernst nehmen heißt nämlich, den Wahrheitsanspruch Jesu Christi ernst nehmen. In diesem Wahrheitsanspruch liegt, daß der Erlöser, der Heiland, der Weg, die Wahrheit und das Leben ist und daß man dieser Wahrheit, die höher ist denn alle Vernunft, in der Gemeinschaft der Gläubigen gewiß wird. Kein frommer Christ wird wagen, den Anspruch Jesu, die Wahrheit zu sein, zu bestreiten. Man kann sich (wenn man ehrlich ist) so wenig Greifbares darunter vorstellen, daß es ziemlich gleichgültig bleibt, ob man ihn zugibt oder nicht. So ist es heute.

Das Mittelalter stellte sich das alles aber doch sehr greifbar vor. Da war die Wahrheit nicht abstrakt wie heute, sondern gewann Gestalt im Worte des lebendigen Menschen, und das Wort war eins mit dem, der es sprach, und man folgte ihm, weil er der Herr war, um der Wahrheit willen. Herr sein heißt befehlen und selber die Autorität des Befehles sein. Wo Kirche ist, wird sie von dieser Befehlsgewalt erfüllt. Wo Christen sind, ist des Herrn Wort einzige Autorität.

„Und so bist du dennoch ein König?“ Der Christ fragt nicht erst. Aber ein so frommer Christ wie der bedeutende Rechtsforscher und glänzende Rechtslehrer Rudolf Sohm[1] betont (wie's dem Gefühle vieler entspricht) die Antwort des Herrn: „Mein Reich ist nicht von dieser Welt.“ Damit scheint die römische Kirche gerichtet, die sich angeblich vermaß, das Reich Gottes auf Erden zu begründen, sich von Gott belehnt glaubte. Sohm stellte mit Bedauern fest, daß der Clemensbrief (etwa um das Jahr 96) dem schönen urchristlichen Gemeindeleben durch mit Himmelsgewalt verbrämte, menschliche Autoritätsansprüche ein Ende gemacht habe. Die Geschichte der katholischen Kirche beruhte demnach auf Wahn oder Trug. Für Wilhelm Kahl ist als Rechtsschöpfung der frühen kirchlichen Jahrhunderte bewunderungswürdig lediglich das Mailander Toleranzedikt von 313: „Ein wunderbarer Anfang der Geschichte des Verhältnisses von Staat und Kirche. Toleranz nicht etwa bloß für die Christen, sondern Freiheit und Gleichheit für alle, für Christen, Heiden und Juden.“ Dann habe die große Reaktion begonnen, 380, als Theodosius der Große das Christentum zum ausschließlichen staatlichen Bekenntnis erhob.

Katholisches Kirchenrecht

Das Kirchenrecht ist so alt wie die Kirche selbst. Es beruht auf dem Willen Jesu Christi, des göttlichen Heilandes.

Quellen und Schrifttum des kanonischen Rechtes werden in der Wissenschaft des Kirchenrechtes besonders aufmerksam von dem geistigen Leben her verfolgt, das im mittelalterlichen Bologna blühte. Irnerius hat dort 1084 die berühmte Juristenschule gegründet. Auf weltlichem Gebiete erwuchsen daraus die Glossatoren und später die Postglossatoren.

Sie haben von der Scholastik ebenso gelernt wie des Irnerius Schüler, der Kamaldulensermönch G r a t i a n, der die neue Wissenschaft des Kirchenrechtes begründete. Um 1140 schuf er das Rechtsbuch, das er selbst Concordia discordantium canonum, das aber die spätere Zeit Decretum Gratiani oder kurz Dekret nannte.

In Bologna wirkten nebeneinander die Kanonisten und die Zivilisten, die Dekretisten und die Legisten. Sie studierten das jus utrumque, das jus canonicum (ecclesiasticum) und das jus civile, das jus sacrum und das jus profanum, das päpstliche und das kaiserliche Recht.

Das Gelehrtenwerk des Mönches Gratian wurde die Grundlage für das mittelalterliche Rechtsbuch der Kirche, das als Corpus Juris Canonici bis Pfingsten 1918 gegolten hat.

Johann Friedrich v o n S c h u l t e : Geschichte der Quellen und Literatur des canonischen Rechtes von Gratian bis auf die Gegenwart, I—III, 1875—1880, ist ein gewaltiges Werk, dessen falsche Eigenwilligkkeit und Abirren von jener Wahrheit, die der Willkür entrückt ist, allerdings eine sehr schmerzliche Trübung ist.

F. M a a s s e n : Geschichte der Quellen und der Literatur des kanonischen Rechtes im Abendlande bis zum Ausgang des Mittelalters, I 1870.

P. F o u r n i e r — G. L e B r a s : Histoire des collections canoniques en Occident dapuisles fannes décretales jusqu'em Décret de Gratien, I 1931, II 1932. — G a b r i e l L e B r a s : Les Ecritures dans le Décret de Gratien. Festschrift für U. S t u t z, Kan. Abt., 1938 S. 47—80.

Kan. Abt., 1938, S. 47—80. — S t e p h a n K u t t n e r, Repertorium der Kanonistik (1140—1234), Citta di Vaticano, Biblioteca Apostolica Vaticana, Studi e Testi 71), 1937.

Die Teile des Corpus Juris Canonici sind:

1. Das Decretum Gratiani, ca. 1140,
2. die Dekretalen Gregors IX. (Liber extra, die extra Decretum Gratiani stehenden Drekretalen enthaltend), 1234,
3. Liber Sextus Bonifaz' VIII., 1298,
4. die Clementinae (constitutiones) Clemens' V von 1314—1317,
5. zwei Extravagantensammlungen: Extravaganten Johannes' XXII. und Extravagantes communes.

Wir wissen wenig von Gratian, dem Schöpfer des mittelalterlichen Kirchenrechtes. Ulrich S t u t z hat einmal für das Dunkle und das Gewaltige gut bezeichnende Worte gefunden: „Die Geschichte liebt es bisweilen, gleich der Natur die Anfänge neuen Lebens in schützendes Dunkel zu hüllen. — Wenige Ereignisse haben auf dem Gebiete der Geistesgeschichte einen so tiefen Einschnitt gemacht, wenige aber auch den äußeren Gang der Dinge so nachhaltig beeinflußt wie die Geburt der Kanonistik. Kaum mit geringerem Recht als die Gegenwart das Zeitalter der Naturwissenschaft und der Technik kann man die Vergangenheit von der Mitte des 12. Jahrhunderts bis ins 15. Jahrhundert hinein die kanonistische Periode nennen. Die Kanonistik hat damals die Welt in Atem gehalten, hat sie sogar in einem Maße, wie es kaum einem wissenschaftlichen System vorher und nur wenigen nachher beschieden war, beherrscht." (Zeitschrift der Savigny-Stiftung für Rechtsgeschichte, Bd. 32, Kanonistische Abteilung, Bd. 1, 1911, S. 1: Gratian und die Eigenkirchen, vgl. auch Stutz, Savigny-Zeitschrift, Kan. Abt. II (1912), S. 342; ferner daselbst auf S. 335 f.: Friedrich Heyer: Der Titel der Kanonessammlung Gratians.)

Die Systematik der Kanonisten ist neue Wege gegangen seit Lancelotti. Er verließ die alte Anordnung des Corpus Juris Canonici, die Legalordnung. Er folgte den römischen Institutionen der klassischen Juristen. Und sein Aufbau des Systems hat sich in der Neuzeit durchgesetzt. Die Ausgaben des Corpus Juris Canonici im 17. Jahrhundert etwa sind alle schon mit einem Nachtrag versehen, der seine berühmten Institutionen bringt. — Giovanni Paolo Lancelotti wurde 1522 in Perugia geboren und starb dort am 23. September 1590. Er hat lange auf die Approbation seiner Institutiones Juris Canonici, die 1563 in Perugia erschienen, warten müssen. Seit 1587 aber wurden sie den Ausgaben des Corpus Juris Canonici beigedruckt, und zwar seit 1605 mit päpstlicher Erlaubnis.

Lancelottis System ist auch angenommen von der neuen großen kirchenrechtlichen Gesetzgebung. Seit 1904 wurde an der Kodifikation gearbeitet. 1916 wurde das Gesetzbuch unter Leitung des Kardinals Gasparri fertig. Es ist der Codex Juris Canonici. Mit der von Pfingsten (27. Mai) 1917 datierten Bulle Benedikts XV. Providentissima mater am 28. Juni 1917 in den Acta Apostolicae Sedis veröffentlicht, gilt es seit Pfingsten (19. Mai) 1918.

Wer sich in dieses gewaltige neue Gesetzbuch wissenschaftlich tief einarbeiten will, sei vor allem verwiesen auf die folgenden Werke: Hameletus I. Cicognani, Jus Canonicum, Romae 1925. Eduard Eichmann, Lehrbuch des Kirchenrechts auf Grund des Codex Juris Canonici, Bd. I—II, 1931. Neue (5. und ganz neu gestaltete) Auflage von Klaus Mörsdorf ist im Erscheinen. Rudolf Köstler, Wörterbuch zum Codex Juris Canonici, 1927. Kardinal Gasparri, Codicis Juris Canonici Fontes, Rom 1923. Knapper als Eichmann, aber ebenfalls sehr anziehend behandelt das Kirchenrecht Albert M. Koeniger, Katholisches Kirchenrecht. Mit Berücksichtigung des deutschen Staatskirchenrechtes. 1926. — Ein umfassendes Werk ist: Franciscus Xav. Wernz-P. Vidal, Jus Canonicum, I—VII, 1938. Knapp und klar: Anton Retzbach: Das Recht der katholischen Kirche nach dem Codex Juris Canonici, für die Praxis dargestellt, 1935. — Wissenschaftlich sehr bemerkenswert das Lehrbuch von Josephus Laurentius, Institutiones Juris Ecclesiastici, Editio Tertia, 1914.

Von den älteren Autoren des katholischen Kirchenrechtes sei hier außer auf von Scherer, Sägmüller und viele andere vor allem auch auf Georg Phillips hingewiesen. Er hat in Berlin zusammen mit Carl Ernst Jarcke in der Juristischen Fakultät gewirkt. Mit Jarcke, dem glänzenden Schriftsteller über die bewegenden Fragen der Welt, verband ihn vieles. Beide waren Konvertiten. Beide versuchten, im alten preußischen Sinne zu wirken. Aber beide hatten in der Berliner Fakultät keinen leichten Stand und gingen daher bald in den katholischen Süden. Georg Phillips hat eine der umfassendsten und zugleich lebendigsten Darstellungen des Kirchenrechtes gegeben. [1]) Die 3. Auflage des I. Bandes erschien 155; B. 7, 2 1872; Bd. 8, 1 (fortgesetzt von Friedrich H. Vering) 1889. Für Geschichte und Rechtsvergleichung behält große Bedeutung das im vorigen Jahrhundert so erfolgreiche Werk von Ferdinand Walter: Lehrbuch des Kirchenrechts aller christlichen Confessionen, I. Aufl. 1822; 14. Aufl. (von H. Gerlach), 1871.

Wie alles Recht, so wird in besonderem Maße das Kirchenrecht von der gewaltigen Dreiteilung bestimmt, die wir oben bei dem Begriffe des Rechtes (S. 74 ff.) darstellten. Zuoberst steht das positive göttliche Recht, jus divinum positivum. Es ist durch unmittelbare Offenbarung von Gott gegeben. Lex aeterna im echtesten Sinne. Beispiele: Dekalog, Ehe (Gen. I, 7 ff., 2, 18—24, Mt. 5, 32; 19, 3; 1. Kor. 7, 1—16).

Ein anderer Bereich ist der des Naturrechtes, das der Mensch kraft seiner Vernunft, die sein Teilhaben ist an Gottes Licht, aus der Schöpfung erkennt, lex naturalis, jus divinum naturale (vgl. Röm. 2, 14). Codex Juris Canonici, c. 1068, 1110, 1139 § 1, 1405 § 1, 1495 § 1, 1429, 1499 § 1, 1513 § 1, 1935 § 2.

Das dritte Gebiet ist das des menschlichen Rechtes, jus humanum, lex humana. Es fließt aus der den Menschen und Menschengemeinschaften von Gott verliehenen Macht der Rechtsschöpfung und praktischen Entscheidung. Es ist gerecht, soweit der Menschenwille sich einfügt in den Gotteswillen. Beispiele für solches menschliches Kirchenrecht sind der Coelibat und die Verschiedenheit von liturgischen Gebräuchen in den einzelnen Provinzen der Kirche.

Zu der Dreiteilung vergleiche man: S. Thomae Aquinatis Summa Theologica Prima Secundae, Quaestiones XC—XCV (s. oben S. —). Aus dem Schrifttum der letzten Zeit eindringend: Ernst Rösser, Göttliches und menschliches, unveränderliches und veränderliches Kirchenrecht von der Entstehung der Kirche bis zur Mitte des 9. Jahrhunderts (Görres-Gesellschaft, Heft 64), 1934. In der Bestimmung des Begriffes der Kirche folgen Georg Phillipps, Sägmüller u. a., Bellarmin. Mit ihnen ist zu definieren: „Die Kirche ist die Vereinigung der unter einem Haupte, Christus, in der Gemeinschaft des Glaubens und Teilnahme an den Sakramenten, unter der Regierung ihrer rechtmäßigen Oberhirten, insbesondere des römischen Papstes versammelten Menschen." Kirchenrecht im objektiven Sinne ist nach Eichmann (§ 3) „der Inbegriff jener Rechtsnormen, die die Verhältnisse der Kirche nach innen und außen regeln, um die Bedingungen des christlichen Gemeinschaftslebens zu sichern und den Zweck der Anstalt zu erfüllen". Zum Kirchenbegriff: Papst Pius XII., Enzyklika „Mystici Corporis Christi" vom 29. Juni 1943, Übersetzung mit Einleitung von Bernhard Poschmann, 1947.

Von äußerster Lebenswichtigkeit ist es gewesen, daß das Verhältnis von Kirche und Bibel richtig bestimmt wurde. Es muß kirchenauflösend wirken, wenn das heilige Gotteswort den wissenschaftlichen Einfällen der einzelnen preisgegeben wird. Geforscht soll werden. Aber während die alten großen, gewissenhaften Forscher vor der Annahme einer allzu kühnen und umstürzenden Auslegung als vor einer Versuchung zurückschreckten und die Hilfe des Heiligen Geistes anriefen, freuen sich anscheinend neuere Gelehrte, wenn ihnen irgend etwas Tolles einfällt. Sie können es gar nicht schnell genug gedruckt bekommen, weil sie an keinen Heiligen Geist, wohl aber an ihre Genialität glauben. Vor der Ausgabe unseres Codex Juris Canonici steht die Professio Catholicae Fidei und in ihr der Satz: „Item sacram scripturam juxta eum sensum, quem tenuit et tenet sancta Mater Ecclesia, cuius est iudicare de vero sensu et interpretatione sacrarum scriptuarum, admitto; nec eam unquam, nisi iuxta unanimen consensum Patrum, accipiam et interpretator." — Zum Sprachgebrauch des Codex Juris Canonici ist als Hilfsmittel ständig heranzuziehen: Klaus Mörsdorf, Die Rechtssprache des Codex Juris Canonici (Görres-Gesellschaft, 74. Heft), 1937. Ein Kommentar, der zugleich alles Wesentliche des Textes in deutscher Sprache wiedergibt, ist der von P. Heribert Jone O. M. Cap.: Gesetzbuch des kanonischen Rechtes. Erklärung der Canones, Paderborn 1939.

Das erste Buch des Codex Juris Canonici bringt allgemeine Bestimmungen. Aus c. 1 erhellt, daß es sich hier um ein Gesetzbuch für die lateinische, nicht aber für die orientalische Kirche handelt. Göttliches Recht gilt indessen wesensgemäß in der ganzen Kirche. Auf ihm beruht auch die Stellung des Papstes in der Gesamtkirche. Wo die orientalische Kirche sonst noch berührt wird, ist das in den einzelnen Canones ausdrücklich gesagt. Vgl. cc. 98. 218. 257. 542 n. 2, 622 § 4, 804, 819, 866, 881 § 1, 955 § 2, 961, 1004, 1006 § 5, 1099 § 1 n. 3. Damit ist zugleich bei aller Mannigfaltigkeit der Sonderrechte die Einheit der Kirche gewährleistet.

Der Codex läßt unberührt das partikulare Recht, das auf Vereinbarungen mit den Staaten beruht (Konkordaten, Zirkumskriptionsbullen etc.): c. 3

Zu dem Wort Konkordat bringt Mörsdorf wichtige Erläuterungen in seinem Buche „Die Rechtssprache des Codex Juris Canonici", 1937, S. 47: „Die in der früheren kanonistischen Literatur beliebte Unterscheidung, wonach ein Konkordat nur mit einem katholischen Staatsoberhaupt abgeschlossen werde (vgl. statt anderer Stutz, Kirchenrecht, 397 A. 1) bzw. immer eine vollständige Regelung der kirchlich-staatlichen Beziehungen enthalte, während Conventio alle anderen Verträge bezeichne, findet im Kodex keinen Halt. Beide Ausdrücke sind völlig gleichbedeutend (so mit Recht Sägmüller, J. B., Die Identität von Konkordat und Konvention zwischen dem Apostolischen Stuhl und dem Staat, Theol. Quartalsschrift 108, 1927, 343 ff. und Ders., Nochmals die Identität von Konkordat und Konvention, ebd. 111, 1930, 411 ff.; Eppler, Quellen 62, A. 188, 63, und Mörsdorf, Das neue Besetzungsrecht, 120, A. 452). Damit stimmt der kuriale Sprachgebrauch überein, der bei den Verträgen des vergangenen Jahrhunderts wie bei den neuesten Vereinbarungen nach dem Krieg die Namen concordata und conventiones gleichwertig gebraucht (neben diesen beiden kennt der neuere Sprachgebrauch der Kurie „Accord". Es handelt sich um Einzelvereinbarungen, die nur einzelne Punkte enthalten, so die Vereinbarung mit Frankreich, AA S. 19, 1927, 9 s., 10 ss., und Portugal AA S. 20, 1928, 129 ss. — Der letzte „Accordo" ist in den AAS mit Conventio überschrieben, ähnlich wie „Sollemne Convenzione" mit Preußen, 1929 in den AAS 21, 1929, 521 mit Sollemnis Conventio seu Concordatum betitelt wurde. — Der Modus vivendi zwischen dem Hl. Stuhl und der Tschechoslowakei vom 2. 2. 1928 stellt, wie der Name besagt, nur eine vorläufige Neuordnung dar. AAS 20, 1928, 65 s.). W. Bertrams, Der neuzeitliche Staatsgedanke und die Konkordate des ausgehenden Mittelalters. Rom 1942. Wilhelm Bertrams, Zur Geschichte und Bedeutung der Konkordate in „Stimmen der Zeit", 72. Jahrgang 1946, S. 171 bis 189. Adalbert Erler, Die gegenwärtige Konkordatslage in Deutschland. Süddeutsche Juristen-Zeitung, Jahrgang 1946, S. 197—200.

Ebenso wie die Konkordate schützt der Codex Juris Canonici alle wohlerworbenen Rechte natürlicher oder juristischer Personen, alle Privilegien und Indulte, die vom Apostolischen Stuhl vor seinem Inkrafttreten bewilligt worden sind, sofern sie noch im Gebrauch sind und kein ausdrücklicher Widerruf vorliegt: c. 4. Die Kirche, als eine wahre und vollkommene Rechtsgemeinschaft, hat die wohlerworbenen Rechte stets geachtet. Man vergleiche zur Lehre von den wohlerworbenen Rechten auch die inhaltreichen, dogmatisch und dogmengeschichtlich gründlichen und tiefen Darlegungen in Rolf Stödters charaktervollem Buche „Öffentlich-Rechtliche Entschädigung" (1933), das sich mit seinem tapferen Vorwort zu dem unvergeßlichen großen deutschen Patrioten Kurt Perels bekennt.

Eine sehr wichtige Bestimmung über Gewohnheitsrecht und Gesetzesrecht ist c. 5. Alle dem CJC widerstreitenden, von ihm verworfenen Gewohnheiten sind aufgehoben, auch wenn sie noch so alt und unvordenklich sind. Vollkommen in Kraft aber bleiben die vom CJC ausdrücklich geduldeten Gewohnheiten, vgl. z. B. c. 1186. Andere bestehende Gewohnheiten, die nicht ausdrücklich verworfen sind, können (müssen aber nicht) von den Ordinarien geduldet werden. Sie müssen indessen jahrhundertalt oder unvordenklich und nach dem Urteil des Ordinarius, in dem alle örtlichen und persönlichen Umstände zu berücksichtigen sind, nicht gut zu beseitigen sein.

In c. 5 ist nur von alten Gewohnheiten die Rede, gegen die der CJC seine Geltung abgrenzt, wie vorher gegen alte Rechte und Privilegien.

Im Titel 2 (cc. 25—30) ist die Gewohnheit als Rechtsquelle anerkannt nach den kirchlichen Gesetzen, die im Titel 1 (cc. 8—24) voranstehen.

Lapidare Sätze stehen schon im Corpus Juris Canonici über das Gewohnheitsrecht. Usus auctoritati cedat: pravum usum lex, et ratio vincat (Decreti Prima Pars, Distinctio XI).

Quellen des Kirchenrechtes sind Gesetze und Gewohnheiten. Kein Recht kann zustandekommen gegen den Willen Gottes. Von der Autorität Christi ist jede Rechtsentstehung abhängig. Deshalb bedarf, was aus dem Volksgeiste als Recht emporwachsen will, auch der Zustimmung der kirchlichen Oberen, denen Christus Autorität übertragen hat, und die eben auch und in besonderem Maße zum Volke gehören: So bestimmt c. 25, daß eine Gewohnheit in der Kirche allein durch die Zustimmung des zuständigen Oberen Gesetzeskraft erlangen kann (vgl. c. 109 über das Wesen der Hierarchie: ihr steht die gesetzgebende Gewalt zu, nicht dem Volke).

C. 26 erkennt an, daß eine Gemeinschaft, die fähig ist, ein eigens für sie bestimmtes Gesetz zu empfangen, auch die Kraft hat, eine Gewohnheit hervorzubringen, die, wenn der zuständige Obere zustimmt, Recht werden kann. Gewohnheit kann ebenso wenig wie Menschengesetz das göttliche Recht, sei es natürliches oder positives göttliches Recht, außer Kraft setzen. Gegen anderes (veränderliches) Kirchenrecht soll sich eine Gewohnheit nur durchsetzen,

1. wenn sie vernünftig ist;
2. wenn sie rechtmäßig, d. h. ohne Einspruch des Gesetzgebers, ununterbrochen 40 Jahre gedauert hat.

Diese Regel gibt c. 27 für die Gewohnheit contra legem. Hat das Gesetz, dem die Gewohnheit zuwiderläuft, zukünftige Gewohnheiten verboten, so kann es durch eine vernünftige Gewohnheit nur dann aufgehoben werden, wenn diese hundertjährig oder unvordenklich ist. Eine vom Gesetze ausdrücklich mißbilligte Gewohnheit ist nach § 2 des c. 27 unvernünftig. J o n e sieht hier die praktische Schwierigkeit und bemerkt in seinem Kommentar zu c. 27 § 2: „Weil eine solche Gewohnheit unvernünftig ist, kann sie nach dem vorhergehenden Paragraphen auch nicht Rechtskraft erlangen. — Theoretisch ist es aber nicht ausgeschlossen, daß im Laufe der Zeiten sich die Verhältnisse so ändern, daß die Gewohnheit vernünftig wird und damit Rechtskraft erlangen könnte."

Die Gewohnheit praeter legem führt zur Rechtsbildung unter den Voraussetzungen von c. 28.

An die Gewohnheit secundum legem aber denkt c. 27 ganz besonders mit seinem Bekenntnis zur Harmonie von Gesetzes- und Gewohnheitsrecht: Consuetudo est optima legum interpres. — Eine neuere Studie über das kirchliche Gewohnheitsrecht ist: Josef Trummer, Die Gewohnheit als kirchliche Rechtsquelle, Wien 1932.

Das zweite Buch des Codex Juris Canonici handelt von den Personen. Es bringt eine groß angelegte Personenlehre. Person sein heißt rechtsfähig sein. Der Codex Juris Canonici hat es mit der kirchlichen Rechtsfähigkeit zu tun. Diese steht, wie sich gleich zeigen wird, nicht allen Menschen zu. Es wäre aber falsch, zu meinen, daß die Kirche etwa kein allgemeines Menschenrecht kenne, sondern nur mit unhumaner Beschränkung ein Sonderrecht der Christen pflege. Die Menschenrechte sind vielmehr gerade im Kirchenrechte zu Hause. In den letzten Jahrhunderten hat man sich gewöhnt, die Menschenrechte in Zusammenhang mit dem Staatsrecht zu sehen. Man hat um ihren Platz in der Staatsverfassung gekämpft. Das alles ist geschichtlich verständlich. Im Zeitalter des Absolutismus mußte der Mensch auf seine ursprünglichen Rechte zurückgreifen und sie dem Staate abtrotzen. Aber niemals wird das Staatsrecht, mag es absolutistisch oder modern oder sonstwie sein, dem Menschen seine Menschenrechte gewährleisten. Ihre Heimat ist das Kirchenrecht: denn die Menschenrechte sind göttlichen Rechtes, natürlichen oder positiven göttlichen Rechtes. Hier ist ein Punkt, wo alle außerhalb der Kirche stehenden, für Freiheit und Menschenrecht kämpfenden oder bangenden Menschen endlich beginnen sollten, in der Kirche nicht ihre Feindin, sondern ihre Bundesgenossin, Freundin und Mutter zu erkennen. (Vgl. die volkstümliche kleine Schrift von Hans-Gerhard Müller, Menschenrechte, Münster, Regensberg, 1946.)

Das große und gute Wort von der Freiheit ist oftmals so verwendet worden, als müßte dafür gegen die Kirche gekämpft werden, gegen die Kirche Christi, von der in Wahreit doch gilt: Wo der Geist des Herrn ist, da ist Freiheit. Nicht im Bekämpfen und Verneinen sollten die Liebhaber der Freiheit ihr Heil sehen, sondern im Aufbauen und Bejahen. Für alles, was sie beitrugen zum Erringen menschlicher Freiheit, müssen wir ihnen von Herzen dankbar sein. Niemand sollte hinter ihnen zurückstehen wollen an Begeisterung und Verteidigungswillen für alles, was im edlen Sinne des vorigen Jahrhunderts, im Sinne Goethes, Persönlichkeit ist. Wir leben in einer Zeit, die seit langem in Gefahr ist, diesen unaussprechlich hohen Wert zu verlieren. Das darf nicht sein. Wir müssen für die Ehre und Würde des Menschen zusammenstehen, um ihm das hohe Maß von Persönlichkeit zu bewahren, das er in der Rechtsordnung unserer Väter besaß.

In der Rechtsordnung unserer Väter waren die Menschenrechte eine Selbstverständlichkeit. Sie waren seit Jahrhunderten erkämpft oder, wie man wohl besser sagt, wiedererrungen. Denn im Mittelalter hatte es durchaus Menschenrechte gegeben, aber gegen den Absolutismus der Neuzeit mußten sie aufs neue erstritten werden. Die englische Bill and Declaration of rights and liberties of subjects ist vom 13. Februar 1689, die nordamerikanische declaration of rights vom 4. Juli 1776. Danach erst kam die revolutionäre déclaration des droits de l'homme vom 26. August 1789, die in den französischen Verfassungswerken von 1791, 1793, 1795, 1830 1852 und 1875 in wechselnden Formen wiederkehrte. Aber gerade das Betonen enthielt in der Revolution bereits die Gefahr des Widerspruches, des inneren zunächst.

Walter Jellinek hat in einem Aufsatz über Grundrechte und Gesetzesvorbehalt das Folgende sehr klar herausgestellt: „Die amerikanischen Rechteerklärungen von 1776 und später enthielten unabdingbare Urrechte, Rechte, die sich der Einzelne vorbehalten hatte, als er sich durch staatsgründenden Vertrag einer Staatsgewalt unterwarf, sozusagen Reservatrechte nach Art der in Bismarcks Verfassung den süddeutschen Staaten vorbehaltenen Rechte und wie diese der Verfügungsgewalt des Gesetzgebers entzogen. Auch die französische Rechteerklärung kennt noch solche unantastbaren Rechte, wie das Recht des Eigentümers auf Entschädigung im Falle einer Enteignung (Art. 17), oder das Recht des Angeklagten, nicht erst auf Grund eines nach der Tat erlassenen Strafgesetzes abgeurteilt zu werden (Art. 8), oder die Freiheit des religiösen Bekenntnisses (Art. 10). Aber bei vielen von diesen Rechten ist der Rousseausche Gedanke lebendig, daß sie zur Verfügung der im Gesetz zum Ausdruck kommenden volonté générale stehen.“ (Deutsche Rechtszeitschrift, 1. Jahrg. Heft 1, Juli 1946, S. 4—6.)

Es soll hier nicht versucht werden, auf die Tiefe der Gedanken über die Rousseau'sche volonté générale einzugehen, die sich besonders bei Rudolf Stammler findet, es muß vielmehr zunächst auf die Hoffnungslosigkeit der inneren Gegensätze, ja Widersprüche hingedeutet werden, die Eduard Spranger in Rousseau's Lehre nachgewiesen hat. Freiheitsschwärmen schlägt um in Verteidigen des schlimmsten Despotismus, der vielleicht deshalb gerade da ist, weil es in dieser Welt der Gedanken keinen Staat, sondern bloß einen contrat social gibt. Rechte werden da ebenso großzügig gewährt wie wieder weggenommen. Das ist übrigens nicht bloß bei Rousseau so. In dem ruhigen, bis zur Langweiligkeit nüchternen Positivismus zur Zeit des konstitutionellen Staates, im vorigen Jahrhundert also, ist immer mehr ein neuer Absolutismus an die Stelle des alten getreten: der Gesetzesabsolutismus. Das hat in den letzten Jahrzehnten James Goldschmidt eindrücklich und manchmal fast prophetisch dargetan.

Nach 1918 hat man die Menschenrechte, die Grundrechte sehr feierlich in die Weimarer Verfassung aufgenommen. Aber gerade die betonte Feierlichkeit rief Zweifel und Widerspruch wach. Das war zum Teil verständlich; und nüchternes Fragen und Nachprüfen war gutes Recht. Bewitzeln und Verspotten der Menschenrechte aber war verbrecherische Demagogie. Ein wirklicher vaterländischer Führer, Hans Helfritz, ist dem immer sehr tapfer entgegengetreten. In einem Vortrage, den er vor König Friedrich August von Sachsen in dessen Exil in Sibyllenort hielt, wies er nach, daß die Menschenrechte aus christlicher Gesinnung und Überlieferung stammen und in der Tat geschichtlich allein aus diesem Wurzelboden wachsen konnten. Die Heilige Kirche hat diese Menschenrechte stets bejaht. Der Hl. Thomas von Aquin (Summa Theologica II, II qu. 10, a. 8—12) zeigte auf der Höhe des Mittelalters die Grenzen des autoritären Zwanges, den weiten Bereich der Gewissensfreiheit, die Großzügigkeit Gottes, der seine Sonne scheinen läßt über Gute und Böse, der dem Verbrecher sogar immer noch den Gebrauch seiner Glieder gewährt. (Diese Gedanken sind auch stark von Francisco de Vitoria betont worden; s. darüber in des Verfassers „Geschichte des Völkerrechtes", 1936, Näheres.) Die katholische Kirche hat stets die Willensfreiheit betont. Man lese darüber z. B. die Abhandlung nach, die Josef Koch in der 5. Auflage des Staatslexikons der Görres-Gesellschaft vorgelegt hat (Bd. V Sp. 1307—1317). Auf der Willensfreiheit beruht des Menschen Würde. Menschenwürde und Menschenrechte sind alle Zeit von der Heiligen Kirche hochgehalten worden. Und sie allein hat das wahrhaft Unveränderliche deutlich gemacht: das auf göttlichem Recht Beruhende.

In der nüchternen Sprache unserer Tage lesen wir z. B. bei Rupert Angermaier: „Natur und Offenbarung fordern besonders das Recht auf Leben und Selbsterhaltung (im Notfall durch Unterstützung), auf Freiheit, Unverletzlichkeit und Sicherheit der Person, auf Streben nach Glück und Eigenwohl (unbeschadet des Gemeinwohls), auf Erwerbsmöglichkeit, Wahrung des redlich erworbenen Besitzes, das Recht auf menschenwürdige Erziehung und Elementarunterricht, Schutz der Ehre, genügende Freiheit in Standeswahl und sonstiger Selbstbestimmung, auf private und öffentliche Religionsübung, bedingterweise, d. i. innerhalb der Grenzen der Wahrheit und des öffentlichen Wohles, auch das Recht auf Denk-, Rede- und Koalitiosfreiheit, auf politische Mitverantwortung und Rechte. Diese naturrechtlichen subjektiven Grundrechte müssen Voraussetzung jedes positiven Rechts bilden und auch von Staats wegen gesichert werden; denn nur (im Rahmen des Gemeinwohls) selbsttätige Persönlichkeiten bilden gesunde Glieder der Gesellschaft." (Lexikon für Theologie und Kirche, 2. Aufl. 7. Bd. 1935 Sp. 94.)

Menschlichkeit und Menschenrechte werden von der Kirche voll bejaht und in der Personenlehre des Codex Juris Canonici vorausgesetzt. Die Menschenrechte gehören der natürlichen Ordnung, der Schöpferordnung Gottes an. Und manches davon ist überdies klargestellt durch den in der Heiligen Schrift offenbarten Gotteswillen, ist also positives göttliches Recht. Aber über der natürlichen Ordnung steht die Gnadenordnung. Und in ihr erwirbt der Mensch eine Rechtsfähigkeit kraft Sakraments, die Kirchenrechtsfähigkeit des Christen. Sie sollte ernster und heiliger genommen und gehalten werden, als dies manchmal, besonders in der letzten Zeit, geschehen ist. Der Christenname bezeichnet den höchsten Adel. Und wer seiner nach Kirchenrecht teilhaftig ist, sollte mit keinem anderen Namen genannt werden, also weder Jude, noch Heide, noch sonst etwas heißen, sondern eben Christ. Diese brüderliche Liebe und Hochachtung vor dem Christen, der unser nächster Bruder bleibt, wie immer ihn die Welt verachten mag, wie immer uns persönlich näher stehend sich nach anderen Gesichtspunkten abgrenzende Menschengruppen zu sein scheinen, dieser uns verbindende Adel unseres Königs Christus vermindert um nichts unsere Menschenliebe zu den Nichtgetauften. Alles Christliche vermag nur die weltumfassende Liebe zu vermehren. Aber das Kirchenrecht lehrt uns, vor allem eben auch und gerade den Christennamen ernst zu nehmen in seiner vollen und unabdingbaren Gültigkeit.

Durch die Taufe wird der Mensch rechtsfähig und also Person in der Kirche Christi. Er wird Person mit allen Rechten und Pflichten der Christen. Ein Hindernis, das der kirchlichen Gemeinschaft entgegensteht, bewirkt Beschränkung, nicht aber Verlust der kirchlichen Rechte (c. 87). Die Persönlichkeit, die Rechtsfähigkeit selber ist unverlierbar.

Über Altersstufen und ihren Einfluß auf die von der Rechtsfähigkeit zu unterscheidende Handlungsfähigkeit (Geschäfts- und Deliktsfähigkeit) vgl. cc. 88—89 (vgl. BGB §§ 2—5, 104—115), cc. 2201, 2204, 2230 (§ 828 BGB, §§ 2—3 JGG). Über Einzelheiten der Altersstufen s. des Verfassers Aufsatz „Altersstufen" im Handwörterbuch der Kriminologie, 1932.

Das Kirchenrecht erkennt neben den physischen auch moralische Personen an, entsprechend der Zweiteilung des Bürgerlichen Rechtes in natürliche und juristische Personen. Die juristischen (moralischen) Personen sind entweder kollegiale oder nichtkollegiale Personen (c. 99, vgl. BGB §§ 1 ff., 21 ff., 80 ff.).

Die Gesamtkirche und der Apostolische Stuhl haben Rechtspersönlichkeit kraft göttlicher Anordnung. Ihre Rechtsfähigkeit beruht also auf unabänderlichem göttlichen Recht.

Die übrigen niederen moralischen (juristischen) Personen verdanken ihre Rechtspersönlichkeit der kirchlichen Verleihung, sei es durch gesetzliche Vorschrift, sei es durch formelles Dekret des zuständigen kirchlichen Oberen.

J. Lammeyer, Die juristischen Personen der katholischen Kirche, 1929.
L. Schnorr von Carolsfeld, Geschichte der juristischen Person, I, 1933.

Es ergibt sich also folgende Übersicht:

Rechtssubjekt — persona

persona moralis | persona physica

collegialis | non collegialis

Die moralische Person ist ihrer Natur nach von unbegrenzter Dauer. Sie erlischt aber,

1. wenn sie von der zuständigen Autorität aufgehoben wird. (Jone, Gesetzbuch des kanonischen Rechtes, 1939, S. 117: „Eine Aufhebung kann auch indirekt erfolgen. So wird z. B. mit der Kathedralkirche auch das mit ihr verbundene Kapitel aufgehoben.")
2. wenn sie durch einen Zeitraum von 100 Jahren tatsächlich nicht mehr dagewesen ist.

Jone, S. 117: „Wenn daher z. B. nach can. 708 in einer Pfarrei eine Bruderschaft errichtet worden ist, und alle Mitglieder sind schon seit vielen Jahren tot oder ausgetreten, so kann (vor Ablauf der 100 Jahre) die zuständige Autorität neue Mitglieder aufnehmen, ohne die Bruderschaft neu errichten zu müssen."

Voran in der Personenlehre stehen die Kleriker. Zum Klerus gehört, wer wenigstens die erste Tonsur erhalten hat: cc. 108, 683, 950, 973. Der Klerus ist gegliedert. Diese Gliederung ist eine Über- und Unterordnung, eine Rangordnung, die sacra hierarchia genannt wird. Kraft göttlicher Einsetzung gibt es eine hierarchia ordinis und eine hierarchia jurisdictionis. Weihegewalt und Jurisdiktionsgewalt müssen deutlich unterschieden werden. Die sacra hierarchia ratione ordinis besteht nach c. 108 aus Bischöfen (episcopi), Priestern (presbyteri) und Diakonen. Die Jurisdiktionshierarchie setzt sich zusammen aus dem höchsten Pontifikat und dem untergeordneten Episkopat. Primat und Episkopat beruhen auf positivem göttlichen Recht. Kraft kirchlicher Einsetzung sind noch andere Grade hinzugekommen. So kennen wir als Abstufungen in der Jurisdiktionsgewalt außer Papst und Bischöfen: Patriarchen, Exarchen, Primaten, Metropoliten oder Erzbischöfe, Apostolische Vikare, Präfekten, Apostolische Administratoren, gefreite Äbte und Prälaten.

In der Weihegewalt geht das Recht der Bischöfe über die Apostel auf Christus selber zurück. Diese apostolische Sukzession ist wesentlich für Weihegewalt wie für Jurisdiktionsgewalt. Sie wird auch von manchen abgespaltenen Religionsgemeinschaften behauptet, nicht bloß von den Griechisch-Orthodoxen, sondern auch von Schweden und Anglikanern. Die

Ansprüche der Church of England sind von Leo XIII. geprüft und nicht anerkannt worden. Der ältere Lord Halifax, der Vater des gegenwärtigen Staatsmannes, hat seine Lebensarbeit diesen Dingen und überhaupt dem Bestreben gewidmet, die Kirche von England unter ihrer bestehenden Hierarchie mit der römisch-katholischen Kirche wieder zu vereinigen. Über seine Lebensarbeit geben Auskunft sein großes Buch „Leo XIII and Anglican Orders" und seine kleinere Schrift „Les conversations de Maline". Seit dem vorigen Jahrhundert erstreben viele sogenannten Anglokatholiken die korporative Wiedervereinigung mit Rom, am entschiedensten die Society for Promoting Catholic Unity. Für einzelne Persönlichkeiten, z. B. für den großen katholischen Dichter Chesterton, hat sich der Anglokatholizismus, die Church of England, die sich in diesem ihren Teile mit Vorliebe Anglican Communion nennt, wirklich als so etwas wie eine Brückenkirche erwiesen. Das kann aber nur mit Vorbehalt gesagt werden. Denn in vielen anderen Fällen ist der Wahn, katholisch, vielleicht sogar besser katholisch als Rom zu sein, ein gefährliches Hindernis der Bekehrung. Das hier Gesagte gilt nicht bloß für die Kirche von England, sondern auch für die Kirche von Schweden. Aber wie seit den Tagen von Grotius und Leibniz, muß auch über unserer Zeit Sehnsucht und Gebet für die Wiedervereinigung im Glauben stehen. — Vgl. Arnold Rademacher, Die Wiedervereinigung der christlichen Kirche, 1937.

Jeder Kleriker muß in jedem Augenblicke entweder einem Diözesanverbande oder einer Ordensgenossenschaft angehören (cc. 111, 112, 116). Diese Bestimmung ist getroffen, damit jeder Kleriker zu einer bischöflichen Herde gehört, ne quis quasi ovis perdita aut errans inveniatur (c. 1 D. 72). Einen clericus vagus, der keinem Verbande angehört, dessen Lebensführung nicht unter der Aufsicht eines Ordinarius steht, soll es nicht geben. Wie das allerdings in der Gegenwart mit ihrer notvollen Wanderung vertriebener Volksscharen durchgeführt werden soll, ist eine verzweifelte Frage. Die Eingliederung in die Diözese heißt Inkardination, die Entlassung Exkardination. Diese Exkardination ist nur bei gerechten Gründen zulässig: c. 116. Jone (a. a. O. S. 13) bemerkt hierzu: „Der Grund dieser Bestimmung liegt in dem Bestreben der Kirche, zu verhindern, daß ein Kleriker aus Unbeständigkeit, Ehrgeiz oder Habsucht von einer Diözese in eine andere übertritt."

Die einmal gültig empfangene Weihe kann niemals rückgängig gemacht werden und darf auch bei dem Degradierten und später wieder Zugelassenen nicht etwa wiederholt werden: cc. 211, 212.

Das Eigentümliche des Personenrechtes im Codex Juris Canonici ist, daß innerhalb der Bestimmungen über die Kleriker auch der ganze Aufbau der Kirchengewalt geregelt ist. Das knüpft an den Rechtssatz an, daß nur Kleriker fähig sind, Träger der Kirchengewalt zu werden und kirchliche Benefizien, Ämter und Bezüge zu erlangen: c. 111 § 2, c. 118.

An der Spitze stehen die Bestimmungen über den Papst (De Romano Pontifice). Der Papst hat als Nachfolger des Hl. Petrus im Primat nicht bloß den Ehren-, sondern den Jurisdiktionsprimat über die Gesamtkirche. Er ist Bischof von Rom (die jurisdiktionelle Leitung des Bistums liegt in den Händen des Kardinalvikars, dessen Amt den Tod des Papstes überdauert), Metropolit der römischen Kirchenprovinz, Primas von Italien und den umliegenden Inseln, Patriarch des Abendlandes und der Erste unter den Patriarchen, Primas der Gesamtkirche. Der Tod des Papstes oder sein Verzicht, der nach c. 221 keiner Annahme bedarf, um gültig zu sein, macht die Papstwahl nötig.

Während für die Wahl zu anderen Kirchenämtern die cc. 160—178 gelten, sind für die Wahl des Papstes allein die Bestimmungen Pius X. in der Konstitution Vacante Sede Apostolica vom 25. Dezember 1904 maßgebend. Doc. I im Anhang des CJC; s. dazu auch Doc. IX: Motu proprio Pii PP. XI „Cum proxime“ 1 Martii 1922.

Aktiv wahlberechtigt sind die kreierten Kardinäle (c. 233, Vac. Sede n. 27, 30). Aus c. 239 § 2 und Constitutio Vacante Sede Apostolica n. 90 wird geschlossen, daß jeder unverheiratete Laie passiv wahlberechtigt sei; aus n. 90 scheint aber zu folgen, daß der Gewählte mindestens Diakon sein muß. Seit Bonifatius VIII. ist allerdings, abgesehen von Urban VI., immer ein Kardinal gewählt worden. Das Wahlformular setzt auch einen Kardinal als den zu wählenden Papst voraus (n. 61 der Const. Vac. Sede). Die Wahl erfolgt in einem von der Außenwelt streng abgesperrten Raum, dem Konklave. Der Papst erlangt durch die Annahme der rechtmäßigen Wahl die volle höchste Jurisdiktionsgewalt kraft göttlichen Rechtes: c. 219, vgl. c. 109.

Der Papst hat die oberste Gesetzgebungsgewalt, in welcher er aber immer an das göttliche Recht gebunden bleibt, von dem auch er nicht befreien kann.

Der Papst hat die oberste Lehrgewalt, in der er, wenn er ex cathedra über Glaubens- und Sittensachen entscheidet, unfehlbar ist: c. 1323.

Der Papst ist oberster Richter und kann selbst von niemand gerichtet werden: c. 1556.

In einem zweiten Kapitel finden sich die Bestimmungen über das allgemeine Konzil (De Concilio Oecumenico). Der Papst hat dem allgemeinen Konzil gegenüber

1. das Konvokationsrecht (c. 222 § 1), welches ein Selbstversammlungsrecht der Bischöfe ausschließt;

2. das Präsidialrecht (c. 222 § 2);
3. das Sanktionsrecht (kein Episkopalismus!) (c. 227).

Das dritte Kapitel handelt von den Kardinälen der Heiligen Kirche. Unter ihnen gibt es drei ordines: Kardinalbischöfe, Kardinalpriester, Kardinaldiakonen (c. 231). Über die Gesamtzahl 70 lese man die überhaupt besonders aufschlußreiche Weihnachtsbotschaft von 1945, die Papst Pius XII. an die Welt richtete. Ein Verzeichnis der Kardinäle und ihrer Vorrechte s. bei Eichmann I (4. Aufl.) S. 221—224.

Kapitel 4 handelt De Curia Romana. Die Kurie besteht aus:
1. den 11 Kardinalkongregationen, von denen das S. Officium, die Konsistorial- und die Orientalen-Kongregation den Papst selbst zum Vorstand haben;
2. den drei Gerichtshöfen: Poenitentiarie, Rota und Apostolische Signatur; [2])
3. den fünf Ämtern: Apostolische Kanzlei, Apostolische Kammer, Datarie, Staatssekretariat, Sekretariat der Breven.

Mit allen Teilen der Kirche in unmittelbarem Verkehr zu stehen, ist ein unveräußerliches, von weltlicher Macht unabhängiges Recht, das der Papst durch Gesandte (Legate) ausübt. Für Amerika und Indien werden auch Delegaten bestellt (über sie c. 267 § 2). Den diplomatischen Verkehr mit den Landesregierungen vermitteln die Nuntien (Internuntien), die in der Regel Titularerzbischöfe sind. Oft stehen sie als Doyen an der Spitze des Diplomatischen Korps, wie das in katholischen Ländern alte Sitte ist.

Card. Doménique Ferrata, Memoires Rome 1920. Dazu Stutz, Die päpstliche Diplomatie unter Leo XIII. Abh. der Preußischen Akademie der Wissenschaften, Jahrgang 1925, Philhist. Klasse Nr. 3/4. Friedrich von Lama, Papst und Kurie in ihrer Politik nach dem Weltkrieg, 1925.

In Missionsgebieten besteht statt der hierarchischen Organisation ein unmittelbar vom Apostolischen Stuhl abhängiger Missionsorganismus. Die Entwicklungsstufen sind in der Regel: 1. Missionspräfekt, 2. Apostolische Präfektur, 3. Apostolisches Vikariat, 4. Ordentliche Diözesanverfassung. Wenn diese letzte und höchse Stufe der Entwicklung erreicht ist, handelt es sich in der Regel nicht mehr um Missionsgebiet, sondern dieses ist der ordentlichen Hierarchie damit eingefügt. So ist im Jahre 1946 China zu einem Teil der ordentlichen Hierarchie geworden.

Joh. Beckmann, Die hierarchische Neuordnung in China. Ein geschichtlicher Rückblick. Neue Zeitschrift. Nouvelle Revue de Science missionaire III, 1947, S. 9—24.

Die Missionare werden von der S. Congregatio De Propaganda Fide angestellt (c. 252 § 1). Als Missionare unterliegen sie, auch wenn sie Ordenspriester (Regulare) sind, der Jurisdiktion des Apostolischen Vikars oder Präfekten. Im übrigen unterstehen die Ordenspriester aber der klösterlichen Disziplin: c. 615, vgl. cc. 293—311.

Joseph Löhr, Beiträge zum Missionsrecht. Missionsobere, Missionare und Missionsfakultäten, 1916. Theodor Grentrup „Jus missionarium" I, Steyl. 1925. G. Vromant „Jus missionariorum", 1931. Über die Beziehungen von Missionsrecht und Völkerrecht s. Theodor Grentrup „Die Missionsfreiheit", 1928 (in den von Viktor Bruns herausgegebenen Schriften des Instituts für ausländisches öffentliches Recht und Völkerrecht). Jos. Schmidlin, Katholische Missionsgeschichte. 1924. Einführung in die Missionswissenschaft, 1917, S. 156 bis 169. — S. Congregatio de Propaganda Fide: Instructio ad Vicarios Praefectosque Apostolicos et ad Superiores Institutorem, quibus a S. Sede Missiones concreditae mut. Acta Apostolicae Sedis XII, 1930, p. 111—115. — G. Vromant, Facultates Apostolicae quas Sacra Congregatio de Propaganda Fide delegare solet Ordinarius Missionum, Editions du Museum Lessionem, Louvain, Paris, Bruxelles, 1926. Ebenda erschien von Vromant 1927: De Bonis Ecclesiae Temporalibus ad usum praesertim Missionariorum et Religiosorum, und schon 1922: De fidelium associationibus. Adusum utrinsque cleri, praesertim missionarioum. — Joseph Schmidlin, Der Sieg der eingeborenen Missionshierarchie, Zeitschrift für Missionswissenschaft, 24. Jg., 1934, S. 1—20. Thomas Ohm, Kulturen, Religionen und Missionen, 1929. Brüggemann, Gegenwärtige Lage, Erfolge und Methode der katholischen Japanmission, Z. M 1934, S. 30—34. Robert Streit, Die katholische deutsche Missionsliteratur, 1925. Führer durch die ..., 1911. Bibliotheca miss. — Stephan F. Brown: Catholic Mission Literature, Dublin 1928.

In der bischöflichen Weihegewalt stehen sich Papst und Bischöfe gleich. In der Jurisdiktionsgewalt hat der Papst die geschilderte unbedingt übergeordnete Stellung. Aber auch die Jurisdiktionsgewalt der Bischöfe besteht so wie ihre Weihegewalt unmittelbar kraft göttlichen Rechtes: c. 329.

Über die Besetzung der Bischofsstühle s. jetzt Mörsdorf „Das neue Besetzungsrecht der bischöfblichen Stühle unter besonderer Berücksichtigung des Listenverfahrens", 1933.

Ein eigenes großes Rechtsgebiet ist das Recht der Religiosengenossenschaften. In den Orden und Genossenschaften der katholischen Kirche ist das Leben des katholischen Volkes zum stärksten Ausdruck gekommen. Die Kirche ist die einzige rechtmäßige Volksbewegung. Alle gewaltigen sozialen und geistigen Kämpfe sind auch im Raum der Kirche ausgetragen worden. Das Gewaltsame und Jähe der Volksbewegung hat nicht gefehlt. Aber es ist gebändigt und gebunden in das große Strombett des allgemeinen kirchlichen Lebens, in die Weltkirche, in die katholische Kirche. Über die Orden lese man das große Werk von Max Heimbucher, Die Orden und Kongregationen der katholischen Kirche, I (3. Aufl. 1933), II (3. Aufl. 1934).

Es gibt zwei Gruppen von Religiosengenossenschaften:

a) Orden im eigentlichen Sinne und

b) Kongregationen.

Die Mitglieder der Orden legen feierliche Gelübde ab und heißen Regularen, Mönche, Monialen, Nonnen, Ordensfrauen. Orden können nur mit päpstlicher Erlaubnis gegründet werden.

In den Kongregationen werden einfache Gelübde abgelegt. Man unterscheidet Kongregationen bischöflichen Rechtes (juris dioecesani), die vom Bischof errichtet werden und vom Papst noch nicht bestätigt sind, und Kongregationen päpstlichen Rechtes (juris pontifici), die die päpstliche Approbation oder mindestens das Belobigungsdekret erlangt haben (Eichmann, 4. Aufl. 1934, I, S. 312). Beispiele für Kongregationen sind: Schulbrüder (1681), Passionisten (1725), Redemptoristen (1732), Assumptionisten (1854), Englische Fräulein (1626), Schwestern von der Liebe vom Hl. Karl Borromäus, Borromäerinnen (1652), Ordensfrauen vom heiligen Herzen Jesu (1800), Gute Hirtinnen (1829, hervorgegangen aus den Schwestern von der Zuflucht ([1644: Hl. Johannes Eudes] durch die Hl. Euphrasia Pelletier). — Max Heimbucher, Die Orden und Kongregationen der katholischen Kirche, II (3. Aufl. 1934). — Joseph Jansen, Ordensrecht, 1931. — Arthurus Vermeersch, De Religiosis et Missionariis Supplementa et Monumenta Periodica, I 1911, XII 1924. Philipp Hofmeister, Die Bestätigung der Entlassung eines Religiosen durch den Hl. Stuhl. Theol. Quartalschrift 126, 1946, S. 447—486.

Das Recht der kirchlichen Ämter ist im Codex Juris Canonici systematisch eigenartig behandelt. Es ist sozusagen aufgespalten. Teile davon finden sich im Personenwesen, andere im Sachenrecht. Es entspricht das aber dem Wesen des kirchlichen Benefizium. Denn das Benefizialwesen hat seine Wurzeln im Lehnrecht. Und das Lehnrecht zeigt das innige Ineinanderverwobensein von personenrechtlichen und sachenrechtlichen Bestandteilen. Ulrich Stutz hat in hervorragendem Maße als Kanonist und als Germanist Benefizialwesen und Lehnrecht in dieser Hinsicht durchforscht. (Geschichte des kirchlichen Benefizialwesens, 1895.) Zuletzt nahm Stutz noch einmal 1934 Stellung in den Berichten der Preußischen Akademie der Wissenschaften.

Das kirchliche Sachenrecht ist ein eigentümliches Gebiet. Wenn man sich klar macht, daß die Sachen, die Rechtsobjekte, Mittel sind im Gegensatz zu den Personen, den Rechtssubjekten, die Selbstzweck sind, wird es einem leicht, zu verstehen, weshalb hier in erster Linie das Recht der Heilsmittel, der Sakramente geregelt ist.

Can. 726: Res de quibus in hoc libro agitur quaeque totidem media sunt ad Ecclesiae finem consequendum, aliae sunt spirituales, aliae temporales, aliae mixtae.

Das Verschachern heiliger Sachen, Kauf und Verkauf der Heilsmittel, ist schändliches Verbrechen. Die Apostelgeschichte berichtet im

8. Kapitel (V. 12—24) von jenem Simon, nach dem dieses Verbrechen Simonie heißt. Dort wiesen die Apostel das Ansinnen des Simon Magus mit den härtesten Worten zurück. Die Kanonisten ziehen aber auch Worte des göttlichen Heilandes heran, um das Verbrechen zu kennzeichnen (Joh. 10,6), und Gratian verweilt in der langen quaestio I der ersten Causa des zweiten Teiles seines Dekrets mit epischer Breite und kasuistischer Vielfalt auf dem schrecklichen Verbrechen der Simonie. Was diese Simonie nach Codex Juris Canonici für die heutige Praxis bedeutet, wollen wir in der knappen und klaren Zusammenfassung von Anton Retzbach sagen lassen (Das Recht der katholischen Kirche nach dem Codex Juris Canonici, 1935, § 52, S. 163/164):

„Die Simonie cc. 727—730. Man unterscheidet simonia iuris divini (göttlichen Rechtes) und simonia iuris ecclesiastici (kirchlichen Rechtes). a) Der Simonie göttlichen Rechtes macht sich schuldig, wer für zeitliche Güter (pro pretio temporali) eine in sich geistliche Sache (Sakramente, kirchliche Jurisdiktion, Konsekration, Ablässe usw.) oder ein mit einer geistigen Sache verbundenes zeitliches Gut (rem temporalem rei spirituali adnexam), daß dieses ohne jenes nicht bestehen kann (nexus inseparabilis, z. B. Benefizium), kauft oder verkauft oder eine geistliche Sache ganz oder teilweise (z. B. die Konsekration beim Verkauf eines konsekrierten Kelches) zum Gegenstand eines Vertrages macht.

b) Der Simonie kirchlichen Rechtes macht sich schuldig, wer zeitliche einem geistlichen Gute adnexe Güter für ebensolche Güter (Benefizium gegen Benefizium) oder geistliche Güter für geistliche Güter oder auch zeitliche Güter für zeitliche Güter (Kirchengut gegen Kirchengut) gibt, indes nur dann, wenn die Kirche wegen der Gefahr der Verunehrung geistlicher Güter diesen Tausch verbietet."

Simonie göttlichen Rechtes ist also z. B. der Pfründenkauf, Simonie kirchlichen Rechtes der Pfründentausch.

Unter den Sachen im Sinne der Heilsmittel, der Sakramente, steht hinter der Priesterweihe die Ehe. Es ist schon (oben S. 128) auf can. 1012 verwiesen worden, der das Eherecht von der Tatsache ausgehen läßt, daß Christus, der Herr, die Ehe zur Würde des Sakramentes erhoben hat. Can. 1013 zeigt in § 1 den Zweck der Ehe und im § 2 ihre Wesenheiten.

Ruhig und überlegen erklingen die Lehren der Kirche und der Kanonisten im Streite und Lärm der Welt um die Ehe. Hören wir einige Beispiele aus dem neueren Schrifttum:

August Knecht, Handbuch des katholischen Eherechts, Freiburg, Herder, 1928: „Die Ehe ist ein Rechtsinstitut. Unter den privatrechtlichen Instituten ist sie das erste und wichtigste. Alter und menschheitsgeschichtliche Bedeutung stellen sie an die Spitze der Kultureinrichtungen. Diesen Primat besitzt die Ehe nicht bloß bei einzelnen, unter besonders günstigen Verhältnissen entwickelten Völkern oder Volksstämmen, sondern in der ganzen Menschheit. Völkerkundliche Forschungen der Gegenwart weisen mit Sicherheit nach, daß Ehe und Familie Urerscheinungen menschlichen Gemeinschaftslebens sind und nicht erst als Ergebnisse einer langen Entwicklung angesprochen werden dürfen." (S. 1.)

Martin Leitner, Lehrbuch des katholischen Eherechtes, Paderborn, Schöningh, 1917, S. 6: „Es ist ein Verdienst der Kirche, daß sie die Freiheit der Eheeingehung stets hochhielt und gegen unberechtigte Zumutungen verteidigte. So wies, abgesehen von frühen Erklärungen der Päpste, z. B. des Papstes Clemens III. in can. 12 De regul. (III 31), die Kirchenversammlung von Trient das Ansinnen der französischen Gesandten zurück, welche im Namen ihres Königs die Verungültigung jener Ehen verlangten, die ohne Zustimmung der Eltern geschlossen wurden." Leitner vergleicht BGB §§ 1305—1308, 1331 und französischen Code civil Art. 148.

Johannes Linneborn, Grundriß des Eherechtes nach dem Codex Juris Canonici, Paderborn, Schöningh, 1933, S. 2: „Mit scharfem Blick erkannten vor allem die Päpste der letzten Jahrzehnte die Zeitirrtümer und die Gefahren für die Ehe und eheliche Gemeinschaft und nahmen in feierlicher Weise kraftvoll dagegen Stellung, so Pius IX. im Syllabus vom 8. Dezember 1864 § VIII Errores de matrimonio christiano, Leo XIII. in seiner klassischen Ehe-Enzyklika Arcanum divinae sapientiae vom 10. Februar 1880, Pius X. und Benedikt XV. durch die Neukodifizierung des Eherechtes im Codex Juris Canonici und nunmehr Pius XI., der Papst der Katholischen Aktion, in seinem hochbedeutsamen Rundschreiben Casti connubii quanta sit dignitas vom 31. Dezember 1930." S. 53: „Jesus Christus hat die Ehe in ihrer ursprünglichen Reinheit wieder hergestellt (Mt. 19, 3 ff.; Mc. 10, 11 ff.; Lc. 16, 18; 1. Kor. 7, 10 f. Zur Sakramentalität Eph. 5, 32) und zur Würde eines Sakraments erhoben (Denzinger, Bannwarth, Enchiridion symbolorum definitionum et declarationum de rebus fidei et morum, 1928, 367, 402, 406)." S. 54: „Der Ehekontrakt ist dadurch aus der rein natürlichen Ordnung einer rechtlichen Handlung hinausgeschoben und innerlich so umgestaltet, daß er nunmehr die sakramentalen Gnaden den christlichen Eheleuten zu vermitteln vermag. Wo immer zwischen Christen ein gültiger Ehekontrakt geschlossen wird, ist dieser ein Sakrament. Das Sakrament tritt nicht etwa mit dem durch die Kirche bei der Feier der Eheschließung gespendeten Segen äußerlich hinzu. Der Segen ist zwar eine sinnvolle und heilige religiöse Handlung, hat aber nur die Gnadenwirkung eines Sakramentale. — Spender des Sakramentes sind die beiden Brautleute, welche den Ehevertrag eingehen; die dazu hinreichende Intention haben sie, wenn sie eine gültige Ehe schließen wollen." S. 55: „Die Ehe zweier Ungetauften wird bei beiderseitigem Empfange der Taufe ebenfalls ein Sakrament. — Mit der Erhebung des Ehevertrages zum Sakrament hat Christus die christliche Ehe der Jurisdiktion der Kirche unterstellt, wie Papst Pius XV. mit Nachdruck betont (Casti connubii)."

Franz Triebs, Praktisches Handbuch des geltenden kanonischen Eherechts in Vergleichung mit dem deutschen staatlichen Eherecht. Für Theologen und Juristen I—IV, 1927—1933, S. 17: Auch im Eherecht ist das Gewohnheitsrecht historisch wirksam geworden. So ist z. B. das Ehehindernis der cultus disparitas eingeführt worden; so ist ferner z. B. das Ehehindernis des incestus (c. 4 C. 35 qu 2 und 3) abgeschafft worden."

Zur Geschichte: Joseph Freisen, Geschichte des kanonischen Eherechts bis zum Verfall der Glossenliteratur, Paderborn, Schöningh, 2. Aufl. 1893.

Wegen der schicksalsschweren Wichtigkeit der Ehe hat der Codex Juris Canonici die Bedingungen des Gültigwerdens eines solchen Vertrages vorangestellt. Die Kapitel 2—4, cc. 1035—1080, behandeln die Impedimente. Kap. 5 stellt in den Mittelpunkt die wahre Willensübereinstimmung cc. 1081—1093. Und für Katholiken ist von wesentlicher

Wichtigkeit auch das 6. Kapitel De forma celebrationis matrimonii cc. 1094—1103.

Es gibt nichtige Ehen. Die Ehe ist entweder matrimonium validum, verum, ratum oder matrimonium invalidum, nullum, irritum — gültig oder nichtig.

Die nichtige Ehe ist entweder matrimonium putativum oder matrimonium attentatum (vgl. cc. 1015, 1114, 1116. Ehenichtigkeitsprozeß: cc. 1556—1924, 1960—1992).

Can. 1014 weist den Richter an, in dubio für die Gültigkeit der Ehe zu entscheiden: favor matrimonii.

De separatione conjugum handeln die cc. 1118 ss. Die gültige und vollzogene Ehe kann von keiner menschlichen Gewalt, sondern nur durch den Tod gelöst werden. Bei Ehebruch ist eine separatio tori, mensae et habitationes vorgesehen, aber immer manente vinculo: also Wiederverheiratung ist hier, wie in allen Fällen der cc. 1128—1132, ausgeschlossen.

Es war bereits oben S. 28 ff.) davon die Rede, wie der weltliche Gesetzgeber wähnt, sich über die feste Überlieferung des christlichen Rechtes und das Unwandelbare der göttlichen Gesetzgebung hinwegsetzen zu können. Das Bürgerliche Gesetzbuch zeigt immerhin, daß es von dem alten christlichen Rechte noch ausgehen will. Es steht voran der Ehescheidungsgrund des Ehebruches (§ 1565). Daneben aber sind im BGB weitere absolute Scheidungsgründe Lebensnachstellung (§ 1566) und bösliche Verlassung (§ 1567). Und relative Scheidungsgründe nennt § 1568, -- relativ und durch Unbestimmtheit erweichend. Ein eigenartiger Scheidungsgrund des BGB, bei dem gestritten wird, ob er absolut oder relativ sei, ist § 1569: Geisteskrankheit.

Der weltliche Gesetzgeber wähnt, auch dem Bande nach scheiden zu können. Eine gewisse Rücksicht auf den katholischen Volksteil, der weiß, daß die gültige und vollzogene Ehe niemals dem Bande nach geschieden werden kann, nimmt § 1575 BGB, wonach der Ehegatte, der auf Scheidung zu klagen berechtigt ist, statt auf Scheidung auf Aufhebung der ehelichen Gemeinschaft klagen kann. Indessen ist auf Scheidung zu erkennen, wenn der andere Ehegatte dies beantragt. Der Wiederverheiratung, die Christus der Herr verboten hat, soll also doch Tür und Tor geöffnet werden. Die Welt ist immer energischer bemüht gewesen, Tür und Tor hier sehr weit aufzustoßen.

Das Ehescheidungsrecht des Bürgerlichen Gesetzbuches ist immerhin noch vom Verschuldensgrundsatz beherrscht. Den verlassen staatsrechtlich ungültige Neuerungen nach dem BGB, die auch die Rücksicht des § 1575 nicht mehr kennen, zu Gunsten des Zerrüttungsgedankens (vgl. Prälat Dr. Johannes Schlich, Das alte und das neue Ehegesetz. Begegnung, 2. Jg., 15. Februar 1947, S. 66—72).

Einen lehrreichen Rechtsfall wähle ich aus vielen, die Heinrich Portmann in der von ihm verfaßten Schrift: „Was Gott verbunden", 1947, bringt: „Welches Mißtrauen, welche Vorsicht von Nöten ist, zeigt folgender Fall. Ein Paar erscheint beim Pfarrer. Die Braut ist dem Pfarrer seit Jahren bekannt. Sie war Rote-Kreuz-Schwester im Osten, lernte dort den Bräutigam kennen, der als Katholik nur standesamtlich, also kirchlich ungültig, getraut war und zwei Kinder hatte. Nach dem Kriege kommt das Paar in die westliche Heimat der Braut. Sie behaupten, die erste Frau sei tot und sie beide seien bereits im Osten standesamtlich getraut worden. Auch die Braut weiß, daß diese Behauptungen erlogen sind. Die Papiere sind angeblich verlorengegangen. Das Gegenteil vermögen weder das Standesamt noch der Pfarrer zu beweisen. Das Standesamt im Westen glaubt, daß die beiden tatsächlich im Osten standesamtlich getraut seien, und beruhigt den Pfarrer, der daraufhin die kirchliche Trauung vornimmt. Ein Jahr später taucht die erste Frau mit den beiden Kindern im Westen auf. Der Ehemann hat Reue und weiß nicht, zu welcher Frau er halten soll. Die erste kann er kirchlich nicht mehr heiraten, da er an die zweite kirchlich gebunden ist. Soll er sich von der ersten mit den jammernden Kindern bürgerlich scheiden lassen? — Mit der einen Frau ist der Mann nur standesamtlich, mit der anderen nur kirchlich verheiratet; ein trauriger Fall, verursacht durch moralische Hemmungslosigkeiten."

Georg Phillips Kirchenrecht, 1. Bd. 3. Aufl. 1855, § 30 (S. 245). Verfassung des Reiches Christi auf Erden. — Die Kirche ist eine Monarchie.

Die Kirche, als das unveränderliche Reich Christi auf Erden, kann begreiflicherweise keine andere Verfassung haben, als diejenige, welche ihr von ihrem Gründer gegeben worden ist. Diese Verfassung kann darum auch in ihren Grundprinzipien nicht erst das Resultat der Geschichte, sondern sie muß gleich bei der Gründung der Kirche von Anfang an vorhanden gewesen sein. Sie muß ferner wegen ihres göttlichen, Mensch gewordenen Stifters nicht nur die für die Ordnung unter den Menschen geeignetste sein, sondern es muß sich gerade in ihr Gottes Herrlichkeit ganz besonders kundgeben. Offenbart sich diese in der ganzen Ordnung der Natur, offenbart sie sich in dem organischen Bau des nach Gottes Ebenbilde geschaffenen Menschen, wie erst muß sie sichtbar werden in dem göttlichen Bau der Kirche, die ja selbst der Leib Christi ist."

Die Kirche kennt keine Geburtsstunde wie das weltliche Recht, sie kennt nur die geistige Generation durch Taufe und Weihe. Will man in diesen Verhältnissen ein demokratisches Element in der Kirche finden, so ist über diese Bezeichnung an sich nicht zu streiten und nur so viel zu bemerken, daß sie nicht dazu Veranlassung geben darf, den wahren und wesentlichen Charakter der Kirche, welcher der monarchische ist, auch nur einen Augenblick zu verkennen. (Recht auffallend ist die Stufenleiter, in welcher von den verschiedenen Gegnern der Kirche jedes Prinzip ihrer Verfassung abgeleugnet wird: die Einen stellen die Bischöfe dem Papste, die Andern die Presbyter den Bischöfen, die Dritten die Laien dem Klerus gleich.) Daher wird durch alle die Bilder der Hl. Schrift, welche die Einheit der Kirche darstellen, zugleich immer auch diese Einheit insofern bezeichnet, daß die Kirche nur Einem, als dem Haupte, untergeordnet ist." (S. 250.)

„Die Bischöfe, als die Nachfolger der Apostel, sind berufen, an der Regierung der Kirche Anteil zu nehmen, und sie haben dazu ein göttliches, aber von Petrus zu bestätigendes Recht." „Die Bischöfe empfingen daher eine, ihrem Ursprunge und ihrem ganzen Umfang nach — die königliche Herrschergewalt (gewöhnlich Jurisdiktion genannt) mit eingeschlossen —, unmittelbar von Gott kommende Gewalt, aber diese Gewalt hatte die ihr ebenfalls von Gott gegebene Eigenschaft, daß sie einem Petrus untergeordnet und daher ihre Ausübung noch von der Zustimmung Petri und seines Nachfolgers abhängig war." (S. 197.)

„Den Anmaßungen des Patriarchen von Constantinopel, welcher sich mit dem Titel eines öcumenischen Bischofs geehrt sehen wollte, begegnete er (Gregor) damit, daß er sagte: er sei ferne davon, sich mit einem solchen Titel bezeichnen zu lassen. Unstreitig hat der Papst sich damit nicht etwa den Primat absprechen wollen, sondern die Äußerung kann nur den Sinn haben: daß er sich nicht für den eigentlichen und alleinigen Bischof in der ganzen Welt und deshalb die Bischöfe für seine Delegaten halte. Es liegt daher in den Worten Gregors eine entschiedene Anerkennung, daß jeder Bischof von Gott sein Amt habe." (S. 198.) „Ist man geneigt, diese Macht der Bischöfe überhaupt als ein der Kirche von Christus gegebenes aristokratisches Element zu bezeichnen, so darf dies immerhin geschehen, solange man damit nicht die Vorstellung verbindet, daß die Kirche nun selbst eine sogenannte Aristokratie sei. Sie bleibt, trotz dessen, daß der Papst in Gemeinschaft mit den Bischöfen, oder vielmehr die Bischöfe, kraft ihrer Gemeinschaft mit dem Papste, mit ihm die Kirche regieren, eine wahre Monarchie." (S. 251.)

„Hat, außer dem römischen, kein Bischof nach göttlichem Rechte irgendeine Gewalt über den andern, so kann noch weniger einer unter ihnen oder mehrere oder alle eine Gewalt über Petrus haben." (S. 251—252.) „Doch auf den Namen Monarch und Monarchie kommt an sich nichts an; wenn er aber mißfällt, so tragen solche Monarchen daran die Schuld, welche die ihnen von Gott anvertraute Gewalt mißbraucht haben." (S. 253.)

„So wie es von dem Urteilsspruche des Papstes keine Appellation an irgendeine andere Gewalt gibt, so kann auch seine Person keinem menschlichen Richter unterworfen sein. Man pflegt dies durch den Satz Prima Sedes a nemine judicetur auszudrücken, welcher dem ungerecht handelnden Papste die endliche Verantwortung seiner Handlungsweise vor Gottes Thron überläßt." (S. 258.)

§ 32: Die Kirche ist eine Hierarchie.

Diese Ordnung und Gliederung besteht darin, daß jeder die ihm angewiesene Sphäre hat, daß kein Unterer in die des Oberen eingreifen könne. Sie besteht in dem richtigen Gehorsam der Untergebenen und in dem gerechten Befehle der Vorgesetzten; in der Ehrfurcht, welche die Minderen den Mächtigeren erweisen, aber nicht in der Unterdrückung und nicht in der Auflehnung." (S. 278.)

Manches Werk der katholischen Theologie ist auch juristisch ungemein aufschlußreich. Das gilt z. B. von der Lebensarbeit des Dogmatikers Bernhard Poschmann: Die abendländische Kirchenbuße im Ausgang des christlichen Altertums, 1920; Paenitentia secunda. Die kirchliche Buße im ältesten Christentum bis Cyprian und Origines, 1940.

2. Kein Jurist sollte versäumen, die Ansprache zu lesen, die Papst Pius XII. an die Mitglieder der hl. Römischen Rota am 6. Oktober 1946 über die Grundsätze geistlicher Gerichtsbarkeit gehalten hat. Besonders bedeutsam sind darin auch die Ausführungen über die Gerichtsbarkeit in Glaubenssachen: „Unter den Werten, für deren Verteidigung die kirchlichen Gerichte (sowohl die der Diözesanbischöfe als die des Heiligen Stuhles) im Laufe der Geschichte — manchmal streng — eingetreten sind, muß der Glaube hervorgehoben werden, der das Fundament des ganzen übernatürlichen Lebens ist. Das Gericht, dessen Sache die Verteidigung des Glaubens ist (das Hl. Officium), ist deshalb ein legitimes Organ

der Gerichtsgewalt der Kirche, insofern die Kirche eine vollkommene religiöse Gesellschaft ist. Es ist Pflicht dieses Gerichtes, gegen jeden Angriff von Gerichtswegen vorzugehen, der eines ihrer wichtigsten Lebensgüter bedroht. Die Delikte der Häresie und der Apostasie konnten und können die Kirche nicht gleichgültig oder untätig lassen. Ohne Zweifel hat im Laufe der Jahrhunderte das Gericht, dem die Verteidigung des Glaubens übertragen ist, Formen und Methoden anwenden können, die sachgemäß nicht erfordert waren. Aber sie finden ihre Erklärung aus den eigentümlichen historischen Umständen; es wäre aber falsch, daraus ein Argument gegen die Legitimität dieses Gerichtes selbst ziehen zu wollen. Wir wissen wohl, daß der Name dieses Tribunals (das Hl. Officium wurde früher Inquisition genannt) bei vielen Menschen unserer Zeit Anstoß erregt. Es sind jene, deren Denken und tiefstes Fühlen unter dem Zauber einer Doktrin stehen, die jede Idee von Übernatur und Offenbarung ausschließt und der menschlichen Vernunft die Kraft zuspricht, die Welt zutiefst zu begreifen und das ganze Leben zu beherrschen, und folglich die völlige Unabhängigkeit des Menschen von jeder autoritären Bindung fordert. Wir kennen die Quelle, die Förderer, die Fortschritte dieser Doktrin. Wir wissen um ihren Einfluß auf das intellektuelle, moralische, soziale Leben, auf die Wirtschaft und die Politik, aber auch ihre Katastrophen im Laufe der Geschichte der letzten Jahrhunderte, insonderheit der letzten hundert Jahre. Ihre Anhänger berufen sich auf den Grundsatz der „Gewissensfreiheit", die „Toleranz" in den Belangen des geistigen Lebens, besonders des religiösen Lebens. Dessen ungeachtet hatten sie selber allzu oft, kaum daß sie zur Macht gekommen waren, nichts Eiligeres zu tun, als die Gewissen zu verletzen und dem katholischen Teil des Volkes ein Zwangsjoch aufzuerlegen, ganz besonders bezüglich dessen, was die Rechte der Eltern auf die Erziehung ihrer Kinder anbelangt.

Es mag dem modernen Gewissen scheinen, daß die Reaktion gegen die Glaubensdelikte in den vergangenen Jahrhunderten manchmal die gerechten Grenzen überschritten habe. Aber heutzutage zeigt hinwieder die menschliche Gesellschaft in dieser Beziehung im allgemeinen eine große Unempfindlichkeit und Gleichgültigkeit. Die immer zahlreicher werdenden Begegnungen und die Vermischung der verschiedenen Konfessionen in den Grenzen desselben Volkes haben die Staatsbehörden veranlaßt, den Grundsatz der „Toleranz" und der „Gewissensfreiheit" zu befolgen. Es gibt in der Tat eine politische, bürgerliche und soziale Toleranz, die auch für die Katholiken in solchen Verhältnissen eine moralische Pflicht ist. Die Kirche selbst hat in Can. 1351 des Codex J. C. dem Grundsatz Gesetzeskraft verliehen: „Ad amplexandam fidem catholicam nemo invitus cogatur": „Niemand darf gegen seinen Willen zum Glauben gezwungen werden." Dieser Kanon, der die Worte unseres großen Vorgängers, Leos XIII., in der Enzyklika „Immortale Dei" vom 1. November 1885 wiedergibt, ist das getreue Echo der von der Kirche seit den ersten Jahrhunderten des Christentums vorgetragenen Lehre. Es genüge, das Zeugnis von Lactantius zu zitieren, das ungefähr in den Jahren 305—310 geschrieben wurde: „Es ist nicht notwendig," sagt dieser urchristliche Schriftsteller, „Gewalt und Unrecht zuzufügen, da die Religion sowieso nicht aufgezwungen werden kann. Die Willigkeit muß mehr mit Überredung als mit Machtmitteln herbeigeführt werden. So werde denn niemand von uns gegen seinen Willen zurückgehalten, denn wer der Frömmigkeit und des Glaubens entbehrt, ist für den Gottesdienst unnütz ... Nichts muß nämlich so freiwillig sein als die Religion: ist der Wille des Opfernden widerspenstig, dann ist sie aufgehoben und nichtig" (Divinae institutiones l. 5. c. 19. Corpus Scripr.

Eccles. Lat. vol. XIX, p. 463—465). AAS XXXVIII 391 ss. Übersetzung des kirchlichen Amtsblattes für die Diözese Münster vom 12. Mai 1947 (Jahrgang LXXXI, Nr. 7, S. 37 f).

Kirchenrecht der Protestanten

Nicht alle Protestanten lösen mit ihren Gedanken das Kirchenrecht so auf wie Rudolf Sohm. Dieser ist von allen evangelischen Christen, die rechtgläubig bleiben wollten, vielmehr abgelehnt worden. Ein tiefes Ringen mit den wirklichen Fragen hat z. B. Otto Mejer ausgezeichnet. Er hat sich auch dem allezeit brennendsten Anliegen der Kirche zugewandt: der Mission. So schrieb er: De Titulo missionis, Regiomontani 1848; Die Propaganda. Ihre Territorien und ihr Recht, 1852/53. Der Katholik (dessen Standpunkt von Mejer leidenschaftlich abgelehnt wird) muß sich (wie es z. B. Grentrup in seinem Jus Missionarium von 1925 tut) auf Schritt und Tritt mit ihm auseinandersetzen. Zu den geschichtlichen Fragen der Mission lese man übrigens Schmidlins herrliche katholische Missionsgeschichte (1924), die wohltuend absticht von dem gewagten geistreichen Kombinieren in Harnacks Mission und Ausbreitung des Christentums in den ersten drei Jahrhunderten (4. Aufl. 1923/24). — Otto Mejer hat sich auch mit den so schwierigen protestantischen Erscheinungen des landesherrlichen Kirchenregiments und des Summepiscopats beschäftigt. Es ist im Grunde etwas Unmögliches. Trotzdem sollte man nicht wegwerfend davon sprechen, sondern auch viel ehrliches Bemühen darin anerkennen. Katholische Forscher, die nicht im Verdachte stehen, den Hohenzollern oder anderen deutschen Herrscherhäusern unverdientes Lob spenden zu wollen, betonen: In diesem landesherrlichen Kirchenregiment lebt innerhalb der evangelischen Kirche der mittelalterliche Glaube an das „Unum Corpus Christianum des Mittelalters" weiter. (Gescher, Sechzig Jahre Reich und Religion, 1931, S. 21.) Es ist so wie bei der Souveränität, in der die letzte Erinnerung an das hohe Mitgliedschaftsrecht in der mittelalterlichen christlichen Völkergemeinschaft weiterlebt.

Über das Unum Corpus Christianum hat übrigens eine bedeutende Untersuchung dargeboten Hans Liermann: Studien zur Geschichte des corpus christianum in der Neuzeit, Festschrift für Stutz, Kan. Abt., 1938, S. 486—529.

Alle Fragen des deutschen protestantischen Kirchenrechtes hat überaus klar dargestellt: Hans Liermann, Deutsches Evangelisches Kirchenrecht, 1933. Von den englischen Werken läßt das große sammelnde und erläuternde Buch von Cripps wohl noch durchaus erkennen, daß die Church of England eine protestantische Kirche ist. Auch der Leser von Lord Phillimore's Werk über Ecclesiastical Law wird das nicht verkennen. Dagegen wird man bei Reichel's Werken, vor allem bei seinem Canon Law, unter Umständen in den Traum gewiegt werden: das sei ja ein katholisches Buch. Aber genaues Hinsehen zeigt auch hier die Tragödie einer Kirche, die sich dagegen sträubt, protestantisch genannt zu werden, die katholisch sein will — aber eben doch protestantisch ist. Über die Kirche von England von ihrem Standpunkt: George Bell, Bishop of Chichester, The Church of England.

Zur Völkergemeinschaft haben die evangelischen Christen in sehr verschiedenartiger Weise Stellung genommen. Großes Aufsehen hat das Werk von Stockholm erregt, diese „Allgemeine Konferenz der Kirche Christi für Leben und Tat", die alle christlichen Kirchen mit Ausschluß der römischen 1925 im Stockholmer Weltkonzil vereinigte.[4a] Ist es die allgemeine Sache der Christenheit? Oder ist die Verwandtschaft mit dem völkerrechtlichen Geiste der nichtchristlichen, sondern zivilisatorischen Organisation, dem Geist von Genf oder Washington zu groß? Seltsam: die, welche die Geistigkeit der Kirche und das Wort „mein Reich ist nicht von dieser Welt" so sehr betonen, erwarten manchmal doch alles von Menschhheit und Welt. Es ist wohl nicht zu leugnen, daß das Werk von Stockholm, in dem Holstein die Anfänge eines Weltkirchenrechts sieht, nicht bloß begeisterte Zustimmung, sondern auch manches ernste Bedenken tiefgläubiger evangelischer Christen gefunden hat.[4b]

Das Verhältnis der evangelischen Kirche zum Staat ist seit dem Umsturz vom 9. November 1918 in vielem ungeklärt. Daß auch die evangelische Kirche dem Staat nicht untergeordnet ist, sondern mit ihm auf dem Fuße mindestens der Gleichberechtigung verhandelt, beweist unter anderem der letzte Vertragsabschluß mit Preußen (1931). Man sprach da allgemein vom „Austausch der Ratifikationsurkunden" — und bediente sich nicht ohne Grund dieses völkerrechtlichen Ausdrucks.

Die einzelnen Landeskirchen im Deutschen Reiche haben sich 1921 zum Deutschen evangelischen Kirchenbunde vereinigt. Vom Streben nach solchem Zusammenschlusse war schon das vorige Jahrhundert erfüllt. Die Vereinigung geschah mit Hilfe von Gedanken der Bismarckschen Reichsverfassung in dem Augenblicke, da dieses reichs- und bundesstaatsrechtliche Vorbild selber zerbrochen am Boden lag.

Daß nach evangelischer Auffassung Staat göttliche Ordnung ist, stellt sich bei näherer Betrachtung als praktisch folgenreicher Satz dar.

Wie bedeutsam auch vom evangelischen Bekenntnisse her der Gedanke des Standes ist, wurde bereits dargetan (Bd. I, S. 112 ff.).

Unfruchtbar muß die rechtsgestaltende und erkennende Arbeit der evangelischen Kirche sein, wenn man mit Erwin Ruck meint: „Die evangelische Lehre geht unter Ablehnung göttlichen Rechtes von der menschlichen Natur alles Rechtes aus und verwirft dessen Übertragung auf ihr geistiges Leben und damit auf ihr eigentliches geistiges Wesen als Widerspruch in sich. Das Verhältnis zu Gott ist nach evangelischer Auffassung aller rechtlichen Regelung entrückt, es ist der Bereich des persönlichen Glaubens und Gewissens; und die unsichtbare Glaubensgemeinde, die Kirche im theologischen Sinne, widerstrebt jeder Rechtsordnung. In diesem Sinne, und nur in diesem, besteht zu Recht die vielerörterte und meist mißverstandene These: ‚Das Kirchenrecht steht mit dem Wesen der Kirche im Widerspruche.‘ Dagegen bedarf auch die evangelische Kirche wie jede auf Dauer berechnete Zweckgemeinschaft der rechtlichen Ordnung, und diese auf die Regelung der äußeren Verhältnisse der Kirche und der Kirchengenossen als solcher gerichtete Gemeinschaftsordnung tritt uns als rein menschliches, wandelbares evangelisches Kirchenrecht in den sichtbaren evangelischen Kirchen entgegen. Diese Verschiedenheit der Grundlagen des evangelischen und katholischen Kirchenrechts setzt sich sofort in der Erscheinung, daß das katholische Kirchenrecht im wesentlichen ‚gemeines‘ Recht ist, will sagen einheitliches, aus einer Rechtsquelle fließendes, die ganze katholische Christenheit beherrschendes Recht. Dagegen stellt sich das evangelische Kirchenrecht entsprechend der Vielheit selbständiger evangelischer Kirchen als ‚partikulares‘ Recht dar.“

Hier wäre evangelisches Kirchenrecht gleichbedeutend mit der Satzung, ja mit den hundert verschiedenen Satzungen großer und kleiner „Kirchengesellschaften“ zuzüglich einiger Staatsrechtssätze. Demgegenüber bleibt die Erkenntnis großartig und gültig, die Thomas von Aquino vom Rechte hatte, der in kaum je wieder erreichter Klarheit drei Dinge in Einklang sah, die in der folgenden Zeit voneinandergerissen wurden, indem man bald das zweite, bald das dritte auf Kosten des ersten und höchsten übertrieb: lex aeterna, lex naturalis, lex humana. Wer das bejaht, wird allerdings katholisch werden.

Grundlegend für die Wissenschaft: Hinschius, Das Kirchenrecht der Katholiken und Protestanten in Deutschland, Bd. 1—6, 1869. Werminghoff, Verfassungsgeschichte der deutschen Kirche im Mittelalter, 1913. Joseph Freisen, Verfassungsgeschichte der Katholischen Kirche Deutschlands in der Neuzeit, 1916. Von den Lehrbüchern und Darstellungen seien mit dem Namen der Verfasser kurz erwähnt: Stutz (1914), Bredt (1921—27), Liermann (1933)

1. Rudolf Sohm, Kirchenrecht I, 1892; II, 1923. Ebers, Katholische Staatslehre und volksdeutsche Politik, 1929.

2. Daß die feineren Strömungen des idealistischen wie des liberalen Denkens wenigstens zu der Einsicht gelangen, daß auch sie nicht ohne bestimmte weltanschauliche Grundlage und Voraussetzung sind, zeigt der feine und tiefe Vortrag Eduard Sprangers über den „Sinn der Voraussetzungslosigkeit in den Geisteswissenschaften“ (Sonderausgabe aus den Sitzungsberichten der Preußischen Akademie der Wissenschaften, Phil.-hist. Klasse, 1929, I). Nach Beendigung des Druckes erhielt ich Sprangers Akademievortrag „Der Kampf gegen den Idealismus“ (1931). Ich sehe gegen diese Schrift viel Entscheidendes im Werke Gogartens, dem Spranger nicht gerecht wird. Aber in einem stimme ich dem verehrten Philosophen und Pädagogen Eduard Spranger herzlich zu daß wir keinen Anlaß haben, gegen den echt deutschen Idealismus feindselig zu Felde zu ziehen Daran sollte uns — Männern wie Hegel gegenüber — die Dankbarkeit des Schülers hindern (auch wenn man erkannt hat, wie nötig es war, daß König Friedrich Wilhelm IV. Gelehrte nach Berlin berief, die Hegels Schule und ihre dem Christentum fernen

Gedanken bekämpfen sollten wie z. B. Friedrich Julius Stahl). Dennoch gilt es heute, schlicht und volkstümlich für den christlichen Glauben und seinen Wahrheitsanspruch einzutreten, überall. Dialektik und Theologie: in dieser Zusammenstellung ist viel Widerspruch. Den legt Spranger (S. 23/24) überzeugend dar. Daß Gogarten in der Universität darum kämpft, der Theologie überhaupt erst wieder den ihr gebührenden Platz zu schaffen, wird von Spranger nicht genügend gewürdigt. Und Gogarten wird der von mir herzlich verehrte Philosoph Spranger auf S. 17 ganz und gar nicht gerecht. Die tiefste geisteswissenschaftliche Erörterung scheint mir zu sein: Eichendorffs „Neuere Romantik" von 1857. Sie ist der zweite Band der Geschichte der poetischen Literatur Deutschlands, die uns der Freiherr Joseph von Eichendorff geschenkt hat. Sie ist die wunderbar tiefe und schöne Auseinandersetzung des Katholiken mit Dichtung und protestantischer Philosophie.

3. U. Stutz, Der Geist des Codex juris canonici, 1918. Vgl. a. die 1938 Ulrich Stutz dargebrachte große Festgabe.

4. Anmerkungen zum evangelischen Kirchenrecht.

a) Günther Holstein, Die Grundlagen des evangelischen Kirchenrechts, 1928, S. 394 — mit Nachweis der Schriften von Söderblom, Siegmund-Schulze, Deißmann u. a.

b) Friedrich Gogarten, Die Schuld der Kirche gegen die Welt, 2. Aufl., 1930.

c) Verfassungsurkunde für die Evangelische Kirche der altpreußichen Union vom 29. Sept. 1852. Hier folgen auszugsweise die einleitenden Bestimmungen:

Getreu dem Erbe der Väter steht die evangelische Landeskirche der älteren Provinzen Preußens auf dem in der Heiligen Schrift gegebenen Evangelium von Jesus Christus, dem Sohn des lebendigen Gottes, dem für uns Gekreuzigten und Auferstandenen, dem Herrn der Kirche, und erkennt die fortdauernde Geltung ihrer Bekenntnisse an: des Apostolischen und der anderen altkirchlichen, ferner der Augsburgischen Konfession, der Apologie, der Schmalkaldischen Artikel und des Kleinen und des Großen Katechismus Luthers in den lutherischen Gemeinden, des Heidelberger Katechismus in den reformierten, sowie der sonstigen Bekenntnisse, wo solche in Kraft stehen.

Das in den Bekenntnissen bezeugte Evangelium ist die unantastbare Grundlage für die Lehre, Arbeit und Gemeinschaft der Kirche.

Die Kirche führt hinfort die Bezeichnung

Evangelische Kirche der altpreußischen Union.

Für ihre äußere Ordnung gibt sie sich die nachstehende Verfassung. Bekenntnisstand und Union in der Kirche, den Kirchenprovinzen und Gemeinden werden dadurch nicht berührt. Demgemäß steht den Gemeinden wie bisher neben der allgemeinen Bezeichnung „evangelisch" auch das Recht auf Gebrauch der besonderen Bezeichnung „evangelisch-lutherisch", „evangelisch-reformiert" oder „evangelisch-uniert" zu.

Artikel 1.

Die Kirchengewalt steht ausschließlich der Kirche zu. Die Kirche ordnet und verwaltet ihre Angelegenheiten selbständig innerhalb der Schranken des für alle geltenden Gesetzes.

Artikel 2.

Die Kirche, ihre Provinzial- und Kreissynodalverbände, ihre Gemeinden und Gemeindeverbände sind Körperschaften des öffentlichen Rechts.

Artikel 3.

(1) Die Kirche ist Mitglied des Deutschen Evangelischen Kirchenbundes und nimmt nach Maßgabe der Verfassung dieses Bundes an dessen Aufgaben tätigen Anteil.

(2) Sie tritt ferner ein für ein auf gegenseitigem Vertrauen ruhendes Zusammenwirken mit den Reformationskirchen außerhalb Deutschlands, insonderheit denen deutscher Zunge, und ist bereit, sich mit anderen Kirchengemeinschaften über gemeinsame christliche Aufgaben zu verständigen.

Artikel 4.

(1) Die Kirche baut sich aus der Gemeinde auf.

(2) Die Kirche soll auf allen Stufen ihres Aufbaues der Gemeinde dienen und die in dieser lebendigen Kräfte des Glaubens, der Liebe und der Zucht zusammenfassen.

(3) Die Kirchengemeinde hat als Gemeinschaft des Gottedienstes, der Seelsorge und der Liebestätigkeit entsprechend dem reformatorischen Grundatze vom allgemeinen Priestertum der Gläubigen den Beruf, evangelischen Glauben und christiches Leben zu wecken und zu pflegen.

(4) Die Gemeinde hat an dem inneren und äußeren Aufbau der Kirche mitzuwirken und den Zusammenhang mit ihr zu pflegen.

Lesestücke aus der christlichen, kirchlichen und staatlichen Rechtsgeschichte in Deutschland

Die Wahl der beiden folgenden Lesestücke aus den deutschen Geschichtsquellen mag sehr zufällig scheinen. Die Stelle aus W i p o fiel dem Verfasser schon vor vielen Jahren auf, und er hat sie manchmal in öffentlicher Rede verwendet, um zu zeigen, wie starker Staat und starke Kirche in christlicher Zeit gut nebeneinander stehen. So wie der Erzbischof von Mainz im Jahre 1024 spricht kein Hofprediger der Neuzeit (wobei Größe und Tapferkeit so vieler verehrungswürdiger Hofprediger keineswegs verkleinert werden sollen). — Die zweite Quellenstelle ist der Gesetzgebung Brandenburg-Preußens entnommen. Sie stammt aus einer Zeit, die in diesem Lande schon ganz überwiegend protestantisch ist. Sie zeugt vom Ringen mit dem Zweikampfproblem, dessen die Kraft des Gesetzgebers so oft übersteigende Schwierigkeit schon J u l i u s C l a r u s in seiner Abhandlung über das Duell dargetan hatte (E r n s t v o n M o e l l e r, Julius Clarus aus Alessandria, der Kriminalist des 16. Jahrhunderts, der Rat Philipps II., 1525—1575. Breslau, 1911, S. 27 f.). Dieser Auszug aus dem langen Edict steht weniger der Zweikampffrage wegen hier denn als ein Beispiel guter Ermahnung zu sanften, christlichen Sitten. Zu einseitiger Verherrlichung früherer Rechtszustände sollen die hier gegebenen Lesestücke nicht verführen. Neben dem Guten und Schönen und Milden, das hier hervorleuchtet, liegen Härten, ja Grausamkeiten in derselben Zeit. Manchmal braucht man in derselben Quellensammlung bloß ein paar Seiten weiter zu blättern, um sie zu finden. Ferner sind sie im Gesamtbilde jenes Geschichtsabschnittes enthalten.

I. W i p o : Gesta Chuonradi II. Imperatoris Cap. III: De consecratione regis (in die nativitatis sanctae Mariäe, Sept. 8. 1024):

„Omnis potestas fluitantis seculi de uno fonte purissimo derivatur. Solet autem accidere, ut, cum plures rivuli de eodem principio procedant, alio tempore sint turbidi, alio lucidi, fonte capitali in puritate sua permanente. Eodem modo, quantum humana conditio creatorem et creaturam inter se conferre audet, de Deo rege immortali et terrenis regibus conicere valemus. Scriptum est enim: „Omnis potestas a Deo". Is omnipotens rex regum, totius honoris auctor et principium, quando in principes terrae alicuius dignitatis gratiam transfundit, quantum ad naturam principii pura est et munda. Cum autem pervenerit ad eos, qui hanc dignitatem indigne tractaverint et eam cum superbia, invidia, libidine, avaritia, ira, impatientia crudelitate polluerint, sibi et omnibus subiectis, nisi poenitendo se purgaverint, periculosum potum iniquitatis propinabunt. Oret et intercedat ad Dominum omnis ecclesia sanctorum, ut dignitas quae hodie pura domino et regi nostro Chuonrado praesenti a Deo praestatur, inviolata, quantum hominis est, ab eo servetur. Tecum et propter te nobis est sermo, domne rex. Dominus, qui te elegit, ut esses rex super populum suum, ipse te prius voluit probare et postmodum regnare: flagellat enim omnem, quem recipit; dignabatur corripere, quem voluerat recipere; placuit ei humiliare, quem proposuit exaltare. Sic Deus Abraam servum suum temptavit et temptatum glorificavit. Sic David famulum suum regis iram, persecutionem, iniurias, latibula deserti, fugam, exilium pati permisit, quem postea regem gloriosissimum in Israhel fecit. Beatus qui suffert tentationem, quoniam hic accipiet coronam. Non sine causa te Deus exercuit, fructum sequentem in te dulcificavit. Permisit te antecessoris tui imperatoris Heinrici gratiam perdere et eandem iterum recipere, ut scias modo his misereri, qui perdunt gratiam tuam; passus es iniurias, ut nunc scias misereri sustinentibus iniurias; pietas divina noluit te esse sine disciplina, ut post caeleste magisterium christianum caperes imperium. Ad summam dignitatem pervenisti, vicarius es Christi. Nemo nisi illius imitator verus est dominator; oportet, ut in hoc solio regni cogites de honore perenni. Magna felicitas est in mundo regnare, maxima autem in caelis triumphare. Cum vero Deus a te multa requirat, hoc potissimum desiderat, ut facias iudicium et iustitiam ac pacem patriae, quae semper respicit ad te, ut sis defensor ecclesiarum et clericorum, tutor viduarum et orphanorum: cum his et aliis bonis firmabitur thronus tuus hic et in perpetuum. Et nunc, domne rex, omnis sancta ecclesia nobiscum rogat gratiam tuam pro his, qui contra te hactenus deliquerunt et offensione aliqua gratiam tuam perdiderunt. Ex quibus est unus Otto nomine, vir nobilis, qui te offendebat; pro illo et reliquis omnibus clementiam tuam oramus, ut illis dimittas pro caritate Dei, quae te hodie in virum alterum mutavit et numinis sui participem fecit, quatenus ipse tibi eandem vicem pro universis delictis tuis dignetur rependere.

(Die Werke Wipos. 3. Aufl. herausgeg. von Harry Breßlau — Scriptores Rerum Germanicarum in usum scholarum ex Monumentis Germaniae Historicis separatim editi. Wiponis opera. Editio Tertia —, 1915, S. 21—23.)

II. Edict wider die Duella. De dato Cölln an der Spree, den 6. August 1688.

Unter den Gründen, weshalb die Duelle streng verboten werden, ist hervorgehoben, daß die Duellanten „auch ihre von Christo theuer erkauffte Seele in augenscheinliche Gefahr setzen .... So haben Wir ... dieser ewige stetswährende Edict wider alle verdächtige und unzuläßliche Rencontres, Duelle, Rauff-Händel und Friedens-Stöhrungen promulgiren, auch dabey eine ewige Verfassung und Reglement machen wollen, wie dergleichen unverantwortlichem Unheil abzuhelffen, die Duella gäntzlich aufgehoben, ein jeder bey seinem ehrlichen Namen, wohlerworbenen gloire und gutem Leumund erhalten, auch alle Verbrecher und wider diese unsere ewige und heilsame Constitution handelnde mutwillige Delinquenten aufs härteste und ohn alles Nachsehn abgestraffet werden sollen.

Art. 1. Diesem nach und anfänglich verbieten Wir aus höchster Churfürstlicher und Landes-Obrigkeitlicher Macht aufs ernstlichste und zu ewigen Zeiten, daß niemand von Unsern Unterthanen, Einsassen oder andern, die sich in Unsern Landen aufhalten, wes Standes und Würde die auch seyn möchten, dem andern mit Minen, Worten oder der That beleidigen oder angreiffen, noch denselben, es sey in Gesellschaft oder sonsten mit grobem Schertze, unziemlichen Gebehrden, oder auf andere Weise schimpflich antasten oder verunglimpfen solle, sondern Wir wollen, daß ein jeder friedlich und bescheidentlich mit seinem Nechsten überall umgehen, und sich zu seinem eigenen Besten, Sicherheit und Conservation, eines geruhigen Lebens und der Einigkeit befleißigen, einer auch dem andern den Respect, so ihm wegen seines Standes oder Amtes zukommt, ohne einige Schmählerung und Abbruch geben soll; dieweil es so wohl die Christliche Liebe, als die wahrhafftige maximen der Ehre erfordern, daß ein jedweder alles, was zur Beybehaltung der gemeinen tranquillität und menschlichen Societät, wie auch zur Verhütung aller querellen und daraus entspringenden Thätlichkeiten beytrage, was in seinem Vermögen ist; die Erfahrung es auch bezeuget, daß diejenige, so dergleichen unzulässige Händel anstifften, und nicht ruhen können, bis sie ihren Nächsten, ja wohl die allerbesten Freunde aus vergalletem und boßhafftem Gemüthe collidieren und zusammen hetzen, keines genereusen und aufrichtigen Gemüths seyn, sondern weilen sie sich gemeiniglich nur auf Fressen, Sauffen, Spielen und ein liederliches Leben begeben, und incapable seyn, dem Vaterlande einige ersprießliche Dienste zu erweisen, als suchen sie nur andern ihre offt sauer erworbene Ehre und guten Nahmen abzuschneiden, und sie in allerhand Unglück und Schaden, ja wohl gar um Leib und Seele zu bringen.

(Christian Otto Mylius, Corpus Constitutionem Marchicarum I 1937 II. Teil III. Abt. Nr. XIV Sp. 21/22. Das Edikt ist von Kurfürst Friedrich III., der am 18. Januar 1701 als Friedrich I. Preußens erster König wurde, verkündet und unterzeichnet, gegengezeichnet von Eberhard (von) Dankelmann, über den Johannes Schultze eine kurze Darstellung gibt, verweisend auf die früheren Untersuchungen von L. von Ranke, H. Breßlau und S. Isaacsohn, C. Breysig, B. Erdmannsdörffer, R. Koser, F. Meinecke u. a.: Eberhard Dankelmann in: Westfälische Lebensbilder, Hauptreihe Bd. IV, 1933, S. 162—179. Schultzes Urteil über König Friedrich I. halte ich für ungebührlich hart. Friedrich I. hat, ganz im Sinne des Edicts von 1688, yiel für die Milderung und Veredlung der Sitten getan. Das Edikt vom 6. August 1688 ist erklärt und erneuert worden von König Friedrich Wilhelm I. am 18. Juni 1713. Die hier angeführten Sätze aus dem langen Edikt kehren in dieser Neufassung wieder. Im übrigen ist es wichtig, Friedrich Wilhelms I. „Erklärungen" zu lesen und zu durchdenken. Man wird davon ebenso gefesselt werden wie von dem eigenartigen Verhältnis seines erklärten und erneuerten Mandats zu den gemeinen Tötungsverbrechen: Vgl. Mylius, Corpus Constitutionum Marchicarum I 1937, II. Teil III. Abt. Nr. XXVII, Sp. 42—58, bes. 45.

Beschluß

Es war ein Regiment, in dem ging es schlecht und recht. Da kam eines Tages ein neuer Oberst. Der hatte weder Kameradschaft noch Soldatenehre im Leib. Und es war keine Lust mehr zu dienen. Der gemeine Mann wurde geschunden, ohne daß Sinn und Verstand dabei war. Und als der Tag des Kampfes kam, an dem das Regiment bereit sein sollte, da war nichts gerüstet, und der Oberst verlegte sich auf allerlei feige Schliche. Die Männer merkten, daß etwas nicht in Ordnung war, und sie konnten den Befehlen nur noch widerwillig gehorchen. Es war aber ein Mann unter ihnen, zu dem sie Vertrauen hatten um seines geraden und klugen Sinnes willen. Zu dem kamen sie und fragten: Kannst du nicht feststellen, ob die letzten Befehle des Obersten, die doch voller Feigheit und wider alle Kampfregeln scheinen, nicht etwa gegen den eigentlichen Willen des Königs verstoßen? Sagst du uns, daß sie unmöglich dem Willen des Königs entsprechen können, so wollen wir es allesamt auf uns nehmen, dem Oberst unseren Gehorsam zu verweigern. Der Mann antwortete: Mein Verstand sagt mir, daß der König das, was der Oberst befiehlt, unmöglich wollen kann. Aber wer hat mich zum Richter über meinen Vorgesetzten bestellt? Ich habe keinerlei Vollmacht, euch oder mich von seinen Befehlen loszusprechen.

Es kam aber der Tag, da glaubte der Mann, daß ihn Vernunft und Gewissen zwängen, einem Befehle zu trotzen, der ganz und gar gegen Recht und Ordnung war. Der Oberst bestrafte ihn hart. Und als der

Mann nun im Kerker saß, fragte er sich manchmal ängstlich, ob denn seine Sache auch wirklich rein und recht sei. Wüßte ich doch genau, wie mein König in meinem Falle und über jenen Befehl geurteilt hätte, dachte der Mann. Aber Beschwerden und Anfragen waren verboten. Er wußte ja, daß der gemeine Mann nach dem Willen des Königs auch manchem schlechten Befehl seiner Vorgesetzten gehorchen muß. Und ein geschriebenes Wort, ein Gesetz des Königs, aus dem sich klar ergeben hätte, daß der Oberst damals ein Unrecht befahl, war nicht da. „Und doch war es Unrecht, und ich konnte und durfte nicht gehorchen“, so kam es von neuem heftig in ihm hoch. Und er quälte sich.

Da erschien eines Tages der König, um das Regiment zu besichtigen. Der Oberst ließ sofort den Mann frei, der ungehorsam gewesen war aus Gewissenszwang. Denn er fürchtete, daß die Gerechtigkeit des Königs sich gegen den ungerechten Richter wenden würde. Mit schweren Sorgen ging der wieder freigelassene Mann zum Appell. Hatte er sich nicht zu hoch vermessen, als er, der gemeine, ungelehrte Mann, dem Oberst widersprach? Mit klopfendem Herzen trat er vor, als der König ihn aus dem Gliede zog, um mit ihm zu sprechen. Es waren freundliche Fragen, die der König an ihn richtete. Wie es ihm gehe? Der Mann stand selbstverständlich stramm und antwortete mit Dank für die gnädige Anteilnahme: Sehr gut, Euer Majestät.

Aber der König nahm den Mann beiseite, ließ ihn rühren und frei weg erzählen, wie die Dinge eigentlich stünden. Da berichete der Mann, so knapp und sachlich als er konnte. Und er sah, daß der König den Oberst erkannt hatte.

„Noch einmal will ich warten, wie er sich in einem neuen ähnlichen Falle verhält. Handeln Sie so, wie Sie damals ganz richtig glaubten, handeln zu müssen. Berufen Sie sich diesmal dabei getrost auf mich. Ich werde mein Auge auf Sie haben.“

Da kam eine große Freudigkeit über den Mann. Es ging zwar vorläufig alles so elend weiter wie vorher. Aber er war nun nicht mehr in den ärgsten Zweifelsfragen auf seine armselige Vernunft gestellt, sondern hatte das Wort und den Befehl des Königs, den er nahe wußte. Es hätte ihn stolz machen können, daß der König mit ihm allein gesprochen hatte. Aber daran dachte er nicht, sondern sehnte sich nach dem Tage, an dem der Wille des höchsten Herrn allen offenbar würde, damit die alte Freudigkeit des Gehorsams bei allen wiederkäme. —

Diese kleine Geschichte soll die drei Bereiche des Rechtes deutlich machen. Der Befehl des Obersten ist Menschengebot, lex humana. Der Soldat glaubte, dem Befehl trotzen zu müssen, weil die Vernunft es befahl: er folgte dem „natürlichen Gesetz“, der lex naturalis. Hier handelte er auf eigene Gefahr — und wehe dem, der mit dem „vernünftigen" Urteile irrt, das er sich selber gegen die bestehenden Gesetze und Befehle zur Rechtsgrundlage seines Handelns erwählt. Das dritte und letzte, was geschah, war das Außergewöhnliche, auf das sich von jeher nur wenige unter den Menschen berufen können: daß nämlich Gott selber mit ihnen gesprochen habe, von Angesicht zu Angesicht. Sein Befehl ist lex aeterna. Selten ergeht er so an den einzelnen wie das als Beispiel herangezogene Königswort. Aber die positiven Gebote Gottes (lex divina) sind von Kindheit an vor den Augen der Christenmenschen. Und hier ist keineswegs ein vom Rechte gesonderter Bereich „autonomer Sittlichkeit". Die Gebote Gottes sind das Recht, an dem alle menschliche Befehlsgewalt zu Ende geht. Denn es gilt das Wort des Petrus (Apostelgeschichte V, 29): πειθαρχεῖν δεῖ θεῷ μᾶλλον ἢ ἀνθρώποις. „Man muß Gott mehr gehorchen als den Menschen."

Verzeichnis der Stichworte, Namen und Abkürzungen

Kolibri 360 GmbH
Ferdinand-Jühlke-Straße 7
99095 Erfurt, Deutschland
produktsicherheit@kolibri360.de